L'intégralité de votre livre* accessible en ligne

avec une simple connexion Internet !

OFFERT
LIVRE EN LIGNE

W0346052

+ Des outils utiles et intuitifs :

- sommaire interactif
- surlignage en couleurs
- notes personnelles et marque-page.

Pour ACTIVER votre livre en ligne

- Rendez-vous sur www.nathan.fr/livre-en-ligne .
- Créez un compte **Nathan** en suivant les indications en ligne.
- Cliquez sur « Activer un livre », saisissez votre clé d'activation personnelle puis le mot du livre qui vous sera demandé.

Votre clé d'activation personnelle :

9AAZ27-3DE-B24G

Pour toute CONNEXION ULTÉRIEURE

Connectez-vous sur www.nathan.fr/livre-en-ligne avec vos identifiants **Nathan**.

IMPORTANT

Votre clé d'activation est unique et personnelle : une fois utilisée, elle ne sera plus valide. Elle offre un accès de 24 mois à compter de la date d'activation. Elle est réservée à un seul utilisateur et ne peut être partagée.

Configuration minimale requise : Internet Explorer 8, Mozilla Firefox 3.4, Chrome, Safari, Opera toutes versions.

Retrouvez les conditions générales d'utilisation sur www.nathan.fr/livre-en-ligne.

*Service disponible à partir du 16 septembre 2019.

Le tout-en-un Épreuves professionnelles EP1, EP2, EP3 - 978-2-09-165482-9

Nathan

CAP
Accompagnant éducatif petite enfance

Préparation complète

2020

Le tout-en-un
Épreuves professionnelles EP1, EP2, EP3 + Épreuve de PSE

Louisa Rebih
Professeur de sciences et techniques médico-sociales
et formatrice à l'École supérieure du professorat
et de l'éducation (ESPE)

Nathan

Crédits photographiques

Couverture : © Ysal / Istock ; p.40 : BSIP/Astier ; p.105 : tous droits réservés ; p.118 : trustle/Fotolia ; p.120 : Honeywell Safety Products ; p.131 : Gennadiy Poznyakov/Fotolia ; p.133 : dbagaev/Fotolia ; p.138 : Engine Images/Fotolia ; p.146 : Ilike/Fotolia ; p.156-157 : tous droits réservés ; p.163 : Oksana Kuzmina/Fotolia ; p.168 : Ryan McVay/Getty images ; p.169 : Jose Luis Pelaez, Inc./Corbis ; p.180 : athomass/Fotolia ; p.183 : Oksana Kuzmina/Fotolia ; p.213 : Iskynesher/Getty Images ; p.218 : Angela Luchianiuc shutterstockphoto ; b : Oksana kuzmina/Fotolia ; p.222 ht : figuren-design.de/Fotolia, m : Robert Kneschke/Fotolia, d : vladwel/Fotolia ; p.265 : Ian Allenden/123RF ; p.297 : htd : Rémi BRUGIERE/Fotolia, htg : uwimages/Fotolia, b : oyoo/Fotolia ; p.317 : lisegagne/Istockphoto ; p.325 : GraphicsRF/Fotolia - p.46, 71, 74, 75, 126, 127, 136, 140, 144 : © Nathan 2017 : Marc Moitessier, Sylva Villerot, Christophe Gruner, Jean-Pierre Delagarde. Merci à Claire Lacroix pour ses clichés sur le portage.

Édition : Alexis Roume
Conception intérieure : Frédéric Jély / Julie Fabioux / Isabelle Jalfre
Coordination artistique : Isabelle Jalfre
Mise en pages : CGI
Illustrations : Vincent Landrin – Hubert Blatz
Fabrication : Christine Aubert

© Nathan, 25 avenue Pierre de Coubertin,
75013 Paris – Août 2019.
ISBN 978-2-09-165482-9

Sommaire

EP2 • Exercer son activité en accueil collectif

Objectif Communiquer avec l'enfant de manière appropriée, participer à l'acquisition du langage

Objectif Adapter sa communication avec la famille en fonction du projet du lieu d'accueil

Objectif Inscrire son travail au sein d'une équipe pluri professionnelle

Objectif Installer et remettre en état un espace destiné à une activité pédagogique ; participer à la réalisation d'une activité pédagogique

Objectif Participer à la sécurisation des récréations et des sorties pédagogiques

Objectif Mettre en œuvre les techniques de dépoussiérage, lavage, séchage et de décontamination des locaux collectifs et des équipements ; participer à l'entretien des locaux pendant les vacances scolaires

EP3 • Exercer son activité en accueil individuel

Épreuve de Prévention Santé Environnement (PSE)

Accédez à votre **livre en ligne** grâce à votre clé d'activation personnelle (voir notice en début d'ouvrage) et retrouvez :

- **250 QCM** d'entraînements aux épreuves professionnelles
- **Sujet corrigé** pour l'épreuve EP 2 de la session 2019
- **Sujet corrigé** pour l'épreuve EP 3 de la session 2019

Tout savoir sur l'examen du CAP accompagnant éducatif petite enfance

Cet ouvrage vous propose une préparation complète aux épreuves professionnelles ponctuelles du CAP Accompagnant éducatif petite enfance (pour les candidats non scolaires qui s'inscrivent en candidats libres).

1 Les conditions d'inscription à l'examen

Lorsque vous vous inscrivez en candidat libre auprès de votre inspection académique (de votre Département), vous êtes convoqué pour passer l'ensemble des épreuves du CAP Accompagnant éducatif petite enfance lors des sessions d'examens. Vous allez ainsi passer les **épreuves d'enseignement général** (sauf vous en êtes dispensés) et les **épreuves d'enseignement professionnel**.

■ **Si vous possédez déjà un diplôme de niveau V** (comme un CAP), vous êtes dispensé des épreuves d'enseignement général (français/ histoire – géographie enseignement moral et civique / mathématiques – sciences physiques et chimiques). Vous devez en revanche passer les épreuves d'enseignement professionnel : EP1 (dont Prévention Santé environnement), EP2 et EP3.

■ **Si vous vous présentez pour la seconde fois à l'examen** du CAP Accompagnant éducatif petite enfance, mais que vous n'avez pas obtenu le diplôme, vous pouvez garder le bénéfice de vos notes qui dépassent la moyenne et ne présenter que les autres épreuves (celles que vous n'avez pas pu valider ; aussi bien en enseignement général que professionnel).

2 Le contenu des épreuves

Les épreuves d'enseignement général

L'épreuve de Français, Histoire-Géographie et Enseignement moral et civique *– coefficient 3*

Cette épreuve permet d'apprécier :
– les qualités de lecture et d'analyse de textes documentaires ou fictionnels, de documents iconographiques et de documents de nature historique ou géographique ;
– les qualités d'organisation des informations et d'argumentation dans la justification des informations sélectionnées ;
– les qualités d'expression et de communication à l'oral et à l'écrit, en particulier la maîtrise de la langue.

Cette épreuve est **écrite et orale**, d'une durée de **2 heures 15 minutes.**
Les deux parties de l'épreuve (français et histoire-géographie), qui évaluent des compétences complémentaires, sont notées à part égale, **sur 10 points.**

■ **Première partie : français**
Le candidat répond par écrit à des questions de vocabulaire et de compréhension portant sur un texte fictionnel. Il rédige ensuite, dans une situation de communication définie par un type de discours, soit un récit, un dialogue, une description, un portrait ou une opinion argumentée (15 à 20 lignes), soit une courte production écrite répondant à une consigne en lien avec l'expérience professionnelle (15 à 20 lignes).

■ **Deuxième partie : histoire-géographie**
Le candidat se présente à l'épreuve avec 2 dossiers qu'il a préalablement constitué : l'un à dominante histoire, l'autre à dominante géographie.

Ces dossiers, composés chacun d'au maximum 3 pages, se réfèrent aux thèmes généraux du programme. Ils comprennent chacun 3 ou 4 documents de nature variée (textes, images, tableaux de chiffres, cartes...). Les documents sont accompagnés d'une brève analyse en réponse à une problématique liée à la situation historique et géographique étudiée dans le dossier.

L'examinateur choisit l'un des 2 dossiers. Le candidat présente oralement, pendant 5 minutes, le dossier retenu. La présentation est suivie d'un entretien (10 minutes maximum) au cours duquel le candidat justifie ses choix et répond aux questions.

En l'absence de dossier, le candidat peut néanmoins passer l'épreuve.

L'épreuve de mathématiques/sciences physiques et chimiques – *coefficient 2*

L'évaluation a pour objectifs :
– d'apprécier les savoirs et compétences des candidats ;
– d'apprécier leur aptitude à les mobiliser dans des situations liées à la profession ou à la vie courante ;
– de vérifier leur aptitude à résoudre correctement un problème, à justifier les résultats obtenus et à vérifier leur cohérence ;
– d'apprécier leur aptitude à rendre compte par écrit ou oralement.

Cette épreuve est **écrite**, d'une durée de **2 heures**. Elle comporte 2 parties écrites d'égale importance concernant l'une les mathématiques, l'autre la physique-chimie. Chaque partie écrite, d'une durée d'1 heure est notée sur 10 points.

Première partie : mathématiques

Le sujet se compose de plusieurs exercices avec des questions de difficulté progressive, recouvrant une part aussi large que possible des connaissances mentionnées dans le programme.
Les thèmes mathématiques concernés portent principalement sur les domaines de connaissances les plus utiles pour résoudre un problème en liaison avec la physique, la chimie, la technologie, l'économie, la vie courante...

Lorsque la situation s'appuie sur d'autres disciplines, aucune connaissance relative à ces disciplines n'est exigible des candidats et toutes les indications utiles sont fournies dans l'énoncé.

Deuxième partie : sciences physiques et chimiques

Le sujet porte sur des champs différents. Il se compose de 2 blocs d'exercices.
Un ou deux exercices restituent, à partir d'un texte (d'une dizaine de lignes au maximum) et éventuellement d'un schéma, une expérience ou un protocole opératoire. Quelques questions portant sur cette expérience décrite conduisent le candidat, par exemple :
– à montrer ses connaissances ;
– à organiser les observations fournies ;
– à en déduire une interprétation et, plus généralement, à exploiter les résultats.
Un exercice met ensuite en œuvre, dans un contexte donné, une ou plusieurs grandeurs et leurs relations entre elles. Les questions posées doivent permettre de vérifier que le candidat est capable :
– de montrer qu'il connaît le vocabulaire, les symboles, les grandeurs et les unités mises en œuvre ;
– d'indiquer l'ordre de grandeur d'une valeur, compte tenu des mesures fournies et du contexte envisagé ;
– d'utiliser des définitions, des lois et des modèles pour résoudre le problème posé.

Les épreuves d'enseignement professionnel

Ces épreuves permettent aux jurys d'évaluer vos compétences pour l'accueil et la garde des jeunes enfants, dans le cadre du milieu familial et de structures collectives. Ces compétences découlent directement des quatre grandes fonctions que vous assurerez en tant que titulaire du CAP Accompagnant éducatif petite enfance :
– l'accueil et la communication ;
– l'organisation ;
– les réalisations liées aux besoins fondamentaux de l'enfant ;
– l'accompagnement de l'enfant dans les actes de la vie quotidienne et dans son éducation.

L'épreuve EP1 : Accompagner le développement du jeune enfant
– coefficient 6 + 1 pour la Prévention Santé Environnement

Déroulement de l'épreuve :
C'est une épreuve orale qui repose sur un exposé du candidat suivi d'un entretien d'une durée totale de **25 minutes.**
Le candidat prépare deux fiches qu'il présente le jour de l'examen devant le jury : l'une relative à la réalisation d'un soin du quotidien et l'autre à l'accompagnement de l'enfant dans ses découvertes et ses apprentissages. Les fiches doivent présenter le contexte d'intervention et décrire des activités.

Les activités concernées par cette épreuve sont :
– accompagner l'enfant dans ses découvertes et ses apprentissages ;
– prendre soin et accompagner l'enfant dans les activités de la vie quotidienne.

Les compétences attendues sont :
– recueillir les informations, s'informer sur les éléments du contexte et de la situation professionnels à prendre en compte ;
– adopter une posture professionnelle adaptée ;
– mettre en œuvre les conditions favorables à l'activité libre et à l'expérimentation dans un contexte donné ;
– mettre en œuvre des activités d'éveil en tenant compte de la singularité de l'enfant ;
– réaliser des soins du quotidien et accompagner l'enfant dans ses apprentissages ;
– appliquer des protocoles liés à la santé de l'enfant.

L'épreuve prend appui sur une PFMP d'au moins 4 semaines en EAJE ou auprès d'un assistant maternel agréé ou d'un service d'aide à domicile offrant des prestations de garde d'enfants de moins de 3 ans répondant aux exigences.
L'épreuve peut également prendre appui sur une expérience professionnelle d'au moins 12 semaines en EAJE ou dans le contexte d'intervention professionnel du domicile.

L'épreuve de Prévention Santé Environnement – *Coefficient 1*
Cette épreuve est écrite et dure 1 heure; elle est intégrée à l'épreuve EP1 et est notée sur 20 points. L'épreuve évalue les compétences pour «Traiter une information», «Appliquer une méthode d'analyse dans une situation donnée», «Mettre en relation un phénomène physiologique, un enjeu environnemental, une disposition règlementaire, avec une mesure de prévention», «Proposer une solution pour résoudre un problème lié à la santé, l'environnement ou la consommation», «Argumenter un choix», et «Communiquer à l'écrit avec une syntaxe claire et un vocabulaire adapté». Le sujet comporte deux parties indépendantes.

La première est notée sur 10 points et traite de 3 thématiques : «L'individu responsable de son capital santé», «L'individu responsable dans son environnement», et «L'individu consommateur averti». Les questions permettent d'évaluer les compétences et les connaissances à partir d'une situation de la vie professionnelle ou quotidienne et d'appliquer une démarche d'analyse.

La deuxième est composée de deux parties et traite de : «L'individu dans son milieu professionnel, impliqué dans la prévention des risques». L'une des parties, notée sur 6 points, prend appui sur une situation professionnelle et la démarche d'analyse du risque et les connaissances relatives à l'environnement professionnel, et l'autre, notée sur 4 points, permet d'expliquer la conduite à tenir dans une situation d'urgence.

L'épreuve EP 2 : Exercer son activité en accueil collectif *– coefficient 4*

Déroulement de l'épreuve :
C'est une épreuve écrite d'une **durée d'1 h 30.** Elle comporte des questions qui évaluent tout ou partie des compétences et des savoirs du bloc de compétences « Exercer son activité en accueil collectif ».

Les activités concernées par cette épreuve sont :
– inscrire son action dans le réseau des relations enfant/parents/professionnels ;
– exercer son activité en école maternelle ;
– exercer son activité en EAJE et en ACM.

■ **Les compétences attendues sont :**
– coopérer avec l'ensemble des acteurs dans un but de cohérence, d'adaptation et de continuité de l'accompagnement ;
– établir une relation privilégiée et sécurisante avec l'enfant ;
– assurer une assistance pédagogique au personnel enseignant ;
– assurer des activités de remise en état des matériels et des locaux en école maternelle.

■ Une PFMP d'au moins quatre semaines ou une expérience professionnelle d'au moins 12 semaines en école maternelle ou en EAJE ou en ACM (moins de 6 ans) **est exigée pour présenter l'épreuve EP2**.

L'épreuve EP 3 : Exercer son activité en accueil individuel – *coefficient 4*

■ **Déroulement de l'épreuve :**
C'est une épreuve orale qui repose sur un exposé du candidat suivi d'un entretien d'une durée totale de **25 minutes**. Un temps de préparation éventuel est prévu de 1 h 30.
Le candidat présente un projet d'accueil élaboré à partir d'un ensemble documentaire.
Les AMA et les employés à domicile ont la possibilité de présenter un projet d'accueil réel qui prend appui sur leur contexte d'intervention professionnel du domicile. L'AMA ou l'employé à domicile qui fait ce choix au moment de l'inscription au diplôme dépose un dossier présentant le projet d'accueil à la date fixée par le Recteur (5 pages au maximum). En l'absence du dépôt du projet d'accueil à la date fixée par le Recteur, le candidat n'est pas autorisé à passer l'épreuve.

■ **L'activité concernée par l'épreuve est :**
exercer son activité a son domicile, celui des parents ou en maison d'assistants maternels.

■ **Les compétences attendues sont :**
– organiser son action et négocier le cadre de l'accueil ;
– assurer les opérations d'entretien du logement et des espaces réservés à l'enfant ;
– élaborer des repas.

3 L'ouvrage comme outil de préparation à l'épreuve

Cet ouvrage est une préparation axée sur l'**enseignement professionnel**, c'est-à-dire pour les trois épreuves professionnelles : EP1, EP2 et EP3 et pour l'épreuve de PSE.
Pour vous préparer au mieux il propose pour chaque épreuve :
– **des fiches de révision** ;
– **des entrainements** conçus aux plus près des attentes spécifiques de chaque épreuve : QCM pour s'autoévaluer, aide à l'élaboration des deux fiches à présenter lors du passage de l'épreuve EP1, des questions ouvertes pour l'épreuve EP2 et une aide à la construction de votre projet d'accueil pour EP3.

■ **Les fiches de révision**
Les fiches concernent soit des savoirs théoriques, soit des techniques professionnelles.

■ **Les QCM**
Cet entrainement sous forme d'autoévaluation permet de vérifier vos connaissances.
Ils sont proposés à la fin des parties EP1 et EP3 et leurs corrigés sont fournis en fin de partie.

■ **Une aide à l'élaboration des fiches EP1**
Des propositions de plans de fiches vous permettent de cibler l'essentiel et d'aborder l'ensemble des éléments nécessaires à la réalisation des techniques que vous aurez choisies. Cet exemple vous aidera également à préparer votre prestation orale.

■ **Des entraînements à l'épreuve EP2**
Les exercices proposés vous permettent de vous entrainer à l'épreuve qui repose sur des questions de connaissances contextualisées.

■ **Une aide à la construction de votre projet d'accueil pour l'épreuve EP3**
L'ouvrage propose une méthodologie vous permettant de construire un projet dans son ensemble.

■ **Suets corrigés et QCM d'entraînement à retrouver en ligne.**

EP1

Accompagner le développement du jeune enfant

FICHE SAVOIR

1 Le cadre politique et administratif de la France

A Le cadre politique

1 Les fondements de la Ve République

Tout État dispose d'une **Constitution**. C'est un ensemble de lois qui a pour objectif de protéger les droits des citoyens et de garantir les libertés publiques. La constitution française date de 1958.

Le Président de la République française est élu pour cinq ans au suffrage universel direct, par un scrutin uninominal (1 seul nom sur la liste) majoritaire à 2 tours.

La République française est fondée sur le principe de séparation des 3 pouvoirs :
- le pouvoir **législatif** (le vote des lois est effectué par le parlement) ;
- le pouvoir **exécutif** (l'application des lois est organisée par le Président de la République et le gouvernement) ;
- le pouvoir **judiciaire** (les juges veillent au respect des lois).

2 Le gouvernement

Le Président de la République nomme le Premier ministre et les autres membres du gouvernement et il préside le Conseil des ministres. Le Premier ministre choisit les ministres et il dirige l'action du gouvernement (il est le chef du gouvernement).

3 Les élections

Pour être électeur, il faut : être de nationalité française ; avoir au minimum 18 ans ; être inscrit sur les listes électorales ; ne pas être privé de ses droits civiques ; résider dans la commune du vote depuis 6 mois.

4 Le Parlement

Il comprend **l'Assemblée nationale**, où siègent les députés, et le **Sénat** où siègent les sénateurs. Le parlement détient le pouvoir de voter les lois.

	Députés	Sénateurs
Mode d'élection	– suffrage universel direct – scrutin uninominal majoritaire à 2 tours	– suffrage universel indirect (collège de grands électeurs) – mode de scrutin variable selon le nombre de sièges à pourvoir dans le département
Durée du mandat	5 ans	6 ans (renouvellement des sièges par moitié tous les 3 ans)
Consignes d'éligibilité	avoir 18 ans	avoir 24 ans
	– être de nationalité française ; – jouir de ses droits civils et politiques ; – ne pas être inéligible (cas d'inéligibilité liés à la personne ou à la fonction).	

B Le cadre administratif

1 La déconcentration

C'est le transfert d'un pouvoir de décision à un agent local de l'État.

■ **Le maire est le représentant de l'État dans la commune** (il veille à l'application des lois de l'État et des règlements dans sa commune).

■ **Le préfet de département est le représentant de l'État dans le département**; il dirige les services extérieurs de l'État dans le département: la délivrance des cartes grises, les services administratifs de l'enseignement, de la police, du social (DDCS : Direction départementale de la cohésion sociale)...

■ **Le préfet de région dirige les services déconcentrés de l'État au sein de la région** : les services de l'intérieur (police nationale), les services du social (DRJSCS : Direction Régionale de la Jeunesse, des Sports et de la Cohésion Sociale)...

2 La décentralisation (loi du 2 mars 1982, loi Defferre)

L'État partage ses pouvoirs avec les collectivités locales. Celles-ci sont responsables de l'application des plans dans leur territoire.

a) L'organisation territoriale

	Commune	Département	Région
Assemblée territoriale	Conseil Municipal	Conseil départemental	Conseil Régional
Organe exécutif	Maire plus adjoints, élus par les conseillers municipaux.	Président du conseil départemental, élu par les conseillers départementaux.	Président du conseil régional, élu par les conseillers régionaux.
Organe délibérant	Conseil municipal.	Conseil départemental.	Conseil régional.
Nom des élections	Elections municipales	Elections départementales	Elections régionales
Modalités d'élections	Pour les communes de moins de 3 500 habitants : scrutin majoritaire de liste à 2 tours. Pour les communes de plus de 3 500 habitants ; scrutin de liste majoritaire au 1er tour et à la proportionnelle au 2e tour.	Élection par canton au scrutin binominal majoritaire à 2 tours.	Élection par département sur une liste régionale. Le scrutin combine les règles du scrutin majoritaire et proportionnel.
Durée du mandat	6 ans	6 ans	6 ans
Conditions d'éligibilité	Être français, jouir de ses droits civils et politiques. Avoir au moins 18 ans pour le conseiller municipal et le maire et 21 ans pour le conseiller départemental et le conseiller régional.		
Représentant de l'État	Maire	Préfet du département	Préfet de région

b) Les compétences des collectivités territoriales

■ **La commune**

Le maire gère l'administration des services communaux: voirie (qui s'occupe de l'entretien des routes), assainissement, restaurants municipaux, services d'action sociale (CCAS) et services culturels.

■ **Le département**

Le Conseil départemental est compétent pour : la construction et le financement des collèges, la gestion de l'action sociale (Aide Sociale à l'Enfance, Protection Maternelle et Infantile, l'aide sociale aux familles, aux personnes âgées et handicapées). Depuis 2015, la métropole de Lyon exerce des compétences départementales sur son territoire ; le conseil de Paris cumule les fonctions de conseil municipal et de conseil départemental ; les conseils généraux de Martinique et de Guyane deviennent depuis janvier 2016 les assemblées de Martinique et de Guyane.

■ **La région**

La loi a prévu un nouveau découpage passant de 22 à 13 régions (1er Janvier 2016). Le conseil régional est compétent pour coordonner les actions de développement économique, l'élaboration d'un schéma régional de transport, la construction, l'équipement et le fonctionnement des lycées, la mise en œuvre de la politique de formation des travailleurs sociaux et des professions paramédicales, la formation professionnelle et l'apprentissage.

2 La protection sociale de la famille

A Les systèmes de protection sociale

1 Le régime général de la sécurité sociale

a) Les 4 branches

■ **L'assurance-maladie** : elle assure la gestion des risques liés à la maladie, la maternité, l'invalidité, le décès.

■ **L'assurance vieillesse** : elle verse les retraites et accorde des avantages sociaux aux personnes âgées.

■ **Les allocations familiales** : elles versent les prestations familiales, pour le compte de l'état : l'aide personnalisée au logement, l'allocation logement social, l'allocation aux adultes handicapés, le revenu minimum d'insertion.

■ **L'assurance accident du travail, maladie professionnelle** : elle assure la gestion des risques d'accidents du travail et de trajet et les maladies professionnelles.

b) Les conditions pour bénéficier des prestations

Toute personne résidant en France peut percevoir des prestations familiales pour ses enfants. Un enfant est considéré à charge au maximum jusqu'à 16 ans ou au-delà (20 ans) en fonction de la situation.

c) Les prestations :

- les allocations familiales ;
- le complément familial ;
- l'allocation de soutien familial ;
- le RSA pour les parents isolés ;
- l'allocation de rentrée scolaire ;
- l'allocation de présence parentale ;
- l'allocation d'éducation de l'enfant handicapé (AEEH) ;
- la prestation d'accueil du jeune enfant (PAJE) (comprenant la prime de naissance, l'allocation de base, le complément de libre choix d'activité, le complément de libre choix de mode de garde).

2 L'aide sociale

Domaines	Prestations de l'État	Prestations du département
Santé	Aide médicale destinée aux étrangers en situation irrégulière, aux personnes soignées sur le territoire français.	
Personnes handicapées		Prestation de compensation du handicap (PCH).
Garantie de ressources		RSA : revenu de solidarité acive.
Enfants		Allocations mensuelles. Placements en établissements. Placements familiaux.

Elle est apportée par la collectivité territoriale (le département) aux personnes dont les ressources sont insuffisantes.

3 Les organismes complémentaires

Les mutuelles

Ce sont des groupements de droit privé, à but non lucratif. Elles mènent des actions de prévoyance, de solidarité et d'entraide. L'adhésion à une mutuelle est facultative ; les ressources des mutuelles sont constituées par les cotisations des adhérents.

Les régimes complémentaires de retraite et de prévoyance

Ils versent des retraites en complément de celles versées par l'assurance vieillesse du régime général de sécurité sociale. L'adhésion est obligatoire.

Les assurances privées

Ce sont des organismes à but lucratif, basés sur des versements de primes. La prime demandée est calculée en fonction de la fréquence du risque.

B Les prestations familiales

1 Les prestations sans conditions de ressources

L'allocation d'éducation de l'enfant handicapé (AEEH) : elle est versée suite à une décision de la commission des droits et de l'autonomie (CDA), qui apprécie si l'état ou le taux d'incapacité de l'enfant justifie l'attribution de cette allocation. Son attribution de base et ses compléments éventuels ne font pas obstacle au versement des prestations familiales.

2 Les prestations sous conditions de ressources

Les allocations familiales : toute personne ayant au moins 2 enfants à charge de moins de 20 ans peut bénéficier de ces allocations. Depuis 2015, leur montant varie selon les ressources.

La prestation d'accueil pour jeune enfant (PAJE) regroupe plusieurs prestations :

- la prime à la naissance (délivrée au 7e mois de grossesse) ;
- l'allocation de base (de la naissance de l'enfant jusqu'à ses 3 ans) ;
- le complément de libre choix du mode de garde (pour la garde à domicile) ;
- le complément de libre choix d'activité (compensation pour les personnes qui réduisent ou arrêtent leur travail pour s'occuper de leur enfant âgé de moins de 3 ans).

Le complément familial est versé aux parents assumant la charge d'au moins 3 enfants de plus de 3 ans.

L'allocation de rentrée scolaire est attribuée dès le premier enfant de plus de 6 ans, sous conditions de ressources.

Le RSA, revenu de solidarité active est versée au parent assumant seul la charge d'un enfant de moins de 3 ans et aux femmes enceintes seules.

3 La protection sanitaire de la famille et de l'enfant

A La PMI (Protection maternelle et infantile)

C'est un ensemble de mesures sanitaires et sociales, visant à protéger la future mère, la mère, et l'enfant de moins de 6 ans.
Ce service est placé sous **l'autorité du président du Conseil Général** de chaque département.
Elle a pour mission d'organiser :

- **des mesures de prévention médicale, psychologique, sociale et d'éducation pour la santé en faveur des futurs parents et des enfants** : consultations prénatales et postnatales, actions de prévention médicosociale en faveur des femmes enceintes, consultations infantiles et actions de prévention médicosociale en faveur des enfants de moins de 6 ans.
- **des actions de prévention et de dépistage des handicaps des enfants de moins de 6 ans ainsi que des actions de conseils aux familles pour la prise en charge de ces handicaps** : dépistage lors des consultations infantiles et lors du bilan de 4 ans.
- **la surveillance et le contrôle des établissements et services d'accueil des enfants de moins de 6 ans**, ainsi que des assistantes maternelles.
Le **carnet de santé** est un document remis par l'officier d'état civil à la naissance de l'enfant. Il permet le suivi médical de l'enfant.
- **La loi du 7 mars 2007 réformant la protection de l'enfance** contient un volet sur le rôle de la PMI et met l'accent sur une prévention précoce autour de la grossesse et de la naissance :
– mise en place d'un entretien psycho-social systématique au 4e mois de grossesse ;
– bilan de santé des enfants de 3 à 4 ans, afin de diagnostiquer des troubles du développement psychomoteur.

B Le Service de promotion de la santé en faveur des élèves

À partir de 6 ans, ce service prend la relève de la PMI. La mission de promotion de la santé en faveur des élèves a pour objectif spécifique de veiller au bien être des élèves, de contribuer à leur réussite et de les accompagner dans la construction de leur personnalité.
Ces missions sont confiées aux infirmières et aux médecins de l'Éducation Nationale.

C Les vaccinations et examens

Ils sont mis en place par la PMI. Leur but est de protéger l'individu de certaines maladies.

1 Les vaccinations

Certaines vaccinations sont obligatoires (car elles protègent contre des maladies graves), d'autres sont conseillées.

Les vaccinations obligatoires

Depuis le 1er janvier 2018, 11 vaccins sont obligatoires et conditionnent, pour les enfants nés à partir du 1er janvier 2018, l'entrée en collectivité.

Vaccinations contre	Pourquoi ?
La diphtérie	La diphtérie et le tétanos peuvent entraîner le décès de l'individu.
Le tétanos	
La poliomyélite : **DTP** (DTCP)	La poliomyélite peut laisser des séquelles irréversibles (paralysies).
– La rougeole – Les oreillons – La rubéole = **ROR** *(Rouvaux, Rudivax, Immovax)*	– La rougeole, peut provoquer de graves complications pulmonaires et neurologiques (encéphalite). – Les oreillons chez les garçons après l'âge de la puberté peuvent entraîner la stérilité. – La rubéole, maladie bénigne chez l'enfant, peut être grave lorsqu'elle est contractée par une femme enceinte au cours des 3 premiers mois de la grossesse (risques de malformations fœtales), d'où la nécessité de conseiller la vaccination.
La méningite (associée au DTCP)	La méningite *Haemophilus influenzae b* peut entraîner le décès ou laisser des séquelles.
L'hépatite B	L'hépatite B est une maladie contagieuse qui peut être grave et peut entraîner dans certains cas le décès.
La coqueluche : **Coq** (DTCP)	La coqueluche peut entraîner le décès par les quintes de toux provoquées.
Les infections à pneumocoque	
Les infections invasives à méningocoque de sérogroupe	

Les vaccinations conseillées

Vaccinations contre	Pourquoi ?
La tuberculose : **le BCG** (bacille Calmette-Guérin)	La tuberculose est contagieuse et demande un long traitement.

Depuis 2007, la vaccination contre **la tuberculose (le BCG)**, est ciblée sur certaines populations à risque.

2 Les examens médicaux et dépistages

Ils sont au nombre de 20 entre la naissance et l'âge de 6 ans, dont 9 examens au cours de la 1re année : **dans les 8 jours** suivant la naissance (= certificat de santé) ; **lors des 1er mois, 2e mois, 3e mois, 4e mois, 5e mois, 6e mois, 9e mois** (certificat de santé), et **12e mois** ; lors des **16e mois, 20e mois et à l'âge de 2 ans** (certificat de santé) ; **2 examens par an** entre **2 ans et 6 ans.**

Ces examens ont pour objet : de surveiller la croissance staturo-pondérale, le développement physique, psychomoteur et affectif de l'enfant ; de dépister précocement d'éventuelles déficiences et anomalies ; de pratiquer les vaccinations.

Un bilan de santé est réalisé pour les enfants scolarisés en école maternelle vers l'âge de 3-4 ans. Il se fait en présence des parents et permet le dépistage de troubles sensorimoteurs et psychoaffectifs.

FICHE SAVOIR

4 La protection de l'enfance en danger

A Les signes de maltraitance et les facteurs de risque

Les « enfants en danger » sont l'ensemble des enfants maltraités et des enfants en risque.

■ **L'enfant maltraité** est celui qui est victime de violences physiques, de cruauté mentale, d'abus sexuels ou de négligences lourdes ayant des conséquences graves sur son développement physique et psychologique.

■ **L'enfant en risque** est celui qui connaît des conditions d'existence qui risquent de mettre en danger sa santé, sa sécurité, sa moralité, son éducation ou son entretien, mais qui n'est pas pour autant maltraité.

Signes physiques
– Présence de lésions sur la peau (brûlures, morsures, griffures, ecchymoses, cheveux arrachés…). – Fractures multiples à des âges différents. – Traumatismes crâniens. – Lésions des viscères. – Vomissements répétés.

Signes psychologiques
– Enfant triste, replié sur lui-même. – Enfant agressif à l'égard de lui-même et des autres. – Enfant semblant dépourvu d'émotions. – Enfant souffrant d'anorexie.

Les facteurs de risque
– Des parents victimes de sévices ou de carences affectives graves durant leur enfance. – Des parents séparés de leur enfant juste après sa naissance (hospitalisation du nouveau-né) ou à plusieurs reprises ensuite. – Des couples séparés ou remariés. – Des parents affectivement immatures. – Des parents victimes de l'alcoolisme, de la promiscuité, de la drogue ou de la misère.

Ces signes ne sont pas systématiquement des symptômes de maltraitance, mais s'ils sont répétés, ou associés, ils doivent alerter les professionnels.
La prévention repose sur l'information du public et le numéro d'appel gratuit **« allo enfance maltraitée », le 119**.

B Le signalement des maltraitances

Un texte de loi prévoit, dans le cas d'enfants victimes de sévices, **l'obligation de signalement par tout citoyen** (s'il ne le fait pas, il est coupable de non-assistance à personne en danger) et **la levée du secret professionnel**.

1 Les obligations pesant sur tout citoyen

– L'*article 62 alinéas 2* du code pénal impose à toute personne qui a connaissance de sévices ou privations infligées à un mineur, d'en avertir les autorités administratives ou judiciaires.
– L'*article 63* du code pénal impose à tout citoyen, lorsqu'un mineur est en situation de péril, de lui porter secours soit par son action personnelle, soit en provoquant un secours. Faute d'agir ainsi, il se rendrait coupable de non-assistance à personne en danger.

2 La levée du secret professionnel

L'*article 378, alinéa 2* du code pénal donne aux professionnels tenus au secret, la possibilité d'informer les autorités administratives ou judiciaires des sévices ou privations sur mineur dont ils ont eu connaissance à l'occasion de l'exercice de leur profession, et de témoigner en justice.

3 Le mode de signalement de sévices

■ **Par voie judiciaire** : auprès de la brigade des mineurs, de la police ou la gendarmerie, auprès du procureur de la République, ou du juge des enfants.

■ **Par voie administrative** : auprès du conseil Départemental, à la mairie, à l'assistante sociale, au médecin de la PMI.

C La protection sociale du mineur

Quand la protection de la famille est inadaptée ou insuffisante, l'enfant peut bénéficier d'une protection sociale. Il existe **2** types de protection sociale : **la protection judiciaire et la protection administrative.**

a) La protection judiciaire

Elle est sous la responsabilité **du juge des enfants** qui intervient dans 2 cas :
– lorsque l'enfant est en danger ou maltraité (il y alors une intervention des travailleurs sociaux ou un placement dans un service de l'ASE) ;
– lorsque l'enfant commet un délit.

b) La protection administrative : l'Aide Sociale à l'Enfance (ASE)

C'est un service départemental placé sous l'autorité du Président du Conseil Départemental.

■ **Les objectifs de ce service sont :**
– d'apporter un soutien éducatif, psychologique aux mineurs, à leurs familles, aux mineurs émancipés et aux jeunes majeurs de moins de 21 ans ;
– d'organiser des actions pour prévenir la marginalisation et faciliter l'insertion des jeunes et des familles ;
– de mener des actions de prévention de la maltraitance.

■ **Les actions du service de l'ASE sont :**
– les aides à domicile (aide financière, intervention de travailleurs sociaux...) ;
– l'AEMO : l'Aide Éducative en Milieu Ouvert ;
– le placement de l'enfant au service de l'ASE.

■ **Les moyens dont dispose l'ASE sont :**
– un personnel administratif ;
– un personnel spécialisé : éducateur spécialisé, assistant de service social, travailleuse familiale ;
– des familles d'accueil ;
– des établissements accueillant les enfants : foyer de l'enfance départemental, internat scolaire, village d'enfants, maisons d'enfants à caractère social...

■ **Les enfants protégés par le service de l'ASE**

Enfants laissés dans le milieu familial	Enfants placés au service de l'ASE		
Enfants dont la famille bénéficie : – d'une aide financière ; – d'une aide éducative.	Mineurs recueillis temporairement.	Mineurs placés sur décision de justice.	Pupilles de l'État.

FICHE SAVOIR

5 Le statut juridique de l'enfant et de la famille

A La structure de la famille et le statut du couple

1 Les différentes structures familiales

La famille nucléaire

C'est la famille restreinte, composée de personnes vivant dans un même foyer (souvent les parents et les enfants).

La famille monoparentale

Elle est constituée d'un seuil parent (soit la mère, soit le père) vivant sous un même toit avec ses enfants.

La famille recomposée

C'est une nouvelle famille (père, mère, enfants) composée à partir d'au moins une première famille après un divorce, une séparation…

2 Les différents statuts du couple

Le mariage

Le mariage juridique est l'acte juridique qui unit deux individus qui ont décidés de vivre ensemble. Les effets du mariage sont fixés par la loi. Le Code civil fixe les conditions requises, les formalités, le déroulement, les effets ert les obligations du mariage. La loi du 17 mai 2013 permet aux personnes de même sexe de se marier.

Le concubinage

C'est l'union libre de deux personnes.

Le Pacs (pacte civil de solidarité)

C'est un contrat liant deux personnes vivant en couple qui ne peuvent ou ne veulent pas se marier, mais qui, quel que soit leur sexe, ont un projet de vie commune.

3 La dissolution du couple

La dissolution du couple est la conséquence :
- du décès d'un des conjoints : le veuvage ;
- de la séparation des époux : le divorce ;
- de la séparation du couple pacsé : la rupture du contrat établi à la mairie.

Les différentes formes de divorce

Le divorce dissout les liens juridiques du mariage. Il existe 4 procédures de divorce :
- le divorce par consentement mutuel ;
- le divorce demandé par l'un des conjoints et accepté par l'autre ;
- le divorce pour altération définitive du lien conjugal ;
- le divorce pour faute.

Les conséquences du divorce sur les enfants

La séparation des parents n'a pas d'incidence sur l'exercice de l'autorité parentale. L'autorité parentale peut être exercée soit par les deux parents, soit par l'un des deux.

Le juge aux affaires familiales

Le juge décide de la résidence principale de l'enfant et il fixe les devoirs de chacun des parents.

Le juge peut priver les parents de leur autorité parentale, s'ils sont dans l'incapacité de l'exercer.

B Les filiations biologique et adoptive

1 La filiation biologique

La filiation légitime et la filiation naturelle disparaissent pour laisser place au concept de **filiation biologique** (la filiation par laquelle les géniteurs deviennent parents).

2 La filiation adoptive

Elle résulte d'une procédure d'adoption, c'est une **filiation juridique** (non biologique).

Le Code civil reconnaît deux types d'adoption :

– **l'adoption simple** (possible quel que soit l'âge de l'adopté ; elle ne brise pas les liens avec la famille d'origine) ;

– **l'adoption plénière** (possible pour les enfants de moins de 15 ans ; elle entraîne une nouvelle filiation qui se substitue à celle d'origine ; l'adopté prend le nom de l'adoptant).

C L'autorité parentale

C'est un **ensemble de droits et de devoirs des parents**, ayant pour finalité l'intérêt de l'enfant.

Les attributs de l'autorité parentale sont les suivants :

– protéger l'enfant en préservant sa sécurité, sa santé et sa moralité ;

– assurer son éducation et permettre son développement.

L'autorité parentale peut être exercée par les deux parents, par un seul parent ou par une tutelle. **Le contrôle de l'autorité parentale se fait par le juge aux affaires familiales (JAF)** qui prévoit un retrait de l'autorité parentale en cas de danger pour l'enfant.

La loi du 31 mars 2006 pour l'égalité des chances prévoit un « contrat de responsabilité » qui vise à responsabiliser les parents, à lutter contre les incivilités et l'absentéisme scolaire, en instituant un dispositif de suspension des allocations familiales ou d'autres sanctions prises par le président du conseil départemental.

D Les droits de l'enfant

Avant sa majorité (18 ans), l'enfant n'a pas de capacité juridique, ce sont ses parents et la société qui doivent défendre ses droits.

La Convention internationale des droits de l'enfant a été ratifiée par plusieurs pays, membres de l'ONU, qui s'engagent à la respecter.

La loi du 3 décembre 2001 prévoit que tous les enfants bénéficient des mêmes droits quelle que soit leur filiation.

Depuis le 1er janvier 2005, les règles d'attribution du nom de famille permettent aux parents de choisir le(s) nom(s) de leurs enfants (nom du père, nom de la mère, leurs deux noms accolés dans un ordre choisi et dans la limite d'un seul nom de famille).

6 Les modes d'accueil du jeune enfant

A Les établissements d'accueil collectif

1 Leur statut

Ils peuvent être gérés par des associations, des collectivités territoriales (souvent la commune), des Caisses d'Allocations Familiales (C.A.F.), une entreprise (personne morale de droit privé) ou un établissement public (par exemple un hôpital).

2 Les différents établissements d'accueil collectif d'enfants de moins de 4 ans

- **Les établissements « d'accueil collectif régulier » (crèche collective)** proposent un accueil régulier à temps plein ou partiel pour les enfants de moins de 3 ans. Le nombre de places est limité à 60 places maximum.

- **Les établissements « d'accueil collectif régulier et d'accueil collectif occasionnel » (structure multi-accueil)** proposent des temps d'accueil variables : réguliers ou occasionnels ; ils peuvent aussi proposer un accueil familial (au domicile d'une assistante maternelle agrée employée par la structure).

- **Les établissements « d'accueil collectif occasionnel » (halte-garderie)** correspondent à un besoin de garde temporaire, à temps partiel et de manière occasionnelle pour des enfants de moins de 6 ans.

- **Les jardins d'enfants** sont des passerelles qui accueillent les enfants de 2 à 3 ans qui ont fréquenté les structures collectives de type crèche, avant l'entrée à l'école.

- **Les jardins d'éveil** (créés par le décret de juin 2010) sont des établissements préparant « l'intégration dans l'enseignement du premier degré ». Ils accueillent entre 12 et 80 enfants de moins de 2 ans jusqu'à 3 ans.

- **Les microcrèches sont des établissements « d'accueil collectif »** dont la capacité est limitée à 10 places ; elles ont une souplesse de fonctionnement, notamment en terme d'horaires d'ouverture.

3 Les établissements d'accueil parental

Ils sont gérés par les parents (associations) qui participent activement à la garde des enfants (20 places maximum). Une professionnelle qualifiée est employée et assure le suivi éducatif des enfants.

4 L'accueil familial

Il est assuré par des établissements qui emploient et rémunèrent des assistantes maternelles agréées, qui gardent des enfants à leur domicile.
L'enfant bénéficie d'un accueil individualisé au domicile de l'assistante maternelle et de regroupements avec d'autres enfants au sein de l'établissement.

B L'accueil individuel de l'enfant

Les assistantes maternelles agréées employées par des particuliers sont indépendantes. Les parents sont les employeurs, c'est à eux d'établir un contrat de travail.
Les assistantes maternelles obtiennent un **agrément** délivré par le Conseil Départemental de leur Département. Elles doivent alors s'engager à suivre une formation obligatoire.

Elles peuvent accueillir, à leur domicile ou dans une maison d'assistantes maternelles, jusqu'à 4 enfants mineurs généralement âgés de moins de 6 ans.

C Les maisons d'assistantes maternelles (Mam)

Depuis 2010, les assistantes maternelles agréées ont la possibilité de se regrouper et d'exercer leur métier en dehors de leur domicile, dans des « Maisons d'assistantes maternelles ». Ces Mam regroupent jusqu'à 4 assistantes maternelles qui ont la possibilité d'accueillir chacune un maximum de 4 enfants simultanément. Elles doivent être agréées.

D Les Relais d'Assistantes Maternelles (RAM)

Ils peuvent être gérés par une collectivité territoriale (commune, communauté de communes), un centre communal ou intercommunal d'action sociale, une association, une mutuelle…

Ils ont pour vocation d'être un lieu ressources, d'information, de rencontre et d'échange destiné aux parents, aux assistantes maternelles et aux professionnels de la petite enfance. Ils apportent aussi un soutien et un accompagnement des familles dans la recherche d'un mode d'accueil.

E Les accueils collectifs de mineurs

Ils accueillent des enfants dès 3 ans (centre de loisirs maternels par exemple) en dehors du temps scolaire.

Tous ces établissements sont soumis au respect d'une réglementation et font l'objet d'un avis ou d'une autorisation de fonctionnement délivrée par le Président du conseil départemental après avis des services de la protection maternelle et infantile (Pmi) et un contrôle de la DDCS.

Aspects réglementaires	Accueils avec hébergement	Accueils sans hébergement
Effectif	Supérieur ou égal à 7 mineurs.	Supérieur ou égal à 7 mineurs et inférieur à 300.
Durée minimum de fonctionnement	Supérieure à 4 nuits consécutives.	Pendant au moins 14 jours pendant l'année.

F Les accueils périscolaires organisés dans le cadre d'un PEDT

Le projet éducatif territorial (PEDT) est élaboré à l'initiative de la collectivité (commune ou de l'EPCI) et validé par le Préfet, le DASEN et le directeur de la CAF. Il est matérialisé par une convention.

Le PEDT est un cadre partenarial visant à favoriser la complémentarité des temps éducatifs. Il prévoit prioritairement, des activités proposées pendant le temps périscolaire aux enfants scolarisés dans les écoles primaires du territoire concerné.

Le temps périscolaire est constitué des heures qui précèdent et suivent la classe durant lesquelles un encadrement est proposé aux enfants scolarisés. Il s'agit :
- de la période d'accueil du matin avant la classe ;
- du temps méridien (comprenant un temps de restauration) ;
- de l'après-midi, si il y a classe le matin (mercredi ou samedi ou après-midi libérés) ;
- de la période d'accueil du soir après la classe.

FICHE SAVOIR

7 Les personnels des établissements et services d'accueil du jeune enfant

A Les professionnels des établissements d'accueil collectif

Concernant le recrutement, la loi prévoit à l'article R 2324-33 que : *« **Aucune personne ayant été condamnée** pour des faits contraires à l'honneur, à la probité et aux bonnes mœurs **ne peut être recrutée** comme personnel d'un établissement ou d'un service ».*

1 Le personnel de direction

Les établissements d'accueil collectif de plus de 40 places sont dirigés par un/une puéricultrice avec 3 ans d'expérience ou docteur en médecine.
Les établissements d'accueil collectif de 20 à 40 places : ont dirigés par une puéricultrice avec 3 ans d'expérience, un docteur en médecine ou un éducateur de jeunes enfants avec 3 ans d'expérience (le personnel doit avoir une infirmière).
Les établissements d'accueil collectif de moins de 20 places : sont dirigés par une puéricultrice ou un éducateur de jeunes enfants avec 3 ans d'expérience.

2 Le personnel encadrant les enfants dans les structures d'accueil

Il comprend une équipe pluridisciplinaire :
- des professionnels chargés des soins et de l'éducation des enfants : puéricultrices, éducateurs de jeunes enfants, auxiliaires de puériculture, infirmiers, psychomotriciens ;
- des professionnels titulaires d'autres qualifications (BEP, CAP petite enfance…) pour 60 % au plus de l'effectif.

Selon l'article R 2324-42 : *« Les personnels chargés de l'encadrement des enfants doivent être titulaires du diplôme d'État d'éducateur de jeunes enfants, du certificat ou du diplôme professionnel d'auxiliaire de puériculture (…)». Cependant, 50 % (au maximum) de l'effectif du personnel comprend des personnes titulaires des diplômes ou qualifications suivants : CAP petite enfance, technicien de l'intervention sociale et familiale (TISF), brevet d'état d'animateur technicien spécialisé «activités sociales et vie locale» option «petite enfance», BEP option «sanitaire et sociale», CAP fonctions d'aide à domicile ou diplôme d'Etat d'auxiliaire de vie sociale, diplôme d'Etat d'aide médico-psychologique, BEPA option «services aux personnes». »*
Les établissements doivent s'assurer du concours régulier d'un médecin qualifié en pédiatrie, ou généraliste possédant une expérience en pédiatrie.

3 Le taux d'encadrement

La loi prévoit qu'il y ait :
- un professionnel pour cinq enfants qui ne marchent pas ;
- un professionnel pour huit enfants qui marchent.

L'effectif du personnel présent auprès des enfants à tout moment ne doit pas être inférieur à deux, dont au moins un professionnel répondant aux conditions de qualification.

B les professionnels des micro-crèches

1 La direction

Les micro-crèches sont dispensées de désigner un directeur. Le gestionnaire de l'établissement est seulement tenu de désigner une personne physique, dénommée « référent technique », pouvant être distincte des personnes chargées de l'encadrement des enfants accueillis. Si cette personne n'est ni médecin, ni puéricultrice, ni EJE, le gestionnaire doit s'assurer du concours régulier d'une personne répondant à l'une de ces qualifications.

2 Les qualifications de l'équipe

Les 40 % de professionnels diplômés peuvent être des personnes qui justifient d'un diplôme au moins de niveau V dans l'accueil des jeunes enfants (comme CAP accompagnant éducatif petite enfance) et de 2 ans d'expérience professionnelle, ou d'une expérience professionnelle de 3 ans comme assistant maternel agréé.

C Les professionnels des jardins d'éveil

1 La direction

Elle est assurée soit par un professionnel répondant aux mêmes critères de diplôme que les autres établissements (médecin, puéricultrice, éducateur de jeunes enfants…) et d'expérience que les autres structures d'accueil.

2 Les qualifications de l'équipe

50 % du personnel chargé de l'encadrement des enfants sont : puéricultrice, éducateur de jeunes enfants, auxiliaire de puériculture, infirmier ou psychomotricien.

3 Le taux d'encadrement

Il est de 1 pour 12 enfants (et non 1/8 comme dans les autres d'établissements).

D Les professionnels des accueils collectifs de mineurs et PEDT

1 La direction

Les diplômes ou certifications requis sont : le diplôme d'État de directeur de projet d'animation et de développement (DEDPAD) ; le diplôme d'Etat relatif aux fonctions d'animation (DEFA) ; le diplôme d'État de conseiller d'éducation populaire (DECEP) ; le certificat d'aptitude à la promotion des activités socio-éducatives et à l'exercice des professions socio-éducatives (CAPASE) ; le brevet d'Etat d'animateur technicien de l'éducation populaire et de la jeunesse (BEATEP)…

2 Les qualifications de l'équipe

50 % de l'équipe d'animation doit être composée de titulaires d'un diplôme ou d'une des qualifications requises pour animer comme le BAFA (Brevet d'Aptitude aux Fonctions d'Animateur) et le BAFD (Brevet d'Aptitude aux Fonctions de Directeur).

3 Le taux d'encadrement

Aspects réglementaires	Accueils avec hébergement	Accueils sans hébergement
Quotas d'encadrement	Pour les mineurs de 6 ans et plus : 1/12 Pour les mineurs de moins de 6 ans : 1/8	Pour les mineurs de 6 ans et plus : 1/12 Pour les mineurs de moins de 6 ans : 1/8 En périscolaire : 1/14 En périscolaire avec uniquement des mineurs de moins de 6 ans : 1/10
Quotas d'animateurs qualifiés	Pourcentage d'animateurs qualifiés : 50 % au moins Pourcentage d'animateurs stagiaires : maximum 50 % Pourcentage d'animateurs non qualifiés : maximum 20 %	

Le **Décret du 1er août 2016 module les taux d'encadrement de 1/14 (moins de 6 ans) et 1/18 (plus de 6 ans)** dans les accueils périscolaires organisés **dans le cadre d'un PEDT** (Projet éducatif territorial) pour les enfants scolarisés.

8 L'école maternelle

L'école maternelle fait partie du **service public d'éducation : elle est gratuite** et au service de tous (implantée en milieu rural et en milieu urbain). Depuis la rentrée 2019, l'école maternelle est le début de l'instruction obligatoire, c'est-à-dire dès 3 ans au lieu de 6 ans auparavant.

A Ses objectifs éducatifs

Les enseignements à l'école maternelle sont organisés en 5 domaines d'apprentissage :
– mobiliser le langage dans toutes ses dimensions ;
– agir, s'exprimer, comprendre à travers l'activité physique ;
– agir, s'exprimer, comprendre à travers les activités artistiques ;
– construire les premiers outils pour structurer sa pensée ;
– explorer le monde.

B L'organisation et le fonctionnement de l'école

1 Les sections en école maternelle

Les élèves sont généralement répartis en école maternelle par tranches d'âges :
– de 2 à 4 ans en « petite section » ;
– de 4 à 5 ans en « moyenne section » ;
– de 5 à 6 ans en « grande section ».

L'école maternelle comprend uniquement les classes de maternelle : de la petite à la grande section. **L'école primaire** comprend les classes de maternelle et les classes d'élémentaire : de la petite section au CM2.
Les enfants de moins de 3 ans peuvent être scolarisés :
– dans une classe de l'école maternelle, spécifique et adaptée aux besoins des jeunes enfants ;
– dans des classes de l'école maternelle comportant un ou plusieurs niveaux ;
– dans un milieu mixte, associant services de petite enfance et école.

2 Les cycles pédagogiques

C'est le **décret du 24 juillet 2013 qui organise les 4 cycles pédagogiques** de l'école maternelle à la fin du collège.

■ **Le cycle 1 des apprentissages premiers**, correspond aux 3 niveaux de l'école maternelle : petite section, moyenne section, grande section.

■ **Le cycle 2, cycle des apprentissages fondamentaux**, regroupe : CP, CE1, CE2.

■ **Le cycle 3, cycle de consolidation**, correspond aux classes de : CM1, CM2 et 6e (mise en place du conseil école-collège entré en vigueur depuis la rentrée de septembre 2014).

■ **Le cycle 4, cycle des approfondissements**, comprend les classes de : 5e, 4e et 3e.

3 Les conseils

■ **Le conseil d'école**
Le conseil d'école est présent dans chaque école. Il vote le règlement intérieur de l'école, élabore le projet d'école (projet pédagogique), statue sur les propositions des équipes pédagogiques, donne son accord pour l'organisation d'activités complémentaires éducatives, sportives et culturelles.

Ce conseil d'école est composé :
- du directeur de l'école ;
- du maire ou de son représentant (un conseiller municipal chargé des affaires scolaires) ;
- des enseignants affectés à l'école ;
- des représentants élus des parents d'élèves ;
- du délégué départemental de l'Éducation nationale.

■ **Le conseil des maîtres**

Il est composé du directeur et des enseignants de l'école et il se réunit au moins une fois par trimestre.

■ **Le conseil de cycle**

Il permet d'élaborer le projet pédagogique du cycle et de l'école, et de faire le point sur la progression des élèves.

C Son financement

Le personnel enseignant dépend du ministère de l'Éducation nationale.
La gestion du matériel, la construction, le personnel (ATSEM : agents territoriaux spécialisés des écoles maternelles), l'entretien et l'aménagement des locaux, sont à la charge de la commune où l'école est implantée.

D L'admission de l'enfant à l'école maternelle

1 Les conditions

L'enfant doit être âgé d'au moins 2 ans, être en bonne santé, être vacciné (au minimum les vaccins obligatoires), être propre et habiter dans le quartier.
À la suite du décret de juillet 2007 supprimant l'obligation de la vaccination contre la tuberculose, **une circulaire précise que le BCG n'est plus exigé.**

2 Les documents à fournir pour l'inscription

Les parents doivent se munir du livret de famille, du carnet de santé et du certificat d'inscription délivré par le maire.

E Les personnels

L'équipe éducative comporte :

■ **Un directeur et des professeurs des écoles (ou instituteurs)**. Le directeur est chargé de l'organisation matérielle de l'école et des relations avec les parents.

■ **Des agents territoriaux spécialisés des écoles maternelles (ATSEM)** qui aident les enseignants. Ils sont mis à disposition par la commune. Ils sont chargés de l'assistance au personnel enseignant pour la réception, l'animation et l'hygiène des très jeunes enfants ainsi que de la préparation et la mise en état de propreté des locaux et du matériel servant directement à ces enfants. Ils peuvent assister les enseignants dans les classes ou établissements qui accueillent des enfants handicapés.

Les ATSEM peuvent aussi être chargés, en journée, des mêmes missions dans les accueils de loisirs en dehors du domicile parental des très jeunes enfants.

■ Cette équipe peut être complétée par une auxiliaire de vie scolaire et des agents de service.

■ L'équipe éducative travaille en liaison avec les **services de protection maternelle infantile (PMI)** et également avec un service spécialisé dépendant du ministère de l'Éducation Nationale, **le réseau d'aide spécialisée aux élèves en difficulté (RASED).**

9 Le cadre réglementaire : chartes, lois, règlements

La constitution de 1958 garantit à chacun l'exercice de droits fondamentaux (inspirés de la **Déclaration universelle des droits de l'homme et du citoyen** du 26 août 1789 et de la **Convention européenne des droits de l'homme et des libertés fondamentales** de 1950).
Ces droits sont : la liberté, l'égalité, la fraternité, la propriété, la sûreté, la résistance à l'oppression, le droit au juge, le droit à la démocratie, la situation des étrangers (reconnaissance des mêmes droits aux étrangers, à l'exception des droits civiques), et la protection des droits et libertés. La **Charte de l'environnement** de 2004, relative à la protection de l'environnement, a renforcé certains droits.

A Le droit

Le droit est l'ensemble des règles qui régissent les rapports des hommes vivant dans une même société. **La règle de droit est établie pour solutionner les conflits.** Elle s'applique à toutes les personnes. Elle **est obligatoire**. La personne qui viole une règle de droit est sanctionnée.
La règle de droit **accorde des droits aux personnes**. Elle leur **permet d'agir et d'être protégées** contre l'État et les autres individus.

B Les sources du droit

En France, **les règles de droit sont écrites.** Elles sont regroupées par thèmes dans les livres appelés **codes.**
Les principaux textes qui constituent les **sources du droit sont** :
– **la Constitution de la Vᵉ République du 4 octobre 1958** et son Préambule ;
– **la loi votée par les députés et les sénateurs**, promulguée par le Président de la République et publiée au journal officiel ;
– **les règlements** de l'autorité administrative (décrets, arrêtés ministériels) ;
– **les conventions et traités internationaux** ratifiés par la France ;
– **le droit communautaire et européen** : Conventions, Traités, directives et règlements des instances européennes (Traité sur l'union européenne ou la Convention européenne de sauvegarde des Droits de l'Homme et des Libertés fondamentales du 4 novembre 1950,...) ;
– **la jurisprudence**, c'est-à-dire les décisions de justice rendues par les tribunaux et les cours qui appliquent une règle de droit à des situations de faits ;
– **la coutume** qui est l'usage général et prolongé d'une règle reconnue comme étant le droit (le droit des peuples à disposer d'eux-mêmes...).

C La Loi rénovant l'action sociale et médicosociale

1 Les 4 axes de la loi du 2 janvier 2002

■ **Affirmer et promouvoir les droits des bénéficiaires** et **de leur entourage**, en définissant les droits et libertés individuels des usagers.

■ **Élargir les missions de l'action sociale et médicosociale** et diversifier les interventions des établissements et services concernés (deux principes guidant l'action : le respect de l'égale dignité de tous et l'accès équitable sur tout le territoire).

■ **Améliorer les procédures techniques de pilotage du dispositif**, renforcer la régulation et la coopération des décideurs et des acteurs.

■ **Soumettre à une procédure d'évaluation tous les établissements et services** (auto-évaluation tous les 5 ans et une évaluation externe tous les 7ans).

2 Les instruments établis pour favoriser le respect des droits des usagers

■ **Le livret d'accueil** (modifié par un arrêté le 15 mai 2008) : il est à la fois un outil de pédagogie pour l'usager et un élément de communication vers l'extérieur. La loi n'impose pas de contenu particulier, mais fait cependant obligation d'y annexer la charte des droits et libertés et le règlement de fonctionnement. La circulaire du 24 mars 2004 donne quelques recommandations : situation géographique, organisation générale de l'établissement...

■ **Le règlement de fonctionnement** (différent du règlement intérieur prévu dans le Code du travail pour les salariés) : il définit autant les droits de la personne accueillie que ses obligations au sein de l'établissement (organisation de l'établissement, affectation des locaux, sûreté des personnes et des biens...). Il est recommandé d'afficher le règlement et de le communiquer à chaque professionnel.

■ **La charte des droits et libertés :** elle a été élaborée dans un cadre interministériel (2003) ; douze droits sont définis (le droit à la vie privée et à l'intimité, l'individualisation de la prise en charge se traduisant par le droit à la pratique religieuse...).

■ **Le contrat de séjour ou document individuel** : il doit être signé avec l'établissement, impliquant «une relation d'égalité entre les signataires, une réciprocité dans les droits et devoirs de chacun d'eux, leur acceptation d'obligations respectives et leur responsabilisation».
– **Cet outil vise à expliciter** : les objectifs de la prise en charge, les prestations les plus adaptées qui peuvent être mises en œuvre, les mesures et décisions administratives, judiciaires, médicales, thérapeutiques ou d'orientation prises par les instances compétentes, en annexe, les tarifs et les conditions de facturation des prestations.
– **Il prend la forme d'un document individuel de prise en charge** lorsqu'il n'y a aucun séjour ou un séjour inférieur à 2 mois.

■ **Le conseil de la vie sociale (ou autre instance)** doit être mis en place pour associer les usagers au fonctionnement et à l'organisation de l'établissement (groupe d'expression, enquête de satisfaction...).

■ **Le projet d'établissement ou de service** : il doit constituer un outil d'implication des usagers à la vie de l'établissement. Il a une périodicité de 5 ans maximum. Les représentants des usagers doivent être consultés lors de son élaboration et de son actualisation.

■ **La personne qualifiée** : elle aide à résoudre un conflit individuel ou collectif et à faire valoir les droits de l'usager d'un établissement. L'usager choisit ce médiateur (magistrat à la retraite, élu à la retraite…) sur une liste.

D La Charte des droits fondamentaux de l'Union européenne (UE)

Elle a été proclamée le 7 décembre 2000. Mais, c'est le traité de Lisbonne de 2009 qui lui a donné la même valeur juridique que celle des traités. Elle comporte 54 articles définissant les droits fondamentaux des personnes au sein de l'UE. Ces droits sont répartis entre 6 valeurs : dignité, liberté, égalité, solidarité, citoyenneté et justice.

FICHE SAVOIR

10 Les différents projets

Le projet d'établissement (ou le projet de service) est un outil de travail qui a été généralisé par la loi du 2 janvier 2002. C'est une obligation réglementaire pour l'accueil de mineurs dans des centres de vacances et des centres de loisirs sans hébergement (*Décret 2002-885 du 3 mai 2002*).

A Le projet d'établissement (PE) et projet de service (PS)

1 Les finalités du projet d'établissement ou de service

C'est un document de référence ; il est suivi et révisé régulièrement. Il associe toutes les parties prenantes lors de son élaboration.

2 Le projet d'établissement ou de service et les autres documents institutionnels

Le projet d'établissement est un document qui permet de positionner l'établissement ou le service dans son environnement institutionnel. Il s'appuie sur :

■ **Les documents de positionnement institutionnel :**
– les arrêtés d'autorisation, agréments, habilitations et conventions administratives identifiant les missions de l'établissement ou du service ;
– les documents de programmation (schémas, plans…) permettant de visualiser le positionnement de la structure dans la réponse aux besoins des publics ;
– le projet associatif ou le projet d'entreprise quand il existe ;
– les données des divers observatoires sectoriels ou territoriaux ;
– les recommandations de bonnes pratiques professionnelles de l'Anesm et de la HAS.

■ **Les outils de la loi concernant les usagers :**
– le livret d'accueil, présentant les services proposés ;
– le règlement de fonctionnement, présentant les droits et obligations dans la structure ;
– les outils relatifs à l'élaboration et la formalisation des projets personnalisés ;
– le contrat de séjour ou le document individuel de prise en charge. Il précise les modalités concrètes de l'application de la charte des droits et libertés de la personne accompagnée, en explicitant les choix établis par l'équipe.

■ **Les outils de pilotage :**
– l'organigramme présentant à la fois les aspects hiérarchiques et fonctionnels ;
– les budgets, qui permettent de visualiser les moyens propres de la structure ;
– les référentiels relatifs à la démarche qualité (les processus, les objectifs) ;
– les procédures formalisées ;
– les outils de management (fiches de poste, codes de déontologie…).

B Le projet éducatif

1 Le projet éducatif en général

■ **Sa finalité**
Ce projet permet aux familles de connaître les objectifs de l'établissement (ou structure ou service) à qui elles confient leurs enfants et de confronter ces objectifs à leurs propres valeurs ou attentes.

■ **Son contenu**
Le projet éducatif est le reflet de l'engagement de la structure ou du service, de ses

priorités et de ses principes. Il traduit les valeurs éducatives que les professionnels de l'établissement souhaitent promouvoir à travers leurs activités et leurs relations avec les personnes accueillies. Il explique le sens de ses actions et fixe des orientations à travers les objectifs des actions éducatives.

Sa durée

C'est un projet pluriannuel le plus souvent, pour favoriser une continuité de l'action.

Sa mise en œuvre

Les équipes éducatives doivent connaître les priorités de la structure (ou établissement ou service) organisateur et les moyens mis à leur disposition.

2 En établissement d'accueil du jeune enfant (crèche)

Il est inclus dans le projet d'établissement qui contient : le projet social, le projet éducatif, le projet pédagogique et le projet de fonctionnement.

3 Le projet éducatif d'accueil de mineurs dans des centres de vacances et des centres de loisirs sans hébergement

Il prend en compte, dans l'organisation de la vie collective et lors de la pratique des diverses activités, les besoins psychologiques et physiologiques des mineurs. Lorsque l'organisateur accueille des mineurs valides et des mineurs atteints de troubles de la santé ou de handicaps, le projet éducatif doit prendre en compte les spécificités de cet accueil. Il définit les objectifs de l'action éducative des professionnels. Les personnes qui dirigent et animent le séjour dans un centre de vacances ou dans un centre de loisirs sans hébergement prennent connaissance du projet éducatif avant leur entrée en fonction. Elles sont informées des moyens matériels et financiers mis à leur disposition. Elles doivent élaborer en concertation avec les personnes qui animent le séjour un document (projet pédagogique) précisant les conditions de réalisation. Ce document prend en compte l'âge des mineurs accueillis.

Décrêt n° 2002-885 du 3 mai 2002 relatif au projet éducatif – article L. 227-4 du CASF

C Le projet pédagogique

Le projet pédagogique est la concrétisation des intentions éducatives. Il correspond à l'application directe du projet éducatif. Il applique les valeurs éducatives à un cadre spécifique.

Il définit des objectifs qui pourront être évalués. Il est élaboré en concertation avec l'équipe pédagogique. Le document contient des informations sur :
– la nature des activités proposées et les conditions de mise en œuvre ;
– la répartition des temps respectifs d'activité et de repos ;
– les modalités de participation des mineurs ;
– les mesures envisagées pour les mineurs atteints de troubles de la santé ou de handicaps ;
– les modalités de fonctionnement de l'équipe (directeur, animateurs…) ;
– les modalités d'évaluation de l'accueil ;
– les caractéristiques des locaux et des espaces utilisés.

D Le Projet Éducatif de Territoire (PEDT)

Les PEDT ont été mis en place à l'occasion de la nouvelle organisation du temps scolaire dans les écoles primaires depuis la rentrée 2013.

Ils formalisent une démarche permettant aux collectivités territoriales volontaires de proposer à chaque enfant un parcours éducatif cohérent avant, pendant et après l'école (activités périscolaires, voire extrascolaires).

FICHE SAVOIR

11 La législation en faveur des personnes handicapées

A Les mesures sanitaires pour prévenir les handicaps

Les quatre mesures indispensables à la prévention du handicap sont :
– **la vaccination** (antipoliomyélitique) ;
– **le dépistage prénatal** (diagnostic prénatal si grossesse à risque et surveillance médicale) ;
– **la surveillance de l'état de santé du nouveau-né** (dépistage de la phénylcétonurie, de la drépanocytose…) ;
– **une surveillance médicale** du nourrisson, puis du jeune enfant.

B La prise en charge des enfants handicapés

1 La législation

Plusieurs textes de loi, décrets et circulaires sont relatifs à l'"intégration scolaire des enfants handicapés (loi de juin 1975 d'orientation en faveur des personnes handicapées, *loi n° 2005-102 du 11 février 2005 pour l'égalité des droits et des chances, la participation et la citoyenneté des personnes handicapées*), qui prévoient la mise en œuvre du droit à la compensation des conséquences du handicap, à travers la prestation de compensation, la création des maisons départementales des personnes handicapées, de nouveaux droits aux parents d'enfants handicapés, et qui réaffirme le droit des enfants et des jeunes handicapés à être inscrits et si possible scolarisés dans l'école ou dans l'établissement scolaire « le plus proche de leur domicile »…

2 La CDA : Commission des Droits et de l'Autonomie

- Elle se prononce sur l'orientation de la personne handicapée et les mesures à prendre pour assurer son insertion scolaire, professionnelle et sociale.
- Elle désigne les établissements ou les services correspondant aux besoins de l'enfant ou de l'adolescent, ou concourant à la rééducation, à l'éducation, au reclassement et à l'accueil de l'adulte handicapé et en mesure de l'accueillir.
- Elle apprécie si l'état ou le taux d'incapacité de la personne handicapée justifie l'attribution, pour le jeune, de l'allocation d'éducation de l'enfant handicapé (**AEEH**) et pour l'adulte de l'allocation pour adulte handicapé (AAH) et des éventuels compléments, ainsi que de la carte d'invalidité.

3 Accueil des enfants handicapés en école maternelle

Les Maisons départementales des personnes handicapées (MDPH) assurent la mise en œuvre des décisions prises par **la commission des droits et de l'autonomie (CDA)**. Une équipe pluridisciplinaire évalue les besoins de chaque élève handicapé, propose un **plan personnalisé de compensation qui inclut le projet personnalisé de scolarisation (PPS)**.

La commission des droits et de l'autonomie décide des mesures à mettre en place, sur la base de l'évaluation réalisée par l'équipe pluridisciplinaire.

L'Éducation nationale met en œuvre les mesures décidées par la MDPH, en partenariat avec les établissements sanitaires ou médico-sociaux et les collectivités territoriales.

La scolarisation d'un enfant est un droit. Un enfant en situation de handicap peut donc être accueilli dès l'âge de deux ans à l'école maternelle, comme tout autre enfant. Chaque école a vocation à accueillir tous les enfants, quels que soient leurs besoins.

C La notion d'inclusion

La loi du 11 février 2005 et la loi d'orientation et de programmation pour la refondation de l'École de la République du 8 juillet 2013 ont pour objectif d'aller vers une école plus inclusive, sachant s'adapter aux besoins spécifiques. Pour cela, il est prévu différents dispositifs de scolarisation, des parcours de formation individualisés et des aménagements personnalisés en fonction des besoins des élèves pour favoriser l'inclusion scolaire. La notion d'inclusion sous-entend que c'est à l'École de s'adapter au handicap, à l'hétérogénéité des élèves, et d'adapter les pratiques d'accueil et d'enseignement, pour permettre à tous les élèves d'apprendre.

1 La scolarisation individuelle en milieu ordinaire

Les conditions varient selon la nature et la gravité du handicap : il peut y avoir une aide particulière et/ou des aménagements, et/ou du matériel pédagogique adapté. Il peut être mis en place un accompagnement par un auxiliaire de vie scolaire pour l'aide individuelle **(AVS-I)** ou pour l'aide-mutualisée **(AVS-M)**.

2 La scolarisation collective : les unités localisées pour l'inclusion scolaire (ULIS)

Dans les écoles élémentaires, les Ulis accueillent des élèves présentant un handicap et pouvant tirer profit d'une scolarisation en milieu scolaire ordinaire. Les élèves reçoivent un enseignement adapté et partagent certaines activités avec les autres écoliers. Les élèves sont scolarisés dans des petites unités comprenant au maximum 12 élèves, encadrés par des enseignants spécialisés, mais, pour certains enseignements, ils sont intégrés à une classe ordinaire avec un accompagnement spécialisé.

3 La scolarisation en établissement médico-social

Quand la situation de l'enfant l'exige, l'orientation vers un établissement médico-social permet de lui offrir une prise en charge scolaire, éducative et thérapeutique adaptée. Le parcours de formation au sein de ces établissements peut se dérouler à temps plein ou à temps partiel au sein de l'unité d'enseignement et comporter diverses modalités de scolarisation. **Un projet personnalisé de scolarisation (PPS)** de l'élève est mis en place dans tous les cas.

4 L'enseignement à distance : le Centre national d'enseignement à distance (Cned)

Il assure le service public de l'enseignement à distance, notamment pour les élèves qui relèvent de l'instruction obligatoire. Il scolarise les élèves qui ne peuvent être scolarisés totalement ou partiellement dans un établissement scolaire en raison de leur handicap. Pour les élèves en situation de handicap de 6 à 16 ans, un dispositif spécifique dans le cadre d'un projet personnalisé de scolarisation (PPS) peut comporter l'intervention au domicile de l'élève.

D La prise en compte du handicap dans les établissements

Chaque projet d'école et d'établissement doit comporter un volet sur l'accueil et les stratégies d'accompagnement des élèves à besoins éducatifs particuliers. Il prend en compte les projets personnalisés de scolarisation et les aménagements et adaptations nécessaires pour la scolarisation de ces élèves.

FICHE SAVOIR

12 La prévention des risques professionnels

A Les risques professionnels dans le secteur de la petite enfance

Certains risques professionnels sont transversaux aux différents secteurs d'activités : risques physiques (chutes, Troubles Musculo-Squelettiques, lombalgies), risques psychosociaux liés aux contraintes de travail (fortes exigences du travail, faible autonomie) et à la charge émotionnelle du travail (due au contact avec les publics des associations et usagers). D'autres risques sont liés à un environnement spécifique des métiers de la petite enfance.

Les risques professionnels dans les crèches

Ces risques sont liés à l'environnement du travail : conditions de surveillance des enfants, port des enfants, prise en charge de tous les moments de la vie quotidienne.

Types de risques	Exemples
Risques physiques	– risques de chutes liés au port des enfants, au déplacement de matériel ou de mobilier, à du matériel inadapté – risques de TMS (= Troubles Musculo-Squelettiques) : affections des articulations ou lombalgies liés à de mauvaises postures…
Risques psycho-sociaux	– liés aux contraintes professionnelles (fortes exigences de travail, faible autonomie…) – liés à la charge émotionnelle du travail auprès d'enfants en bas âge…

Le document unique d'évaluation des risques professionnels (DU)

La mise en place du document unique est une obligation qui s'inscrit dans le cadre de l'obligation de sécurité de l'employeur. Il permet d'avoir une vision globale des risques et d'élaborer un plan de prévention en ayant un outil d'aide à la décision.

B Les enjeux de la prévention

Types d'enjeux	Exemples d'incidence
Enjeux humains	- réduit le nombre et la gravité des accidents du travail ; - réduit le nombre et la durée des arrêts maladie ; - réduit les conduites à risque ; - réduit l'usure professionnelle ; - garantit la santé de la direction (par le respect des obligations légales).
Enjeux économiques	Réduit le coût pour l'entreprise : - réduit le recours à l'intérim ou aux heures supplémentaires ; - réduit le surcoût de la prime d'assurance (indice du taux d'accidents du travail abaissé) ; - réduit les coûts indirects. En cas de risque grave avéré, le comité d'hygiène, de sécurité et des conditions de travail (CHSCT) peut faire appel à un expert afin de rendre un avis. Cette expertise est onéreuse.
Enjeux sociétaux	- améliore la qualité de l'accueil des enfants ; - améliore le dialogue social ; - motive et fidélise les salariés ; - facilite le recrutement ; - préserve la santé des personnels expérimentés.

C Les acteurs de la prévention

L'employeur

Le Code du travail précise qu'il appartient à l'employeur de prendre les mesures nécessaires pour assurer la sécurité et protéger la santé physique et mentale de ses salariés. Pour cela il doit mettre en œuvre les principes généraux de prévention *(article L.4121-2 du Code du travail)*.

L'employeur a une obligation de résultat : sa responsabilité civile propre est susceptible d'être engagée à la suite de tout accident du travail ou maladie professionnelle lorsqu'il apparaît qu'il avait conscience ou aurait dû avoir conscience du danger auquel était exposé le salarié et qu'il n'a pas pris les mesures nécessaires pour l'en préserver.

L'assurance maladie

Elle a une mission de prévention mise au service de l'ensemble des entreprises de l'industrie, du commerce et des services. Cette activité est réalisée par les caisses régionales (Carsat et Cram) et les caisses générales de sécurité sociale (CGSS). Différents professionnels sont mis à contribution : des ingénieurs conseils, des contrôleurs de sécurité, des ergonomes, des médecins, des psychologues…

Il peut être fait appel à des unités spécialisées comme les centres de mesures physiques (bruit, vibrations…) et à des laboratoires de chimie (prélèvements et analyses de poussières, vapeurs).

Le médecin du travail

Il est le conseiller de l'employeur, des travailleurs, des représentants du personnel et des services sociaux. Il peut :

- aller dans l'entreprise et observer les professionnels dans leurs missions quotidiennes ;
- assister aux commissions de santé, sécurité et conditions de travail (CSSCT) instaurées au sein du comité social et économique (CSE) ;
- animer des formations adaptées aux besoins des professionnels ;
- établir la fiche d'entreprise du médecin du travail.

Des intervenants en prévention des risques professionnels (IPRP)

Ils peuvent être experts dans le domaine médical et/ou technique et/ou organisationnel. Ils travaillent avec les services de santé au travail (SST) pour mener des actions de prévention : ergonomie, toxicologie, analyse des risques, management de la sécurité, organisation…

Les autres acteurs des secteurs publics ou privés

- Santé publique France : propose des ressources pour mener des actions de prévention dans les domaines de l'addiction, de l'alimentation…
- L'ANSES (Agence nationale de sécurité sanitaire) alimentation, environnement, travail
- Les sections d'inspection du travail.

D Le temps de travail d'une assistante maternelle

La durée de la journée d'accueil est de 9 heures.

L'accueil journalier commence à l'heure prévue au contrat et finit à l'heure de départ de l'enfant avec l'un de ses parents.

La durée d'accueil est de 45 heures par semaine. La durée de travail ne peut pas dépasser 2 250 heures par an et jamais 6 jours de suite.

L'assistante maternelle bénéficie d'un repos quotidien de 11 heures de suite minimum (sauf accord) et d'un repos hebdomadaire d'au moins 24 heures. Lorsqu'elle a plusieurs employeurs, le jour de repos est le même pour tous les employeurs.

FICHE SAVOIR

13 Les facteurs de développement et les besoins de l'enfant

A Les facteurs de développement

Le développement de l'enfant est guidé par l'intervention de nombreux facteurs : des facteurs propres à l'individu et des facteurs liés à l'environnement social ou physique de l'enfant.

Définition

- **facteur endogène** : qui est dû à une cause interne au corps, aux caractéristiques biologiques, morphologiques et génétiques du sujet et aux agents stimulants qu'il secrète.
- **facteur exogène** : qui est dû à des causes externes (sociales ou physiques).

Facteur	Exemples
Génétique	Le sexe de l'enfant détermine son développement. L'enfant peut être atteint d'une maladie génétique (exemple : la trisomie 21).
Sanitaire	L'enfant peut être atteint d'un handicap moteur.
Alimentaire	Une alimentation riche en sucres et en lipides favorise l'obésité ; certains régimes favoriseraient quant à eux des cancers.
Lié au mode de vie	La consommation de tabac favorise les infections respiratoires.
Lié aux rythmes de vie	La fatigue a une influence sur le fonctionnement de l'organisme.
Lié au cadre de vie	L'humidité ou les problèmes de canalisations (plomb) peuvent favoriser les maladies. Les pollutions (sonore, atmosphérique).
Relationnel	Le stress ou le surmenage. Les relations sociales permettent de « décompresser », de s'épanouir.

1 Le rythme de sommeil

Le fonctionnement de l'organisme est influencé par une alternance de temps de veille et de temps de sommeil sur une durée de 24 heures : on appelle ce phénomène le rythme circadien. Une nuit de sommeil d'un enfant est constituée de plusieurs cycles de sommeil, qui durent chacun en moyenne 1 heure 30 à 2 heures.

Les 5 phases d'un cycle de sommeil

	Sommeil lent			
① Endormissement	② lent très léger	③ lent léger	④ profond	⑤ Sommeil paradoxal

B Les rythmes de vie de l'enfant

Les fonctions du sommeil

Une période de sommeil permet à chaque cycle :
– **la récupération**, qui efface la fatigue physique : elle s'effectue au cours du sommeil lent et sa durée augmente selon le degré de fatigue de l'enfant ;
– **la fabrication d'une hormone de croissance** durant le sommeil lent profond (l'hormone somatotrope fabriquée par l'hypophyse) ;
– **la maturation du système nerveux, l'élaboration de la mémoire et la récupération de la fatigue psychique** durant le sommeil paradoxal.

■ **Les signes de l'endormissement**
Certains signes ne trompent pas : ses yeux le picotent, il semble avoir froid, il bâille, son regard est immobile, ses paupières tombantes, sa tête oscille en quête d'un appui et son corps recherche une position confortable.

■ **Le besoin de récupération**
Ce besoin diminue avec l'âge : un nouveau-né dort 18 à 20 heures par jour ; un enfant de 1 à 3 ans dort 13 à 15 heures (10 à 12 heures par nuit et 3 heures de sieste) et un enfant de 3 à 6 ans dort de 11 à 12 heures par jour.

■ **Les éléments favorables au sommeil**
Pour s'endormir sans difficulté, l'enfant a besoin : de silence, de pénombre, de s'endormir à des heures régulières, d'une température de 18 °C à 20 °C, de jeux calmes avant le coucher, de câlins, d'une berceuse, d'une histoire et d'un objet favori près de lui.

■ **Les conséquences d'une insuffisance de sommeil**
Le manque de sommeil a des incidences sur tout l'organisme. Il engendre un état de fatigue, un déséquilibre nerveux avec des troubles du comportement (agressivité, irritabilité…) ainsi que des troubles de la croissance.

2 Le rythme alimentaire

Un intervalle d'environ 4 heures entre deux repas semble répondre aux besoins de l'enfant. Si cet intervalle est dépassé, il est recommandé d'offrir à l'enfant une collation légère pour le faire patienter en attendant le repas.

C Les besoins fondamentaux

1 La classification des besoins selon Virginia Henderson

❶ Respirer – ❷ Boire et manger – ❸ Éliminer – ❹ Se mouvoir, maintenir une bonne posture – ❺ Dormir et se reposer – ❻ Se vêtir et se dévêtir – ❼ Maintenir la température de son corps dans des limites normales – ❽ Être propre, soigné et protéger ses téguments – ❾ Éviter les dangers – ❿ Communiquer avec ses semblables – ⓫ Agir selon ses croyances et ses valeurs – ⓬ S'occuper en vue de se réaliser – ⓭ Se récréer – ⓮ Apprendre.

2 Les besoins affectifs de l'enfant

Les relations avec l'adulte et les autres enfants influent sur le comportement de l'enfant. Pour qu'il exploite au maximum les temps de jeux et de sortie durant lesquels le cerveau est en éveil, il est indispensable que l'adulte ait satisfait ses besoins affectifs et son rythme de base sommeil/alimentation.

Les principaux besoins sont :

■ **le besoin de jeu et de plaisir, de manipulation, de découverte, de création et d'imagination** ;

■ **le besoin d'être en mouvement** (faire des rondes, des jeux dansés, travailler le rythme, participer à des activités motrices avec ou sans accessoire, d'expression corporelle, de récréation) ; **de se connaître et de se situer dans l'espace** ;

■ **le besoin de calme** (prévoir un coin repos, un coin bibliothèque, de relaxation) ;

■ **le besoin de socialisation** (établir des règles, faire des « jeux de société » par groupes…) ; **d'expression et de communication** ;

■ **le besoin d'autonomie** (laisser à l'enfant le choix des activités et du matériel, s'habiller, manger…).

FICHE SAVOIR

14 Le développement somatique de l'enfant

Le développement somatique (c'est-à-dire du corps) comprend la croissance en poids et en taille, l'évolution des proportions des segments du corps et la maturation des os et des dents.

A L'appréciation de l'état du nouveau-né

Le **nouveau-né** est un enfant né à terme (entre 37 et 42 semaines de grossesse). Il est appelé ainsi pendant les 15 premiers jours ; ensuite c'est un **nourrisson**.

Définition

Fontanelle : tissu entre les os du crâne, dont l'ossification progressive permet la croissance du cerveau et facilite l'accouchement (Fiche 20 EP1).

■ **Le nourrisson présente plusieurs caractéristiques :**

– il possède des espaces membraneux à la surface du crâne : les **fontanelles**. La fontanelle postérieure se ferme vers l'âge de 4 mois et la fontanelle antérieure se ferme vers les 18 mois de l'enfant ;

– son **système de thermorégulation** (régulation du corps pour le maintenir à une température d'environ 37 °C) est immature jusqu'à l'âge de 6 à 7 mois, d'où les risques de **coup de chaleur ou d'hypothermie** ;

– il réagit de manière automatique à des stimulations : on appelle ces mouvements des **réflexes archaïques**. Ils disparaissent pour la plupart au 2e mois de la vie. Leur présence puis leur disparition traduisent le bon développement du cerveau.

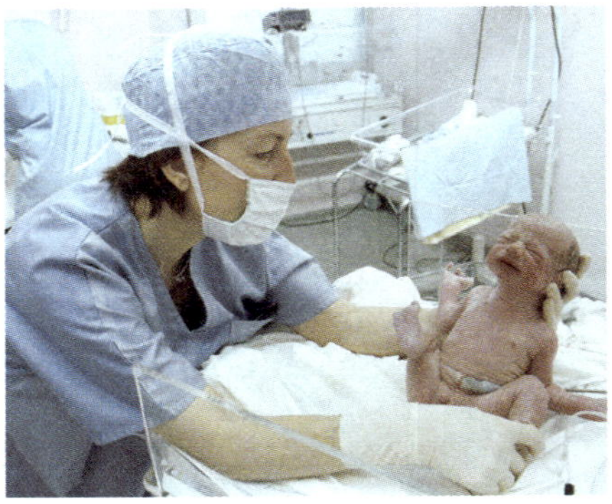

■ **L'examen médical** du nouveau-né, dans les 8 jours qui suivent la naissance, est systématique et obligatoire. Il comprend : un examen clinique, des tests de dépistage et la recherche des réflexes archaïques (réflexe de succion, de marche automatique). Les résultats doivent être consignés dans le carnet de santé de l'enfant.

Test de dépistage	Maladie dépistée	Caractéristiques de la maladie
Test de Guthrie	Phénylcétonurie	Maladie congénitale, héréditaire, entraînant une arriération mentale.
Dosage de la TSH	Hypothyroïdie	Maladie entraînant une arriération mentale irréversible, si elle n'est pas traitée.
BMtest	Mucoviscidose	Anomalies des sécrétions des voies respiratoires, du pancréas, du tube digestif et des glandes sudoripares.

Tests de dépistage lors de l'examen médical du nouveau-né.

B La croissance staturo-pondérale

Le nouveau-né perd 1/10 de son poids de naissance pendant les 4 premiers jours de sa vie. Cette perte de poids est due à l'élimination du méconium (premières selles du nouveau-né composées de bile, de sécrétions digestives et de cellules intestinales desquamées, accumulées dans l'intestin pendant la vie intra-utérine) et à l'adaptation à son nouveau mode d'alimentation. Au 10e jour, le nouveau-né a récupéré son poids de naissance.

Les courbes établies suite à la mensuration et la pesée de l'enfant permettent de visualiser sa croissance staturale (de la taille) et pondérale (du poids) et donc de déceler les éventuels troubles de la croissance.

Évolution de la taille et du poids de l'enfant (PN = poids de naissance).

Âge	Taille	Poids
naissance	50 cm	3,3 kg = PN
5 mois	62 cm	5 kg = PN x 2
1 an	75 cm	10 kg = PN x 3
2 ans	84 cm	13 kg = PN x 4
3 ans	95 cm	14,5 kg
4 ans	102 cm	16 kg
6 ans	114 cm	20 kg

C L'évolution de la morphologie

Les proportions du corps

À la naissance, la tête représente 1/4 de la hauteur totale du nouveau-né (chez l'adulte, la tête représente 1/8 du corps).
Le segment inférieur équivaut au tiers de la taille du nouveau-né, le rapport est de ½ (à l'âge adulte, les 2 segments du corps sont égaux, le rapport est de 1). Le segment supérieur se calcule en soustrayant le segment inférieur à la taille de l'enfant.

Définition

Le segment inférieur correspond à la distance allant du bord supérieur de la symphyse pubienne au sol.

La posture

La posture se modifie avec l'âge. Elle dépend des changements de la courbure de la colonne vertébrale, de la position des jambes, de la musculature et du squelette.

D Le développement osseux

Le développement des points d'ossification

À la naissance, les os des membres sont mous et déformables. L'ossification ne se terminera qu'à la fin de l'adolescence.

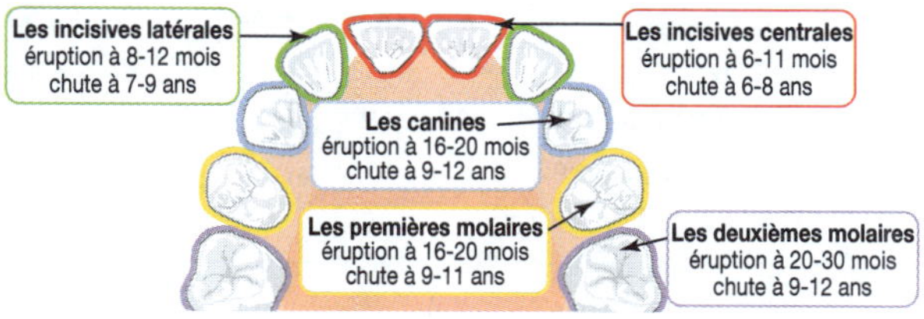

La dentition de l'enfant

Cette dentition temporaire (dents de lait) comprend **20 dents** ; l'ordre chronologique d'éruption des dents est fixe, l'âge peut varier.

	Leur nombre	L'âge d'apparition	L'âge de chute et de remplacement
Incisive médiane inférieure	2	6 mois	6 ans
Incisive médiane supérieure	2	8 mois	6 ans 1/2
Incisive latérale supérieure	2	10 mois	7 ans
Incisive latérale inférieure	2	12 mois	7 ans 1/2
1ères molaires inférieure et supérieure	2 + 2	12-18 mois	12 ans
Canines inférieure et supérieure	2 + 2	18-24 mois	11 ans
2e molaires inférieure et supérieure	2 + 2	24-30 mois	13 ans

FICHE SAVOIR

15 Le développement sensori-moteur de l'enfant

A Le développement sensoriel

Le toucher

C'est le sens le plus développé à la naissance. Le contact avec la paume est une sensation forte.

→ La **manipulation** des objets permet de développer ce sens et de découvrir les objets.

L'odorat

C'est un sens développé à la naissance. L'enfant reconnaît très tôt l'odeur de sa mère, puis les odeurs familières.

→ Il est important de laisser un **objet familier** (odeur de la mère) lors des 1res séparations.

Le goût

C'est un sens développé à la naissance. L'éducation du goût se fait progressivement avec une alimentation diversifiée.

→ Le nouveau-né préfère les **saveurs sucrées**. L'amer, l'acide ou le salé déclenchent des grimaces et des pleurs.

La vue

Le nouveau-né ouvre les yeux, est sensible à la lumière, mais son acuité visuelle est faible.
À 10 jours : il fixe un visage.
À 1 mois : il suit un objet près de lui sur 90°.
À 2 mois : il suit un objet sur 180° ; il est attiré par les couleurs vives.
À 3 mois : il tourne complètement la tête pour voir un objet ; il observe ses mains.

→ La coordination avec l'appareil moteur est rudimentaire (léger strabisme quand il fixe un visage).
La vision binoculaire commence à 6 semaines (elle est établie à 4 mois).
L'acuité visuelle est progressive.

Anomalies possibles

Chez le nourrisson :
– ne suit pas un objet ;
– est gêné par la lumière ;
– strabisme permanent.
Vers 9 mois : lent et maladroit
Vers 2-3 ans :
– nez penché sur la feuille quand il dessine ;
– plisse les yeux pour regarder loin.

L'ouïe

Le nouveau-né réagit aux bruits.
À 10 jours, il reconnaît la voix de sa mère.
Vers 2 mois : il localise un bruit.
Vers 3-4 mois : il identifie les bruits ; il est sensible aux voix familières.
Vers 6-8 mois : il tourne la tête directement vers un bruit.

→ Il est perturbé par les bruits forts ; les sons doux le calment et le rassurent.

Anomalies possibles

Chez le nourrisson : ne réagit pas aux bruits.
Chez l'enfant :
– retard du langage ;
– les mots sont déformés ;
– semble inattentif, désobéissant.

B Le développement moteur

1 Le développement du contrôle de la musculature

Ce développement se fait de la tête vers les pieds et du centre du corps vers la périphérie.

Aspects de la motricité	Âges approximatifs et évolutions
L'évolution des postures (= maintien de la tête, du tronc et des membres) 	3 mois : l'enfant est en position horizontale ; il se met sur les avant-bras et rehausse la tête. 6 mois : il relève complètement le buste en se tenant sur les mains. Il tire sa tête en arrière (il fait le « phoque »). 8 mois : il acquiert la position assise sans soutien. Il est capable de rouler du dos sur le ventre et du ventre sur le dos quand il est allongé.
Le déplacement (= acquisition de la marche) 	10 mois : l'enfant marche à 4 pattes, en se tenant sur les mains et sur les genoux. 11 mois : il se met debout seul en se tenant à un support fixe. 12 mois : il marche tenu par les deux mains de l'adulte, puis par une seule main. 14-15 mois : il marche seul.
La préhension manuelle (= prise des objets avec la main) 	1-2 mois : l'enfant agrippe de manière réflexe un objet (réflexe grasping). 3-4 mois : il prend de façon involontaire avec la paume un objet placé dans sa main. 5-6 mois : il prend l'objet avec la paume de manière volontaire et imprécise. 7-8 mois : il saisit l'objet entre le pouce et le petit doigt (= pince inférieure) et le relâche de façon volontaire. 9-10 mois : il saisit l'objet entre le pouce et l'index (= pince supérieure). 15-18 mois : il relâche l'objet de manière fine et précise. 2 ans : il peut manipuler avec une grande précision (il tient bien sa cuillère).

2 L'acquisition de la propreté

Chaque enfant a son propre rythme : certains sont propres tôt et d'autres plus tard.

L'âge	Les acquisitions de l'enfant	Les conditions et les justifications
De 18 à 21 mois	L'enfant peut maîtriser le sphincter anal.	**Une maturation physiologique** des nerfs moteurs, pour ouvrir ou fermer les sphincters, et des nerfs sensitifs, pour ressentir que la vessie est pleine ou que l'intestin contient des selles. **Une maturation intellectuelle :** l'enfant doit avoir conscience de ce besoin d'évacuation et doit pouvoir communiquer avec l'adulte pour demander le pot. **Une maturation affective :** l'enfant doit avoir le désir de « devenir grand ». Il peut vouloir freiner cet apprentissage.
Vers 2 ans	L'enfant peut maîtriser le sphincter vésical. La propreté est diurne (de jour).	
Vers 3-4 ans	La propreté devient aussi nocturne (de nuit).	

■ **Les attitudes positives à avoir envers l'enfant :** respecter son rythme (proposer le pot après le biberon), l'aider à ôter sa couche, lui demander de collaborer, susciter ses initiatives, dédramatiser « les petits accidents » du début, valoriser la propreté et le féliciter.

■ **Les attitudes à éviter :** ne pas utiliser la force ou des menaces, éviter les moqueries et les comparaisons, les réveils nocturnes, le rationnement de l'eau le soir…

3 Les facteurs de régression

Des « retours en arrière » (propreté, langage…) peuvent survenir et être liés par exemple à la naissance d'un petit frère, à un déménagement ou à un changement de mode de garde.

FICHE SAVOIR

16 Le développement affectif, social et intellectuel de l'enfant

A Les modes d'expression et de communication

1 La communication non verbale

Cette communication désigne tout mode de communication qui n'a pas recours au verbe, c'est-à-dire aux mots.

Les moyens	Des exemples
Le regard	Le nouveau-né fixe une personne placée devant lui. Plus tard, le nourrisson suit du regard les objets et les personnes qui se déplacent devant lui.
Le sourire	Le sourire est réflexe chez le nouveau-né. Vers 6 semaines, il est déclenché par la vue d'un visage. Vers 3 mois, c'est un sourire social en réponse aux sourires de l'entourage.
Les expressions vocales	À la naissance, ce sont des cris. À partir de 2 mois, ce sont des vocalises variées.
Les pleurs	Dès la naissance, ils informent sur un mal être (faim, douleur…).
Les mimiques	Ce sont les expressions du visage.
Les gestes et les postures	Ils permettent de signifier les sentiments et les désirs de l'enfant (tendre les bras, tourner la tête, taper des pieds…).

2 Le développement du langage

La communication verbale concerne l'apprentissage du langage, des mots.

Âge	Évolution du langage
1 mois	Le nouveau-né fait des sons gutturaux (sons rauques qui sortent de la gorge).
2 mois	Il vocalise (il émet des sons variés en voyelles).
3-4 mois	Il prononce des consonnes. Il fait des gazouillis : a… ree, a.. gree.
5-6 mois	Il prend conscience des sons qu'il émet.
7-8 mois	Il émet des monosyllabes : ba, da, pa.
9-10 mois	Il double les syllabes (papa, dada) ; ça n'a pas de signification pour lui. Il comprend ce qu'on lui dit.
11-12 mois	Il dit des mots-phrases (un mot constitue une phrase ; exemple : « pipi »).
15-18 mois	Il associe 2 mots pour faire une phrase (« kiki dodo »).
2-3 ans	Il utilise les verbes et fait des phrases explicites.

3 Le développement du graphisme

- **À partir de 18 mois**, l'enfant fait des gribouillis sur une feuille (tourbillons).
- **À 2 ans ½**, il représente l'homme sous la forme d'un « bonhomme têtard » (visage avec les yeux et 2 traits pour les jambes).
- **À 3 ans**, il dessine la bonhomme avec des bras, des mains, des cheveux et des cils.
- **À 4 ans**, il perfectionne son dessin. Le bonhomme peut avoir un tronc, des mains, des pieds ou des cheveux suivant l'image qu'il a de son corps (selon son stade du schéma corporel).
- **À 5 ans**, il sait utiliser le rectangle et le carré.

B Schéma corporel et notions de temps et d'espace

1 L'acquisition du schéma corporel

Le schéma corporel est **la perception que l'on a de notre propre corps.**

■ **Le nouveau-né** confond son corps avec celui de sa mère. **Vers 7-8 mois**, il voit son image dans le miroir, mais il ne le reconnaît pas. **Entre 12-15 mois**, la marche améliore sa perception de son corps. **Entre 18 et 24 mois**, il reconnaît son image dans le miroir. **Entre 2 et 4 ans**, l'enfant est capable de nommer et de localiser les différentes parties du corps, il découvre la différence des sexes.

■ **La latéralisation** est le côté du corps humain qui domine certaines fonctions (gaucher ou droitier). Elle est importante dans l'évolution de la personnalité de l'enfant.

2 Les notions de temps et d'espace

■ **La notion d'espace** (devant/derrière, droite/gauche, loin/près) évolue avec l'âge. **À 7 mois**, le nourrisson découvre la bilatéralité : il passe un objet d'une main à l'autre. **À partir de 18 mois**, la marche lui permet de découvrir l'espace. **Vers 3 ans**, les jeux lui permettent d'explorer l'espace et d'acquérir des notions spatiales.

■ **La notion de temps** (aujourd'hui, demain, matin, après-midi) évolue à partir de l'âge de **4 ans** : auparavant, elle n'a pas de sens pour l'enfant. **À 4 ans**, il reconnaît un jour particulier de la semaine. **À 6 ans,** il indique le jour de la semaine.

C Le développement intellectuel (cognitif) de l'enfant

■ **De 0 à 18 mois, l'intelligence est dite sensori-motrice : le 1er mois**, le nourrisson a des actions réflexes ; **de 2 à 8 mois**, il découvre par hasard son corps, puis les objets ; de **8 à 12 mois**, ses actions deviennent volontaires ; **de 12 à 18 mois**, l'intelligence sensori-motrice se perfectionne.

■ **Entre 18 mois et 2 ans, l'intelligence est symbolique :** l'enfant réfléchit pour trouver une solution. Son imagination se développe.

■ **À partir de 3 ans et jusqu'à 6 ans, c'est le stade de la pensée intuitive ou prélogique :** l'enfant ne raisonne pas encore logiquement. Il pose beaucoup de questions pour connaître la réalité.

D Le comportement social de l'enfant

Âge	La relation affective et sociale
0-2 mois	Il vit en symbiose avec sa mère (**relation fusionnelle**) ; les voix douces ou les bras l'apaisent.
3-4 mois	Il observe son environnement et sourit volontairement (premier **sourire social**).
7-8 mois	C'est **une période d'anxiété** : il différencie le visage de sa mère de celui des étrangers ; quand sa mère le quitte, il a le sentiment d'être abandonné. **Un objet transitionnel** le sécurise (odeur familiale).
9-10 mois	Il est **très actif**, il veut toucher à tout et se heurte aux interdits de l'adulte.
15-18 mois	Il a est **partagé entre le désir d'autonomie, de s'éloigner de sa mère et la peur** lorsqu'elle n'est plus là.
18-24 mois	Il est **égocentrique**, joue seul, mais en présence de l'adulte. Il observe beaucoup les autres enfants.
2 à 3 ans	Il s'affirme : il emploie le « **je** » et le « **moi** » ; il s'oppose aux autres par le « **non** ». Il **devient plus sociable** : il commence à jouer avec les autres enfants.
3 à 6 ans	**Son intégration à l'école maternelle permet** la socialisation. À partir de 4 ans, il a besoin du groupe pour développer sa personnalité.

EP 1

FICHE SAVOIR

17 Les sphères du développement de l'enfant

L'enfant se développe dans toutes ses dimensions (ou sphères) : affective, physique et motrice, sociale et morale, cognitive et langagière.

A Le développement global de l'enfant

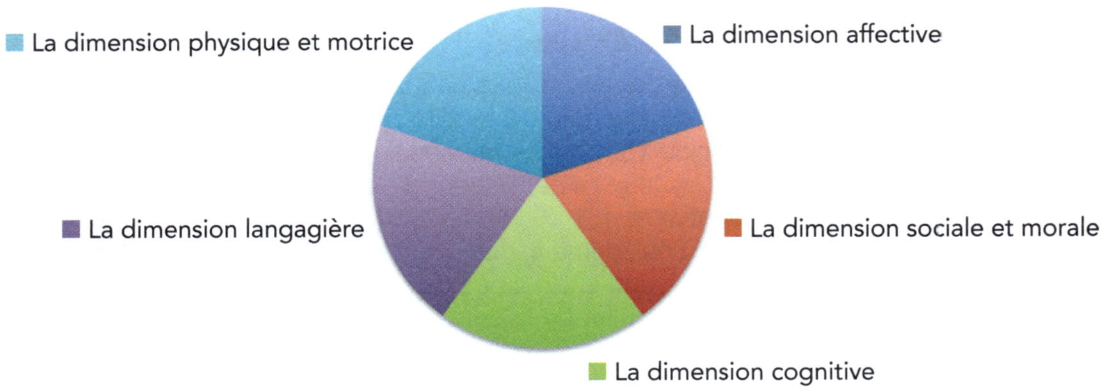

- **Au niveau social** : montrer l'exemple à l'enfant (dire merci) ; utiliser des moments du quotidien pour apprendre certains gestes sociaux à l'enfant (faire au revoir au départ de la garderie) ; permettre à l'enfant d'être en contact avec d'autres enfants pour partager, attendre son tour…
- **Au niveau langagier** : apprendre de nouveaux mots lors des activités quotidiennes (lors du bain nommer les parties du corps) ; utiliser les mots adaptés ; découvrir des livres et pointer ce que l'on voit ; poser des questions de compréhension lors de la lecture d'une histoire…
- **Au niveau cognitif** : stimuler l'apprentissage de concepts lors des activités quotidiennes (citer les objets qui sont bleus ou ronds) ; compter le nombre de biscuits ; proposer des jeux d'exploration, de manipulation (jeux d'encastrement)…
- **Au niveau affectif** : accueillir l'enfant ; être à l'écoute des besoins et émotions de l'enfant et les lui nommer ; sécuriser l'enfant par des rituels (la sieste) ; valoriser les réussites, développer l'estime de soi ; utiliser les livres pour aborder les émotions et l'empathie chez l'enfant…
- **Au niveau moteur** : faire des parcours psychomoteurs pour la motricité globale ; faire de la peinture à doigts, empiler des blocs, de la pâte à modeler, du coloriage, enfiler des macaronis pour développer la motricité fine.

Pour favoriser le développement global de l'enfant, il est nécessaire de proposer des activités qui touchent l'ensemble des dimensions ou sphères du développement de l'enfant. Une même activité peut développer plusieurs sphères du développement.

Les ateliers « cuisine », par exemple, permettent de travailler toutes les sphères à la fois : la motricité (casser un œuf, verser dans un bol, brasser), l'affectif (en remerciant pour l'aide), le social (mélanger ou casser les œufs à tour de rôle), le langage (en nommant les ingrédients ou la couleur), le cognitif (concepts de nombre ou de temps).

B Les caractéristiques des différentes sphères

Les dimensions	Leurs caractéristiques
La dimension affective	La dimension affective de l'enfant est tout aussi vitale que la dimension physique : c'est pourquoi il est important de répondre aux besoins affectifs de l'enfant. Par cette dimension, le professionnel doit permettre à l'enfant de développer sa capacité d'exprimer et de contrôler ses émotions en mettant des mots sur ce qu'il ressent (« tu as l'air content » ; « tu sembles en colère » ; « tu as chaud »… L'enfant apprend ainsi à renforcer son estime de soi par des activités, à construire son identité personnelle.
La dimension sociale et morale	L'enfant va développer des liens affectifs grâce à son vécu et à ses expériences. Il est important de permettre aux enfants d'apprendre à se connaître, à reconnaître les autres et à exprimer leurs sentiments. Ils doivent acquérir de la confiance et de l'autonomie pour pouvoir interagir avec leurs pairs de manière pacifique.
La dimension cognitive	Le développement cognitif correspond à l'ensemble des capacités et connaissances liées à l'organisation de la pensée. Ce développement est variable ; il est influencé par la culture, par la stimulation, par les connaissances et les expériences lors d'activités. Il permet à l'enfant de s'adapter à son environnement et au monde qui l'entoure.
La dimension langagière	Le développement du langage et de la représentation symbolique est étayé par la vie de groupe. Le professionnel contribue au développement des enfants en parlant avec eux, en les aidant à exprimer leurs besoins, leurs émotions, en les aidant à poser des questions, à améliorer leur expression ou leur vocabulaire. La création artistique permet aussi aux enfants d'exprimer leurs idées et leurs émotions par des jeux de rôles, des dessins, de la danse, des parcours psychomoteurs…
La dimension physique et motrice	Cette dimension concerne les activités qui sollicitent l'utilisation simultanée de plusieurs parties du corps : les jambes, le tronc, les bras. Ces activités sont : la marche, la course, le saut, le lancer, la nage… Elles nécessitent le contrôle de l'équilibre, dépendant du système nerveux, et du tonus musculaire.

→ Toutes les sphères du développement, langagière, cognitive, sociale, affective ou motrice, sont reliées.

FICHE SAVOIR

18 L'organisation du corps humain

A Les fonctions du corps humain

La FONCTION DE RELATION (adaptation à l'environnement) est assurée par :

① **le système nerveux :** cerveau, moelle épinière, nerfs...

② **les organes des sens :** yeux, oreilles, peau

③ **l'appareil locomoteur :** os et muscles

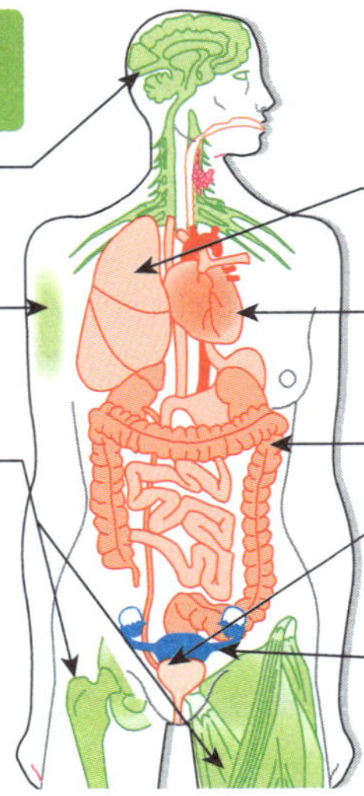

La FONCTION DE NUTRITION est assurée par :

① **l'appareil respiratoire :** nez, gorge, bronches, poumons

② **l'appareil circulatoire :** veines, artères, coeur

③ **l'appareil digestif :** bouche, dents, estomac, intestins, foie

④ **l'appareil excréteur**

La FONCTION DE REPRODUCTION est assurée par : l'appareil génital

B L'organisation du corps en appareils

Ils permettent à l'organisme de se nourrir, de respirer, de se déplacer et de se reproduire.

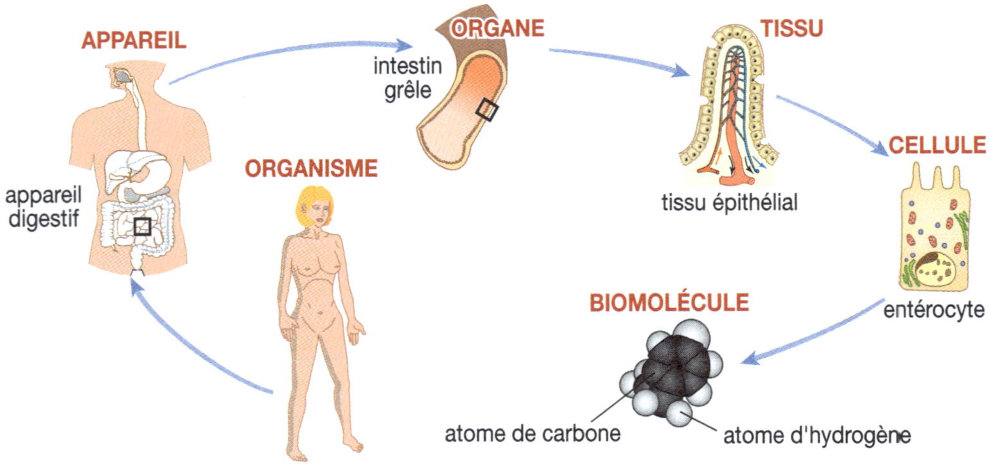

■ **Un appareil** est constitué de plusieurs organes en relation qui jouent un rôle complémentaire et participent à une même fonction.

■ **Un système** est constitué de plusieurs organes en relation ayant des fonctions multiples.

■ **Un organe** est une masse individualisée dans l'organisme, formée de plusieurs tissus, qui exerce une fonction déterminée.

C Les deux familles de tissus de l'organisme

Un tissu est un ensemble de cellules semblables qui participent en commun à une fonction déterminée.

1 Les tissus épithéliaux ou épithéliums

Ils sont constitués de cellules jointives, juxtaposées. Elles peuvent être absorbantes (microvillosités augmentant les surfaces d'échange, ex.intestin) ; ciliées (pour faire remonter les substances, ex.voies respiratoires) ou sécrétrices (dans les épithéliums glandulaires, l'appareil de Golgi est très développé).

- Les tissus épithéliaux de revêtement recouvrent l'organisme ou tapissent les cavités ouvertes sur l'extérieur.
- Les tissus épithéliaux glandulaires fabriquent et rejettent des substances spécifiques, ils sont appelés glandes.

2 Les tissus conjonctifs

Ce sont les tissus internes de l'organisme, formés de cellules dispersées dans une substance fondamentale parcourue par un réseau de fibres (la matrice extra-cellulaire). Ils sont recouverts d'un épithélium et assurent un rôle de soutien et d'emballage des autres tissus.
Il existe différentes classes de tissus conjonctifs : le tissu conjonctif lâche (tissu de réserve) ; le tissu conjonctif dense ; le cartilage ; le tissu osseux ; le tissu sanguin ; le tissu musculaire ; le tissu nerveux.
Les épithéliums et les tissus conjonctifs sont associés dans l'organisme.
Selon l'endroit qu'ils tapissent, leur association porte un nom différent :
– **une muqueuse** recouvre les organes en contact avec le milieu extérieur (exemples de muqueuses : nasale, buccale, pulmonaire, stomacale, intestinale, anale, vaginale) ;
– **une séreuse** recouvre une cavité ne communiquant pas avec l'extérieur (exemples : le péritoine, la plèvre).

D La structure de la cellule

Elles ont des formes différentes selon le tissu qu'elles constituent.
Chaque cellule humaine comporte **23 paires de chromosomes** (soit 46 chromosomes dans chaque cellule), sauf les cellules sexuelles.
Les gamètes mâles (les spermatozoïdes) et les gamètes femelles (les ovules) contiennent 23 chromosomes. Ils pourront ainsi, lors de leur rencontre, former une cellule-œuf à 46 chromosomes.
Les cellules sont capables de se reproduire, c'est **la mitose ou multiplication cellulaire** : une cellule donne naissance à 2 cellules filles identiques entre elles et identiques à la cellule mère.

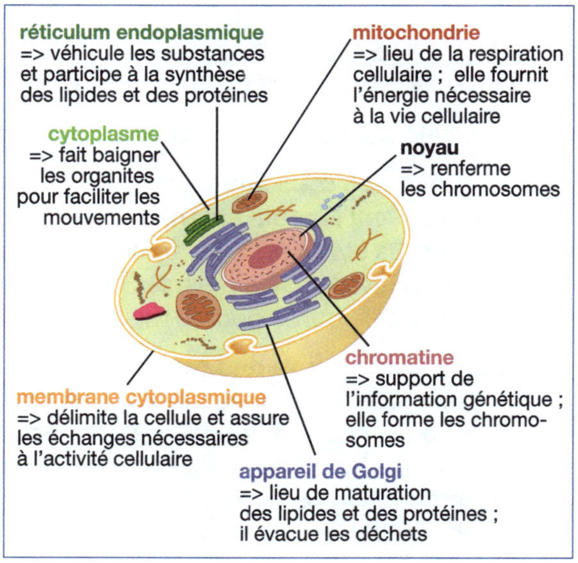

FICHE SAVOIR

19 L'organisation de l'appareil locomoteur

A Le squelette et les os

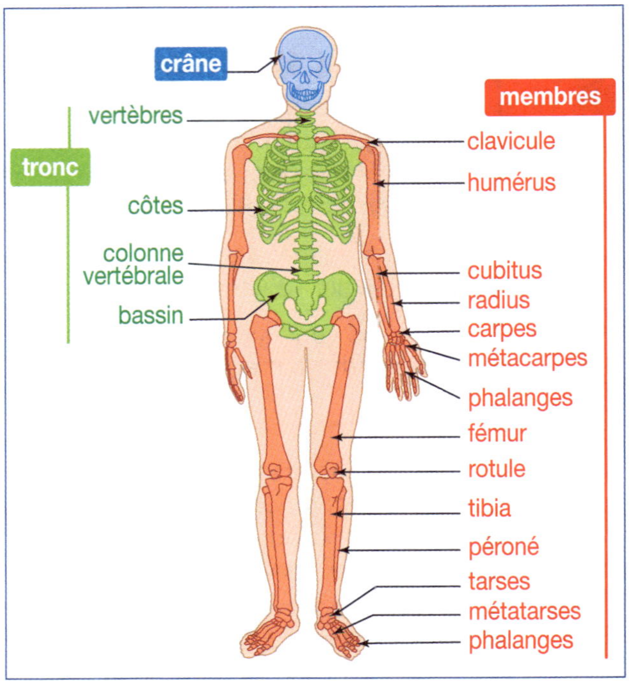

■ Le squelette

Le squelette humain compte 206 os. Ils composent **le crâne** (les 8 os de la boîte crânienne, les 5 os de la face, l'os de la mâchoire inférieure), **le tronc** (33 vertèbres de la colonne vertébrale, 12 côtes, 1 sternum, 1 bassin, 2 clavicules, 2 omoplates), **les membres inférieurs et supérieurs.**

■ Les 3 types d'os

– Les **os plats** : ex. les os du crâne, les côtes, l'omoplate.
– Les **os courts** : ex. les vertèbres, les os du carpe et du tarse.
– Les **os longs :** ex. l'os de la jambe, du bras, de la ceinture pelvienne, les phalanges.

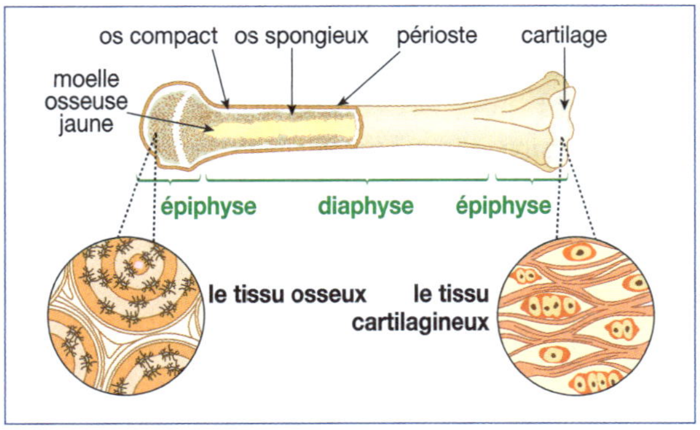

■ La structure d'un os long

Les os de notre squelette sont formés de tissu osseux et de tissu cartilagineux.
Le **tissu osseux** est composé de **l'os compact** et de **l'os spongieux**.
L'os contient à la fois des substances organiques (osséine) et des substances minérales (calcium et phosphore pour la dureté de l'os).

B Les muscles

L'activité du muscle est soit volontaire, soit involontaire (réflexe).

■ Le rôle des muscles

Ils produisent **le mouvement** grâce aux contractions musculaires, ils **maintiennent la posture**, ils **stabilisent les articulations** en les renforçant, ils **dégagent de la chaleur** (en se contractant, les muscles produisent de l'énergie sous forme de chaleur qui est utilisée par le corps pour le maintenir à 37 °C).

■ La classification des muscles

– **Selon leur forme :** les muscles **en fuseau** (ou longs), les muscles **en éventail** (ou plats, ou larges), les muscles **en anneau** (ou annulaires, ou circulaires).
– **Selon leur localisation dans le corps humain :** les muscles **lisses** (ce sont les muscles viscéraux, involontaires, blancs ; ils sont composés de cellules allongées, non striées et non colorées par la myoglobine), le muscle **cardiaque** (un muscle strié rouge,

il fonctionne de façon autonome) et les muscles **squelettiques** (qui sont les muscles striés et rouges, rattachés aux os).

■ **L'organisation générale du muscle strié**

Le muscle strié est composé d'un **ensemble de faisceaux** séparés par **une gaine conjonctive**.

Les faisceaux sont constitués de **cellules musculaires** ou fibres musculaires. Chaque cellule musculaire est composée de **myofibrilles** parallèles entre elles.

Chaque myofibrille est composée de **filaments clairs et de filaments sombres** disposés en alternance : des bandes **d'actine et de myosine**.

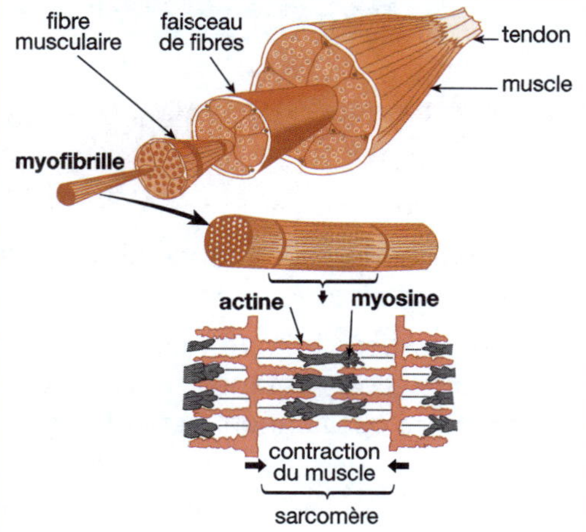

■ **Les propriétés des muscles**

Le muscle a cinq propriétés essentielles : **l'excitabilité, la contractilité, l'élasticité, la tonicité, la fatigabilité.**

C Les articulations : types et structure

Les articulations sont les **points de contact entre deux ou plusieurs os.** On les classe selon deux critères : leur mobilité et leur structure.

■ **En fonction de leur degré de mobilité :**

– **les articulations mobiles** permettent la flexion, l'extension, la rotation (ex. entre les os des membres inférieurs et supérieurs, articulation des os de la hanche…) ;

– **les articulations semi-mobiles** permettent les mouvements de faible amplitude (ex. articulation des vertèbres) ;

– **les articulations immobiles** pour lesquelles aucun mouvement entre les os n'est possible (ex. os du crâne).

■ **En fonction de leur structure :**

– **les articulations synoviales** : elles sont très mobiles (ex. genou, main, hanche) ;

– **les articulations cartilagineuses** : elles sont semi-mobiles (ex. vertèbres, symphyse pubienne) ;

– **les articulations fibreuses** : elles sont immobiles (ex. os du crâne).

D Étude des mouvements

■ Le système nerveux central (encéphale et moelle épinière) **reçoit les influx nerveux sensitifs**, les traite, puis transmet et disperse **les influx nerveux moteurs** (excitations) vers les muscles afin de permettre une réponse : la **contraction du muscle.**

■ Le **neurone moteur**, appelé **motoneurone**, excite en même temps toutes les fibres musculaires du muscle. Ainsi tout le muscle peut se contacter en même temps.

■ Le mécanisme de la marche est en grande partie automatique.

La mécanique du mouvement :

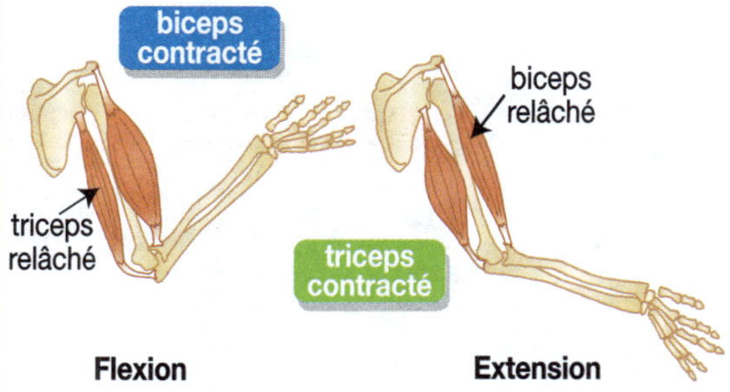

FICHE SAVOIR

20 La croissance et l'hygiène de l'appareil locomoteur

A L'évolution du squelette et du corps durant la croissance

L'ossification commence chez l'embryon et continue tout au long de la vie.

Les indices de maturation osseuse sont : la fermeture des fontanelles, le développement des points d'ossification, la dentition.

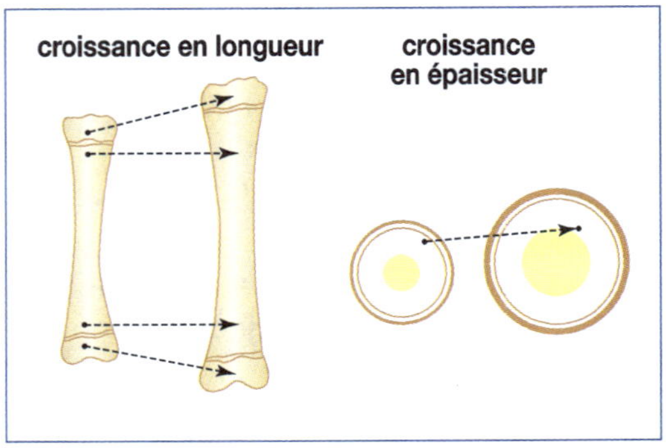

1 La croissance des os

À la naissance, les os sont des ébauches cartilagineuses. Au cours de l'enfance et de l'adolescence, les os longs s'allongent sous l'effet de la croissance des cartilages de conjugaison et s'épaississent. La croissance des os s'achève à la fin de l'adolescence ou au début de l'âge adulte (vers 25 ans).

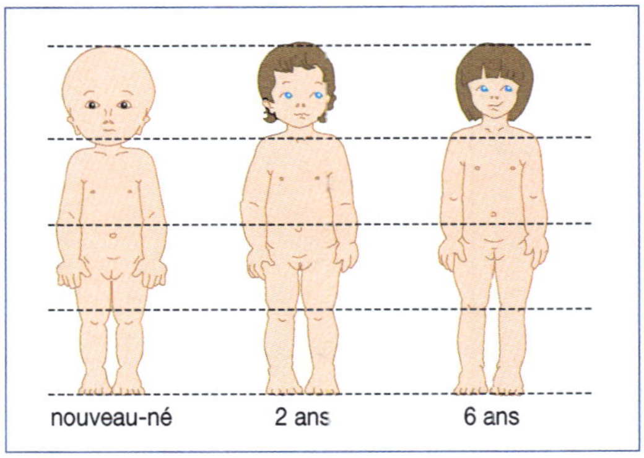

2 L'évolution de l'aspect morphologique

Les proportions du corps (le rapport des segments : segment inférieur et segment supérieur) et la posture changent pendant la croissance.

3 Les points d'ossification (ébauches osseuses)

Le **nombre de points d'ossification** permet de connaître **la maturation osseuse** (= âge osseux). En l'absence de troubles, l'âge osseux doit correspondre à l'âge réel de l'enfant.

La maturation osseuse varie selon les individus et selon leur sexe (l'ossification est plus rapide chez la fille que chez le garçon).

Le nourrisson présente au niveau du crâne des espaces membraneux dont l'ossification n'est pas accomplie. Ces espaces sont appelés **fontanelles.** La fontanelle postérieure se ferme vers 4 mois et la fontanelle antérieure se ferme vers 18 mois.

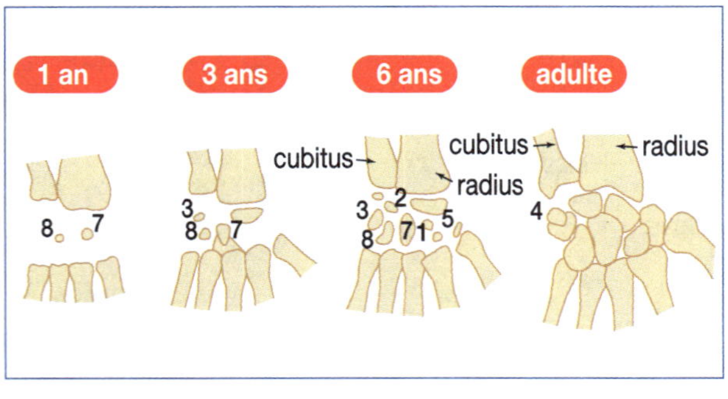

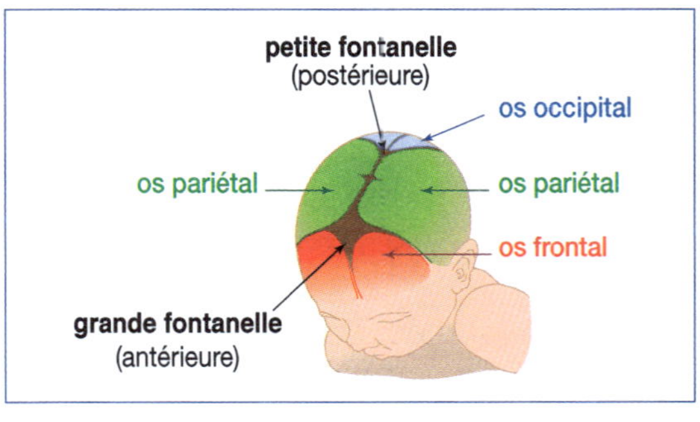

B Les facteurs de croissance osseuse

La croissance est soumise à de nombreux facteurs.

■ **Le facteur génétique** : une malformation ou une maladie héréditaire peut modifier la croissance.

■ **Le facteur hormonal** : l'hormone de croissance, l'hormone thyroïdienne et les hormones sexuelles stimulent la croissance osseuse.

■ **Le facteur diététique** : une alimentation équilibrée favorise une bonne croissance :
- le **calcium** et le **phosphore** assurent la dureté des os ;
- la **vitamine A** favorise la croissance par la prise de poids ;
- la **vitamine D** favorise la croissance en permettant la fixation du calcium et du phosphore sur les os ; une carence provoque des troubles de la croissance (ex. rachitisme) ;
- les **glucides**, les **acides aminés** et les **sels minéraux** permettent la croissance osseuse.

■ **Le facteur mécanique** : une activité physique adaptée en quantité et en qualité stimule la croissance osseuse et également le sommeil.

C Le rachitisme

Le rachitisme est une maladie observée chez le nourrisson et le jeune enfant (entre 6 et 18 mois), qui touche le squelette en empêchant la calcification des os.

■ **Les causess de rachitisme**
Les principales causes du rachitisme sont des apports insuffisants en vitamine D et en calcium.

■ **Les moyens de prévention**
Pour prévenir le rachitisme, il faut une exposition régulière au soleil, un apport suffisant de laitages et l'administration régulière de vitamine D de la naissance jusqu'à l'âge de 18 mois à 2 ans.

D Déformations du squelette et ergonomie

■ **Les principales déformations**

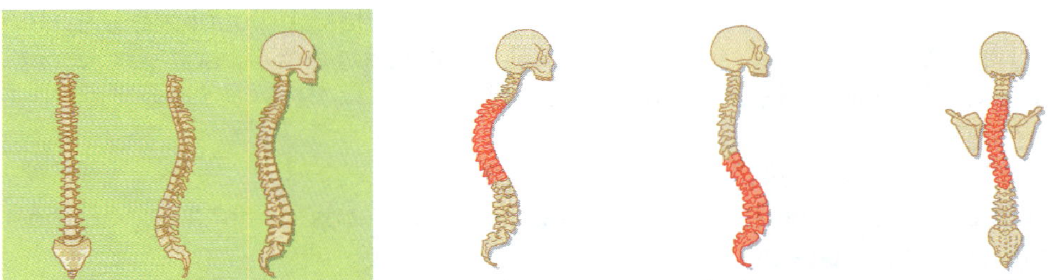

attitudes normales — cyphose (dos rond) — lordose (cambrure exagérée) — scoliose (déviation latérale)

■ **La prévention**
Elle repose essentiellement sur **l'ergonomie** qui évite la fatigue, les douleurs et pathologies ostéo-articulaires, la pénibilité du travail et assure la sécurité et le confort de l'usager.
Pour cela, il faut avoir des **gestes et postures adaptées** et il faut **organiser le poste de travail.**

FICHE SAVOIR

21 La circulation sanguine

A La composition du sang et son rôle

Le **sang** est un tissu dans un liquide (le **plasma**) qui est en mouvement : il circule grâce à la pompe cardiaque (= le cœur).

■ **Les cellules spécialisées du sang**

– **Les hématies** (ou globules rouges) transportent les gaz respiratoires (dioxygène et dioxyde de carbone).

– **Les leucocytes** (ou globules blancs) sont les lymphocytes, les polynucléaires (ou granulocytes) et les monocytes. Ils interviennent dans la réponse de l'organisme à une infection microbienne.

– **Les thrombocytes** (ou plaquettes sanguines) jouent un rôle important dans la coagulation du sang et constituent le 1er barrage contre l'invasion microbienne.

■ **Le plasma** dans lequel circulent les cellules spécialisées est composé en grande partie d'eau et de substances organiques et minérales.

■ **L'hémostase** correspond à la faculté que possède l'organisme d'arrêter une hémorragie et de contrôler la fluidité du sang. Elle se décompose en deux temps : la constitution d'un bouchon, **le clou plaquettaire** (qui obstrue la lésion du vaisseau) et la **coagulation du sang**, ce qui forme **un caillot.**

B Les groupes sanguins

1 Le système ABO

■ À la surface des globules rouges, on trouve des glycoprotéines, l'**antigène A et l'antigène B**. Leur présence sur les hématies permet de déterminer **quatre groupes sanguins** : **groupe A** (hématies porteuses de **l'antigène A**), **groupe B** (hématies porteuses de **l'antigène B**), **groupe AB** (hématies porteuses **des antigènes A et B**) et **groupe O** (hématies ne **portant ni A ni B**).

■ Dans le plasma, il existe des anticorps dits **naturels (les agglutinines)** réagissant soit aux hématies porteuses de l'antigène A (les **anticorps anti-A**), soit aux hématies porteuses de l'antigène B (les **anticorps anti-B**).

2 Le système rhésus

Le principal antigène qui détermine si l'individu est rhésus positif (Rh+) ou rhésus négatif (Rh-), est **l'antigène D**.

C Le cœur et la circulation du sang

1 Une double circulation

La circulation du sang comprend la petite circulation (ou **circulation pulmonaire**) et la grande circulation (ou **circulation systémique**). Le sang circule toujours dans le même sens.

Une cloison interauriculaire et interventriculaire **sépare** totalement **le cœur** en deux parties qui ne communiquent pas. Le sang entre dans le cœur par les veines et ressort par les artères.

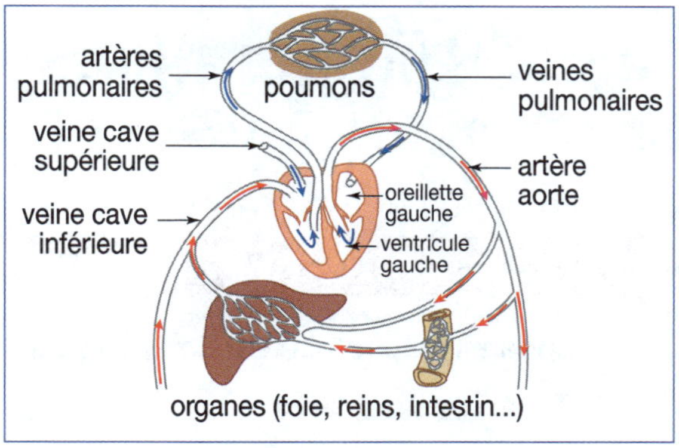

2 La pompe cardiaque

Le **cœur** est un **muscle** creux qui se contracte rythmiquement (en moyenne 70 fois par minute). Il succède à la contraction (la **systole**), une phase de repos (la **diastole**). Elles forment la **révolution cardiaque.**

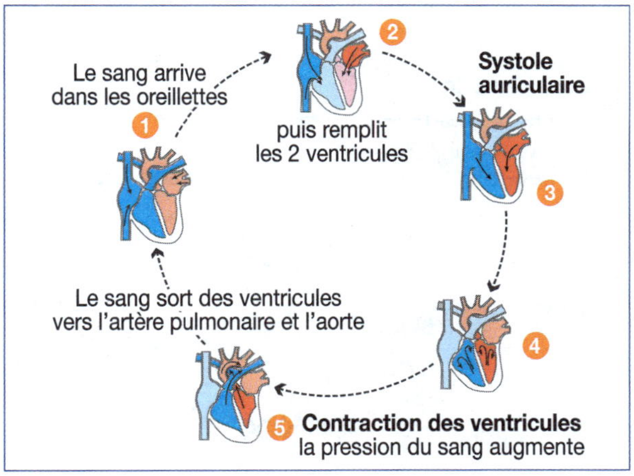

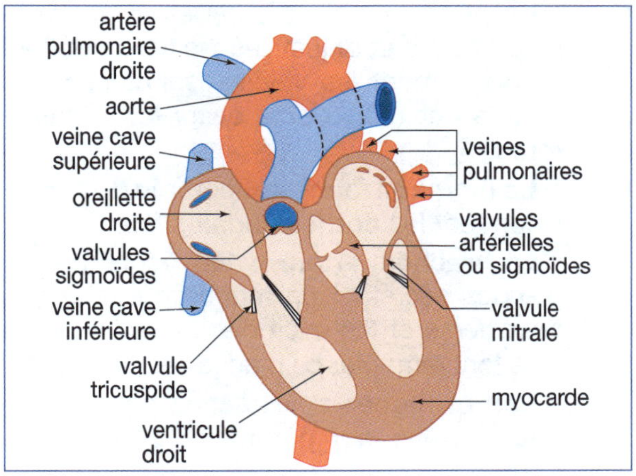

3 Les vaisseaux sanguins

- **Les artères :** elles conduisent le sang du cœur vers les organes. Les artères venant du cœur se ramifient en vaisseaux plus petits (les artérioles) qui assurent l'alimentation de tous les organes.
- **Les capillaires :** ils relient les artères aux veines.
- **Les veines :** elles ramènent le sang des organes vers le cœur.

D Dysfonctionnements, hygiène et prévention

- **Les maladies cardiovasculaires** : ex. accident vasculaire cérébral (AVC), infarctus du myocarde, artériopathie des membres inférieurs, phlébite.
- **Les anomalies congénitales** : ex. la persistance du canal artériel, la communication interventriculaire ou interauriculaire (la « maladie bleue »), la tétralogie de Fallot.
- **Les hémorragies** : elles sont soit **externes** (plaies cutanées ou hémorragies d'organes internes en relation avec l'extérieur) soit **internes** (l'épanchement se fait à l'intérieur des tissus, ou à l'intérieur des cavités fermées).
- **L'hygiène de l'appareil circulatoire** repose sur une hygiène alimentaire correcte, l'absence de tabagisme, l'absence de surmenage (et de stress), la pratique d'une activité physique régulière, la prévention des troubles veineux des membres inférieurs…

22 L'appareil respiratoire

A L'anatomie de l'appareil respiratoire

L'appareil respiratoire est composé des **poumons** et des **voies aériennes**.

1 Les voies aériennes

■ **Les fosses nasales** : elles sont tapissées d'une muqueuse qui **réchauffe et humidifie** l'air inspiré. Elles possèdent des **poils** qui arrêtent en partie les poussières et les microbes.

■ **Le pharynx** : c'est le carrefour des voies respiratoires et digestives ; la **luette et l'épiglotte** ferment les voies respiratoires pendant la déglutition pour éviter les « fausses routes ».

■ **Le larynx** : il forme la « pomme d'Adam » ; il contient les **cordes vocales** (sons).

■ **La trachée artère** : elle renferme des glandes sécrétant un **mucus** qui retient les poussières et les microbes ; des **cils vibratiles** font remonter ce mucus vers le pharynx.

■ **Les bronches** : la trachée se divise en deux tuyaux qui pénètrent dans chaque poumon.

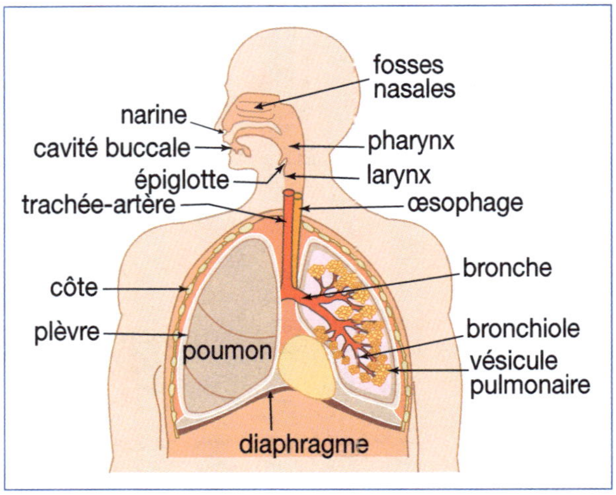

2 Les poumons

Ils sont divisés en **trois lobes à droite et deux lobes à gauche**.

■ La **plèvre** est une double membrane qui enveloppe chaque poumon (permet le glissement des poumons lors des mouvements de la cage thoracique).

■ La **bronche** pénètre dans chaque poumon, se divise en **bronches lobaires**. Les ramifications continuent jusqu'aux **bronchioles** qui se terminent dans **les alvéoles pulmonaires**.

B Fonctionnement de l'appareil respiratoire

Les poumons suivent les mouvements de la cage thoracique (séparée de la cavité abdominale par un muscle plat : le diaphragme).

■ **Si la respiration est normale :** le rythme des mouvements respiratoires est de 15 par minute. Chaque respiration fait entrer puis sortir 0,5 litre d'air (=volume courant ou air courant).

■ **Si la respiration est forcée :** l'inspiration forcée fait entrer 1,5 litres d'air en plus (= air complémentaire) et l'expiration forcée fait sortir 1,5 litres d'air en plus (= air de réserve). Si on vide au maximum les poumons par une expiration forcée, il reste encore 1,5 litres d'air, c'est l'**air résiduel**.

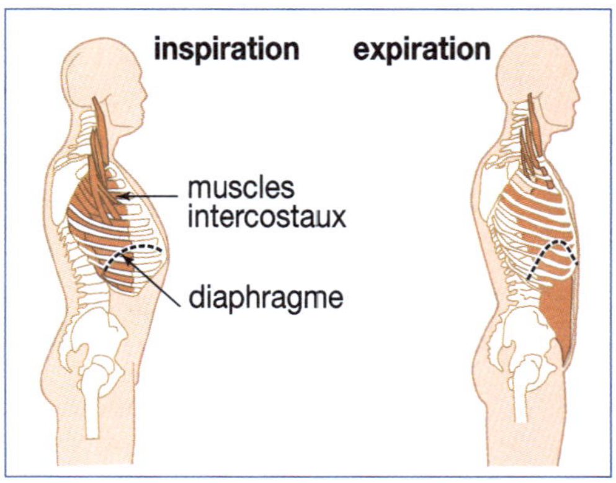

■ **Chez le nourrisson** : il respire par le nez ; sa cage thoracique est plus petite et sa fréquence respiratoire est donc plus élevée que chez l'adulte (il respire plus vite).
Nourrisson : 30 à 60 mouvements respiratoires /mn.
Enfant : 20 à 30 mouvements respiratoires /mn.

C Les échanges gazeux lors de la respiration

■ **Le transport des gaz par le sang**
Le sang arrive dans chaque poumon par les **deux artères pulmonaires**, il repart ensuite par les quatre **veines pulmonaires** allant vers le cœur.

■ **Le dioxygène**
Il est pris en charge par le sang (par l'**hémoglobine** des hématies sous forme d'**oxyhémoglobine**) dans les poumons et véhiculé jusqu'aux organes du corps.

■ **Le dioxyde de carbone**
Le dioxyde de carbone produit lors de la respiration cellulaire est pris en charge par le sang (sous forme de carbhémoglobine et d'hydrogénocarbonates). Il est ensuite transporté puis libéré à son passage dans les alvéoles pulmonaires.

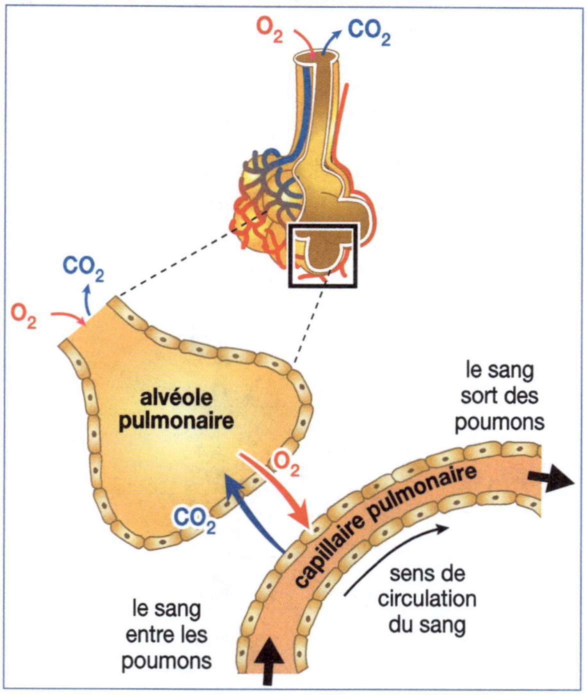

D Les dysfonctionnements de l'appareil respiratoire

1 Les infections

Ce sont les angines, sinusites, rhinopharyngites, laryngites, bronchites, pneumopathies et la tuberculose.

2 Les maladies non-infectieuses

■ **L'asthme :** il s'agit d'une obstruction bronchique momentanée entraînant des difficultés respiratoires. Il existe des facteurs favorisants : le terrain génétique (allergènes), les virus, les polluants atmosphériques, le tabac…

■ **Les pathologies vasculaires :** comme l'œdème aigu du poumon dû à une insuffisance cardiaque et l'embolie pulmonaire.

3 Les détresses respiratoires ou asphyxies

Ce sont : les obstructions des voies respiratoires, un appauvrissement de l'air en oxygène, un sang chargé de produits toxiques, une circulation sanguine ralentie par un dysfonctionnement cardio-vasculaire…

4 Les conditions favorables au bon fonctionnement de l'appareil

L'éviction des allergènes, la lutte contre le tabagisme passif, la pratique d'exercices physiques, la prévention de la pollution atmosphérique, le port d'un masque…

23 L'appareil urinaire

L'appareil urinaire participe à l'élimination des déchets cellulaires et des substances toxiques transportés par le sang. Les reins épurent le sang. Chaque rein reçoit 1 600 litres de sang par jour et en filtre 180 pour rejeter près de 2 litres d'urine.

A L'organisation de l'appareil urinaire

Il est formé de deux reins (qui forment l'urine) et des voies urinaires (qui transportent l'urine vers l'extérieur de l'organisme).

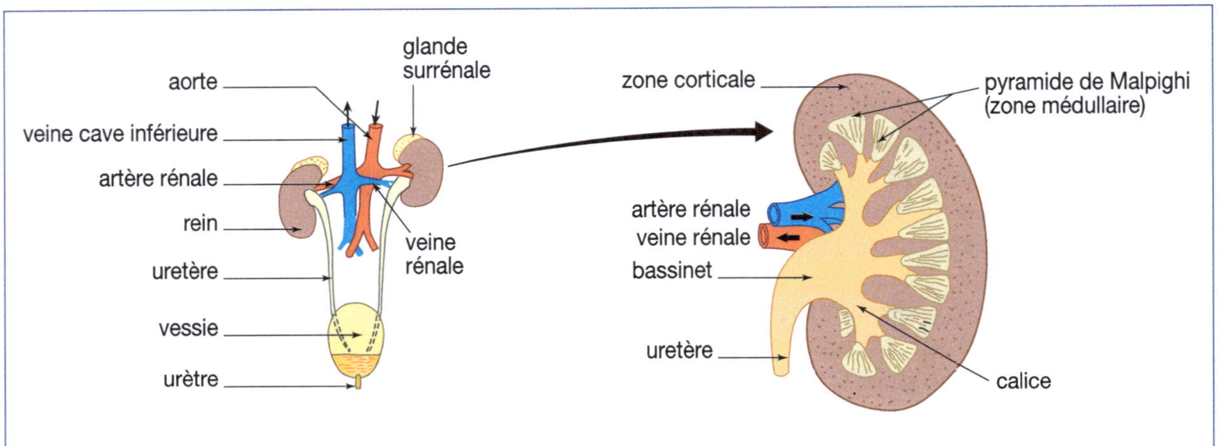

B Le fonctionnement de l'appareil urinaire

■ L'artère aorte (abdominale) apporte aux reins le sang à épurer. Les artères rénales sont issues de l'aorte abdominale.

■ La veine cave inférieure ramène au cœur le sang débarrassé de ses déchets (les veines rénales se jettent dans la veine cave inférieure).

1 L'épuration du sang dans les néphrons

■ Les néphrons assurent l'épuration chimique du sang et participent à l'équilibre du milieu intérieur (**homéostasie**).

■ La formation de l'urine se fait en trois temps :
– une filtration du sang ;
– une réabsorption d'éléments essentiels tels que glucose et eau ;
– une sécrétion de déchets.

■ Les échanges se font du tubule vers les capillaires ou des capillaires vers le tubule.

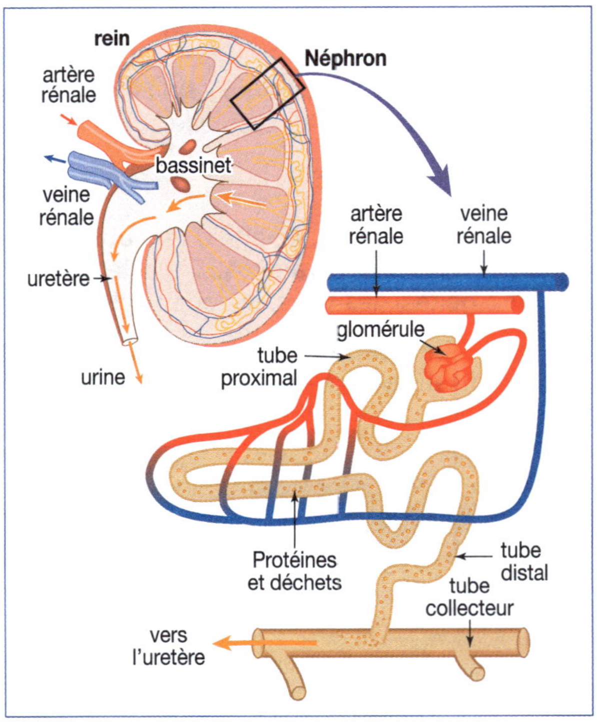

2 L'urine, un produit d'excrétion

Les reins élaborent et éliminent l'urine qui est déversée dans la vessie au moyen des deux uretères. Sa composition varie selon les situations physiologiques (sudation, volume des boissons consommées, alimentation...). 1,2 à 1,8 litre d'urine sont éliminés en 24 heures. Ce volume varie avec l'âge (il est supérieur chez les enfants).

■ Lors de la **miction** (émission d'urine), l'urine s'écoule vers l'extérieur par l'urètre ou canal urinaire.

■ Le sphincter interne empêche l'écoulement d'urine entre les mictions et le sphincter externe permet l'écoulement de l'urine.

C Les troubles de la miction

■ **L'incontinence, une émission involontaire d'urine**
On ne parle d'incontinence de l'enfant qu'après l'âge de 3 ans s'il urine involontairement la journée et 5 ans s'il urine la nuit. Elle est due à la perte du contrôle (ou absence de maîtrise) du sphincter vésical. Elle peut être d'origine nerveuse dans les comas, les paraplégies et certaines hémiplégies.

■ **L'énurésie**
C'est une incontinence involontaire et inconsciente d'urine nocturne chez l'enfant de plus de 5 ans.

■ **La rétention d'urine**
C'est une incapacité pour la vessie de se vider. Elle peut être due à une paralysie du sphincter vésical ou à la présence d'un obstacle sur les voies urinaires.

■ **L'hydronéphrose**
C'est la dilatation des bassinets et des calices par accumulation d'urine, qui peut gêner la fonction rénale.

D Les infections urinaires

■ **Les néphrites**
Ce sont des atteintes du rein (glomérule, le plus souvent) d'origine infectieuse.

■ **Les pyélonéphrites**
L'infection atteint à la fois les reins et les bassinets. Elle est souvent due à une bactérie, le colibacille.

■ **Les cystites**
Ce sont des inflammations aiguës ou chroniques de la vessie, qui se manifestent par des brûlures à la miction et par des envies fréquentes d'uriner. Elles peuvent être infectieuses.

E L'hygiène de l'appareil urinaire et la prévention

Il est important :
– de boire suffisamment d'eau (1 litre à 1,5 litre par jour) ;
– de limiter la consommation de protides d'origine animale (la viande laisse des résidus toxiques, urée en particulier) ;
– de surveiller la qualité des aliments ;
– d'éviter la surconsommation de médicaments ;
– de s'interdire la fatigue physique excessive ;
– de ne pas s'exposer au froid (il a une action vasoconstrictrice qui fatigue le rein) ;
– de prévenir et traiter l'incontinence urinaire...

FICHE SAVOIR

24 L'appareil digestif du nourrisson et du jeune enfant

A La digestion des aliments et l'absorption des nutriments

La digestion est l'ensemble des **transformations chimiques et physiques** qui permettent aux **aliments d'être simplifiés** en molécules plus petites : **les nutriments.**

1 La composition de l'appareil digestif

■ **Le tube digestif** est un tube qui va de la bouche à l'anus et dans lequel passent les aliments. Il comporte la bouche, le pharynx, l'œsophage, l'estomac, l'intestin grêle, le colon (= gros intestin), le rectum et l'anus.

■ **Les organes annexes** sont les glandes salivaires, le foie, la vésicule biliaire et le pancréas. Ces organes vont produire des substances qui vont aider à la digestion (ils sécrètent notamment des enzymes).

2 Les phénomènes mécaniques et chimiques lors de la digestion

Les phénomènes mécaniques	Parties du tube digestif	Les phénomènes chimiques
La mastication : phénomène réflexe qui permet le broiement des aliments par les dents et leur mélange à la salive pour former le bol alimentaire.	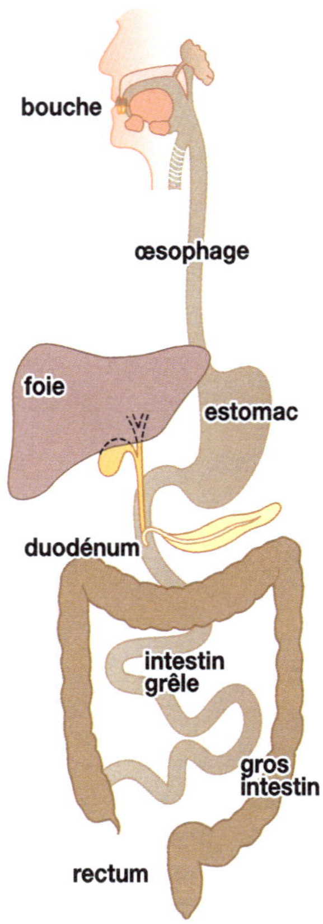	**Sécrétion de la salive** contenant l'amylase salivaire (enzyme) qui dissocie des chaînes de glucides (amidon en maltose).
La déglutition : mouvements qui permettent de faire passer le bol alimentaire dans l'œsophage (passage dans l'arrière-gorge avec fermeture des fosses nasales et de l'épiglotte de la trachée).		
Des mouvements de brassage de longue durée pour imprégner le bol alimentaire d'acide gastrique ; il devient **chyme** alimentaire.		**Sécrétion du suc gastrique** contenant la pepsine (enzyme) qui transforme les protéines en polypeptides et coagule le lait (caséine).
Très peu de phénomènes mécaniques, sauf **le péristaltisme** (ensemble des contractions musculaires permettant la progression du chyme).		**Sécrétion du suc pancréatique et de la bile** (par le foie) : leurs enzymes (l'amylase, la lipase, la peptidase) permettent la dégradation des glucides, des lipides (en glycérol et acides gras), des polypeptides (en dipeptides puis en acides aminés) et l'émulsion des graisses.
Trois sortes de brassages ont lieu : des contractions segmentaires, des mouvements pendulaires (mélange du chyme avec le suc intestinal donnant le chyle) et le péristaltisme.		Dégradation finale en nutriments absorbables et **absorption intestinale** (passage des nutriments vers le sang qui les distribue à l'ensemble des cellules de l'organisme)
Défécation : expulsion par l'anus des résidus de la digestion (réflexe).		

L'eau, les **éléments minéraux**, les **vitamines** et la **cellulose** ne sont **pas transformés** lors de la digestion.

3 L'évolution de la dentition

Les **incisives** coupent les aliments, les **canines** les déchirent et les **molaires** les broient.

Dentition de lait de la mâchoire supérieure

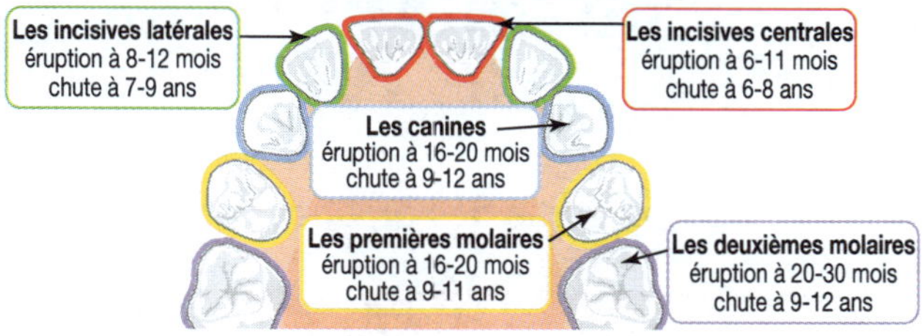

B L'alimentation de l'enfant

Caractéristiques des organes du nourrisson	Conséquences sur l'alimentation
Pas de dents	Mastication impossible (alimentation liquide, semi liquide)
Glandes salivaires non fonctionnelles	Impossibilité de digérer l'amidon avant 5 mois
Anatomie adaptée à la succion	Succion facilitée
Oesophage très court	Nombreuses régurgitations
Estomac très petit (volume)	Repas plus fréquents, mais en petites quantités
Cardia mal fermé	Nécessité du rot (renvoi d'air)
Péristaltisme retardé	Régurgitations
Absence d'amylase au niveau de l'intestin	Pas d'amidon dans l'alimentation

C L'hygiène de la digestion

1 L'altération naturelle de la denture et l'hygiène à respecter

La mastication est un temps important qui facilite la transformation des aliments.

- **La plaque dentaire** est une substance blanchâtre qui se dépose à la surface de la dent (constituée de protéines salivaires, d'aliments, de bactéries et de toxines). Cette plaque dentaire est à l'origine des caries.
- **Une carie** est une maladie de la dent qui endommage sa structure (lésion de l'émail et de la dentine).
- **Le brossage des dents** évite la formation du tartre (dépôt de calcaire provenant de la plaque dentaire minéralisée). Il doit s'effectuer trois fois par jour, après les repas.
- **La consommation de sucreries** ainsi que la prise de sirops sucrés doivent être limitées dans la journée et interdites avant le coucher.
- **Une visite chez le dentiste** deux fois par an permet de déceler les lésions à leur début. La prise journalière de fluor renforce l'émail des dents.

2 Conditions et signes d'une mauvaise digestion

- **Les facteurs influençant la digestion** sont le temps de mastication, les caractéristiques du repas (trop abondant, trop riche, trop gras…), le mode de préparation culinaire (cru, cuit), l'état d'esprit…
- **Les douleurs au cours de la digestion** correspondent à la durée et à la difficulté de la digestion.
- **Les problèmes digestifs** sont : l'aérophagie, la régurgitation, le vomissement, les diarrhées, la constipation…

FICHE SAVOIR

25 La peau

La peau fait partie des organes des sens. Elle recouvre le corps.

A La structure de la peau

Elle est composée de trois couches : l'épiderme, le derme et l'hypoderme.

L'épiderme

C'est un **épithélium stratifié** non vascularisé (c'est-à-dire dépourvu de vaisseau sanguin) qui est composé de 3 couches :

– **la couche cornée** : située au-dessus, elle est constituée de cellules mortes (squames ou pellicules) ;

– **la couche vivante** : située au milieu, elle contient les cellules remplies de kératine ;

– **la couche basale** : la plus profonde, elle contient les pigments de la peau.

Les 3 types de cellules qui composent l'épiderme sont : les kératinocytes, les mélanocytes et les cellules de Langerhans.

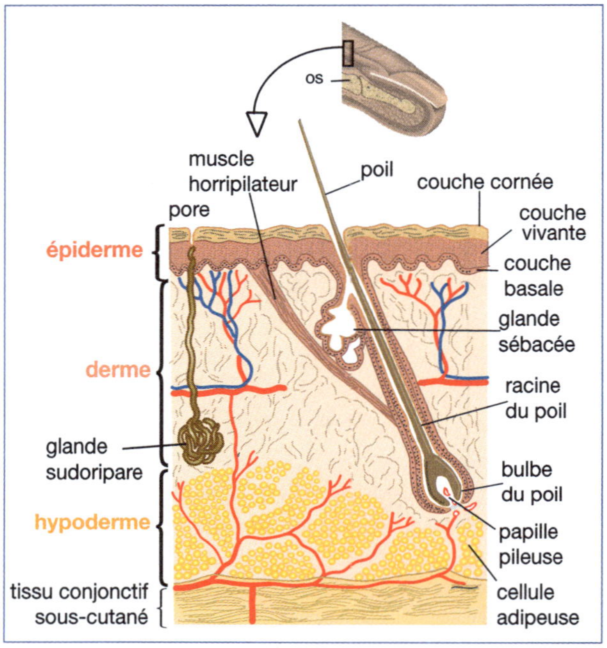

Le derme

Il se trouve sous l'épiderme. C'est un **tissu conjonctif dense** ; il contient :

– de nombreux **vaisseaux sanguins** et lymphatiques ;

– des **fibres nerveuses ;**

– des **fibroblastes** (cellules produisant les fibres d'élastine et de collagène).

L'hypoderme

Il se trouve sous le derme. C'est un **tissu conjonctif** qui amortit les chocs et isole les organes. Il contient des **cellules adipeuses** (qui servent de réserve nutritive).

La peau comprend également d'autres éléments :

– **les poils**, composés d'une racine appelée **« bulbe du poil »** (qui contient le pigment qui colore le poil), d'une **papille pileuse** qui nourrit le poil à sa base et d'un **muscle horripilateur** sur lequel est accroché le poil (« chair de poule ») ;

– **les ongles**, qui protègent l'extrémité des doigts et des orteils et aident à saisir les objets ;

– **les glandes sébacée**, qui sécrètent **le sébum** (il lubrifie, assouplit la peau et les poils et possède un rôle bactéricide) ;

– **les glandes sudoripares**, qui sécrètent **la sueur** (légèrement salée, elle contient de l'eau, des sels minéraux, de l'urée).

B Les rôles de la peau

Les 3 types de sensibilités tactiles :

– le toucher précis, détecté par les disques de Merkel ;

– le contact léger, ressenti par les corpuscules de Messner ;

– la pression et la vibration (coup), qui excite les corpuscules de Pacini.

■ **La sensibilité thermique**
– Les corpuscules de Krause sont sensibles **au froid.**
– Les corpuscules de Ruffini sont sensibles **au chaud.**

■ **La sensibilité douloureuse**
Les terminaisons nerveuses réagissent à la douleur.

■ **La thermorégulation et l'excrétion**
La peau a pour rôle de maintenir la température du corps à 37 °C, grâce :
– au tissu adipeux, qui est un isolant thermique ;
– à l'évaporation de la sueur, qui refroidit le corps ;
– à la vasoconstriction et à la vasodilatation des vaisseaux sanguins, qui régulent la vitesse du sang pour modérer les pertes de chaleur.

■ **La respiration**
Elle se fait par la surface de la peau (moins de 1 % de la respiration).

■ **La protection contre les agressions**
– Une protection **physique** : la peau amortit des chocs protégeant les muscles et les os.
– Une protection **chimique** : la peau est imperméable à l'eau.
– Une protection **contre les microbes** : le sébum et la sueur forment une couche acide sur la peau (action bactéricide) et une flore cutanée est présente en surface (ensemble des microorganismes présents sur la peau).
– Une protection **contre le rayonnement solaire** : la mélanine (qui colore la peau), protège notre peau des rayons ultraviolets du soleil.

■ **La production de vitamine D**
Sous l'action des rayons (ultraviolets) du soleil, les cellules de l'épiderme transforment le cholestérol en vitamine D, indispensable pour assimiler le calcium.

C L'hygiène et la protection de la peau

1 L'hygiène de l'enfant

La toilette de l'enfant est très importante, notamment celle du siège (lors des changes et du bain), car le contact de la peau avec les selles et l'urine contenues dans la couche peut provoquer **un érythème fessier** (inflammation de la peau).
Il est donc important de changer régulièrement les couches du nourrisson (au moins cinq fois par jour), afin que ses fesses restent propres et le plus souvent sèches. Il faut laver ses fesses sans frotter, à l'eau et au savon (utiliser des produits hypoallergisants) et les sécher en tamponnant. L'enfant peut être laissé les fesses à l'air dès que possible.

2 La protection de la peau de l'enfant

■ **Contre les agressions solaires** (coups de soleil, vieillissement de la peau et cancers) : il faut éviter de mettre l'enfant au soleil durant les premières années de sa vie (éviter les sorties entre 10 et 15 heures, lorsque les rayons UVB sont les plus intenses) ; privilégier l'ombre et mettre un parasol sur la poussette ; couvrir l'enfant avec des vêtements appropriés (dont le tissu est dense, on ne doit pas pouvoir voir à travers) ; protéger l'enfant au moyen d'un écran solaire ; lui mettre des lunettes de soleil…

■ **Contre le froid** : il faut couvrir l'enfant lors des sorties et bien hydrater sa peau (pour éviter les gerçures, les engelures, les gelures).

■ **Contre la chaleur** : il faut éviter tout contact avec des produits inflammables (brûlure thermique) ou des produits caustiques (brûlure chimique).

26 L'organisation du système nerveux

Le système nerveux contrôle l'ensemble de l'organisme. Il permet à l'homme de s'adapter à son environnement.
Le système nerveux est composé de **deux systèmes** :
– le **système nerveux cérébro-spinal** (sous l'influence de notre volonté) ;
– le **système nerveux végétatif** (indépendant de notre volonté, il régule nos fonctions vitales ; il est sous le contrôle de l'hypothalamus).

A L'organisation du système nerveux cérébro-spinal

Le système nerveux cérébro-spinal comprend :

■ **Le système nerveux central :** il est composé de 2 centres nerveux, l'encéphale et la moelle épinière. L'encéphale comprend 3 parties : **le cerveau** (divisé en 2 hémisphères), le **cervelet** et le **tronc cérébral**. La moelle épinière se trouve dans la colonne vertébrale, logée dans le canal rachidien.

■ **Le système nerveux périphérique :** il comprend 12 paires de **nerfs crâniens** (qui relient le cerveau aux organes des sens) et 31 paires de **nerfs rachidiens** (qui sortent de chaque côté de la colonne vertébrale et relient la moelle épinière avec l'ensemble des muscles et des récepteurs sensitifs du tronc et des quatre membres).

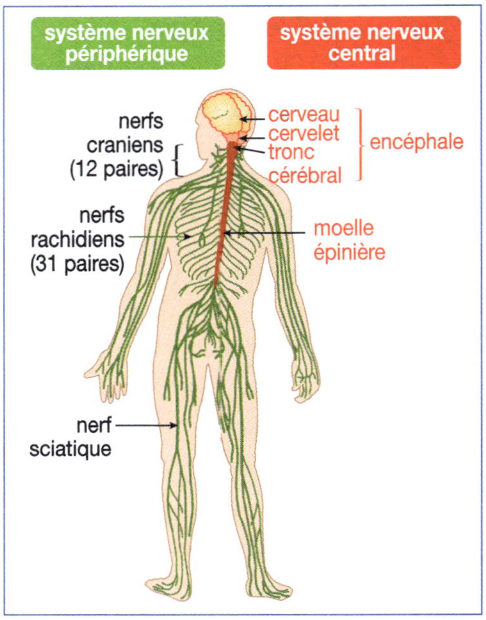

B Le tissu nerveux et la structure d'un nerf

Le tissu nerveux est composé de 2 types de cellules : **les neurones** (les cellules nerveuses) et les **cellules gliales** (qui protègent et nourrissent les neurones). Ce sont des cellules qui ne se reproduisent pas.

■ **Les neurones et les nerfs**
Les neurones sont formés : d'un **corps cellulaire** (contenant le noyau de la cellule), de **dendrites** et d'un **axone** (se terminant par une arborisation terminale).
Un nerf est formé d'un ensemble d'axones entourés de tissu conjonctif. Ces fibres sont regroupées en faisceaux, chaque faisceau étant entouré d'une membrane.

■ **Les cellules gliales**
Les **astrocytes** nourrissent les neurones et les **cellules de Schwann** s'entourent autour des axones pour isoler les neurones les uns des autres (formant la **gaine de myéline** et la **gaine de Schwann**).

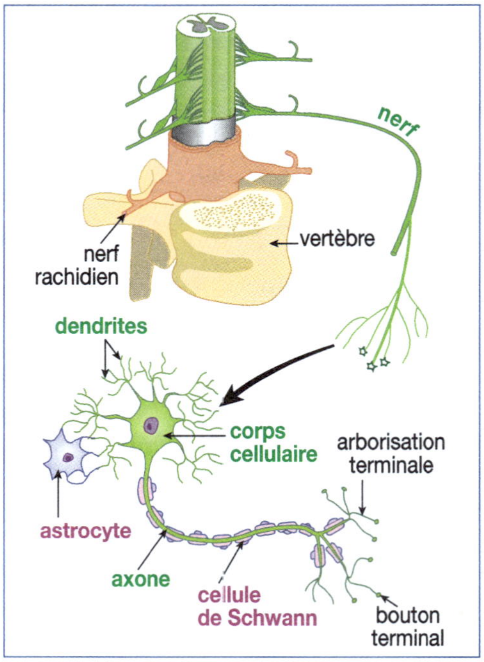

C La communication nerveuse

■ **Le neurone** possède deux propriétés :
– **l'excitabilité** (il engendre l'influx nerveux suite à une excitation, un stimulus) ;
– **la conductibilité** (il conduit l'influx nerveux).
La stimulation peut être thermique, douloureuse, chimique, lumineuse ou sonore.

■ **Le neurone transmet toujours l'influx nerveux dans le même sens** : des dendrites (qui captent la stimulation) vers le corps cellulaire, puis vers l'axone jusqu'à l'arborisation terminale.

■ **Les neurones sensitifs afférents** condui-sent l'influx nerveux de la périphérie (des récepteurs sensoriels) vers les centres nerveux.

■ Les **neurones moteurs efférents** conduisent l'influx nerveux des centres nerveux vers la périphérie (muscles et glandes).

■ Les neurones reliant 2 neurones entre eux sont appelés des **neurones d'association.**

■ **La synapse est la jonction entre deux cellules d'un circuit nerveux** : synapse entre deux neurones, synapse entre un neurone et une cellule musculaire ou synapse entre un neurone et une glande.

■ **Les neurotransmetteurs** sont des substances chimiques synthétisées par le neurone et libérées dans la fente synaptique pour permettre le passage de l'influx nerveux sur l'élément post-synaptique (soit un neurone, soit une cellule musculaire, soit une glande).

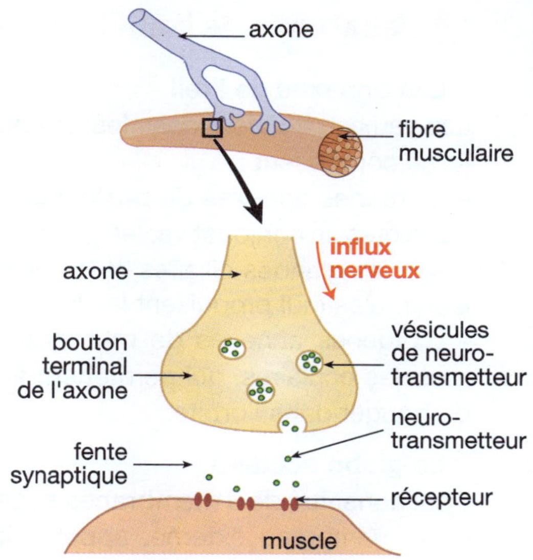

D L'activité réflexe et l'activité volontaire du système nerveux

Elles sont toutes deux sous le contrôle de nos 5 organes des sens.

■ **L'activité réflexe**
L'activité réflexe est une réponse motrice **involontaire**, automatique et immédiate en réponse à une stimulation.
Les réflexes **innés** existent dès la naissance (réflexes archaïques, de retrait…) et les réflexes **acquis** résultent de l'éducation et de l'apprentissage (la conduite automobile, la pratique du vélo…). Le circuit nerveux d'un acte réflexe s'appelle **l'arc réflexe**.

■ **L'activité volontaire**
C'est un acte voulu et conscient qui implique une phase sensorielle, une phase centrale et une phase motrice. L'activité volontaire peut être d'ordre moteur.

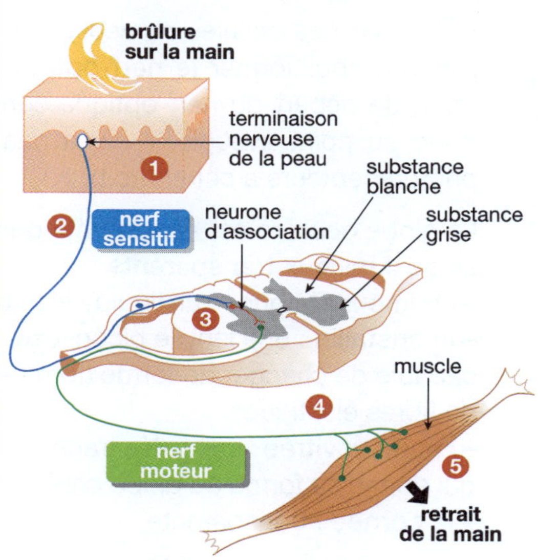

FICHE SAVOIR

27 L'activité sensorielle : la vue et l'ouïe

L'activité sensorielle est liée aux organes des sens : **les yeux (la vue), le nez (l'odorat), la langue (le goût), la peau (le toucher) et les oreilles (l'ouïe).**

A L'œil

L'œil est l'organe de la vue, c'est un organe des sens.

1 L'anatomie de l'œil

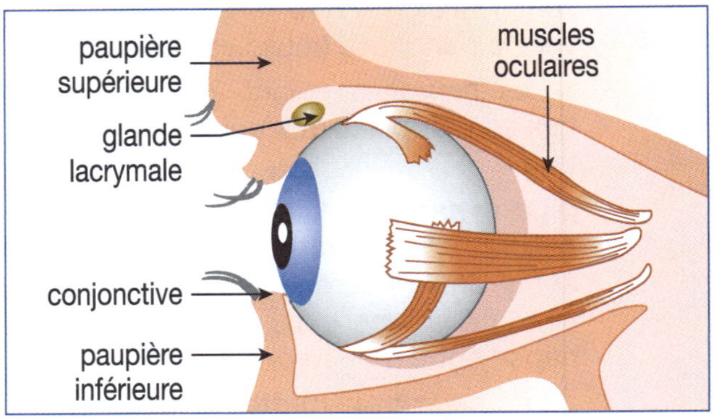

Les annexes de l'œil

Les yeux se trouvent dans **les orbites.**
Ils se composent :
- d'organes annexes **de protection** : les paupières, la conjonctive, les glandes tarsales, les glandes ciliaires et les glandes lacrymales (qui produisent les larmes) ;
- d'organes annexes **de motricité** : les muscles oculaires, qui permettent à l'œil de bouger dans l'orbite.

Le globe oculaire

Il est constitué de **3 membranes** superposées : la sclérotique, la choroïde et la rétine.
- La membrane externe, appelée **la sclérotique** (le blanc de l'œil), est un tissu conjonctif dense. À l'avant de l'œil, elle devient transparente et forme **la cornée.**
- La membrane intermédiaire, appelée **la choroïde**, est un tissu conjonctif fin très vascularisé. À l'avant de l'œil elle devient l'**iris.**
- La membrane interne, appelée **la rétine**, est fragile, jaunâtre et transparente. Elle est composée de **cellules nerveuses photoréceptrices** concentrées dans la tache jaune (**macula**).

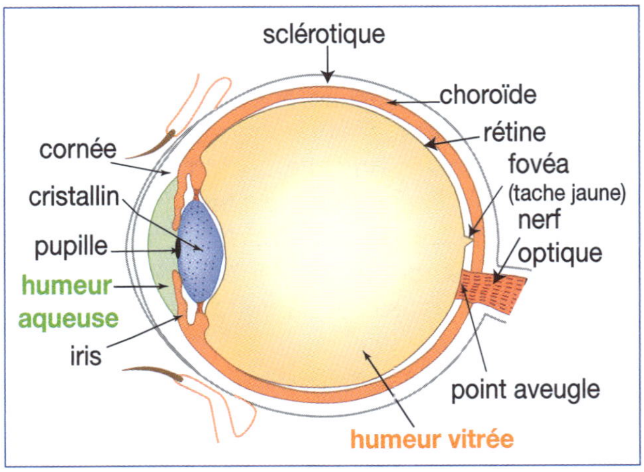

Les fibres des cellules nerveuses se rejoignent pour former **le nerf optique** (le point de départ du nerf optique correspond au point aveugle, il n'y a pas de photorécepteurs à cet endroit).

Le globe oculaire est également composé de **4 milieux transparents** :
- **l'humeur aqueuse** : un liquide incolore ;
- **le cristallin** : une lentille biconvexe, capable de changer de forme (formée de fibres élastiques) ;
- **l'humeur vitrée** : une gelée transparente qui donne sa forme au globe oculaire ;
- **la cornée :** transparente.

2 La perception et la transmission des images

■ Le trajet de la lumière

La lumière est constituée de **photons.** Un faisceau lumineux peut changer de milieu (de l'air à l'eau par exemple) et subir une déviation, on parle alors de **phénomène de réfraction de la lumière.** Au niveau de l'œil**, la lumière est déviée 3 fois** dans la cornée (2 fois dans le cristallin).

■ La mise au point des images

La formation d'une image floue sur la rétine déclenche **3 actions réflexes** :
- **la convergence**, qui est la possibilité de fixer avec les 2 yeux un même objet ;
- **le réflexe de la pupille**, qui permet de régler la quantité de lumière arrivant sur la rétine (moins il y a de lumière, plus la pupille se dilate) ;
- **l'accommodation**, qui correspond à la modification de la courbure du cristallin en fonction de la distance de l'objet observé.

■ Le rôle de la rétine

La lumière entre dans l'œil jusqu'à atteindre **la rétine** où elle stimule **les photorécepteurs.** Ces cellules nerveuses de la rétine, appelées **cônes et bâtonnets** captent les photons (c'est la photo-réception). Ils déclenchent alors des réactions chimiques et électriques qui **traduisent l'image en influx nerveux** qui est ensuite transmis dans le nerf optique.

Les cônes permettent **la vision des couleurs** et les bâtonnets sont **sensibles à la lumière.**

■ La transmission de l'image au cerveau

Les axones des 2 nerfs optiques se rejoignent. Les axones vont au thalamus (**centre d'analyse des mouvements**) puis au cortex visuel où **l'image est reconnue** (il existe les aires sensitives primaires pour l'identification de l'objet et les aires visuelles associatives permettant la reconnaissance des objets…).

Définitions

- **L'acuité visuelle** correspond au degré d'aptitude de l'œil à distinguer 2 points distincts (c'est la qualité de l'image qui se mesure sur 10).
- **Le champ visuel** : c'est l'étendue de ce que l'on peut voir avec les yeux immobiles.
- **La vision binoculaire** : c'est la fusion de 2 images permettant de voir en relief (profondeur et distance), d'où la possibilité de prendre des objets.

3 Les anomalies de la vision

Avec **le vieillissement**, l'œil devient moins flexible (**presbytie**) et moins transparent (**cataracte**). Certaines anomalies sont dues à **une déformation de l'œil : la myopie** (difficulté à voir au loin), l'**hypermétropie** (difficulté à voir de près) et l'**astigmatisme** (image déformée).

B L'oreille

L'oreille est l'organe de l'ouïe (la perception des sons), c'est un organe des sens. C'est aussi l'organe de l'équilibre. Les sons sont les *stimuli* de l'audition.

L'oreille comprend 3 parties : **l'oreille externe, l'oreille moyenne et l'oreille interne.**

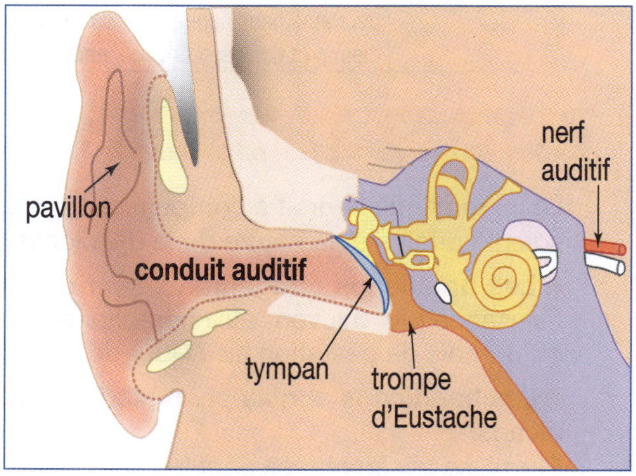

28 Le handicap

Le handicap

Constitue un handicap « **toute limitation d'activité ou restriction de participation à la vie en société subie dans son environnement, par une personne, en raison d'une altération substantielle durable ou définitive d'une ou plusieurs fonctions physiques, sensorielles, mentales, cognitives ou psychiques, d'un polyhandicap ou d'un trouble de santé invalidant** » (*texte de loi*).

La personne handicapée

« **Est handicapé**, tout sujet dont l'intégrité physique ou mentale est passagèrement ou définitivement diminuée, soit congénitalement, soit sous l'effet d'une maladie ou d'un accident, soit encore sous l'effet de l'âge, en sorte que son autonomie, son aptitude à fréquenter l'école ou à occuper un emploi s'en trouve compromise ». « Est handicapé toute personne qui n'est pas conforme à la norme de l'époque où elle vit […] » (*selon l'OMS*).

A La classification des handicaps

L'**OMS** a proposé en 1980 une **classification internationale du handicap**. En 1988, le ministère des affaires sociales s'en est inspiré pour prendre en compte, pour chaque handicap : l'origine (accident ou maladie) ; la déficience engendrée ; l'incapacité et la nature du handicap.
L'accident ou la maladie entraîne la déficience, qui entraîne l'incapacité, qui entraîne le handicap.

	Caractéristiques	Définition de l'OMS
La déficience	→ elle peut être provisoire ou définitive.	« La déficience correspond à toute perte de substance (organes, muscles, tissus, liquides…) ou à l'altération d'une structure ou fonction psychologique, physiologique ou anatomique ».
L'incapacité	→ concerne toutes les activités de la vie quotidienne : se déplacer, se laver, s'habiller, manger, communiquer, mémoriser…	« Elle correspond à toute réduction partielle ou totale de la capacité d'accomplir une activité d'une façon donnée, ou dans les limites considérées comme normales pour un être humain ».
Le désavantage	→ ensemble des difficultés vécues par la personne handicapée dans sa vie quotidienne et dans son environnement social.	« Il résulte pour un individu donné d'une déficience ou d'une incapacité qui interdit ou limite l'accomplissement d'un rôle normal ».

B L'origine des handicaps

La loi réaffirme le droit à compensation des conséquences du handicap quelles que soient l'origine et la nature de la déficience et l'âge de la personne handicapée.

Les handicaps congénitaux sont des handicaps qui existent au moment de la naissance ; ils peuvent être héréditaires ou acquis (acquis pendant la périnatalité : du 6e mois de gestation au 7e jour de la vie).

Les handicaps acquis par **maladie** ou **par accident représentent 70 %** des handicaps.
Parmi les accidents, ce sont les accidents domestiques qui sont les plus fréquents.

C Les différentes situations de handicap

1 Le handicap moteur

■ Il est symbolisé par le pictogramme du fauteuil roulant. Cependant, toutes les personnes handicapées motrices ne sont pas amenées à se déplacer en fauteuil roulant.

■ Il comprend l'hémiplégie, la paraplégie, la tétraplégie, les malformations orthopédiques, les déficits musculaires (les myopathies), les atteintes nerveuses (IMC : infirmité motrice cérébrale), les personnes de petite taille, celles qui éprouvent des difficultés à marcher, de préhension, d'expression orale ou écrite.
Quand il induit une paralysie, le nom varie en fonction des parties du corps qui sont atteintes :
– **une paraplégie** est une paralysie des membres inférieurs ;
– **une tétraplégie** est une paralysie des 4 membres ;
– **une hémiplégie** est une paralysie d'une moitié du corps (droit ou gauche).

2 Les handicaps sensoriels

■ **Le handicap visuel** : la cécité et la malvoyance
Les personnes aveugles appréhendent le monde par le toucher, l'ouïe, l'odorat. Pour sa reconnaissance administrative, la cécité n'implique pas une totale absence de vision. Elle est définie par une acuité visuelle du meilleur œil (après correction) inférieure à 1/20.

■ **Le handicap auditif** : la surdité et la malentendance
Il se caractérise par une **diminution**, voire même une **suppression, de la capacité d'entendre des sons.** Il existe **différentes formes de surdité** classées par catégorie (**légère, moyenne, sévère et profonde**) au regard du niveau de perception restant en termes d'intensité du son (décibels) ou de hauteur (fréquences). Les personnes sourdes profondes s'appuient principalement sur le visuel et le gestuel afin d'être en capacité d'accéder à l'information et de pouvoir communiquer. Elles utilisent la **langue des signes ou le langage parlé complété.**
Les personnes malentendantes peuvent porter des **appareils de correction auditive** externes ou des implants pour bénéficier d'un confort d'audition.

3 Les handicaps mentaux

■ Les personnes en situation de handicap mental éprouvent des **difficultés d'ordre cognitif**, relatives à ce qui a trait à la **compréhension, l'abstraction, la mémoire, l'orientation dans l'espace, la déduction**… Les activités qui en découlent, telles que la lecture, l'écriture, de nombreux apprentissages ainsi que la gestion du quotidien sont rendues difficiles.

■ **Les origines** de ces handicaps sont diverses : des anomalies chromosomiques (la trisomie 21), des maladies génétiques (la phénylcétonurie), des infections virales (rubéole prénatale, méningite postnatale, souffrances fœtales, manque d'oxygène : anoxie), traumatisme crânien, autisme…

■ Ces personnes ont besoin d'être en sécurité dans leurs repères spatiaux et temporels, particulièrement dans des situations inhabituelles.

4 Les handicaps psychiques

Ils peuvent **concerner la pensée** (absence, délire, hallucination…), **le comportement** (bizarrerie, apathie, autodestruction, violence…), l'**affectivité** (isolement, indifférence…). Ils **entravent**, plus ou moins gravement, **la vie sociale** d'une manière momentanée ou durable. Ces troubles sont provoqués par des maladies telles que **les névroses ou les psychoses.**

FICHE SAVOIR

29 Qualité de vie dans le logement

L'habitat est un facteur déterminant de santé pour l'occupant. Des règles d'hygiène et de salubrité sont fixées dans chaque département pour les habitations et leurs équipements.
Un logement est dit **insalubre** s'il présente un danger pour la santé de ses occupants.

A Hygiène et confort du logement pour le bien-être de l'enfant

1 La qualité de l'air et le confort thermique

La qualité de vie dépend de la qualité de l'air et du confort thermique dans lesquels une personne évolue.

- **La ventilation** permet d'évacuer l'air vicié (c'est-à-dire pollué). Elle se fait soit naturellement (par les grilles d'aération ou en ouvrant les fenêtres), soit mécaniquement par la VMC (Ventilation Mécanique Contrôlée).

- **Le chauffage** permet d'élever la température de l'air ambiant pour donner une sensation de bien-être. Il peut être central ou divisé. Les énergies utilisées sont le gaz, le fioul et l'électricité.

- **La climatisation** permet de refroidir l'air ambiant pour lutter contre la sensation d'inconfort lorsqu'il fait très chaud.

2 Les dangers sanitaires dans le logement

- **L'amiante** contenue dans les faux plafonds peut, lorsqu'ils se dégradent, libérer des fibres dans l'atmosphère. Leur inhalation présente des risques pour la santé.

- **Le radon** est un gaz radioactif qui provient de la désintégration du radium, un élément présent naturellement dans la croûte terrestre. Il s'accumule dans les espaces clos mal ventilés.

- **Le plomb** est présent dans les canalisations et les peintures des bâtiments anciens ; il cause chez les jeunes enfants une intoxication, le saturnisme.

- **Le monoxyde de carbone (CO)**, gaz incolore et inodore, est dangereux lorsqu'il est inhalé. Il peut provoquer des intoxications plus ou moins graves, parfois mortelles. C'est un dysfonctionnement des chaudières au fioul, au gaz, au kérosène, au bois ou au charbon qui est à l'origine de ce gaz.

3 Le confort acoustique

Le bruit est une nuisance sonore. Il se mesure en décibels. Pour lutter contre le bruit, il est possible : de parler moins fort, de manipuler les objets en les soulevant, d'isoler les lieux bruyants, d'insonoriser les locaux (double vitrage), de porter des casques…

4 Le confort visuel

Les besoins en lumière évoluent avec l'âge et l'éclairage doit être suffisant pour éviter la fatigue oculaire. Il est nécessaire de répartir les sources lumineuses pour éviter les lumières trop vives et les zones d'ombre (les écarts de luminosité étant fatigants pour l'œil).

B Les aménagements spécifiques du logement

L'organisation de l'espace permet :
- à l'enfant de retrouver rapidement le matériel dont il a besoin ;
- d'amener l'enfant à faire des choix et à prendre des initiatives ;
- à chaque enfant de mieux se concentrer sur sa tâche ;
- de meilleures interactions entre les enfants lors de la période d'ateliers libres ;
- à l'adulte de mieux observer chaque enfant durant les activités ;
- de respecter des règles d'hygiène (espace de change différent du coin repas).

Les espaces de repos

→ Ils correspondent aux endroits les plus calmes du logement : une chambre, un dortoir ou un coin pour lire et se reposer.
→ Température autour de 19°C.
→ Stores et rideaux pour créer de la pénombre.
→ Peu de mobilier et décoration réduite.
→ Berceaux ou petit lit à barreaux (pour le nourrisson), lit sans barreaux (vers 2 ans), puis lits plus grand (vers 3 ans).

Les espaces de repas

→ Mobilier adapté à l'âge de l'enfant et facile d'entretien (respect des normes d'hygiène et de sécurité).
→ Pour les nourrissons : position semi-assise sur un transat ou une chaise haute.
→ À partir de 1 an : position assise (chaises basses et stables) en petit groupe autour d'une table pour que l'adulte puisse aider chacun d'eux.
→ À partir de 3 ans : position assise, en nombre plus important autour d'une table.

Les espaces sanitaires

→ Dans les structures collectives, ils doivent répondre à des normes très strictes d'hygiène et de sécurité et ils doivent être bien distincts des autres espaces.
→ Pour le change, le mobilier doit être pratique et facile d'entretien.
→ Les WC sont adaptés à la taille des enfants en structure (hygiène, sécurité et autonomie de l'enfant) ; au domicile, le pot permet de faire la transition entre la couche et les WC pour adultes.

Les espaces de jeux et d'activités

Ces espaces sont souvent divisés en « coins d'apprentissages » (pour les groupes d'enfants de 2 à 5 ans). Il existe des coins différents :

le coin construction
→ Permettre un premier contact avec les mathématiques
→ Apprendre à compter, à se situer dans l'espace, à classer
→ Développer sa créativité...

le coin lecture
→ Confortable et chaleureux
→ Éloigné des zones bruyantes

le coin jeux de rôles
→ Reproduire des gestes, « faire semblant »
→ Développer sa créativité

le coin arts plastiques
→ Dessiner, manipuler

le coin musique
→ Découvrir des sons
→ Écouter de la musique.

EP 1

FICHE SAVOIR

30 L'environnement de l'enfant en collectivités

A L'organisation spatiale des locaux

L'implantation des bâtiments doit tenir compte de l'accessibilité des personnes et de l'orientation (ensoleillement) qui est un facteur important de salubrité.
L'organisation spatiale des locaux doit permettre la **circulation sans gêne des personnes**, mais elle doit aussi tenir compte de la spécificité de chaque espace de façon logique. Par exemple, les couchettes ne doivent pas se trouver dans le passage de l'entrée, mais plutôt isolées ; l'espace d'accueil et les casiers doivent eux se trouver plutôt dans l'entrée.
L'organisation de l'espace favorise ou non l'intimité et la socialisation : plus un espace est ouvert et visible et moins il y a d'intimité.

B Les aménagements des divers espaces

L'aménagement des espaces a pour but de les rendre fonctionnels. Le choix des équipements et des matériaux utilisés a donc toute son importance. Ce choix dépend des fonctions qu'ont les différents espaces (accueil, repas, change…).

1 Les matériaux

Le matériau est la matière première qui compose un objet. Chaque matériau a des propriétés différentes et est utilisé ou non en fonction des objectifs recherchés.

Les textiles
On appelle textile, toute matière que l'on peut transformer en fils et en tissus. Les textiles sont utilisés pour le linge, les vêtements et les rideaux, en raison de leur facilité d'entretien. Ils sont soit d'origine **naturelle** : végétale (coton, jute, coco) ou animale (laine, poils d'animaux, soie), soit d'origine **chimique** : artificielle (viscose, acétate) ou synthétique (nylon, polyester, lycra).

Les matières plastiques
Il en existe deux catégories : les thermoplastiques (qui se déforment à chaud) et les thermodurcissables (qui ne se déforment pas). Elles sont utilisées pour leur facilité d'entretien, leur imperméabilité (bouteilles, jouets, pots et boîtes alimentaires…).

Les caoutchoucs naturels et synthétiques
Le caoutchouc est souple, imperméable, lavable, résistant à l'usure, imputrescible et bon isolant thermique et phonique. On l'utilise pour les revêtements de sols, les jouets.

Le verre
Il est utilisé dans les cuisines pour les plats ou pour le matériel de service (verres, assiettes) et pour les fenêtres. Il résiste à la chaleur et est facile d'entretien.

Les produits céramiques
Ce sont les produits réalisés à partir de l'argile : les grès (équipements sanitaires et revêtements), les terres cuites, les faïences et les porcelaines.

Les métaux et les alliages
Les métaux proviennent de minerais et les alliages sont le mélange de plusieurs métaux (par fusion). Ils sont durs et résistants, mais sonores. Exemples : **l'aluminium** (interdit pour le matériel de cuisine), le **nickel** (robinetterie, poignée de porte), le **chrome** (robinetterie, poignée, matériel électroménager), l'**acier inoxydable** (casserole, évier, plan de travail, lave-vaisselle, lave-linge).

2 Les revêtements de surfaces

Les matériaux utilisés pour les revêtements doivent être étanches, faciles d'entretien (nettoyage et désinfection), résistants aux produits d'entretien et antidérapants.

■ **Le classement des matériaux selon leur résistance à l'usure et au feu**

– **Le classement UPEC** définit la résistance des revêtements de sol par rapport à l'Usure (U), au Poinçonnement (P), à l'Eau (E) et aux produits Chimiques (C). L'indice (1, 2, 3, 4, 5) indique le degré de résistance pour chaque critère (U1, U2, U3, U4, U5). Plus il est grand et plus le matériau est résistant.

– **Le classement au feu** s'applique aux revêtements des sols, murs, textiles muraux, rideaux (de M0 « incombustible » à M5 « très facilement inflammable »).

■ **Les revêtements textiles** sont surtout utilisés dans les espaces peu salissants (coin repos) pour revêtir les sols ou les murs. Les moquettes ne sont pas utilisées en structures collectives en raison des règles d'hygiène strictes.

■ **Les revêtements plastiques et stratifiés** sont utilisés pour les sols, les plans de travail et les portes de placards. Ils sont faciles d'entretien et supportent les détergents-désinfectants.

■ **Les revêtements en caoutchoucs naturels et synthétiques** sont utilisés pour les espaces de motricité : ils sont agréables à la marche et hygiéniques, ils sont isolants phoniques, mais ne résistent pas aux agents chimiques (non recommandé en cuisine).

■ **Les revêtements céramiques** sont durs, résistants à l'eau et à l'usure, faciles d'entretien et durables. Ils sont donc utilisés pour les sols et les murs des pièces humides : sanitaires, cuisine, salle de bains.

■ **Les peintures** sont très utilisées en collectivités pour leur facilité d'entretien et leur résistance.

■ **Le papier peint** est plus chaleureux que la peinture, mais il est plus fragile et n'est pas toujours lavable. Il est surtout posé dans les endroits peu salissants (dortoirs, coins repos).

C Les normes et symboles de sécurité

Pour qu'un environnement soit agréable et confortable, il doit répondre à des critères de température, d'humidité, d'hygiène, de sécurité et d'esthétisme.

■ **Les normes de sécurité pour le matériel et les équipements**

NF (pour normes françaises) atteste qu'un produit est conforme à la sécurité, la santé.

CE (pour certificat européen) permet la mise sur le marché d'un produit dans l'Union Européenne.

■ **Les symboles de danger**

Ils apparaissent sur tous les produits présentant un risque particulier ; ils sont noirs sur fond blanc, encadrés de rouge (cf. fiche 7 EP3).

■ **Les symboles de sécurité électrique**

Ils apparaissent notamment pour l'utilisation des appareils électriques utilisés dans des locaux humides.

FICHE SAVOIR

31 Matériels et produits liés aux activités de jeux et de loisirs

Ils sont choisis en fonction du développement de l'enfant et sont adaptés à son âge.

A Les matériels

1 Les mobiles

Placés au plafond ou sur le berceau, ils stimulent la vision de l'enfant. Ils permettent de décorer les lieux comme les chambres, les salles de jeux ou les salles d'accueil en structure.

2 Les jouets

Ils permettent le développement moteur et intellectuel de l'enfant. Ils développent l'éveil et favorisent les apprentissages.

Âge	Stade de développement	Caractéristiques des jouets
0 à 12 mois	C'est l'éveil des sens : le nourrisson est sensible aux couleurs, aux matières. Vers 4 mois, il tient des objets dans sa main.	Jouets sonores, colorés, de textures variées, de tailles, de formes et de couleurs différentes.
1 à 2 ans	L'enfant a besoin d'explorer, de bouger, de manipuler : il est de plus en plus habile.	Jouets à pousser (accompagnement de la marche), trotteur, jeux de construction, de manipulation…
2 à 4 ans	Maîtrise de la marche et de la parole. Il veut faire seul ; il imite les adultes.	Jeux d'activités symboliques permettant de s'identifier à l'adulte (jouer à la marchande, au docteur).

3 Les jeux

■ Le matériel pour les activités motrices

Ils développent la coordination, l'équilibre, la maîtrise et l'endurance (ex. : ballon, tricycle, espace de jeux extérieurs…).

■ Les jeux de société

Ils développent la réflexion, la mémorisation, l'attention, l'observation et favorisent la socialisation (par les règles du jeu et le groupe).

B Les produits

Les activités d'animation avec les jeunes enfants nécessitent des produits spécifiques.

1 La peinture

Avec les enfants, les peintures ne doivent présenter aucun risque pour leur santé.

Type de peinture	Sa composition	Son utilisation	Les supports
La gouache	Caséine émulsionnée et eau.	En pastille et en tube.	Papier, pierre, bois, verre, métal, carton.
La peinture à doigts	Conforme aux normes.	En tube (à partir de 3 ans).	Papier.
L'aquarelle	À base d'eau.	En tube ou godet.	Papier.

2 La colle

Il existe des colles vinyliques et des colles acryliques à base de résines synthétiques : la colle blanche (sans solvant et ininflammable), le bâton de colle (non toxique), le tube de colle (surveillance d'un adulte), la colle en aérosol (inflammable).

3 Les produits de modelage

Pâtes	Composition	Utilisation	Âge de l'enfant
Pâtes réutilisables	– végétale – minérale – cire	Initiation des petits. Modelage éphémère.	Plus de 3 ans sous surveillance de l'adulte.
Pâtes durcissables à l'air	– végétale – minérale	Petits modelages.	Plus de 5 ans.
Pâtes à cuire (pâte à sel, argile, pâte Fimo®)	– farine et sel – minérale – plastique	Réalisations résistantes.	Plus de 5 ans et 8 ans pour la pâte Fimo®.

C Les livres

Ils évoluent en fonction de l'âge de l'enfant et de son apprentissage de la lecture.
Le livre :
- favorise les **découvertes sensorielles** (livres papiers, tissus, plastiques…) ;
- permet d'effectuer des **activités motrices** (manipulation du livre et des pages) ;
- apporte un **moment de plaisir** (sur les genoux d'un adulte, sur un espace chaleureux au sol…) ;
- permet à l'enfant d'entrer dans **le monde du langage**.

■ Pour les tout-petits

Les livres présentent surtout :
- des images : de 6 à 18 mois, les enfants aiment les imagiers ;
- des personnages humains ou animaux humanisés.

■ De 1 à 6 ans

Il existe des livres contenant une histoire vraie ou imaginaire, des contes, des bandes dessinées, des magazines. Ils évoluent avec l'âge (la taille, le format, le nombre de pages, le rapport des images et du texte, le contenu…), avec une étape importante : **l'apprentissage de la lecture.**

Le choix du livre est fonction de la maturité de l'enfant, de ses besoins affectifs et des activités pratiquées. Différents critères peuvent alors varier : le format du livre, son épaisseur, son contenu…

	2 à 3 ans	3 à 6 ans	6 à 8 ans
Format	Petit format.	Formats variés (moyen à grand).	Format qui diminue (se rapproche de celui des adultes).
Nombre de pages	Peu (une dizaine).	30 à 40 pages.	50 à 100 pages.
Contenu	Histoires basées sur la vie quotidienne avec des personnages d'une famille et souvent animaux personnifiés.	Histoires qui concernent la vie de l'enfant (école, famille…). L'enfant s'intéresse de plus en plus au réel.	Intrigue dans l'histoire, les sentiments sont plus complexes.

FICHE SAVOIR

32 Matériels et produits liés aux soins, au confort

A Les matériels d'hygiène et de confort

1 Le matériel d'hygiène

Il s'agit :
- des baignoires : soit fixées sur un plan de travail dans les collectivités (de petites tailles, elles sont adaptées aux nourrissons) soit posées au sol au domicile ; elles peuvent également être transportables (en plastique) ;
- des tapis de change : fixés ou non sur un plan de travail ;
- des sièges pour asseoir l'enfant dans l'eau ;
- un thermomètre ;
- une brosse ou un peigne…

2 Le matériel de confort

■ **Dans les espaces de repos**

On trouvera :
- des lits (berceaux, lits à barreaux, lits pliants ou matelas au sol) : ils sont fonction de l'âge de l'enfant, de l'endroit (crèche, maison), du prix… ;
- des transats, des coussins, des tapis d'éveil : leur utilisation dépend de l'âge de l'enfant, du lieu et du moment de la journée (rythme de l'enfant, de la structure, de la famille).

Landau

Poussette-canne

■ **Pour les déplacements**

On utilise :
- les poussettes ; elles sont fonction de l'âge de l'enfant (landau, poussette classique, poussette-canne). L'enfant peut également marcher avec l'aide de l'adulte ou non en fonction de son âge, du lieu… ;
- le siège-auto, adapté à l'âge de l'enfant.

Trotteur

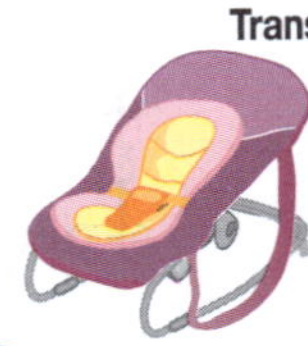
Transat

■ **Pour les repas**

On peut utiliser :
- le transat pour les nourrissons ;
- la chaise haute : elle doit être équipée d'une sangle d'entrejambe et d'une sangle ventrale (il ne faut pas mettre un bébé de moins de 6 mois dans une chaise haute) ;
- des tables et des chaises adaptées à l'âge des enfants (à leur taille).

Tous ces matériels doivent être conformes à la norme NF.

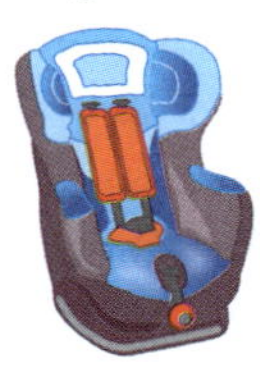
Siège-auto

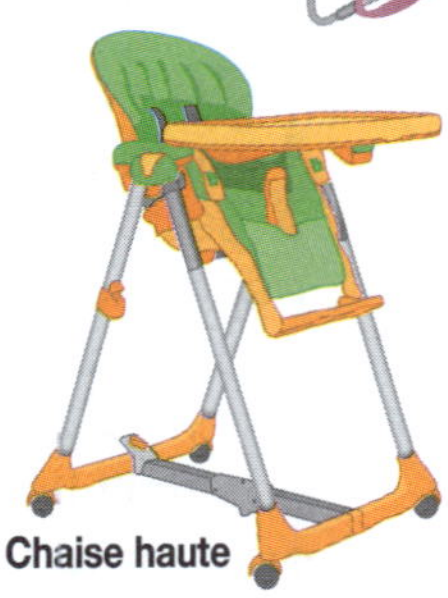
Chaise haute

3 Le matériel de préparation des repas

■ **Les biberons**

Ils sont en verre Pyrex (supportant une température élevée) ou en plastique (légers, ils supportent l'ébullition). Ils sont équipés d'une **tétine**, d'une **bague** et d'un **capuchon**. Les tétines ont des perçages différents permettant de réguler le débit : 1 (=lent), 2 (=moyen), 3 (=rapide).

■ Le chauffe-biberon

Il est en plastique. Il permet de chauffer les biberons et les petits pots. Un thermostat permet d'obtenir la bonne température (c'est l'eau contenue dedans qui chauffe).

■ Le matériel de stérilisation des biberons

Pour stériliser les biberons, on utilise **la stérilisation à froid** (grâce à un procédé chimique) ou **la stérilisation à chaud** (par vapeur ou ébullition).

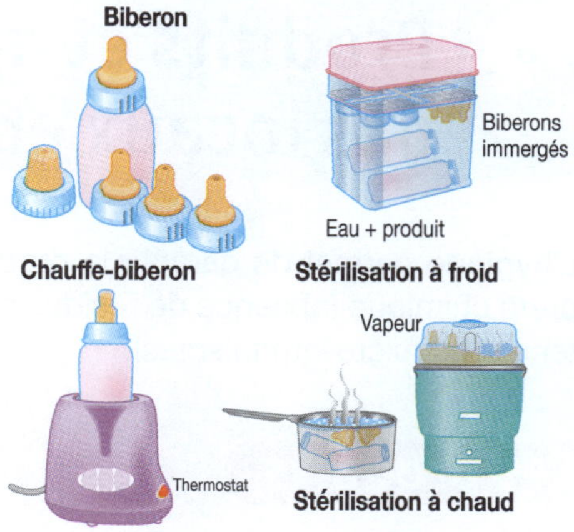

B Les produits d'hygiène corporelle

Les produits d'hygiène sont destinés à la propreté du corps (à ne pas confondre avec les produits cosmétiques).

■ Le savon

Il se commercialise sous forme de savonnette ou de savon liquide (distributeur pour mains ou gel douche).
Il présente certains **avantages** : il est nettoyant et bactériostatique (ralentit le développement bactérien). Il présente aussi des **inconvénients** : il dessèche la peau et irrite l'épiderme.

■ Les laits de toilette

Il existe différents laits de toilette : les laits démaquillants (qu'il faut rincer après utilisation), les laits hydratants et les laits de toilette pour enfants (rinçage à l'eau nécessaire). Ces laits peuvent être contaminés rapidement.

■ Les shampoings

Ils sont souvent sans savon, mais capables de dissoudre les graisses et les saletés (= pouvoir détersif). Il existe différents shampoings selon la nature des cheveux.

C Les produits et matériels de soins courants

■ Le matériel de soins

Ces éléments sont regroupés dans une pharmacie. Ce sont les compresses, les bandes, les pansements, les ciseaux, un thermomètre, une pince…

■ Les médicaments de première nécessité

Il s'agit des antalgiques et antipyrétiques, des antiseptiques à usage local (ex. collyre pour les yeux), du sérum physiologique, des produits pour les contusions, pour les brûlures…
Il faut prendre certaines précautions pour utiliser ces produits. Sont indispensables : l'accord des parents ou une ordonnance, la vérification des indications et des contre-indications, le respect des voies d'administration, de la posologie, des dates de péremption, des conditions de stockage.
Il faut toujours laisser les médicaments dans leur emballage d'origine.

Définitions

Antalgiques : médicaments qui soulagent la douleur.
Antipyrétiques : médicaments qui permettent d'abaisser la fièvre.
Antiseptiques : substances qui empêchent le développement des microorganismes (par exemple sur une plaie).

FICHE SAVOIR

33 Produits et matériels d'entretien des locaux et des équipements

L'hygiène permet de garantir la propreté physique (absence de salissures), la propreté chimique (absence de résidus chimiques) et la propreté bactériologique (faible teneur en micro-organismes).

A Les produits

1 Les produits de nettoyage et d'entretien des surfaces

Le **nettoyage** est l'opération qui consiste à débarrasser tous les revêtements des souillures, sans les abîmer.

Type de produit	Exemples	Mode d'action
Agglutinants	Produit pour le sol, les meubles.	Dépoussiérants, parfois antistatiques, ils fixent les poussières non adhérentes.
Détergents	Liquide vaisselle, détergent pour le sol, lessive, savon.	Ils permettent une division des taches et leur disparition dans le bain de lavage (nettoient). Ils dissolvent surtout les taches grasses.
Abrasifs	Papier de verre, pierre ponce, poudre ou crème à récurer, tampons.	Ils usent par frottements et enlèvent les salissures par grattage (récurent).
Détartrants	Liquide ou poudre de détartrage, acide phosphorique, chlorhydrique.	Ils enlèvent le tartre grâce à leur formule acide.
Solvants	Eau, essences, white-spirit, alcools, trichloréthylène.	Ils permettent la dissolution des taches par pénétration du produit.

2 Les produits de décontamination et de désinfection

La **décontamination** élimine ou inactive les micro-organismes.

a) Les produits antiseptiques et désinfectants

Type de produit	Mode d'action
Dérivés phénoliques (phénols)	Lésion de la paroi bactérienne, bactériostatique, bactéricide, fongicide.
Oxydants (eau oxygénée)	Bactériostatique.
Tensio-actifs	Lésion de la paroi, dénaturation de la membrane bactérienne (bactériostatique et bactéricide), fongistatique.
Alcool	Action sur les protéines du cytoplasme bactérien (bactéricide), fongicide.
Aldéhyde	Action sur les protéines du cytoplasme bactérien (bactéricide), fongicide, virucide et parfois sporicide.

b) Les agents antimicrobiens

■ **Les agents chimiques**

La désinfection élimine ou tue les micro-organismes sur la matière inerte contaminée. Un désinfectant agit sur des **supports contaminés inertes** (exemples de désinfectants : eau de Javel, dérivés chlorés, Surfanios).

L'antisepsie est l'opération qui permet de tuer ou d'éliminer les micro-organismes et/ou d'inactiver les virus sur des milieux vivants.
Un antiseptique agit sur **des milieux vivants** (exemples d'antiseptiques : eau oxygénée, Bétadine, Mercryl, liqueur de Dakin).

■ **Les agents biochimiques : les antibiotiques**
Ce sont des médicaments (Pénicillines, Céphalosporines, Aminosides, Cyclines).

■ **La stérilisation** est un procédé visant à éliminer ou tuer tous les microorganismes sur des milieux inertes. Un objet **stérile** est un objet sur lequel il n'y a pas de micro-organismes.

Définitions

- **Bactéricide** : produit ayant la propriété de tuer les bactéries.
- **Bactériostatique** : produit ayant la propriété d'empêcher la multiplication des bactéries.
- **Fongicide** : produit ayant la propriété de tuer les champignons microscopiques (mycètes), y compris leurs spores.
- **Fongistatique** : produit ayant la propriété d'empêcher la multiplication des mycètes.
- **Virucide ou virulicide** : produit ayant la propriété de tuer les virus.
- **Sporicide** : produit ayant la propriété de tuer les spores des micro-organismes.

B Les matériels d'entretien des sols

1 Le matériel d'entretien des locaux et des équipements

■ **Le petit matériel**
Il s'agit des gants, des lavettes, de la serpillière, de la raclette, de la paille de fer, du tampon abrasif, du seau ou de la bassine.

■ **Le chariot de ménage**
Il permet de transporter en une seule fois le matériel et les produits nécessaires pour effectuer les travaux de ménage, collecter les déchets et constituer un élément de rangement.

2 Les balais

Le balayage humide est conçu pour agglutiner les poussières (balayage humide ; dans certaines collectivités, en particulier avec des enfants, le balayage traditionnel à sec est interdit).

3 Les machines

■ **L'aspirateur à poussière** : permet de soulever et transporter la poussière.

■ **L'aspiro-brosseur** : il combine le brossage et l'aspiration.

■ **L'aspirateur mixte** (eau et poussière) : il est conçu pour aspirer des solutions nettoyantes et les stocker dans une cuve étanche. L'aspirateur doit être poussé pendant son utilisation.

■ **La monobrosse** : elle peut être utilisée à la fois pour le nettoyage, le ponçage, le décapage, la rénovation et le polissage. Il faut la tirer à reculons, le fils sur l'épaule.

4 Le matériel pour le dépoussiérage humide

■ **Pour le mobilier** : les gazes imprégnées permettent l'agglutination des poussières.

■ **Pour les sols** : les balais trapèzes sont recouverts de gazes à usage unique, imprégnées d'un produit agglutinant. Ce type de balayage est appelé un balayage humide (ce n'est pas un nettoyage).

FICHE SAVOIR

34 Les produits d'entretien et le développement durable

A Les 3 piliers du développement durable

Le développement durable est fondé sur trois piliers, trois composantes interdépendantes :
– **la dimension environnementale** : préserver, améliorer et valoriser l'environnement et les ressources naturelles sur le long terme, en maintenant les grands équilibres écologiques, en réduisant les risques et en prévenant les impacts environnementaux ;
– **la dimension sociale** : satisfaire les besoins humains et répondre à un objectif d'équité sociale, en favorisant la participation de tous les groupes sociaux sur les questions de santé, logement, consommation, éducation, emploi, culture… ;
– **la dimension économique** : développer la croissance et l'efficacité économique, à travers des modes de production et de consommation durables.

Définition officielle internationale en 1987

Le développement durable est « *un développement qui répond aux besoins du présent sans compromettre la capacité des générations futures à répondre aux leurs* ». Il doit être économiquement efficace, socialement équitable et écologiquement tolérable. Le social doit être un objectif, l'économie un moyen et l'environnement une condition.

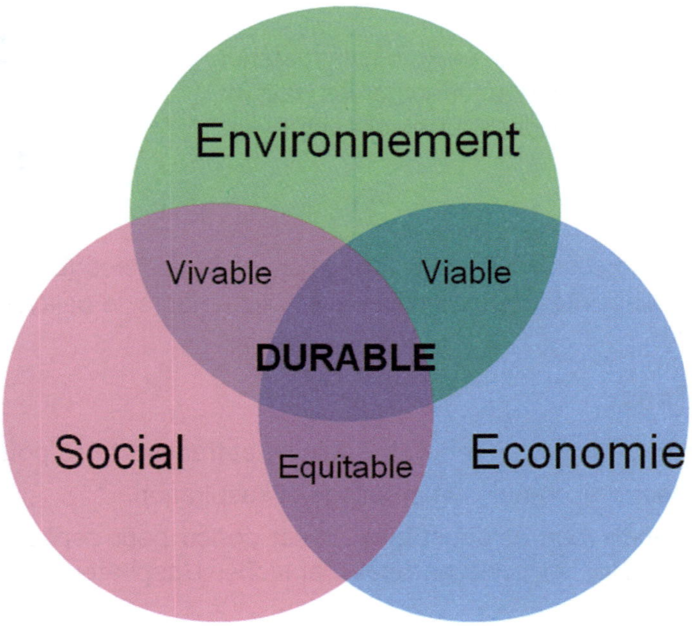

B Les logos et les produits

Tous les produits d'entretien n'ont pas les mêmes impacts environnementaux. Certains d'entre eux sont plus respectueux de l'environnement et des logos environnementaux permettent de les repérer.

C Signification des logos

Logos	Significations	Exemples
Écolabel Européen EU Ecolabel www.ecolabel.eu	→ limitation de certaines substances dangereuses pour la santé humaine et nocives pour l'environnement aquatique → limitation de la quantité des emballages → test sur l'efficacité du produit	Lessive Produits d'entretien pour le sol Produits pour lave-vaisselle, liquide vaisselle
NF Environnement NF Environnement par AFNOR Certification	→ limitation de certaines substances dangereuses pour la santé humaine et nocives pour l'environnement aquatique → limitation de la quantité des emballages → test sur l'efficacité du produit	Produits spécifiques pour automobiles, bateaux, bâtiments
Ecocert « Ecodétergents » ECOCERT® ECODÉTERGENT	→ favorise les ingrédients renouvelables voire bio, issus de procédés respectueux de l'environnement → transparence accrue pour le consommateur au niveau de la composition du produit → emballages obligatoirement recyclables voire biodégradables, recharges encouragées	Adoucissants Lessives Produits d'entretien de la maison Produits pour lave-vaisselle
Sustainable Cleaning www.cleanright.eu Une initiative volontaire de l'A.I.S.E. pour le développement durable	→ Programme volontaire de l'industrie européenne des détergents → Normes élevées de durabilité ; sécurité environnementale (production/design du produit) ; utilisation efficace des ressources → Limitation des effets toxiques pour les écosystèmes aquatiques → Limitation de la quantité d'emballages	Lessives linge Produits pour lave-vaisselle (machine/main) Nettoyants toute surface Nettoyants pour le sol, pour toilettes

35 Les droits de l'enfant

Avant sa majorité (18 ans), l'enfant n'a pas de capacité juridique, ce sont ses parents et la société qui doivent défendre ses droits.

A La filiation

La filiation est le lien juridique qui unit un enfant à ses parents. Que les parents soient mariés ou non, tous les enfants sont aujourd'hui égaux devant la loi. Les discriminations entre enfants légitimes et naturels ont été abrogées.
Les effets de la filiation établie sont l'attribution du nom de l'enfant et l'**autorité parentale**.

■ La filiation biologique

La filiation **biologique** est la filiation par laquelle les géniteurs deviennent parents.

■ La filiation adoptive

Elle résulte d'une procédure d'adoption, c'est une **filiation juridique** (non biologique).

B Le statut juridique de l'enfant

Le statut juridique de l'enfant se décrit sous deux aspects différents : la personnalité juridique de l'enfant et les attributs de la personnalité de l'enfant.

■ La personnalité juridique de l'enfant

C'est l'aptitude à être titulaire de droits et d'obligations. La notion de capacité de discernement du mineur est le moment ou l'enfant comprend ce qui arrive et est capable de prendre des décisions en conséquence. Cette capacité de discernement n'est pas liée à son âge.

■ Les attributs de la personnalité de l'enfant

En tant que personne, l'enfant est titulaire d'un certain nombre de droits subjectifs, c'est-à-dire de prérogatives dont il peut exiger le respect. Les plus importantes concernent son identité et son autonomie patrimoniale.

■ L'incapacité juridique

L'administrateur légal représente le mineur dans tous les actes civils, sauf quand la loi ou l'usage autorise le mineur à agir par lui-même. On dit que le mineur est juridiquement incapable.
L'incapacité de l'enfant est d'abord civique : il n'est ni électeur ni éligible.
Cette incapacité du mineur est une incapacité de protection : elle a été instituée dans son intérêt exclusif pour que l'enfant ne puisse être tenu par des engagements pris sans discernement.

■ L'opinion de l'enfant dans les conflits familiaux

L'*article 388-1 du Code civil* prévoit que « le juge aux affaires familiales doit tenir compte de l'avis de l'enfant en cas de séparation des parents ». Cela signifie que tout enfant, à condition qu'il soit capable de discernement, peut demander à être entendu par le juge qui n'a pas le droit de refuser de l'auditionner, sauf par une décision dûment motivée.

C La responsabilité civile de l'enfant

L'enfant peut être reconnu très tôt responsable de ses faits et des choses qu'il a sous sa garde, dont il à l'usage, la direction et le contrôle. À priori, les parents sont tenus de supporter les conséquences des actes dommageables commis par leur enfant. Le Code civil (*1384 al. 6*) leur fait supporter une présomption de responsabilité qui découle des pouvoirs d'autorité dont ils disposent sur l'enfant et de la mission éducative qu'ils assurent.

D La convention internationale des droits de l'enfant

La convention internationale des droits de l'enfant voit le jour le **20 novembre 1989**. Elle comporte 54 articles. Son préambule insiste sur la nécessité d'accorder une protection spéciale à l'enfant.
Cette Convention oblige les États à mettre leurs lois en conformité avec ce texte. C'est la convention la plus ratifiée de toute l'histoire.

Certains droits importants affirmés dans ce texte :

■ **Santé** : tout enfant a un droit inhérent à la vie, et les États assurent au maximum sa survie et son développement. L'enfant a le droit de jouir du meilleur état de santé possible. Les États assurent l'accès aux soins médicaux à tous les enfants, en mettant l'accent sur la prévention, l'éducation sanitaire et la réduction de la mortalité infantile.

■ **Prise en compte de l'enfant** : lorsque les institutions de protection sociale ou les autorités administratives prennent des décisions qui concernent les enfants, la considération primordiale doit toujours être l'intérêt supérieur de l'enfant, l'opinion de celui-ci devant être dûment prise en considération.

■ **Éducation** : l'enseignement primaire est gratuit et obligatoire, la discipline scolaire doit respecter la dignité de l'enfant. L'éducation a pour but de préparer l'enfant à la vie dans un esprit de compréhension, de paix et de tolérance. Les enfants impliqués dans des infractions à la loi pénale ont droit à un traitement qui contribue à développer leur sens de la dignité et de la valeur personnelle et vise à faciliter leur réinsertion sociale.

■ **Famille** : les enfants ne doivent pas être séparés de leurs parents sauf en vertu d'une décision prise par les autorités compétentes dans l'intérêt des enfants. Les États doivent faciliter la réunification des familles en autorisant l'entrée ou la sortie de leur territoire. Les États prévoient pour les enfants qui sont sans famille une protection de remplacement convenable. La procédure d'adoption doit être soigneusement réglementée et les États s'efforcent de conclure des accords internationaux pour assurer des garanties et la légalité de la procédure lorsque les parents adoptifs ont l'intention d'emmener l'enfant à l'étranger.

E L'enfant et le monde du travail

Le principe est qu'un enfant ne peut pas travailler tant qu'il n'est pas libéré de l'obligation scolaire, c'est-à-dire avant 16 ans. Au-delà il peut entrer dans le monde du travail sous certaines conditions.

36 L'évolution de la famille

A La structure de la famille

■ **La famille nucléaire** : c'est la famille restreinte, composée de personnes vivant dans un même foyer (souvent les parents et les enfants).

■ **La famille monoparentale** : elle est constituée d'un seuil parent (soit la mère, soit le père) vivant sous un même toit avec ses enfants.

■ **La famille recomposée** : c'est une nouvelle famille (père, mère, enfants) composée à partir d'au moins une première famille après un divorce, une séparation…

■ **La famille homoparentale** : elle correspond à l'exercice des droits parentaux par deux personnes du même sexe et qui vivent en couple.

B La parentalité et les fonctions parentales

La **parentalité** est un terme issu de la **sphère médico-psycho-sociale**, pour définir **la parenté**, la **fonction d'être parent** dans ses aspects juridiques, politiques, socio-économiques, culturels et institutionnels.
L'évolution de la famille donne lieu à une évolution juridique et de nouveaux droits. C'est le cas des familles recomposées, familles pluriparentales (c'est-à-dire quand plus d'un homme et plus d'une femme sont en cause dans la vie d'un enfant et exercent des fonctions parentales) ; foyers monoparentaux, complétées au travers de la beau-parentalité, de la parentalité adoptive, de l'homoparentalité, de la procréation médicalement assistée.

1 Les aspects de la parentalité

■ Dans le **champ de l'action politique et sociale vers les familles**, la parentalité est un équivalent du mot « famille ».

■ Dans le **domaine juridique**, la parentalité est définit par ses aspects juridiques, avec **les devoirs des parents et leurs droits relatifs à l'autorité parentale** et à la filiation.

■ Dans le **champ sociologique**, la parentatlité décrit plutôt les **nouvelles formes de conjugalités et de vies familiales** (au sens de structures familiales : famille monoparentale, famille homoparentale et même famille pluri-parentale dans le cas des familles recomposées). Il peut aussi désigner un mode de filiation (parentalité adoptive…) ou la situation des parents à l'arrivée d'un enfant (parentalité tardive).

■ Dans le **domaine éducatif**, le terme de parentalité englobe les **pratiques éducatives** destinées aux enfants, avec un souci de prévention de la maltraitance et de promotion d'une bien-traitance.

2 L'autorité parentale

C'est un **ensemble de droits et de devoirs des parents** ayant pour finalité l'intérêt de l'enfant.
Les attributs de l'autorité parentale sont les suivants :
– **protéger l'enfant** en préservant sa sécurité, sa santé et sa moralité ;
– **assurer son éducation** et permettre son développement.

C Vulnérabilités des familles

1 Familles migrantes

■ **Les difficultés** : certains groupes d'origine étrangère ont été stigmatisés, voire marginalisés (ghettos urbains) et concentrent aujourd'hui un grand nombre de problèmes économiques et sociaux (chômage, scolarisation, délinquance, criminalité).

■ **Les facteurs de l'intégration sont** : le travail industriel, qui constitua un puissant facteur d'intégration sociale ; l'école, par l'éducation à travers les normes et les valeurs françaises et par la formation professionnelle ; les associations de migrants, telles que les associations religieuses ou sportives, qui jouent le rôle d'intermédiaires entre les nouveaux arrivants et la société française ; et l'engagement social, politique et syndical.

2 Précarité et pauvreté

La précarité revêt un caractère subjectif et difficile à cerner.

■ **Les définitions de la précarité**

En France, la notion de précarité est **souvent synonyme d'exclusion ou de pauvreté** donc d'états dont les limites sont définies par le droit ou par l'économie.

« La précarité est avant tout un état de fragilité et d'instabilité sociale dont l'avenir, la durée, ne sont pas assurés » *Dictionnaire Petit Robert*.

Cet état risque, s'il se prolonge, de faire glisser ceux qu'il affecte vers l'exclusion.

■ **Le risque d'exclusion persistant malgré la solidarité**

L'effort de solidarité nationale n'a pas pour autant éliminé le risque d'exclusion. Les catégories les moins qualifiées, les plus vulnérables ont vu leur situation se dégrader depuis le milieu des années 80.

Parmi les catégories les plus touchées, on trouve : les ouvriers non qualifiés, les employés à bas niveau de qualification et les jeunes confrontés à des difficultés d'insertion professionnelle. La question n'est plus seulement celle de l'insuffisance des revenus, c'est aussi celle du cumul des handicaps sociaux de groupes fragiles et de la marginalisation progressive dans la société.

■ **Les familles monoparentales** sont de plus en plus touchées par la pauvreté.

■ **Les jeunes (moins de 25 ans)** : ils accèdent plus tardivement à un premier emploi, même diplômés, ils ont de plus en plus de difficultés à s'insérer dans le monde du travail.

■ **Les sans-abri et les personnes en errance** : si les hommes sont largement majoritaires, le nombre de femmes seules, en couple ou en famille, connaît une hausse non négligeable.

■ **Les personnes surendettées**

3 Parents en situation de handicap

La question de la parentalité et du handicap suscite encore plusieurs niveaux de résistance chez les professionnels, mais aussi parfois au sein des familles elles-mêmes.

La loi du 11 février 2005 sur l'égalité des droits et des chances, la participation et la citoyenneté des personnes handicapées, a permis de nombreuses évolutions.

La question qui se pose est de pouvoir exercer pleinement son rôle parental, de façon autonome et en toute sécurité.

Des professionnels spécialisés tels que les ergothérapeutes et les travailleurs sociaux peuvent aider à évaluer les besoins et proposer des solutions de compensation. Ils peuvent conseiller pour le choix du matériel de puériculture qui n'est pas toujours bien adapté aux besoins particuliers de ces parents.

37 Les stéréotypes de genre

Les enfants sont conditionnés très tôt par l'assignation à des rôles sociaux spécifiques liés au fait d'être une fille ou un garçon, un homme ou une femme. Certaines de ces normes, qui font partie de la socialisation, sont transmises et intégrées de façon inconsciente comme étant naturelles, et peuvent être source de discrimination et d'inégalité.

A La socialisation de genre dans la famille

Les rôles différenciés des parents
Les parents incarnent chacun un rôle différent, le rôle du père et de la mère est différencié. La mère a plus souvent en charge des tâches domestiques, de soin, d'activités et d'échanges verbaux, et de soutien scolaire. Le père est souvent plus investi dans les jeux physiques, les activités ludiques.

La perception des parents selon le sexe des enfants
Les parents adoptent des attitudes différentes en fonction du sexe de leurs enfants ; ils qualifient les filles de « mignonnes » et les garçons de « courageux ». Certains comportements sont valorisés chez les filles (docilité, aptitudes relationnelles) et d'autres chez les garçons (combativité, compétitivité).

Les environnements proposés par les parents selon le sexe
Les parents proposent à leurs enfants des environnements différenciés selon qu'il s'agit d'une fille ou d'un garçon : les vêtements et les jouets sont sexués, les jeux favorisant la réflexion ou l'identification à des héros actifs sont privilégiés chez les garçons (les legos®, identification à Superman), les jeux d'imitation et de conformité à des rôles sociaux sont favorisés chez la fille (jouer à la poupée, à la marchande, à la dînette, aux princesses).

B La socialisation de genre à l'école

Dans le milieu scolaire, les filles et les garçons, à réussite égale, sont traités différemment.

Concernant leur cursus et leur orientation scolaire : à capacité et réussite égale, les filles sont plus souvent orientées vers des filières sociales ou littéraires, les garçons vers des filières scientifiques ou plus prestigieuses.

Concernant le comportement des enseignants : inconsciemment, certains enseignants ont des attitudes qui accentuent les inégalités de genre. Les enseignants récompensent les performances des garçons, tandis qu'ils valorisent la conformité des filles. Ils attribuent la réussite des filles à leurs efforts et celle des garçons à leur talent. Ils ont également des attentes stéréotypées en fonction des sexes : les filles sont considérées comme dociles, les garçons turbulents.

Par la représentation des hommes et des femmes dans les manuels scolaires : il existe une sous-représentation numérique des femmes et de leur rôle, souvent présenté comme subalterne par rapport aux hommes, dans les manuels scolaires.

C La socialisation de genre à travers la culture, les médias et le sport

Il existe d'autres environnements socialisants et éducatifs qui véhiculent aussi des stéréotypes de genre.

- **la littérature jeunesse** : les personnages masculins sont surreprésentés et les héros sont principalement masculins. Les garçons sont présentés à l'extérieur, les filles à l'intérieur. Les personnages féminins sont confinés au rôle maternel ou à des tâches domestiques, alors que les hommes sont présentés faisant du sport ou étant dans leur milieu professionnel.
- **la publicité et les médias** : ils donnent à voir des représentations stéréotypées des femmes et des hommes.
- **les pratiques sportives** : certains sports continuent d'être considérés comme masculins (le football, le rugby, les sports de combat...) et d'autres plus féminins (la gymnastique, la danse).

D Les inégalités entre les femmes et les hommes

De nombreuses lois ont tenté de lutter contre les inégalités, en affirmant tout d'abord le principe de l'égalité, puis en punissant les inégalités de traitement.
La dernière loi visant à lutter contre les inégalités entre les femmes et les hommes est celle du 4 août 2014 pour l'égalité réelle entre les femmes et les hommes, qui propose de faire reculer les stéréotypes sexistes en renforçant les pouvoirs de contrôle du Conseil supérieur de l'audiovisuel (CSA) et les obligations des chaînes, et réglemente les concours de « mini-miss ».

E La politique éducative en faveur de l'égalité à l'école

La loi du 8 juillet 2013 pour la refondation de l'École rappelle que la transmission de la valeur d'égalité entre les filles et les garçons, les femmes et les hommes, se fait dès l'école primaire.
Cette politique publique vise à estomper progressivement les stéréotypes et à construire d'autres modèles de comportement sans discrimination sexiste ni violence. Elle a pour finalité la **constitution d'une culture de l'égalité et du respect mutuel**.

Les établissements scolaires doivent inscrire cette problématique dans leur règlement intérieur et mettre en place, dans le cadre des comités d'éducation à la santé et à la citoyenneté (CESC), des actions de sensibilisation et de formation dans ce sens.

En ce qui concerne **les contenus d'enseignement**, le socle commun de connaissances, de compétences et de culture ainsi que le programme d'éducation civique et morale ciblent le respect de l'autre sexe et le refus des stéréotypes parmi les compétences sociales et civiques que tout élève doit acquérir.

F Une convention interministérielle

Une convention interministérielle pour l'égalité entre les filles et les garçons, les femmes et les hommes dans le système éducatif (2013-2018) est proposée et vise la réussite de tous les élèves.
Cette convention est destinée à ancrer l'égalité entre les filles et les garçons dans les pratiques des professionnels.

FICHE SAVOIR

38 Le principe de laïcité

La laïcité repose sur **trois principes** :
→ **la liberté de conscience et la liberté de culte ;**
→ **la séparation des institutions publiques et des organisations religieuses ;**
→ **l'égalité de tous devant la loi,** quelles que soient leurs croyances ou leurs convictions.

A Charte de la laïcité dans les services publics

■ **La France est une République indivisible, laïque, démocratique et sociale.** Elle assure l'égalité devant la loi de tous les citoyens sans distinction d'origine, de race ou de religion. Elle garantit des droits égaux aux hommes et aux femmes et respecte toutes les croyances.

■ Nul ne doit être inquiété pour ses opinions, notamment religieuses, pourvu que leur manifestation ne trouble pas l'ordre public établi par la loi.

■ La liberté de religion ou de conviction ne rencontre que des limites nécessaires au respect du pluralisme religieux, à la protection des droits et libertés d'autrui, aux impératifs de l'ordre public et au maintien de la paix civile.

■ La République assure la liberté de conscience et garantit le libre exercice des cultes dans les conditions fixées par la loi du 9 décembre 1905.

1 Les usagers du service public

■ Tous les usagers sont égaux devant le service public.

■ Les usagers des services publics ont le droit d'exprimer leurs convictions religieuses dans les limites du respect de la neutralité du service public, de son bon fonctionnement et des impératifs d'ordre public, de sécurité, de santé et d'hygiène.

■ Les usagers des services publics doivent s'abstenir de toute forme de prosélytisme.

■ Les usagers des services publics ne peuvent récuser un agent public ou d'autres usagers, ni exiger une adaptation du fonctionnement du service public ou d'un équipement public. Cependant, le service s'efforce de prendre en considération les convictions de ses usagers dans le respect des règles auquel il est soumis et de son bon fonctionnement.

■ Lorsque la vérification de l'identité est nécessaire, les usagers doivent se conformer aux obligations qui en découlent.

■ Les usagers accueillis à temps complet dans un service public, notamment au sein d'établissements médico-sociaux, hospitaliers ou pénitentiaires ont droit au respect de leurs croyances et de participer à l'exercice de leur culte, sous réserve des contraintes découlant des nécessités du bon fonctionnement du service.

2 Les agents du service public

■ Tout agent public a un devoir de **stricte neutralité**. Il doit traiter également toutes les personnes et respecter leur liberté de conscience.

■ Le fait pour un agent public de manifester ses convictions religieuses dans l'exercice de ses fonctions constitue un manquement à ses obligations.

■ Il appartient aux responsables des services publics de faire respecter l'application du **principe de laïcité** dans l'enceinte de ses services.

■ La liberté de conscience est garantie aux agents publics. Ils bénéficient d'autorisations d'absence pour participer à une fête religieuse dès lors qu'elles sont compatibles avec les nécessités du fonctionnement normal du service.

B La Charte de la laïcité à l'École

La Charte de la laïcité à l'École rappelle les règles qui permettent de vivre ensemble dans l'espace scolaire et d'aider chacun à comprendre le sens de ces règles, à se les approprier et à les respecter. Elle est affichée dans les écoles et établissements d'enseignement du second degré publics.

FICHE SAVOIR

39 Les notions et repères d'éthique et de déontologie

A Le secret professionnel

Définition du secret professionnel

C'est l'obligation des professionnels à ne pas révéler, sauf cas prévus par la loi, des informations dont ils ont connaissance dans le cadre de l'exercice de leur profession. Toute infraction au secret professionnel est passible de peines correctionnelles selon le code pénal.

Cette obligation s'étend aux élèves, étudiants et collaborateurs et à chaque personne ayant accès aux informations couvertes par le secret : le secret partagé est un secret collectif. Chaque individu a droit au respect de sa vie privée.

Le secret professionnel est à la fois une obligation déontologique (définie par le Code de déontologie) et juridique (définie par le Code pénal).

Intérêt du secret professionnel

Le secret professionnel permet d'instaurer un climat de confiance entre le professionnel et l'usager dans un domaine où la connaissance d'informations liées à la vie privée est indispensable pour une prise de décision adaptée.

Exercice du secret professionnel :

– **sa portée** : toute information liée à la vie privée, quelle que soit la façon dont la personne tenue au secret y a accédé.

– **sa durée :** l'obligation persiste après le décès de la personne concernée, et/ou après un changement professionnel du détenteur de l'information.

– **les professionnels concernés** : tout professionnel, quel que soit son statut.

Sanctions en cas de non-respect du secret

– Secret médical : sa violation est une faute professionnelle punie par une sanction disciplinaire.

– Secret professionnel : sa violation est un délit puni par une sanction pénale (amende et/ou peine de prison).

Dérogations au secret professionnel

– **Protection des personnes en danger** : tous les sévices envers les personnes vulnérables doivent obligatoirement être dénoncés. Seuls les médecins n'y sont pas obligés, à condition de mettre la personne hors de danger.

– **Protection de l'entourage et de la mémoire** : en cas de diagnostic grave, le médecin peut, avec l'accord du patient, informer la famille et/ou une personne de confiance, les héritiers peuvent être informés si le défunt ne s'y est pas opposé de son vivant.

– **Protection de l'ordre public** : la dénonciation d'un crime n'est pas considérée comme une violation du secret professionnel.

– **Protection de la santé publique** : les médecins ont l'obligation de déclarer les maladies dites « à déclaration obligatoire » et les malades et alcooliques dangereux.

– **Nécessités administratives** : les médecins ont l'obligation de déclarer les naissances, les décès, les accidents du travail et maladies professionnelles.

B La discrétion professionnelle

C'est l'obligation de ne pas dévoiler, sauf cas prévus par la loi, les faits, informations ou documents, concernant le personnel et l'établissement dont le professionnel a connaissance dans le cadre de ses fonctions.

C L'éthique

1 Définition

Le travail de l'éthique, c'est-à-dire de réflexion, de questionnement, **consiste** à rechercher **les critères pour choisir** et construire un **système de valeurs** à partir duquel le professionnel **peut dire** si **une action est préférable** à une autre, ou s'il faut recommander ou éviter telle action…

2 Distinction entre l'éthique et la morale

L'éthique renvoie à la notion de « soi » dans un « processus de réflexion » alors que la morale « s'impose du dehors ».

3 Les différentes circonstances professionnelles

- **La rencontre du professionnel avec lui-même** : c'est la rencontre avec sa propre intimité, sa pratique, son rôle social, sa croyance (« je peux ») et la réalité vécue (« je fais »). Quand il y a un écart entre l'aspiration (je peux) et la réalisation (je fais) commence le questionnement éthique.
- **La rencontre de l'autre**, du regard de l'autre : la personne a besoin d'aide et par cette demande, le professionnel est rendu responsable.
- **La pratique de la règle** : les interventions sont marquées par des choix et des préférences qui se sont transformés en valeurs. Toute nouvelle expérience, toute nouvelle pratique, s'inscrivent dans une expérience collective, une pratique collective… Mais ces interventions peuvent s'opposer aux textes (codes de déontologie, chartes, référentiels éthiques…).

4 L'éthique de la confiance

Appliquée à l'accompagnement de la personne, elle est confrontée à deux exigences : **ce qui est économiquement nécessaire** et **ce qui est socialement souhaitable**. Cette éthique de la confiance peut prendre des formes radicales (agir pour le bien de la personne, savoir ce qui est bien pour elle…) et peut devenir dangereuse par ses effets pervers (faire le bien des individus malgré eux, imposer ce qui serait bien…).

D Les limites de l'intervention

La **transmission de certaines informations sur la personne se heurte à la notion de secret** professionnel, de secret médical, de secret partagé (opposition entre la loi et l'éthique). Il est important dans le cadre du travail en équipe et pour une intervention de qualité, de savoir quelles informations sur la situation de la personne sont nécessaires pour commencer à intervenir.

E Le travail en équipe et le secret professionnel

La Loi 2002-2 place l'usager au centre du système social et médico-social, ce qui demande aux professionnels de s'inscrire dans un travail partenarial.
L'information se heurte à l'obligation de secret. Le travail social et le travail éducatif sont le plus souvent exercés en équipe pluridisciplinaire. Les professionnels sont appelés à partager et échanger des informations dans un esprit de complémentarité de leurs interventions. C'est généralement **l'équipe** ou le service qui est dépositaire de la mission et dans ce cas, **le secret est partagé entre les membres de l'équipe.**

FICHE SAVOIR

40 Les responsabilités civile et pénale

Toute activité humaine entraîne une responsabilité morale, civile et pénale.
La responsabilité morale est l'obligation de remplir un devoir, un engagement. Être responsable c'est, avant tout, être prêt à accepter les conséquences de ses actes.

A La responsabilité civile

C'est **l'obligation pour une personne** (physique ou morale) de **réparer par des dommages et intérêts** le préjudice qu'elle a pu causer à autrui.

Article 1382 du code civil : « Tout fait quelconque de l'homme qui cause à autrui un dommage oblige celui-ci, par la faute duquel il est arrivé, à le réparer. »

Article 1283 du code civil : « Chacun est responsable du dommage qu'il ait causé non seulement par son fait, mais encore par sa négligence, son imprudence. »

Article 1384 du code civil : « On est responsable non seulement du dommage que l'on cause par son propre fait, mais encore par le fait des personnes dont on doit répondre ou des choses que l'on a sous sa garde. »

Les éléments de la responsabilité civile	Leurs caractéristiques
Les deux types de responsabilité civile	– contractuelle : c'est l'obligation de la partie à un contrat de réparer le dommage qu'elle cause à l'autre partie ; – délictuelle : c'est l'obligation de réparer le dommage causé à un tiers.
Son but	La responsabilité civile est la réparation du préjudice : elle vise à assurer la réparation du dommage au profit de la personne qui en a été la victime plutôt qu'à sanctionner celui qui a causé ce dommage.
Son champ d'application	– elle s'applique dès qu'un préjudice est établi, en présence ou en l'absence de faute, – elle n'est pas répressive (à la différence de la responsabilité pénale), mais réparatrice.
Recours à une assurance	Le recours aux assurances permet une meilleure indemnisation des victimes et préserve le patrimoine personnel de la personne condamnée.
Le préjudice ou dommage	– matériel : il est causé aux biens ou au patrimoine de la victime, – corporel : il est relatif à l'intégrité physique de la personne et comprend la douleur physique, le préjudice esthétique et la privation des plaisirs de la vie, – moral : il découle d'une atteinte à l'honneur ou à la vie privée et peut aussi consister en la peine causée par le décès ou la déchéance d'un être cher.
Les faits générateurs d'un dommage	– La responsabilité du fait personnel : c›est un acte, volontaire ou involontaire. Il doit consister en la violation d'un devoir imposé par le droit. Il suppose enfin la faculté de discernement. – La responsabilité du fait des choses (et des animaux) : le gardien de la chose (celui qui a les pouvoirs d'usage) est responsable si la chose a joué un rôle actif dans la réalisation du dommage. – La responsabilité du fait d'autrui : le commettant est responsable des dommages causés par ses préposés dans les fonctions qu'il leur a confiées (le commettant est celui qui exerce le pouvoir de direction, de surveillance et de contrôle, le père et la mère).
La responsabilité civile du professionnel	Pour une personne salariée, c'est l'employeur qui est civilement responsable des fautes que le professionnel peut commettre dans l'exercice de sa fonction. Il a souscrit une assurance à cet effet.

B La responsabilité pénale

La responsabilité pénale est l'obligation de répondre des infractions personnelles à la loi.

– *Article 319 du code pénal* : « Quiconque, par maladresse, imprudence, négligence ou inobservation des règlements aura commis involontairement un homicide ou en aura été involontairement la cause, sera punie d'emprisonnement, de 3 mois à 2 ans et d'une amende de 152,45 € à 3 048,98 €. »

– *Article 320 de code pénal* : fait référence aux blessures, coups, maladies.

Les éléments de la responsabilité pénale	Leurs caractéristiques
Les différentes catégories d'infractions pénales	– **Les contraventions** : ce sont les infractions les moins graves. Elles sont passibles d'amendes ou d'autres peines, comme la suspension du permis de conduire. Elles sont jugées par le tribunal de police. – **Les délits** : ce sont les infractions intermédiaires. Les délits sont passibles d'emprisonnement jusqu'à 10 ans et d'autres peines, comme le travail d'intérêt général ou le sursis avec mise à l'épreuve. Ils sont jugés par le tribunal correctionnel. – **Les crimes** : ce sont les infractions les plus graves. Les crimes sont passibles de réclusion jusqu'à perpétuité. Ils sont jugés par la cour d'assises.
Son but	La responsabilité pénale vise **la sanction de comportements** considérés comme des **atteintes à l'ordre public**. Elle ne vise pas la réparation du dommage causé à la victime.
Son champ d'application	La responsabilité pénale est d'application **plus restrictive que la responsabilité civile** du fait de son caractère répressif débouchant sur des peines privatives de liberté (emprisonnement...) ; la responsabilité pénale ne peut être engagée en dehors d'un texte légal érigeant en infraction le comportement qui fait l'objet de poursuites.
Recours à une assurance	Les assurances **ne peuvent pas intervenir** en matière de responsabilité pénale à la différence de la responsabilité civile.
La responsabilité civile du professionnel	– Lorsque le professionnel commet **une faute technique** (mauvaise installation de l'enfant, oubli d'une prévention, produit inflammable près d'une source de chaleur...). – Lorsque le professionnel **agit en dehors de ce que la loi l'autorise à faire** (faire une prescription thérapeutique). – Lorsqu'il **commet un acte que la loi lui interdit** (violation du secret professionnel). – Lorsqu'il **s'abstient de certaines actions** (refus de répondre à l'appel d'un enfant...).

FICHE SAVOIR

41 Les principaux risques du secteur d'activité

A Prévention des accidents domestiques

1 L'identification des principaux dangers

L'accident domestique est **la première cause de mortalité infantile.** Un quart des accidents domestiques se produisent dans la **cuisine**.

Âge de l'enfant	Risques les plus fréquents	Les règles de prudence
Dès la naissance	La brûlure par un biberon	Faire attention au micro-onde : le biberon reste froid alors que son contenu peut être brûlant ; il faut toujours le secouer pour uniformiser la température, et verser une goutte de lait sur le dos de la main.
	Un bain trop chaud	La température du bain doit être comprise entre 35 °C et 37 °C. Il faut contrôler la température avant d'y mettre l'enfant (il est préférable de verser d'abord l'eau froide, puis l'eau chaude).
	L'étouffement dans le lit	Il faut éviter les couettes et limiter le nombre de peluches (vérifier l'âge inscrit sur les jouets qui restent dans le lit).
À partir de 3 mois	La chute depuis la table à langer ou la chaise haute	Ne jamais laisser l'enfant seul sur sa table à langer et l'attacher dans sa chaise haute.
	La noyade dans le bain	Ne jamais laisser l'enfant seul dans son bain.
	La suffocation	Ne pas laisser traîner de petits objets tentants pour l'enfant (billes, cacahuètes, bonbons…).
À partir de 9 mois	L'électrocution	Équiper l'appartement de caches prises.
	La coupure	Ne jamais laisser à portée des enfants des couteaux, rasoirs…
	L'écrasement des doigts dans la porte	Équiper les portes de systèmes de blocage.
À partir de 12 mois	La brûlure dans la cuisine	Faire attention à la porte du four. Ne pas hésiter à l'isoler d'une par une grille de protection.
	La chute dans les escaliers	De petits portails permettent de fermer l'accès aux escaliers ; apprendre dès que possible aux enfants à descendre les marches.
	L'asphyxie par l'enfermement de la tête dans un sac plastique	Apprendre aux enfants à ne jamais se mettre de sac sur la tête.
À partir de 18 mois	La chute par défenestration	Équiper les balcons de grillages fins et retirer les chaises et transats de façon à ce que les enfants ne puissent pas escalader. Les fenêtres peuvent être équipées de système de sécurité.
	La brûlure par manipulation d'allumettes ou de briquets	Ne laisser ni briquet ni allumettes à portée de main des enfants.
À partir de 2 ans	L'empoisonnement par ouverture de flacons	Ranger les produits dangereux dans des placards fermés à clés et les laisser impérativement dans leur contenant d'origine.
À partir de 4 ans	La chute à vélo	Équiper les enfants d'un casque.

Plus l'enfant grandit et donc acquiert de l'autonomie, plus les risques augmentent (les objets jusqu'alors inconnus deviennent accessibles …).

Les dangers doivent être identifiés par les adultes et expliqués (il est nécessaire de le répéter à l'enfant plusieurs fois). Mais les menaces ne s'arrêtent pas au foyer, bien au contraire (trafic automobile, vélos intrépides, chiens...).

2 Les risques liés à l'alimentation en électricité

L'alimentation électrique nécessite une installation conforme aux normes pour éviter tout risque d'électrocution. Certains dispositifs de sécurité existent : le **disjoncteur (coupe le courant en cas : de court-circuit, de dépassement de puissance), la mise à la terre des prises de courant** (évacuation des éventuelles fuites de courant vers la terre), disjoncteur divisionnaire, la norme NF (les appareils doivent être en bon état : pas de fil dénudé...).
Pour utiliser plusieurs appareils électriques en même temps, il faut que le total de la puissance de ces appareils ne dépasse pas la puissance disponible.

3 Les risques liés à l'utilisation de l'eau

■ **Distribution de l'eau dans le logement**
Les communes ont la responsabilité de distribuer de l'eau potable (« l'eau du robinet »). L'eau du robinet doit être limpide, fraîche, sans odeur, ni saveur désagréable, avoir une certaine quantité de minéraux, être pauvre en nitrates et sulfates et être dépourvue de germe pathogène ou de parasite.

■ **Modes de production (individuelle ou collective) de l'eau chaude dans le logement**
La production peut être **instantanée** (chauffe-eau dont l'installation doit être conforme aux normes, avec un conduit d'évacuation des fumées pour les appareils à gaz) ou **par accumulation** (« ballon d'eau »).

4 Les risques liés aux produits à usage familial

Les produits d'entretien, phytosanitaires, vétérinaires et les médicaments ne doivent pas être accessibles aux enfants ; ils doivent être rangés dans des placards avec des systèmes bloc portes ou bloc tiroirs, être mis en hauteur, ne pas être transvasés.

5 Les risques liés à l'évacuation des déchets

« Eaux usées » désigne les déchets contenant plus de 95 % d'eau ; tous les autres déchets sont considérés comme solides. Les eaux usées sont évacuées soit par le tout-à-l'égout (vers les canalisations extérieures collectives) soit par un système d'épuration individuel (fosses chimiques et septiques, épuration biologique artificielle).

B Les accidents de la vie courante (AcVC)

Les AcVC correspondent aux accidents survenant au domicile, sur les aires de sports ou de loisirs, à l'école, à l'exception des accidents de la circulation, du travail, des accidents causés par des éléments naturels, des suicides et des agressions. Ils sont classés parmi les traumatismes non intentionnels. Les accidents de la vie courante touchent tous les milieux et toutes les tranches d'âges, mais plus particulièrement les enfants de moins de 15 ans. Les enfants de 1 à 4 ans constituent par ailleurs 12 % des 566 morts par noyades.

42 Les accidents du travail et maladies professionnelles

A Les risques liées au secteur d'activité

Les métiers de la puériculture et de la petite enfance emploient de nombreux salariés (puéricultrices, auxiliaires de puériculture et assistantes maternelles). Ces métiers sont quasi exclusivement occupés par des femmes et confrontés à plusieurs risques : physiques, biologiques et psychologiques.

B Leurs origines et leurs conséquences

<table>
<tr><th>Types de risque</th><th colspan="2">Causes</th><th>Conséquences</th></tr>
<tr><td>Les risques physiques</td><td colspan="2">– port répété des enfants, soins aux bébés, déplacement des berceaux et chariots, rangement des objets ramassés au sol
– efforts physiques et postures contraignantes obligeant de se pencher
– taille des enfants et du matériel et mobilier, non adaptés à la hauteur de l'adulte</td><td>– troubles musculo-squelettiques et affections périarticulaires : lombalgies et lésions des disques intervertébraux, lésions de ligaments (tendinites de l'épaule et du coude), douleurs sciatiques, lésions chroniques du ménisque…
– troubles circulatoires et veineux
– troubles vocaux, aphonie temporaire et douleurs laryngées
– chutes de plain-pied (foulure, entorse, plaies, contusions, voire fracture)</td></tr>
<tr><td>Les risques biologiques</td><td colspan="2">– contact avec les maladies et infections de la petite enfance
– transmission des agents infectieux véhiculés par les liquides biologiques lors des soins
– griffures</td><td>– risque de contracter des affections de la sphère oto-rhino-laryngologique et des gastro-entérites, des maladies comme la rubéole, la toxoplasmose, la varicelle, les hépatites virales.
– contamination du fœtus pour les femmes enceintes</td></tr>
<tr><td rowspan="3">Les risques psycholo-giques</td><td>contraintes organisationnelles</td><td>→ en maternité : plannings et horaires contraignants (horaires décalés, travail le week-end et les jours fériés)
→ en PMI : déplacement en cas d'urgence
→ en crèches et garderies : faire face aux tâches concomitantes (appels et incidents variés) et dépassements d'horaire
→ à domicile, responsabilités lourdes de garde et de soins à assumer en isolement psychologique, et faire face à des situations d'urgence</td><td>– perturbation de la vie sociale et familiale et celle des rythmes chrono-biologiques
– stress</td></tr>
<tr><td>nuisances dues au bruit et à l'agitation des enfants</td><td>– bruit généré par les enfants (cris, pleurs) et accentué dans les grandes structures
– agitation des jeunes enfants</td><td>– source de stress et de fatigue
– éprouvant nerveusement</td></tr>
<tr><td>difficultés relationnelles avec les parents</td><td>– agressions des parents : verbales, voire physiques, régulières et répétées
– mission des puéricultrices de PMI interprétée par les parents comme un contrôle
– milieux divers parfois en grande difficulté financière ou psychologique</td><td>– traumatismes psychologiques
– augmentation du risque de violence
– stress important menaçant l'équilibre personnel, surtout chez les jeunes diplômées
– fatigue psychologique : perturbations du sommeil, crises d'angoisse, troubles gastro-intestinaux, troubles du comportement et alimentaires, maladies cardio-vasculaires, troubles hormonaux</td></tr>
</table>

C La prévention

1 Les mesures de prévention techniques

■ **La protection collective des locaux et équipements** : revêtements de sols antidérapants, éclairage suffisant, circulation aisée, passage non encombré, aides techniques, des tabourets sur roulettes pour éviter les manutentions inutiles, des matériels ergonomiques, conditions acoustiques convenables, climatisation satisfaisante.

■ **Une bonne organisation** : plannings organisés, limitation des horaires décalés ou irréguliers.

■ **Le respect des précautions générales d'hygiène** : précautions d'hygiène appliquées vis-à-vis de tous les enfants, respect des procédures, lavage des mains pour la préparation des collations et des biberons, après les changes et les soins, le nettoyage et la désinfection des surfaces et jouets souillés, le transport du linge et des matériels dans un emballage fermé étanche, la gestion des déchets souillés, doivent faire l'objet de procédures rigoureuses, présence et accessibilité de solutions hydro-alcooliques, crèmes protectrices adaptées pour les mains permet, tenue professionnelle adaptée et cheveux attachés, ongles courts, peu de bijoux.

■ **La protection individuelle** : vêtements de travail (blouse, combinaison, tablier…), gants de protection en vinyle, chaussures ou mocassins avec des semelles antidérapantes, masque de protection respiratoire si nécessaire.

■ **La vaccination** : les vaccins obligatoires (tétanos, diphtérie, poliomyélite, hépatite B, BCG après intradermo réaction tuberculinique), complétés par des vaccins recommandés (hépatite A, coqueluche par le vaccin DTPCoq, rubéole).

■ **La formation** : formation « PRAP petite enfance » pour apprendre les gestes et postures adaptés aux métiers liés à la puériculture, formation à la manipulation et à la gestion de déchets et de produits souillés, formation à l'application des précautions standard d'hygiène, formation aux premiers secours.

2 Les mesures de prévention psychologiques

■ La formation et la sensibilisation des professionnels à la prévention des tensions émotionnelles et ses modes de gestion face à l'agressivité des parents.

■ La création de groupes de parole avec tenue de réunions régulières pour parler des types de relations les plus difficiles et des approches efficaces pour y faire face, permettant l'échange d'expériences pour être capable de gérer les relations conflictuelles.

■ Le soutien social : aide apportée par les collègues et la hiérarchie dans la réalisation des tâches et degré d'intégration dans le groupe.

■ Le soutien psychologique par une procédure d'accompagnement et de prise en charge du stress.

■ Sortir de leur isolement pour les assistantes maternelles : réunions de concertation régulières, mise en place de procédures de remontée d'informations pour identifier les problèmes et discuter des solutions à envisager.

■ Les structures d'échange pour les travailleurs isolés : relais d'assistants maternels (RAM), relais d'assistants parentaux (RAP) ou relais mixtes (RAMAP).

D Une commission spécialisée petite enfance

Au sein de la mission nationale sur l'aide à domicile de la CNAMTS (Caisse nationale de l'assurance maladie des travailleurs salariés), il existe une commission spécialisée sur la petite enfance. Cette commission a pour but de développer une démarche de prévention des risques auprès des professionnels et des employeurs.

43 Le domaine de l'ergonomie

A L'ergonomie

Sa définition

L'ergonomie est « l'étude scientifique des conditions de travail et des relations entre l'homme et la machine » (Le Petit Robert). Elle permet d'améliorer les conditions de travail et une meilleure adaptation du travail à l'homme ou de l'homme au travail.

Ses objectifs

Le personnel doit adopter de bonnes postures corporelles pour :
- prévenir la fatigue ;
- prévenir les douleurs et pathologies ostéoarticulaires ;
- réduire la pénibilité du travail ;
- assurer la sécurité et le confort de l'usager.

B Le dos

Pour préserver la santé, la gestuelle doit respecter la physiologie du dos, en particulier lors du port de charges lourdes.

La colonne vertébrale (ou rachis) est la poutre maîtresse qui soutient notre squelette. Elle est articulée, ce qui permet au dos de se plier et d'amortir les chocs et les pressions.

Les muscles soutiennent le dos et la colonne vertébrale. Sans les muscles paravertébraux, dorsaux et abdominaux, le dos s'affaisserait. Ils maintiennent la posture et permettent les mouvements.
Les muscles paravertébraux, situés entre chaque vertèbre, protègent l'ensemble de la colonne vertébrale et la stabilisent. Ils forment avec le diaphragme, les muscles abdominaux et les muscles du périnée, le « **caisson abdominal** » (autour de la région lombaire).
Pour verrouiller le dos, il faut contracter les muscles du caisson abdominal ce qui resserre l'abdomen autour de la colonne vertébrale. Lors d'un effort ou du port d'une charge, ce maintien diminue les contraintes sur les vertèbres, en particulier dans la zone lombaire, la plus sollicitée. Cette contraction, associée à une position du dos et du bassin qui respecte les courbures de la colonne vertébrale permet de « verrouiller le dos » et diminue la pression au niveau des disques des régions lombaire et sacrée.

C Les gestes et les postures adaptées

Il convient de soulever une charge de telle manière que les contraintes sur le disque intervertébral soient limitées. Pour cela, certains principes de base doivent être respectés. Les principes du port de charges sont transposables à la manutention des personnes.
L'auxiliaire de vie doit prioritairement « aider à faire », c'est-à-dire stimuler, accompagner, apprendre à faire. Elle ne fera à la place de la personne que dans le cas d'une incapacité complète à faire seule.

1 Les gestes et le dos

Certains gestes sont nocifs pour la colonne vertébrale :
– se retourner pour attraper un objet à l'arrière de la voiture en étant assis à l'avant ou tout autre mouvement du même type (cela applique une torsion à la colonne vertébrale) ;
– se pencher en avant pour ramasser un objet sans plier les jambes, d'autant plus que l'objet est lourd (cela crée des tensions dans la colonne vertébrale) ;
– transporter un objet à bout de bras…

Se tenir éloigné de l'objet.

Faire le dos rond.

Joindre les pieds.

Trop écarter les pieds, garder les jambes raides.

Trop fléchir.

Faire effectuer une torsion à la colonne vertébrale.

Se plier sur l'objet, fléchir les bras.

D'autres gestes protègent la colonne et le dos :
– fléchir les jambes (plier les genoux) lors de port de charge ;
– bien se stabiliser sur ses jambes (les écarter pour prendre de bons appuis) ;
– garder le bassin horizontal ;
– se rapprocher de la charge à porter pour minimiser la pression sur le dos et favoriser un bon équilibre (en prenant la charge à bout de bras, il y a un risque de se déséquilibrer).

Se rapprocher de l'objet. Plier les jambes.

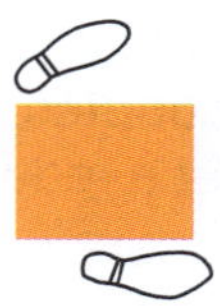

Pieds légèrement décalés.

Saisir l'objet par ses coins opposés.

Soulever l'objet par extension des jambes.

Effacer les épaules, relever la tête, s'incliner en arrière.

Porter l'objet sur le côté.

2 Les risques d'une mauvaise gestuelle

Les gestes inadaptés ne déclenchent pas toujours de douleur ou parfois très tardivement, mais leur accumulation peut aboutir à des lésions, même si le dos a une certaine faculté de récupération.
Il peut y avoir des contractures musculaires (des muscles du dos) ; ce sont des contractions douloureuses, involontaires et de durée variable ; les mouvements se trouvent alors limités.

FICHE SAVOIR

44 La manutention manuelle

La manutention manuelle correspond à toute opération de transport ou de soutien d'une charge (le levage, la pose, la poussée, la traction, le port ou le déplacement), qui exige l'effort physique d'un ou de plusieurs travailleurs.

■ Dans le domaine de l'aide et des soins, les manutentions se retrouvent dans beaucoup de tâches :
- manutention des personnes (transferts, retournements, toilettes) ;
- manutention des aides techniques (poussées, tractions) ;
- manutention lors des activités d'entretien des locaux ;
- manutentions des courses, bûches de bois…

Art. R4541-2 du Code du travail

■ Certains métiers du domaine de l'aide aux personnes et du soin sont particulièrement concernés par la manutention manuelle et ses conséquences. Ce sont les métiers : d'aide-soignant, d'auxiliaire de vie, infirmier, AMP, d'ASH, d'éducateur, d'ambulancier, de brancardier…
Des formations sont mises en place auprès de ces professionnels pour sensibiliser aux risques liés à l'activité physique.

A Les manutentions et la législation

■ L'employeur prend les mesures d'organisation appropriées ou utilise les moyens appropriés, et notamment les équipements mécaniques, afin d'éviter le recours à la manutention manuelle de charges par les travailleurs.

Article R4541-3 du Code du travail

■ Lorsque la manutention manuelle de charges ne peut être évitée, notamment en raison de la configuration des lieux où cette manutention est réalisée, l'employeur prend les **mesures d'organisation appropriées ou met à la disposition des travailleurs les moyens adaptés**, si nécessaire en combinant leurs effets, de façon à limiter l'effort physique et à réduire le risque encouru lors de cette opération.

Article R4541-4 du Code du travail

■ Les femmes ne sont pas autorisées à porter des charges supérieures à 25 kilogrammes… .

Art. R. 4541-9

B Les risques de TMS en établissement de soins et à domicile

■ **Les risques professionnels** : il s'agit des risques biologiques, du travail à des horaires atypiques, du risque psycho-social.

■ **Les risques liés à la manutention manuelle** : ils comprennent le soulèvement, le maintien, le déplacement et le transport de personnes, la mobilisation au lit…

■ **Les pathologies ostéoarticulaires** : ce sont les Troubles Musculo-Squelettiques (TMS). Elles sont liées à un déséquilibre, une inadéquation entre les capacités physiques du salarié et les exigences des situations de travail.
Cette pathologie **est la première cause d'arrêt de travail** et a une fréquence proche de celle observée dans les métiers les plus pénibles.

Les **TMS atteignent les articulations** des membres supérieurs, des membres inférieurs et la **colonne vertébrale.** La **douleur** en est l'expression la plus manifeste, avec une difficulté, voire une impossibilité de réaliser les taches de la vie courante et professionnelle. C'est un handicap souvent transitoire, mais parfois définitif.

Les **TMS les plus fréquents** sont : les tendinites (épaule, poignet, coude), le syndrome du canal carpien. Même si ces troubles paraissent « bénins », ils sont à l'origine d'arrêts de travail, de soins médicaux et d'interventions chirurgicales.

Les **TMS les plus graves** sont : les tendinopathies des épaules, les lésions méniscales, les lésions rachidiennes (hernies discales). Elles sont souvent graves, récidivantes, parfois **irréversibles** malgré un traitement chirurgical et à l'origine **d'inaptitude médicale.**

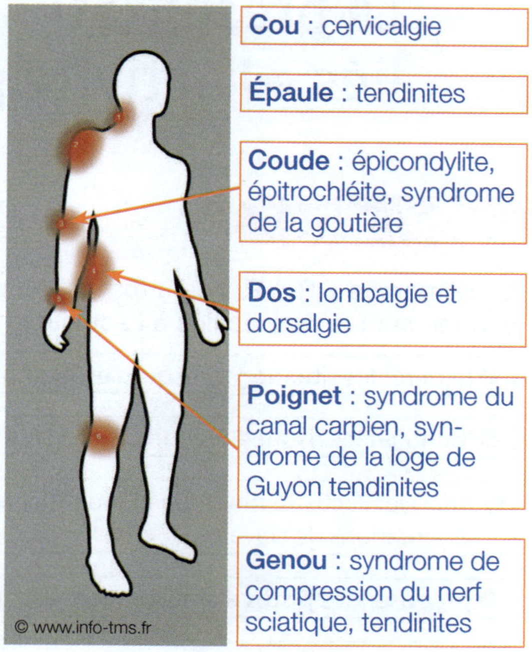

C Les mesures de prévention

Les professionnels sont davantage confrontés que l'ensemble des salariés à :
– des **pénibilités physiques associées à un manque de moyens** et à un travail en urgence ;
– un cumul de **contraintes organisationnelles** telles que : interrompre une tâche en cours pour une autre non prévue, devoir souvent se dépêcher, avoir des demandes extérieures à satisfaire immédiatement ;
– des **effectifs jugés souvent insuffisants.**

■ **La prévention primaire consiste à évaluer les contraintes de travail** :
– **la charge** : est-elle trop lourde, trop grande, de prise malaisée, déséquilibrée, difficile à atteindre ?
– **la tâche** : entraîne-t-elle des postures extrêmes ? Y a-t-il répétitivité ? La durée est-elle trop longue ?
– **les conditions de travail** : l'environnement (l'espace est-il insuffisant ? Le sol est-il instable ? L'éclairage… ?), l'organisation de travail (cadence, horaires, autonomie, pauses…), la charge mentale (stress, motivation, relations avec les usagers…).

■ **Pour réduire les facteurs de risque professionnels**, il faut agir sur :
– **les facteurs biomécaniques** : composantes du geste (efforts, postures, répétitivité, durée) ;
– **l'organisation du travail et des postes** ;
– **les facteurs psychosociaux** : les relations sociales, la communication, la reconnaissance, les compétences, l'intérêt, la monotonie, la satisfaction…
– **les facteurs extraprofessionnels individuels** : le sexe, l'âge, le poids, l'état de santé, les antécédents médicaux, l'hygiène de vie (activité physique…).

FICHE SAVOIR

45 La présentation des risques liés à l'activité physique

A La formation

La démarche P.R.A.P. vise à **former les salariés à être acteur de leur propre prévention sur les risques liés à l'activité physique** en les rendant capables de :

❶ Repérer les situations à risques et les situer en fonction de leur importance.

❷ Identifier les risques encourus sur la santé liés à l'activité physique.

❸ Analyser l'activité physique et identifier les éléments déterminants dans les situations de travail.

❹ proposer des pistes d'amélioration pour réduire les risques.

❺ Planifier la prévention et mobiliser les acteurs.

Selon la profession, l'expérience, le point de vue de la personne est différent : les priorités ne seront pas les mêmes et les propositions d'amélioration divergeront. **L'information du salarié** est un levier important dans la maîtrise du risque TMS. Un salarié informé des risques qu'il encourt est un professionnel efficace.

B Les éléments d'une situation de manutention

Exemple d'une situation d'habillage et de transfert du lit pédiatrique au sol :

L'usager →	Il veut faire tout seul, tient sur ses jambes, mais sa force est limitée. →	risque pour le professionnel de se méprendre sur les capacités réelles de l'enfant.
Le professionnel →	Professionnel diplômé : pour l'habillage. →	face au risque de chute de l'enfant et face à ses craintes, posture courbée du professionnel qui préfère laisser le lit en position basse.
Le milieu L'environnement →	Choix des habits par les familles. →	Davantage de sollicitations gestuelles et posturales pour les professionnels, si les vêtements ne sont pas adaptés.
Le matériel →	Force exercée pour retenir l'enfant lors du transfert sans aide matérielle. →	Risque dorsolombaire.

■ **Les pistes d'amélioration possibles :**
- la posture du professionnel ;
- l'organisation spatiale et temporelle du travail ;
- les aides techniques.

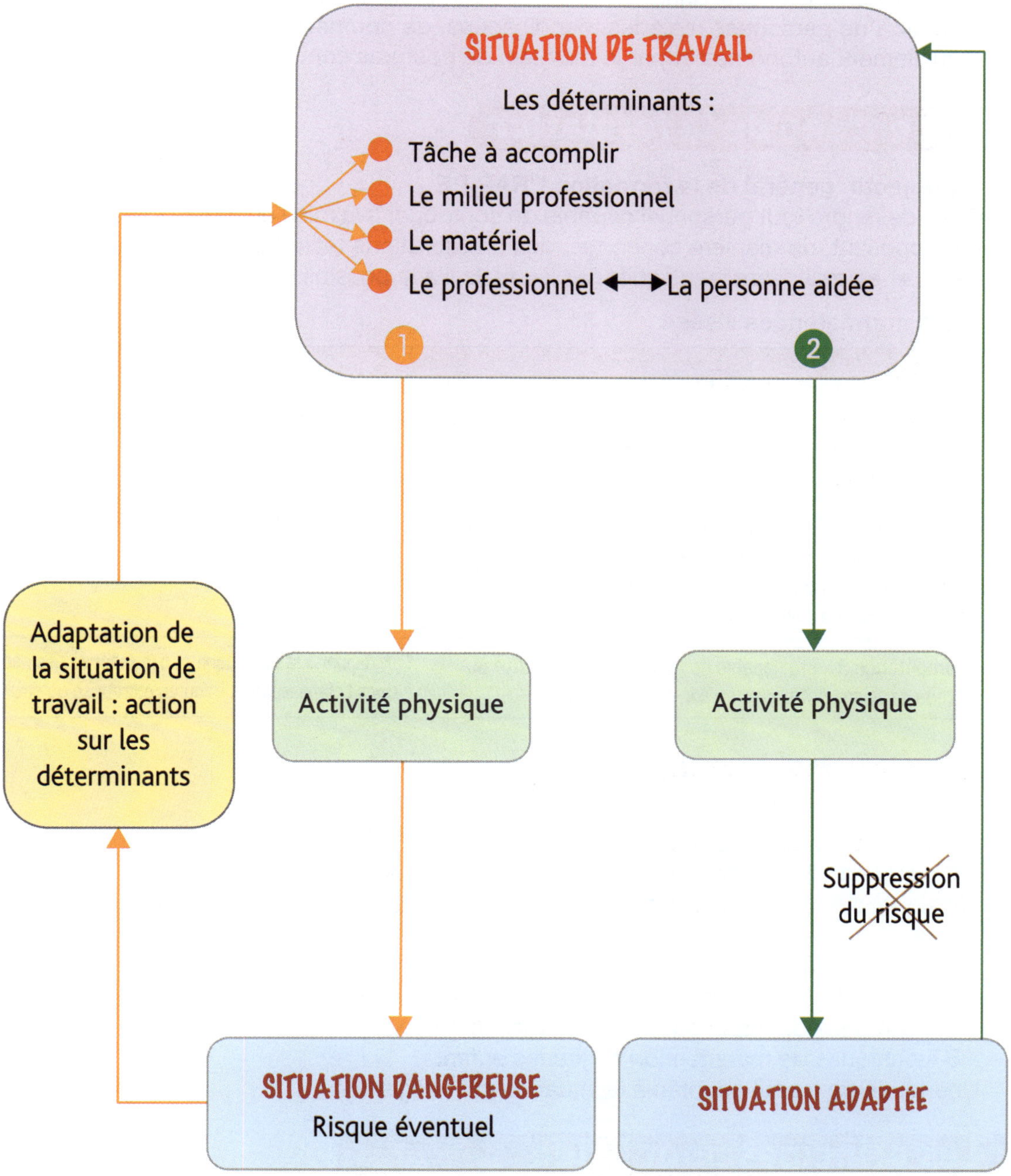

46 La prévention des risques liés à l'activité physique petite enfance

La formation PRAP PE s'adresse aux salariés travaillant dans des établissements spécialisés, en structures d'accueil de la petite enfance (crèches, garderies, écoles maternelles, ATSEM) ou encore à domicile.
Les activités physiques, dans ce secteur, se caractérisent majoritairement par la manutention de personnes malades, handicapées, de nourrissons, de jeunes enfants, partiellement autonomes et par le maintien de postures contraignantes.

A Le contenu de la formation

L'objectif général de la formation PRAP PE

C'est de rendre tout personnel capable de contribuer à la mise en œuvre de la PRAP, en proposant, de manière concertée, des améliorations techniques et organisationnelles et en maitrisant les risques sur lesquels il a la possibilité d'agir.

Les compétences visées

Compétences	Contenus de formation
Compétence 1 : être capable de se situer en tant qu'acteur de prévention des risques liés à l'activité physique dans son entreprise ou son établissement.	Connaitre les risques du secteur professionnel et l'intérêt de la prévention.
Compétence 2 : être capable d'observer et d'analyser sa situation de travail en s'appuyant sur le fonctionnement du corps humain, afin d'identifier les différentes atteintes à la santé susceptibles d'être encourues.	Connaître le fonctionnement du corps humain. Observer le travail identifier ce qui peut nuire à la santé.
Compétence 3 : être capable de participer à la maîtrise du risque dans son entreprise ou son établissement.	Participer à la prévention et à la maitrise des risques dans l'établissement et/ou en entreprise ou structure.

B L'évaluation du PRAP PE

Elle repose sur deux épreuves :
– **Épreuve 1** : la description d'une situation de travail (mettant en œuvre l'activité physique) et la proposition d'améliorations ; elle constitue une synthèse des connaissances.
– **Épreuve 2** : la mise en œuvre des aides à la manutention des personnes.
Pour le PRAP PE, des techniques gestuelles sont obligatoires :
– 4 techniques de manutention de charges inertes ;
– 5 techniques de manutention de jeunes enfants.
Une tenue de travail adaptée à la situation est obligatoire.

C Les principes pour l'aide à la manutention du jeune enfant

Il existe **9 principes** à respecter pour la validation de la formation PRAP PE :
– respecte les principes de sécurité et d'économie d'effort (se rapprocher le plus possible de l'enfant / fixer sa colonne vertébrale / utiliser la force des membres inferieurs / assurer et maintenir son équilibre / assurer les prises (mains) / travailler les

bras en simple traction ou pliés et verrouillés / utiliser les points d'appui, le poids, l'élan et la poussée) ;
- s'informe sur l'enfant ;
- prépare l'environnement et/ou l'aide technique appropriée ;
- assure des prises efficaces et non traumatisantes ;
- utilise les éducatifs gestuels adaptés et maîtrisés ;
- prévient l'enfant ;
- indique ses actions à l'enfant et le sollicite ;
- prend en compte le potentiel de l'enfant ;
- effectue des transmissions adaptées.

D Les techniques gestuelles lors de la formation

Deux types de techniques sont évaluées :
- la manutention de charges inertes en respectant les critères de sécurité physique et d'économie d'effort ;
- l'aide à la manutention de jeunes enfants (GE = grand enfant / PE = petit enfant).

1 La manutention de charges inertes

Les techniques à maitriser sont :
- lever, transporter, entabler bas et reposer au sol une petite caisse avec poignées ;
- lever, transporter, entabler bas et reposer au sol une petite caisse sans poignées ;
- lever, transporter et reposer au sol un seau ;
- lever, transporter et déposer au sol une grande caisse à deux.

2 L'aide à la manutention de jeunes enfants

Les gestes à maitriser sont :
- GE : porter bras, déposer plan de travail, prendre bras ;
- GE : porter bras, déposer sol, prendre bras ;
- PE : porter bras, déposer plan de travail, prendre bras ;
- PE : porter bras, déposer siège, prendre bras ;
- PE : retourner dos-ventre et ventre-dos.

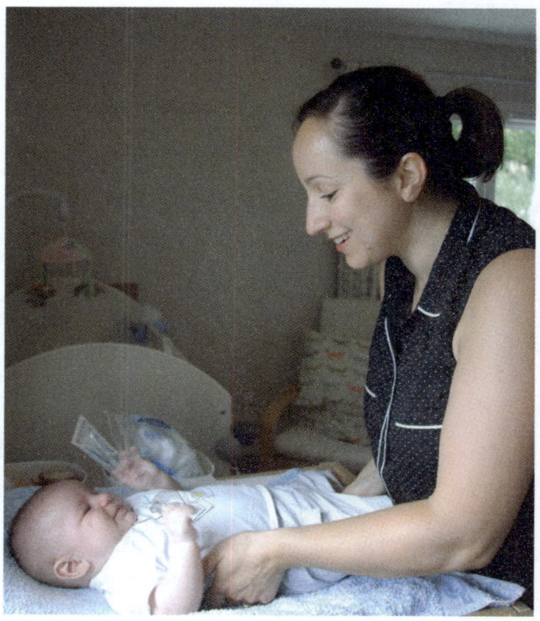

FICHE TECHNIQUE

47 Rangement des produits alimentaires

A La commercialisation des produits alimentaires

1 Les différentes formes de commercialisation

Dans le cadre de leur commercialisation, les aliments sont répartis en 5 gammes :
- 1re gamme : les produits frais du marché ;
- 2e gamme : les produits pasteurisés, stérilisés ou appertisés (en conserve) ;
- 3e gamme : les produits surgelés ;
- 4e gamme : les produits frais qui sont prêts à l'emploi ;
- 5e gamme : les produits frais ou cuisinés conservés sous vide.

2 L'étiquetage des produits

Il existe une réglementation pour protéger le consommateur. L'étiquetage doit comporter certaines mentions :

B La conservation des aliments et les préparations culinaires

Le maintien de la qualité des aliments est important pour la santé des individus. C'est pourquoi une réglementation liée à la mise en œuvre des produits alimentaires et au service des repas (dans les collectivités et en milieu familial) est mise en place.

1 La conservation des aliments

Il faut respecter le groupement des aliments par zones de froid, à savoir :
- les viandes et les poissons vers le haut du réfrigérateur (zone froide) ;
- les végétaux vers le bas (zone humide) ;
- les produits laitiers et les boissons sur le côté (à 3 niveaux différents).

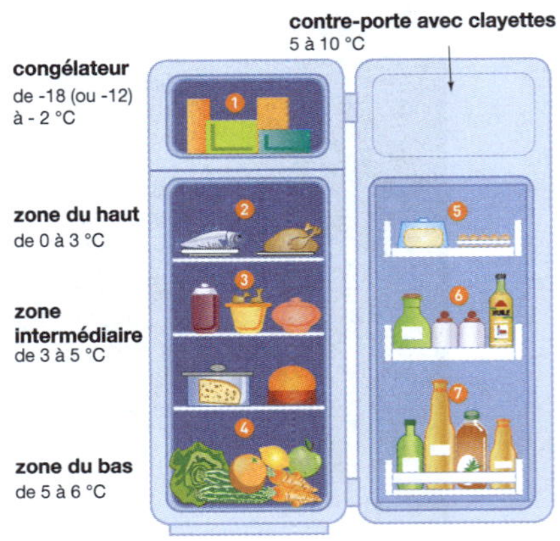

1 aliments surgelés, desserts, glaces
2 viande, poisson frais, plats
3 aliments cuits
4 fruits et légumes, fromage
5 beurre, oeufs
6 crème
7 boissons

■ Les produits réfrigérés

Ce sont les produits alimentaires conservés en chambre froide (0 à 8 °C).

■ Les produits surgelés

Ce sont les produits alimentaires refroidis rapidement pour atteindre une température de -18 °C. Il ne faut pas recongeler un produit décongelé. Ces produits ne

supportent **aucune rupture de la chaîne du froid**.
Les produits congelés ou surgelés doivent êtres maintenus à une température de stockage de -18 °C.

> **Définitions**
> • La **surgélation** est une technique industrielle qui consiste à refroidir brutalement (de quelques minutes à une heure) des aliments en les exposant intensément à des températures allant de -35 °C à -196 °C.
> • La **congélation** consiste à abaisser la température d'un aliment à -18 °C, mais de façon plus lente.

2 Les préparations élaborées à l'avance

Les plats cuisinés à l'avance font l'objet d'une réglementation particulière pour lutter contre leur contamination.

■ Pour la liaison chaude

Les préparations culinaires élaborées à l'avance doivent être maintenues à **+ 63 °C** jusqu'à la distribution au consommateur, afin d'éviter le développement des micro-organismes mésophiles et thermophiles.

■ Pour la liaison froide

Le refroidissement rapide de **+ 63 °C à + 10 °C** évite le développement des micro-organismes mésophiles et thermophiles. On évite ainsi une contamination des préparations culinaires.

> **Définitions**
> • La **liaison chaude** est une méthode de conservation d'un produit entre sa fabrication et sa consommation qui consiste à le garder à une température supérieure à 63 °C.
> • La **liaison froide** est une méthode de conservation d'un produit entre sa fabrication et sa consommation qui consiste à abaisser rapidement sa température immédiatement après sa fabrication (jusqu'à +10 °C en 2 heures). Il est ensuite conservé au froid (entre 0 °C et +2 °C) puis remis à température chaude juste avant sa consommation.

3 La conservation des préparations culinaires

Le stockage des préparations culinaires à + 3 °C évite le développement des micro-organismes, exceptés des micro-organismes cryophiles (qui se développent à basse température).
La remise en température de + 3 °C à + 63 °C en moins d'une heure permet d'éliminer les micro organismes cryophiles et/ou les micro-organismes sporulants qui auraient pu résister à + 3 °C, car le froid ne tue pas les germes, il les inhibe.
Cette température permet également de tuer les micro-organismes mésophiles et thermophiles qui auraient pu contaminer la préparation.

C La mise en place de circuits

La mise en place de circuits permet d'éviter le croisement du propre et du sale pour éviter ainsi toute contamination du matériel ou produit propre.

La marche en avant

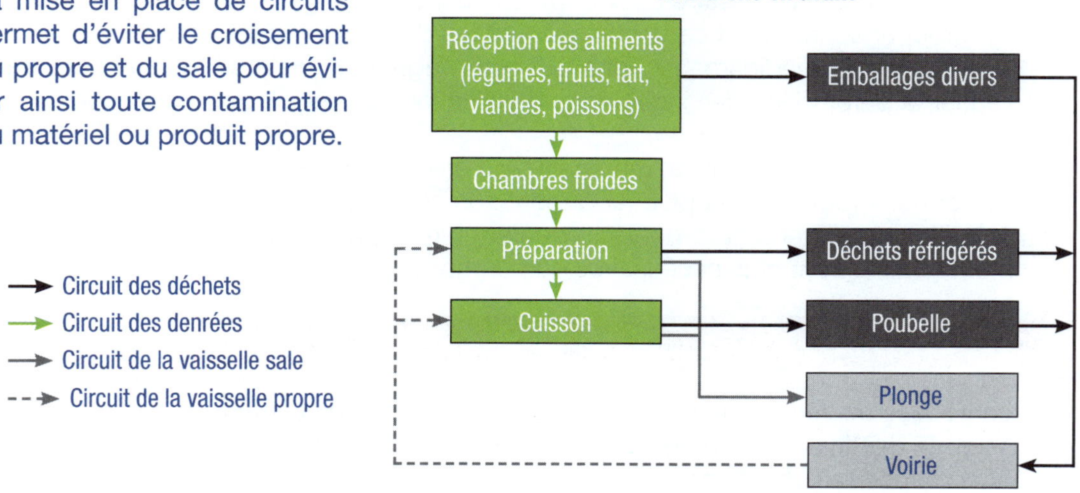

48 Rangement des produits d'entretien et des médicaments

A Règles d'entretien et de rangement des produits

Un circuit permet de respecter les règles d'hygiène et de sécurité (**un côté propre et un côté sale**) lors des techniques d'entretien avec notamment l'utilisation d'un chariot d'entretien.

■ **La fonction du chariot d'entretien** est de : transporter le matériel et les produits en une seule fois, collecter les déchets, constituer un élément de rangement. Il permet une économie de temps et d'énergie. Il doit être rangé dans un local bien fermé à clef hors de portée des enfants en raison des produits qui restent en place.

■ **L'entretien du chariot** se fait tous les jours : il faut vider le sac poubelle, nettoyer les seaux, les rincer, les essuyer, rincer, nettoyer les gazes recyclables, les lavettes, les franges.

B La pharmacie

L'armoire à pharmacie doit être fermée à clé, placée en hauteur, loin d'une source de chaleur et à l'abri de l'humidité.

■ **Le matériel nécessaire aux soins**

Il s'agit de compresses stériles, de bandes élastiques, de sparadrap, de boîtes de pansements adhésifs, pince à échardes, d'une paire de ciseaux, d'un thermomètre (thermomètre frontal ou thermomètre électronique).

■ **Les médicaments**

Les médicaments nécessaires dans une petite collectivité sont ceux de première nécessité (ceux conditionnés en « unidose » sont préférables) :
- un produit de rinçage de l'œil ou du nez (sérum physiologique) ;
- un produit pour les contusions (crème ou pommade à l'arnica).

■ **L'organisation de l'armoire à pharmacie**

Il faut respecter quelques règles simples :
- séparer les médicaments prescrits par le médecin (dans le cadre d'un PAI pour un enfant), de ceux nécessaires aux troubles quotidiens ;
- regrouper séparément ceux pour les adultes de ceux pour les enfants ;
- conserver les médicaments dans leur emballage d'origine avec leurs notices (pour vérifier la péremption, les indications d'utilisation, les posologies et les contre-indications) ;
- la liste des médicaments et matériels peut être portée sur une feuille fixée à la porte de l'armoire (pour vérifier plus facilement son contenu) ;
- vérifier régulièrement le contenu de l'armoire à pharmacie (éliminer les médicaments qui ne sont plus nécessaires ou périmés).

C La composition d'une trousse de secours

La trousse de secours est indispensable dans tout déplacement. Son contenu varie selon la destination, la durée du séjour et l'âge des utilisateurs. Elle doit être mise hors de portée des enfants.

Elle doit contenir des substances dont le conditionnement est adapté.

■ **Le matériel de soins** : des compresses stériles et des compresses alcoolisées (en boîtes), des pansements hypoallergéniques, des bandes, un téléphone portable.

■ **Le petit matériel** : une paire de ciseaux, une couverture de survie, un thermomètre, des fils dentaires, une pince à échardes, produits de soins à usage local, des sachets d'antiseptique cutané, une protection solaire.

■ **Les médicaments courants** : un antipyrétique et un antalgique (aspirine ou paracétamol), un antiseptique intestinal (ces médicaments seront accompagnés de leurs ordonnances).

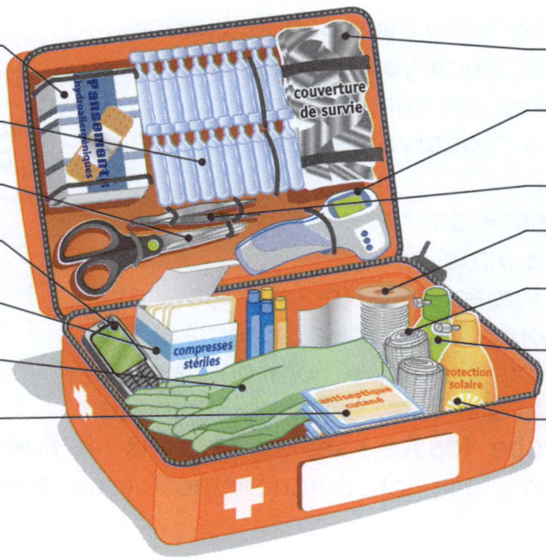

D Les médicaments

Un médicament se définit comme « *toute substance possédant des propriétés préventives ou curatives à l'égard des maladies de l'homme (...) ou pouvant lui être administrée en vue d'établir un diagnostic ou de restaurer ses fonctions organiques* » (code de la santé publique).

■ **Les conditions de stockage figurent sur l'étiquette** :
– la température de conservation du produit ;
– les délais d'utilisation du produit après ouverture.
Selon les voies d'administration, les conditions de stockage varient.

■ **La voie orale ou buccale *(per os)*** : prise du médicament par la bouche : le cachet, le sirop, les gouttes buvables, le comprimé...

■ **La voie parentérale** : administration de médicaments par une injection à travers la peau (aiguille et seringue stériles, à usage unique).

■ **La voie transmuqueuse** : administration de médicaments sur une muqueuse : linguale, rectale, vaginale, buccale...

■ **La voie cutanée** : application de médicaments sur la peau : la pommade, le patch...
La posologie est la quantité et le rythme d'administration d'un médicament prescrit.

FICHE SAVOIR

49 Les contaminations par des microorganismes

A L'origine des contaminations

Les micro-organismes

Un **micro-organisme** est un organisme vivant uni- ou pluricellulaire (une ou plusieurs cellules) de petite taille, ne pouvant être observé qu'au microscope. Il existe :
- les micro-organismes **eucaryotes** (avec un « vrai noyau » : les protozoaires, les champignons) ;
- les micro-organismes **procaryotes** (avec un « faux noyau » : les bactéries) ;
- les micro-organismes « **acaryotes** » (micro-organismes sans noyau : les virus).

L'ensemble des microorganismes (hormis les virus) présents en un lieu donné est appelé **flore**. Il existe différentes flores : la flore du sol, la flore de l'eau, la flore de l'air, la flore des aliments, la flore humaine (la flore respiratoire : bouche, fosses nasales, pharynx ; la flore digestive : appareil digestif (intestin, estomac…) ; la flore cutanée : peau (derme et épiderme) ; la flore des appareils génitaux.

Définition

Flore résidente : présente chez tous les individus (sur la peau, les muqueuses) ; elle est non pathogène.

Flore transitoire : flore de l'environnement qui se dépose ou qui pénètre dans l'organisme de façon passagère lors des activités (susceptible d'être pathogène).

Flore commensale : flore résidente ou transitoire qui vit au sein d'un organisme sans lui nuire.

Les voies de pénétration dans l'organisme :

Il existe **5 voies de pénétration** des agents infectieux : voie cutanée et muqueuse, voie respiratoire, voie digestive, voie sanguine et voie génitale.

Une **bio-contamination** est la présence d'organismes vivants indésirables par les effets secondaires (néfastes) qu'ils provoquent.

B Les bactéries

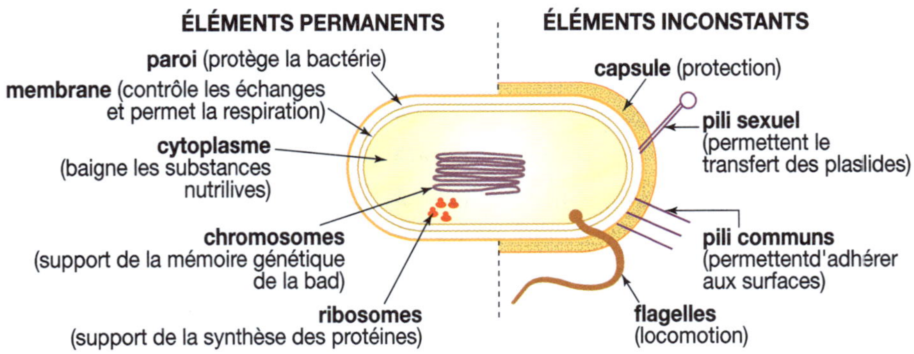

Classification des bactéries selon leur forme :

- **sphériques ou « coques »** : elles sont seules (ex : gonocoque), par deux (ex : pneumocoque), en chaîne (ex : streptocoque) ou regroupées en grappe de raisin (ex : staphylocoque) ;
- **allongées ou « bacilles »** ;
- **incurvées** ;
- **spiralées.**

■ **Classification des bactéries selon leur type respiratoire :**
– certaines ont besoin de **dioxygène** : les bactéries **aérobies** ;
– certaines se multiplient **avec ou sans dioxygène** : les bactéries **aéro-anaérobies** ;
– certaines ne se multiplient qu'en **absence de dioxygène** : les bactéries **anaérobies**.

C Les infections microbiennes

Une température appropriée, un PH adapté, la présence d'eau, la présence d'éléments nutritifs, sont des facteurs favorisant le développement microbien.

1 Le pouvoir pathogène des bactéries

Le pouvoir pathogène d'un micro-organisme est sa capacité à engendrer chez son hôte des perturbations physiologiques plus ou moins graves.

■ **Les bactéries pathogènes spécifiques ou strictes**
Ce sont des bactéries qui entraînent chez tous les sujets non protégés une pathologie bien précise (exemple : *Clostridium tetani* responsable du tétanos).

■ **Les bactéries pathogènes opportunistes**
Ce sont des bactéries qui n'entraînent des troubles que chez les personnes dont les défenses immunitaires sont affaiblies (nourrissons, personnes âgées, malades séropositifs).

■ **Les porteurs sains ou asymptomatiques**
Certaines bactéries pathogènes peuvent être hébergées par une personne sans occasionner chez celle-ci le moindre trouble. Ces individus, appelés **porteurs sains**, sont dangereux, car ils peuvent contaminer d'autres personnes sans le savoir.

2 Le pouvoir invasif des bactéries : la virulence

C'est la capacité des micro-organismes à envahir rapidement les tissus de l'organisme hôte et d'y provoquer des troubles physiologiques.

3 Le pouvoir toxique des bactéries : la toxicogenèse

C'est la capacité des micro-organismes à secréter **des toxines**, qui peuvent être :

■ **les endotoxines** : leur pouvoir toxique est faible (*Salmonella*, *Legionella*, bacille de la tuberculose) ;

■ **les exotoxines** : leur pouvoir toxique est très élevé (tétanos, diphtérie).

D Les secteurs à risque pour le jeune enfant

Certains facteurs non liés aux micro-organismes peuvent contribuer à aggraver une infection.

■ **Les facteurs liés à l'hôte** : l'âge, l'état de santé général, l'état de fatigue, les traitements médicaux (les corticoïdes).

■ **Les facteurs liés aux conditions de vie de l'hôte** : la malnutrition, le froid, les fortes chaleurs, les secteurs accueillant des enfants (règles d'hygiène insuffisantes, personnel non formé, résistance de certaines bactéries aux antibiotiques et aux produits désinfectants…).
Quand les conditions deviennent défavorables, la bactérie se transforme en **une spore** (forme résistante) qui lui permet d'attendre des conditions plus favorables.

FICHE SAVOIR

50 La résistance de l'organisme à l'infection microbienne

Si les microbes se développent de façon trop importante, l'individu peut développer une maladie infectieuse.

A L'immunité non spécifique : défense naturelle de l'organisme

1 La peau et les muqueuses

C'est la première barrière naturelle à la pénétration des microbes dans l'organisme.

- **Barrière physique** : l'accolement des cellules de l'épithélium empêche le passage des microbes.
- **Barrière chimique** : les sécrétions (sueur, salive, larmes, mucus) contribuent à la protection de l'organisme grâce à leurs enzymes ou leur acidité.
- **Barrière biologique** : la flore microbienne qui recouvre normalement la peau et les muqueuses empêche la colonisation par des bactéries pathogènes.
- **Action mécanique** : les cils vibratiles de la trachée font remonter le mucus qui a enveloppé les microbes.

2 La réaction inflammatoire

La pénétration de microorganismes dans les tissus de l'organisme entraîne une réaction inflammatoire locale : rougeur, chaleur, gonflement (œdème), douleur.

- **La diapédèse** : les globules blancs affluent vers les micro-organismes en traversant les capillaires devenus perméables.
- **La phagocytose** : les macrophages vont englober, puis digérer les microbes. Le mélange des cellules endommagées (peau, globules blancs, microbes) forme le **pus**. L'élimination du pus et l'usage d'antiseptiques sur la plaie peuvent arrêter l'infection.Si les microorganismes résistent à la phagocytose, l'infection continue.

① **La diapédèse :** les globules blancs traversent les capillaires,

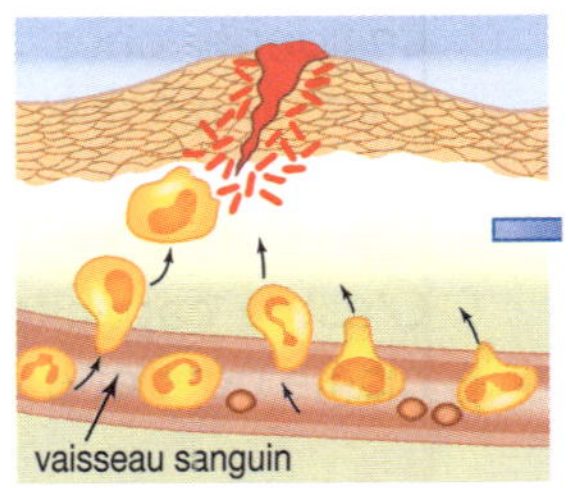

② **La phagocytose** : les macrophages englobent puis digèrent les microbes.

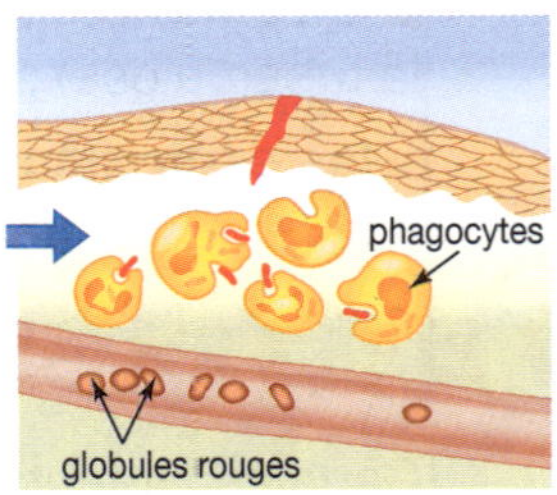

3 La réaction ganglionnaire

Les globules blancs infectés peuvent être entraînés dans les ganglions lymphatiques les plus proches. La réaction ganglionnaire se traduit par un gonflement douloureux.
Si la réaction immunitaire non spécifique n'est pas efficace, il se met en place une réaction immunitaire spécifique.

B L'immunité spécifique : défense acquise par l'organisme

Elle implique que les cellules de l'immunité soient capables de « reconnaître » les différents microorganismes (bactéries, champignons, parasites, virus) appelés **antigènes**.

Définition

Un antigène est une substance qui, introduite chez un individu, déclenche une réaction immunitaire spécifique.

1 Les éléments de l'immunité spécifique

■ Les lymphocytes

Ce sont les globules blancs capables d'identifier les antigènes. On en distingue deux sortes : **les lymphocytes T** et **les lymphocytes B.**

■ Les anticorps

Un **anticorps** est une protéine qui reconnaît un corps étranger et participe à son élimination. L'anticorps se fixe sur l'antigène, car il a une forme complémentaire.

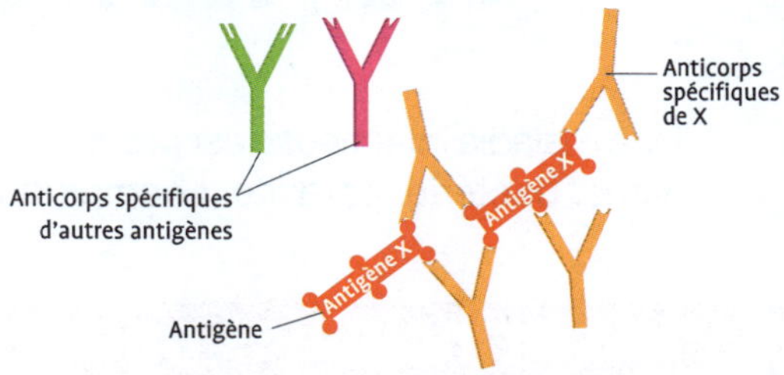

2 La réponse immunitaire humorale (dans le plasma)

■ **Reconnaissance de l'antigène** par les **lymphocytes B** portant l'anticorps correspondant.

■ **Sécrétion des anticorps** dans le plasma au niveau des ganglions lymphatiques.

■ **Fixation des anticorps** libérés sur les antigènes.

3 La réponse immunitaire cellulaire

■ **Reconnaissance des antigènes** par les **lymphocytes T** : les lymphocytes T portant l'anticorps reconnaissent les antigènes qui leur sont présentés par les macrophages. Les lymphocytes T se multiplient et se transforment en cellules tueuses ou cytotoxiques.

■ **Lyse des cellules** reconnues : les cellules tueuses vont détruire les cellules porteuses de l'antigène.

4 La mémoire immunitaire

■ La production d'anticorps

Lors d'un deuxième contact avec un même antigène, les anticorps vont apparaître plus rapidement et en plus grand nombre.

■ Les cellules mémoires

Les cellules qui sont intervenues dans la première réponse immunitaire ont gardé en mémoire la rencontre avec l'antigène et sont devenues **des lymphocytes T et B mémoires.**

C Vaccination et sérothérapie

1 Le traitement préventif : la vaccination

La vaccination consiste à fournir à l'organisme les antigènes de la maladie pour entraîner la réaction immunitaire et la fabrication de cellules mémoires sans qu'apparaissent les signes gênants de la maladie. **La vaccination crée une immunité active** de l'individu contre la maladie qui dure plusieurs années.

2 Le traitement curatif : la sérothérapie

La sérothérapie fournit à l'individu malade des anticorps (fabriqués par un autre homme ou un animal) contre sa maladie. C'est un traitement **passif**, qui est **immédiat, mais dont l'action n'est pas durable**. Elle ne dispense pas de la vaccination car le malade n'a pas développé de réaction immunitaire lui permettant de fabriquer ses propres cellules mémoires.

3 Les rappels vaccinaux

En faisant plusieurs injections (rappels), les anticorps apparaissent de plus en plus rapidement et en nombre croissant. Cependant ce taux diminue avec les années, c'est pourquoi des rappels sont nécessaires pour réactiver la réponse immunitaire.

FICHE SAVOIR

51 Les maladies infectieuses et affections de l'enfant

Une maladie infectieuse est provoquée par la transmission d'un type de micro-organisme (virus, bactérie, parasite, champignon…) qui se développe de façon trop importante.

A Les principales phases de l'évolution d'une maladie infectieuse

① PHASE D'INCUBATION
→ laps de temps entre la pénétration du germe dans l'organisme et l'apparition des premiers signes

② PHASE D'INVASION
→ apparition des signes généraux comme la fièvre, les vomissements, l'asthénie, la toux...

③ PHASE D'ÉTAT
→ apparition des signes spécifiques (éruptions cutanées de la rougeole ou de la rubéole...)

④ PHASE DE TERMINAISON
→ disparition des signes spécifiques

⑤ PHASE DE CONVALESCENCE

B Les principales pathologies infectieuses de l'enfant

■ **Les maladies éruptives** : maladies qui donnent lieu à des éruptions cutanées.

Maladie	Signes	Conduite à tenir	Prévention
Roséole (virale)	Fièvre, éruption cutanée sur le visage et le corps.	Surveiller la température et la faire baisser.	–
Rubéole (virale)	Rhume, éruption cutanée sur le corps.	Favoriser le repos, prévenir les femmes enceintes.	Vaccination de l'enfant conseillée.
Rougeole (virale)	Fièvre, yeux larmoyants, points blancs à l'intérieur des joues, éruption cutanée sur le visage puis sur le tronc et les membres.	Surveiller la température, favoriser le repos, repérer toute aggravation (convulsions, otite…)	Vaccination de l'enfant conseillée.
Varicelle (virale)	Fièvre, éruption cutanée avec démangeaisons.	Soigner les lésions, traiter pour calmer les démangeaisons, veiller à ce que l'enfant ne se gratte pas (risque de cicatrices)	–
Scarlatine (bactérienne)	Fièvre importante, angine rouge, vomissements, éruption cutanée sur le corps (plaques rouges sans intervalles).	Surveiller la température, favoriser le repos, donner le traitement antibiotique.	Interdiction scolaire de 8 jours.

■ **Les maladies non-éruptives** : maladies qui ne donnent pas lieu à des éruptions cutanées.

Maladie	Signes	Conduite à tenir	Prévention
Oreillons (virale)	Fièvre, gonflements douloureux au niveau des oreilles, gêne à la mastication et lors de la déglutition.	Lutter contre la fièvre les céphalées, donner une alimentation semi-liquide.	Vaccination de l'enfant.
Coqueluche (bactérienne)	Toux sèche et quinte de toux, parfois vomissements en fin de quinte.	Hospitaliser les enfants de moins de 6 mois, administrer les antibiotiques, donner une alimentation légère, surveiller l'évolution pour éviter les complications (bronchite…)	Vaccination dès le plus jeune âge.

C Les affections de la peau (dermatoses) et des muqueuses

Affections	Signes cutanés	Facteurs aggravants	Traitement
Érythème	Rougeurs au niveau du siège.	– Macération dans l'urine et les selles. – Mauvaise hygiène.	– Laver, rincer et sécher soigneusement le siège lors de chaque change. – Changer souvent l'enfant et appliquer des pommades antibiotiques ou antimycosiques en cas de surinfection (sur prescription médicale).
Eczéma	Plaques rouges, puis vésicules suintantes et croûtes. Lésions au visage et aux plis (coude…)	– Démangeaisons, risque de surinfection. – Contact avec l'allergène.	– Couper les ongles courts. – Avoir une hygiène corporelle rigoureuse et un traitement local adapté aux lésions.
Impétigo (bactérie)	Petites bulles qui évoluent en pustules puis en croûtes jaunâtres.	Extension des lésions par grattage.	– Couper les ongles courts, laver les mains avec un savon antiseptique après les soins. – Appliquer des asséchants et administrer des antibiotiques.
Muguet (champignon)	Rougeurs diffuses (bouche, langue) avec plaques blanches.	Infection de l'œsophage en l'absence de traitement.	– Laver ses mains. – Administrer des produits antifongiques. – Désinfecter le matériel lié à l'alimentation.

D Les parasitoses

	La gale	La pédiculose	L'oxyurose
Agents responsables	Sarcopte (acarien microscopique)	Pou	Oxyurose (ver rond)
Facteurs favorisants	Promiscuité (et non nécessairement un problème d'hygiène).	– Vie en collectivité. – Conditions de vie précaires. – Manque d'hygiène.	– Manque d'hygiène des mains ; ongles longs. – Manque d'hygiène périnéale.
Signes	Démangeaisons (= prurit) intense la nuit (entre les doigts, aux poignets, coudes, plis, aisselles, fessier, ombilic).	Prurit au niveau du corps, du cuir chevelu et du pubis.	– Prurit anal nocturne. – Vulvovaginite. – Douleurs abdominales. – Anorexie. – Troubles nerveux.
Localisation	Sous la peau.	Au niveau du corps, du cuir chevelu, du pubis.	Sur la muqueuse de l'intestin grêle.
Mesures d'hygiène	– Bains chauds. – Badigeonnage au benzoate de benzyle. – Désinfection du linge et des vêtements.	– Utilisation de produits pédiculicides et lenticides. – Décontamination du linge de corps et de la literie.	– Lavage des mains, coupe des ongles. – Toilette périnéale régulière. – Hygiène de la literie et des vêtements. – Traitement médicamenteux.
Mode de reproduction	La femelle fécondée pond ses œufs dans l'épiderme.	La femelle pond des œufs (les lentes) qui se fixent sur les vêtements et les poils.	La femelle émet des œufs (vers la région de l'anus).

52 La tenue professionnelle

→ **Objectifs** assurer les règles d'hygiène et prévenir les contaminations.

La tenue professionnelle varie en fonction du milieu professionnel. Elle doit répondre à des **critères d'hygiène, de sécurité, de confort, d'esthétique et doit permettre d'être reconnu par les usagers.**

A Les différents types de tenues professionnelles

Le choix du tissu

Deux familles de matériaux sont utilisées pour confectionner les tenues professionnelles :

– **les non tissés** : ils sont étanches aux micro-organismes, mais sont fragiles ; ils servent à confectionner des tenues ou des accessoires à usage unique ou à usage court (2 à 3 utilisations) ;

– **les tissés** : ce sont des tissus réalisés sur un métier à tisser ; ils servent à confectionner des tenues à usage long.

À chaque lieu, une tenue adaptée

– **En structure d'accueil petite enfance** : blouse blanche ou vêtements propres, repassés et réservés pour le milieu professionnel, manches courtes, chaussures silencieuses et souples utilisées uniquement pour la structure avec un talon de 3 cm maximum, cheveux propres et attachés.

– **Au domicile et en centre de loisirs** : vêtements de la vie courante, blouse pour les activités intérieures et tenue adaptées aux activités de plein air, chaussures adaptées, cheveux propres et attachés.

– **En école maternelle** : vêtements de la vie courante, tablier et blouse (autre que blanche), chaussures adaptées, cheveux propres et attachés.

Les compléments de tenue

Il existe en structure collective des compléments à cette tenue professionnelle selon les tâches effectuées :

– la charlotte (souvent jetable) qui retient les cheveux, est utilisée lors des préparations des collations ou des préparations culinaires ;

– le masque qui retient les postillons ;

– la surblouse (souvent jetable) pour l'entretien de locaux, qui permet de protéger la tenue professionnelle ;

– les gants, à usage unique, qui permettent d'effectuer des gestes « sales » ou de se protéger si les mains présentent des coupures, des irritations… ;

– les surchaussures à usage unique qui permettent de circuler dans des zones sensibles.

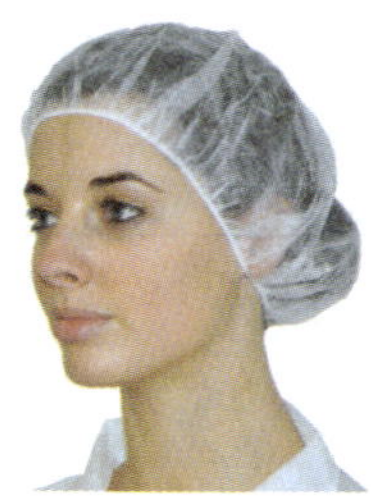

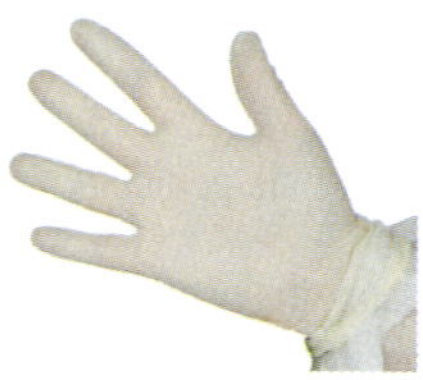
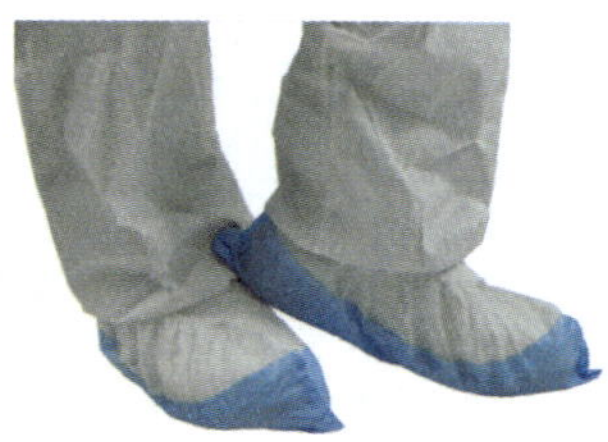

© Protect pro

B La mise en tenue professionnelle

MATÉRIEL

des vêtements propres

Préparation

1 Se laver les mains.

2 Préparer le lieu, fermer les fenêtres.

Exécution

1 Ôter ses vêtements de ville, les ranger au vestiaire (dans les structures).

2 Mettre des vêtements propres et nets (la tenue pour la journée en structure et à domicile).

3 Mettre des chaussures claires, confortables et silencieuses.

4 S'attacher les cheveux, enlever les boucles d'oreilles (« créoles » ou « pendantes ») que l'enfant peut attraper avec ses mains.

Rangement et nettoyage

Ne jamais mettre en contact le « propre » et le « sale » (la tenue professionnelle et les vêtements de ville).

LES CRITÈRES D'ÉVALUATION

- **L'organisation et l'ergonomie** : mise à disposition de la tenue (vêtements propres et chaussures) près du vestiaire ou de la pièce adaptée (à domicile : dans la chambre ou la salle de bains) ; posture correcte durant la mise en tenue (dos droit).
- **L'hygiène** : tenue propre et nette ; cheveux attachés ; manches courtes ou relevées ; bijoux enlevés ; ongles courts et sans vernis.
- **Le confort** : tenue adaptée (possibilité de faire des mouvements sans compromettre votre sécurité ou celle de l'enfant) ; chaussures confortables et stables.
- **La sécurité** : tenue non inflammable (coton ou polyester/coton), lavable à haute température (ou javellisation possible) ; chaussures antidérapantes.
- **La qualité du résultat** : tenue propre, repassée et agréable à voir.

53 Le lavage des mains

→ **Objectif** prévenir les contaminations manuportées pour assurer l'hygiène.

A Les différentes méthodes de lavage

Le lavage des mains s'effectue **au début et à la fin** de chaque tâche.
Le lavage simple et le lavage antiseptique permettent une élimination croissante de la flore des mains.
La désinfection hygiénique des mains par friction (surtout utilisée en structures collectives) est une méthode simple, rapide et efficace. Elle emploie un produit appelé **solution hydro-alcoolique** et se réalise sur des mains sèches, non lésées, non souillées visuellement et non revêtues de gants de protection. Cette méthode est pratique lorsque le poste de lavage des mains est éloigné ; il faut cependant un nouveau lavage de mains au bout d'un certain nombre de frictions (4-5).

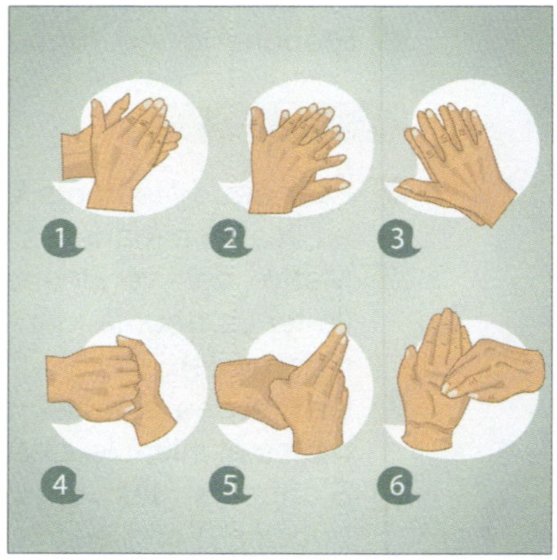

B Quand se laver les mains ?

	Lavage simple	Lavage antiseptique
Vie quotidienne	– Avant de passer à table. – Après un passage aux toilettes. – Après des travaux salissants. – Avant de manipuler des aliments.	Avant de réaliser le soin d'une plaie simple.
Vie professionnelle	– Après des travaux d'entretien. – Après la manipulation des poubelles, du linge sale. – Après tout travail salissant.	– Dans les zones à risques avant tout travail et après toute opération contaminante. – Avant de réaliser un soin. – Après avoir réalisé un soin. – Avant de distribuer des repas.

C Le lavage simple des mains

MATÉRIELS ET PRODUITS

- un poste d'eau
- un distributeur de savon liquide
- un distributeur d'essuie-mains
- une poubelle à pédale

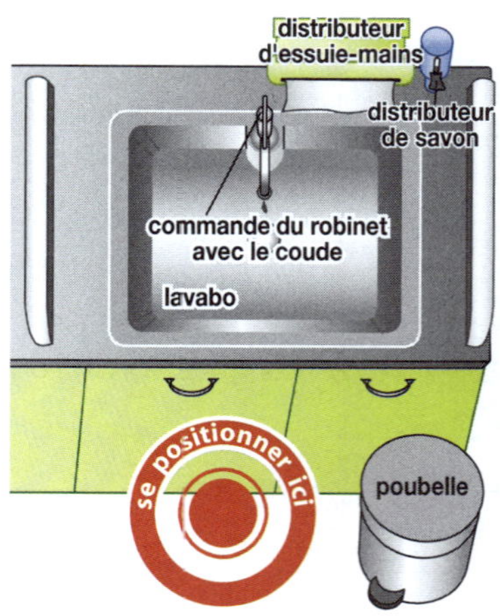

Préparation

1 Porter une tenue adaptée : vêtements facilitant les mouvements, chaussures claires, confortables et silencieuses, cheveux attachés.

2 Préparer le lieu : vérification de la présence du poste de lavage, de la poubelle…
3 Préparer le matériel et des produits : mise en place correcte des éléments et à la bonne hauteur.

Exécution

1 Enlever les bijoux (bagues, bracelet de montre…).
2 Mouiller les mains et les poignets avec de l'eau.
3 Savonner les poignets et les mains en insistant sur les espaces interdigitaux du plus propre au plus sale (terminer par les ongles et le bout des doigts).
4 Rincer à l'eau courante (faire couler l'eau des doigts vers les poignets).
5 Sécher les mains avec du matériel à usage unique (en structure) en tapotant la peau.

Rangement

1 Fermer le robinet à l'aide d'un papier à usage unique (si lavabo à commande manuelle).
2 Jeter le papier à la poubelle en évitant tout contact entre la peau et la poubelle.

LES CRITÈRES D'ÉVALUATION

- **L'organisation et l'ergonomie** : mise à disposition du matériel et des produits près du poste de lavage et posture correcte durant le lavage des mains (dos droit).
- **L'hygiène** : tenue propre et nette ; cheveux attachés ; manches courtes ou relevées ; bijoux enlevés ; ongles courts et sans vernis.
- **Le confort** : tenue adaptée (possibilité de faire des mouvements sans compromettre votre sécurité ou celle de l'enfant) ; chaussures confortables et stables.
- **La sécurité** : projection d'eau au sol limitée ; utilisation d'une poubelle à pédale ou d'une poubelle sans couvercle.
- **L'économie** : respect des doses pour l'utilisation des produits (savon, savon antiseptique) et utilisation du papier feuille par feuille pour s'essuyer les mains.
- **La qualité du résultat** : mains sèches, sans savon et sans traces de saleté ; ongles propres (la durée moyenne du lavage ne doit pas être inférieure à 2 minutes) ; lavage des mains adapté à la situation (moment opportun).

FICHE SAVOIR

54 Les équipements de protection individuelle (EPI)

A Définition

Les équipements de protection individuelle sont définis par le Code du Travail (*article R.233-83-3*), comme des **dispositifs ou moyens destinés à être portés ou tenus** par une personne en vue de la **protéger contre un (ou plusieurs) risque(s) susceptible(s) de menacer sa sécurité ou sa santé**, principalement au travail.

B Leur fonction

Le port d'un EPI s'impose lorsque les risques ne peuvent être évités ou suffisamment limités par des moyens techniques de protection collective ou par des mesures, des méthodes ou procédés d'organisation du travail.
C'est par une analyse de risque préalable que des EPI adaptés sont mis en œuvre.
Le choix se fait en fonction des risques à prévenir, des conditions de travail et des utilisateurs. Le médecin du travail peut également être consulté dans le choix des EPI.

Ces équipements sont utilisés pour réduire le plus possible l'exposition à des agents physiques, chimiques ou biologiques nocifs.

C Les catégories d'EPI

Les EPI sont classés en trois catégories :
- les équipements de travail couvrant **les risques mineurs (classe I)** ;
- les équipements de protection spécifique pour **les risques importants (classe II) ;**
- les équipements de sécurité pour **les risques graves à effets irréversibles ou mortels (classe III)**.

D Les différents équipements de protection individuelle

Les EPI sont complémentaires des moyens de protection collective. Ils vont du casque aux chaussures de sécurité, en passant par les lunettes, les masques de protection respiratoire, les bouchons d'oreille, les gants, les vêtements de protection…

Casque de protection

Chaussure

Masque

Gants

Lunettes de protection

Bouchons d'oreille

Catégories	Risques	EPI
I	Mineur	Lunettes de soleil, gants de jardinage, vêtements de pluie, gants de vaisselle…
II	Majeur	chaussures, bottes, visières, gants, casques… protecteurs auditifs, protecteurs oculaires
II	Mortel	Appareil de protection respiratoire, contre la chaleur, l'électricité, le risque chimique, harnais anti-chute, gilets de sauvetage…

E La conformité

L'EPI doit posséder :

– **le marquage CE** (conformité de la Communauté Européenne : certification confor-me aux obligations) indélébile sur chaque E.P.I. et son emballage ;

– **la déclaration de conformité** (dépendant des équipements et des dangers) ;

– **la notice d'instruction** (conditions d'utilisation et de stockage, de nettoyage, délais de péremption) rédigée en français.

F L'utilisation des EPI

■ L'employeur doit s'assurer de la bonne utilisation des EPI

Les équipements sont :

– fournis gratuitement ;

– appropriés aux risques à prévenir et au travail à réaliser ;

– utilisés conformément à leur conception ;

– vérifiés et entretenus régulièrement ;

– changés après dépassement de la date limite d'utilisation ou après détérioration ;

– compatibles entre eux si la situation de travail nécessite l'utilisation combinée de plusieurs EPI, et conserver la même efficacité de chaque équipement ;

– réservés à un usage personnel, sauf si la nature de l'équipement ainsi que les circonstances exigent l'utilisation successive de cet équipement par plusieurs personnes ; dans ce cas, des mesures doivent être prises pour qu'une telle utilisation ne pose aucun problème de santé ou d'hygiène ;

– choisis en concertation avec l'utilisateur ;

– certifiés conforme (marquage CE) ;

– accompagnés d'une notice d'utilisation (en français), ainsi que d'un certificat de conformité.

■ L'employeur doit faire vérifier l'état des EPI

Les équipements de protection mal entretenus ou défectueux peuvent être dangereux pour le professionnel qui se croit protégé, alors qu'il ne l'est pas.

■ Les salariés sont tenus de se conformer aux instructions

Les professionnels doivent respecter le règlement intérieur, les notes de service et les consignes données par leur employeur.

55 Évaluation, auto-évaluation et analyse de pratiques

L'analyse des pratiques apparaît comme un élément transversal présent dans les formations des professionnels de la petite enfance. Elle devient un outil de référence qui participe à l'unification au niveau de la professionnalisation.

A Les objectifs de l'analyse de pratiques

L'analyse de pratiques peut avoir différents objectifs ; elle peut viser :
- l'explicitation et la formalisation des pratiques ;
- l'analyse des difficultés, l'implication personnelle lors de l'intervention et son influence ;
- l'évaluation de la pertinence des actions, ou la transformation.

Elle peut donc, selon les orientations choisies, avoir une finalité **évaluative** (centrée sur les représentations), une finalité **clinique** (centrée sur les affects) ou une finalité **transformative** (centré sur l'action).

1 La finalité évaluative

Dans cette approche, l'analyse de pratiques aborde les représentations collectives des professionnels et les constitue en savoirs, au service de la construction de l'identité professionnelle et de l'organisation du travail. En interrogeant les pratiques, cette analyse recherche des systèmes collectifs de pensée (normes, valeurs, représentations...), pour les transformer.

2 La finalité clinique

L'analyse de pratiques s'intéresse ici à l'investissement personnel du professionnel dans sa pratique en tant que sujet en rapport à sa propre histoire. Elle suppose d'être au clair avec sa propre histoire et son positionnement. L'explicitation de l'implication personnelle dans la pratique professionnelle permet une meilleure adaptation des pratiques, notamment à des situations délicates.

3 La finalité transformative

L'analyse de pratiques est orientée vers la recherche de nouvelles modalités de mise en œuvre des pratiques ,en réfléchissant aux conditions pour changer d'organisation. Elle concerne donc la transformation par la réorganisation des systèmes opératoires et humains. Le professionnel est amené à comprendre les logiques des acteurs qui ordonnent son contexte professionnel.

Le travail d'analyse des pratiques a pour utilité d'accompagner le **praticien réflexif** (qui questionne sa propre pratique).

B Les modalités pour analyser des pratiques professionnelles

Il n'existe pas une seule modalité. Le choix de la modalité se fait en fonction du type d'analyse, de ses objectifs. Il existe :
- des groupes de parole ;
- des études de cas ;
- l'instruction au sosie ;
- l'auto-confrontation simple ou croisée ;
- les entretiens ;

- l'écriture clinique ;
- la vidéoformation ;
- les histoires de vie ;
- les simulations ;
- les jeux de rôle ;
- l'entretien d'explication ;
- les groupes Balint ;
- les GEASE (Groupe d'Entraînement à l'Analyse de Situations Éducatives) ;
- les GEASP (Groupe d'Entraînement à l'Analyse de Situations Professionnelles ou Parentales) ;
- les GAP (Groupe d'Approfondissement Professionnel ou Groupe d'Accompagnement Professionnel ou des Pratiques) ;
- les GSAS (Groupe de Soutien Au Soutien) ;
- l'APPR (Analyse de Pratiques Professionnelles Réflexive) ; ...

Certaines modalités sont directement axées sur de l'analyse de pratique, d'autres non. En effet, Il est possible d'analyser une situation sans analyser la pratique du professionnel, de faire des entretiens d'explicitation en faisant émerger un vécu professionnel sans analyser la pratique mise en œuvre, de faire un jeu de rôle sans mener ensuite une analyse...

Toute analyse de pratiques professionnelles est **singulière**, **unique**, même si l'on distingue des étapes dans chaque pratique.

C Les étapes dans l'analyse de pratiques

Dans la démarche d'analyse des pratiques comme processus de professionnalisation et d'accompagnement professionnel, utilisant un G.E.A.S.E (Groupe d'entraînement à l'analyse des situations éducatives) par exemple, plusieurs étapes sont mises en place :

- **l'exposition** : c'est la description de la situation par un professionnel qui est le narrateur et l'analyse par le groupe ;
- **l'exploration** : le narrateur répond aux questions du groupe pour favoriser la reconstruction de la situation. L'expression de tous les participants est facilitée pour rechercher les sentiments, les pensées, les émotions du narrateur ;
- **l'interprétation** : c'est une étape où le narrateur écoute les différentes hypothèses émises par le groupe pour comprendre et prendre en compte la complexité de la situation ; c'est une recherche de développement des compétences individuelles et collectives ;
- **la réaction** : elle correspond à la reprise de parole du narrateur après le temps de l'écoute du groupe avec une réflexion sur les actions professionnelles du narrateur.

Le G.E.A.S.E permet d'aider le professionnel à mettre des mots et à prendre conscience de ce qu'il fait en développant l'analyse.

Le travail mené dans les différents dispositifs d'analyse des pratiques vise essentiellement l'évolution de l'identité professionnelle pour :
- renforcer les compétences requises dans les activités professionnelles exercées ;
- accroître le degré d'expertise ;
- faciliter l'élucidation des contraintes et enjeux spécifiques de leurs univers socio-professionnels ;
- développer des capacités de compréhension et d'ajustement à autrui...

FICHE SAVOIR

56 Les différents espaces de jeu et de détente pour l'enfant

L'organisation de l'espace permet :
- à l'enfant de retrouver rapidement le matériel dont il a besoin ;
- d'amener l'enfant à faire des choix et prendre des initiatives ;
- à chaque enfant de mieux se concentrer à sa tâche ;
- de meilleures interactions entre les enfants lors de la période d'ateliers libres ;
- à l'adulte de mieux observer chaque enfant durant les activités ;
- de respecter des règles d'hygiène (espace change différent du coin repas).

Pour les structures collectives le mobilier et les équipements destinés à ces espaces sont spécifiques et répondent à des normes particulières.

A Espaces de repos

Ils correspondent à la chambre, au dortoir, ou à un coin calme pour lire, se reposer… Ces espaces doivent être situés vers l'endroit le plus calme du logement ou de la structure et ils doivent répondre à des normes d'hygiène et de sécurité : température autour de 19° C, stores et rideaux pour créer de la pénombre (les rideaux retiennent la poussière), réduire le mobilier et la décoration (sécurité et hygiène).
Les lits évoluent avec l'âge de l'enfant : berceau ou petit lit à barreaux (pour le nourrisson), un lit sans barreaux (vers 2 ans), puis plus grand (vers 3 ans).

B Espaces de repas

Ils doivent répondre aux normes d'hygiène et de sécurité, avec du mobilier adapté à l'âge de l'enfant et facile d'entretien :
- pour les nourrissons : position semi-assise sur un transat ou chaise haute ;
- à partir de 1 an : position assise (chaises basses et stables) en petit groupe autour d'une table pour que l'adulte puissent aider chacun d'eux ;
- à partir de 3 ans : position assise, en nombre plus important autour d'une table.

C Espaces sanitaires

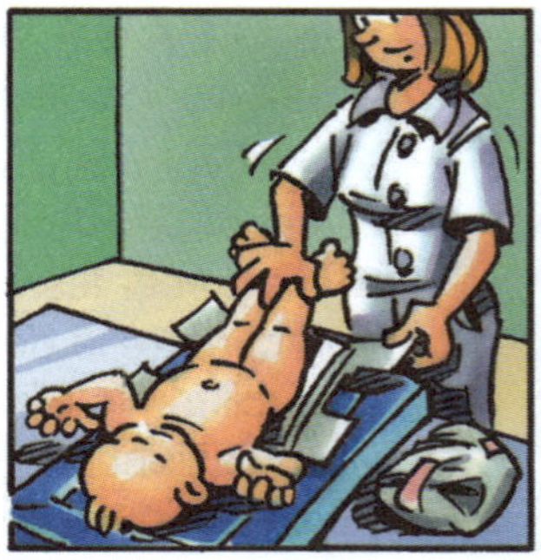

Dans les structures collectives, ils doivent répondre à des normes très strictes d'hygiène et de sécurité ; ils doivent être bien distincts des autres espaces (par mesure d'hygiène).
Pour le change, la température de la pièce doit être autour de 22 °C, le mobilier doit être pratique, facile d'entretien et répondre aux normes de sécurité.
Les w.-c. sont adaptés à la taille des enfants en structure (hygiène, sécurité et autonomie de l'enfant) ; au domicile, le pot permet de faire la transition entre la couche et les w.-c. pour adultes.

D Espaces de jeux et d'activités

Ces espaces sont souvent divisés en « coins d'apprentissages » (pour les groupes d'enfants de 2 à 5 ans).

Exemples de coins de jeux et activités	Caractéristiques
Coin lecture	Endroit confortable et chaleureux (coussins, fauteuils…), éloigné des zones bruyantes.
Le coin maisonnette (jeu d'imitation)	Permet à l'enfant de revivre des situations de la vie quotidienne : prendre un repas, cuisiner, parler au téléphone, conduire l'auto, se déguiser en adulte. Encourage l'enfant à participer librement à des activités variées. Permet à l'enfant d'exprimer par le jeu certaines expériences stressantes : il a été puni ou grondé à il grondera la poupée, l'ours en peluche…
Le coin construction	Initie l'enfant à certains concepts mathématiques et scientifiques : pour construire efficacement, l'enfant doit avoir un bon sens de l'équilibre, des hauteurs… Développe le schéma corporel de l'enfant et ses relations dans l'espace en lui permettant de construire de grandes structures à l'intérieur desquelles il peut monter. Permet des jeux d'imagination : l'enfant construit des maisons, des routes, même des villes entières.
Le bac à sable	Permet à l'enfant, en se servant de ses mains, de creuser, d'entasser de mouler, de tamiser et de construire de façon créative. Permet d'expérimenter avec des contenants de grosseurs et de formes variées (développement du langage se rapportant à ces concepts : « gros », « plus gros », « profondeur », « haut »).
Coin arts plastiques	Permet de dessiner, manipuler.
Coin musique	Permet de découvrir des sons, écouter de la musique.

E Les mobiles et les jouets

Les mobiles

Ils permettent de décorer les lieux (chambres, salle de jeux ou d'accueil en structure) et ils stimulent la vision de l'enfant (au plafond ou sur le berceau).

Les jouets

Ils permettent le développement moteur et intellectuel de l'enfant. Ils développent l'éveil et favorisent les apprentissages.

Âge	Stade de développement	Caractéristiques des jouets
0 à 12 mois	Éveil des sens : le nourrisson est sensible aux couleurs, aux matières. Vers 4 mois, il tient des objets dans sa main.	Jouets sonores, colorés, de textures variées, de taille, de forme et de couleurs différentes.
1 à 2 ans	Besoin d'explorer, de bouger, de manipuler : il est de plus en plus habile.	Jouets à pousser (accompagnement de la marche), trotteur, jeux de construction, de manipulation…
2 à 4 ans	Maîtrise de la marche et de la parole. Il veut faire seul ; il imite les adultes.	Jeux d'activités symboliques permettant de s'identifier à l'adulte (la marchande).

Les activités motrices (ballons, tricycle, espaces de jeux extérieurs…) développent la coordination, l'équilibre, la maîtrise et l'endurance.

Les jeux de société développent la réflexion, la mémorisation, l'attention, l'observation et favorisent la socialisation (par les règles du jeu et le groupe).

FICHE SAVOIR

57 Les conditions favorisant l'émergence d'activités libres et spontanées

L'activité spontanée fait partie des piliers du Mouvement de l'Éducation Nouvelle de la fin du XIXe siècle.

A Définition d'une activité spontanée

Une activité (ou action, occupation) est caractérisée de « spontanée » quand elle est réalisée volontairement, sans incitation, ni contrainte. Elle est liée à un espace de liberté qui permet son expression.

L'activité spontanée peut être intégrée à l'emploi du temps, être une activité facultative, peut donner la possibilité de ne rien faire : se reposer (besoin physique), rêver (besoin psychique) ou observer (phase de découverte et d'initiation visuelle), ces éléments participant au développement de l'enfant.

B Les objectifs de l'activité spontanée

L'activité libre permet au jeune enfant :
- l'autonomie et l'indépendance ;
- l'exploration et la compréhension de son environnement ;
- la découverte et le développement de ses capacités corporelles et psychomotrices.

C Les conditions nécessaires

un lieu adapté

L'enfant doit pouvoir évoluer librement et en sécurité, sans bloquer son développement et sa confiance en lui : les éléments dangereux (cheminée, escaliers) sont protégés, les objets dangereux sont hors de portée de l'enfant.

un rangement par thème des jeux et des jouets

Les poupées rangées avec leurs accessoires, les voitures avec le garage, les animaux avec la ferme, la dînette avec la cuisine. Cela favorise l'autonomie et l'imagination de l'enfant : plus l'enfant perd du temps à chercher les jeux qu'il veut, moins il a envie de jouer seul et plus il va solliciter l'adulte. Le rangement par thème permet aussi de donner de bonnes habitudes.

des hauteurs de rangement pour favoriser le développement psychomoteur

Les jeux et les jouets doivent être rangés à différentes hauteurs pour stimuler le développement psychomoteur de l'enfant : quand tout est au sol, cela n'incite pas l'enfant à se redresser, se mettre debout, mettre en place des stratégies comme l'utilisation d'un tabouret ou d'un marchepied, ou déplacer une chose...

Les niveaux peuvent correspondre à un stade de développement psychomoteur.

une sélection de jouets ou de jeux

Mieux vaut privilégier la qualité à la quantité et proposer moins de jeux (4 ou 5 types de jeux), mais qui soient ciblés. L'intérêt des enfants évolue avec leur développement et il est préférable d'avoir un lieu de rangement (de stockage) pour ne sortir que certains jouets. Tous les jouets peuvent être proposés à tous les enfants, il n'y a pas de jouets sexués.

■ **la mise en place de règles**

L'enfant ne doit pas se mettre en danger, il faut respecter son rythme et ses envies en respectant les autres (attendre que le jeu ou le jouet soit disponible pour l'utiliser, respecter l'envie des autres de jouer seul, jouer sans violence) et respecter les lieux (apprendre à ranger, ne pas détériorer les jeux et le jouets).

■ **l'attention de l'adulte**

Il est important d'observer les enfants quand ils jouent, car cela permet de repérer ses sensibilités et ses goûts pour mieux choisir les jeux qui éveillent son intérêt ou qui correspondent à son niveau de développement psychomoteur pour ne pas le mettre en échec avec un jeu non adapté à son stade de développement. La présence de l'adulte, sa bienveillance et ses encouragements, favorisent aussi la confiance en lui de l'enfant.

L'adulte doit essayer d'intervenir le moins possible pour laisser l'enfant découvrir par lui-même durant les temps d'activité libre.

D Les jeux et jouets favorisant les activités libres

1 Les jeux de logique

Ils correspondent aux jeux d'encastrements, aux puzzles, aux jeux d'empilement, aux jeux de tri, aux labyrinthes, aux perles (adaptées en grosseur selon l'âge)...

→ **Leurs objectifs**

Ils permettent d'appréhender les lois de notre environnement, de développer l'esprit logique, d'aborder des notions de formes, de couleurs, et de développer leur coordination et leur préhension globale et fine.

2 Les jeux d'imitation

Ce sont les cuisines avec leur dînette et leurs aliments, les poupons et leurs accessoires, les mécano avec leurs outils, les déguisements...

→ **Leurs objectifs**

Ils permettent de rejouer et donc de comprendre et d'intégrer les mécanismes de scènes de la vie quotidienne. Ils sont importants dans le développement psychologique et affectif de l'enfant et permettent de repérer des troubles ou angoisses.

3 Les jeux d'imagination

Ils sont rendus possibles avec l'utilisation de figurines et de leur environnement (les garages, les circuits avec leurs voitures, la ferme et ses animaux, la maison de poupées et ses poupées...).

→ **Leurs objectifs**

Comme les jeux d'imitation ils permettent de comprendre certaines situations de la vie, de les intégrer avec en plus la possibilité d'imaginer des histoires avec plusieurs intervenants lorsqu'il joue seul. Ils peuvent être préférés par des enfants plus réservés.

4 Les jeux de motricité

Ce sont les animaux à tirer ou à pousser, les vélos, les porteurs, les trottinettes, les balles, les balançoires, les toboggans…

→**Leurs objectifs**

Ils permettent aux enfants de découvrir leurs capacités corporelles et de développer leur coordination.

FICHE TECHNIQUE

58 Préparer les matériaux, matériels et locaux

OBJECTIFS préparer et installer le matériel et les matériaux de façon adaptée à la situation pour une meilleure réalisation de l'activité.

A De qui vient la demande ?

■ **Quelle est l'origine de la demande ?** Un supérieur hiérarchique (maîtresse, directeur du centre…), un autre animateur, un des usagers, l'animateur lui-même…

■ **Pour qui cette demande est-elle faite ? Qui sera l'utilisateur ?**
La personne qui a formulé la demande, les personnes dont elle s'occupe…

■ **Quelles sont les caractéristiques de l'utilisateur terminal ?**
Leurs âges (bébé, enfant…), leurs capacités physiques, leurs capacités intellectuelles (possibilité par exemple de percevoir le danger).

■ **À quel type d'activité ces matériaux, matériels, locaux, sont-ils destinés ?**
– des activités d'intérieur ou d'extérieur (veillée, kermesse, activité scolaire…) ;
– des activités individuelles ou en groupes : dans ce cas, il faut connaître le nombre de personnes ou le nombre de groupes ;
– des activités accompagnées ou non : on peut se demander comment sera assurée la sécurité.

■ **Quand ces matériaux, matériels, locaux, lieux, doivent-ils être prêts ?**
Date, jour, heure…

■ **Où ces matériaux, ce matériel doivent-ils être utilisés ou stockés ? Où le local (le lieu) se trouve-t-il ? Sur place, ailleurs ? Le lieu est-il connu des utilisateurs, le matériel doit-il être déplacé ?**

■ **Quel doit être l'état d'avancement du travail de préparation ?** Prêt à l'usage ou à utilisation immédiate, devant être terminé par l'utilisateur ou par l'animateur…

■ **Comment ces matériaux, ce matériel doivent-ils être installés ?**

B Quels sont les matériaux et matériels dont vous avez besoin ?

■ **De quel matériau ou de quel matériel s'agit-il ?** La réponse doit être précise, tous les papiers ou toutes les peintures ne sont pas équivalents, tous les pinceaux ou tous les instruments de musique ne permettent pas les mêmes performances…

■ **Quelles sont ses caractéristiques propres ?**
– D'utilisation (âge proposé par le fabricant ; fragilité ou solidité : résistance à l'humidité ou à la chaleur ; nécessité de matériel ou de matériaux complémentaires tels que pinceaux et godets ; règles de sécurité à respecter…) et de préparation (durée de préparation, délai de repos, variété et complexité des opérations de préparation selon la fiche technique, règles de sécurité à respecter…) ?
– De stockage après préparation (température, couverture nécessaire, durée de conservation…) ?

■ **Quelles quantités faut-il préparer, comment faut-il le conditionner pour répondre à la demande ?**

■ **Quel est le temps nécessaire pour faire cette préparation ?**
Plus la quantité à préparer est grande, plus les opérations sont complexes, plus les conditionnements sont petits ou divers et plus le temps de préparation est important (sans tenir compte des temps de poses parfois nécessaires).

C Quel lieu ou quel local allez-vous utiliser ?

■ **Le local ou le lieu sont-ils adaptés à l'activité proposée ?** Accès facilité, dimensions adaptées, sécurité…

■ **Le local ou le lieu sont-ils équipés de façon satisfaisante pour répondre aux besoins du public ?** Sécurité, circulation, accueil, sanitaires et à ceux de l'activité (mobilier, sièges, éclairage…).

■ **Le local ou le lieu seront-ils libres pour permettre la préparation ?** Quand ? Dans quelles conditions ? Seront-ils disponibles après l'utilisation pour permettre le rangement ?

D Quelles sont vos compétences ?

■ **Maîtrisez-vous la compétence ?**
La réponse négative à cette question nécessite de prévoir la recherche de documentation et peut-être un délai supplémentaire d'expérimentation.

■ **Avez-vous besoin d'une documentation particulière** (mode d'emploi, fiche technique, patron…) ? Si c'est le cas, vous devez réfléchir à l'endroit où cette documentation peut être acquise ou consultée et aux délais nécessaires pour l'obtenir.

E Comment allez vous prévoir, vérifier, remettre en état ?

■ **Que veut dire « prévoir »** ?
Sans matériel en état, l'animation devient un exercice compliqué et onéreux. L'animateur veille donc à avoir du matériel toujours en état d'être utilisé.

■ **Que veut dire « vérifier » ?**
Lorsqu'il s'agit de matériaux, vérifier peut vouloir dire « contrôler le stock » (en qualité et en quantité), la « consistance », « l'état de l'emballage ».
Lorsqu'il s'agit de jeux, cela peut signifier « contrôler la présence des dés, des pions, des jetons, des différents éléments, des cartes » ; « les compter, les reclasser » ; « contrôler qu'il y a bien le fond de jeu, la règle » ; « s'assurer que les différents morceaux ou éléments du jeu sont en bon état ».
Lorsqu'il s'agit de matériel, cela veut dire « s'assurer que les outils sont propres, non cassés », qu'ils sont « rangés dans leurs boîtes ou leurs étuis », « s'assurer que les appareils électriques sont en état de fonctionnement, que les fils ne sont pas dénudés, qu'il y a des piles, « s'assurer que les crayons sont taillés, que les crayons feutres ne sont pas desséchés, qu'ils sont bien refermés… ».

■ **Que veut dire « remettre en état » ?** C'est garantir une utilisation ultérieure :
– en vérifiant la fermeture des récipients contenant des produits susceptibles de se renverser, de sécher ou de s'évaporer (un tube de colle, des crayons feutres, de la pâte modelable…) ;
– en triant ce qui est neuf ou entamé, réutilisable ou à jeter ;
– en lavant et en faisant sécher pinceaux, toiles cirées, spatules, cuvettes… ;
– en reclassant par matériau, par couleur… ;
– en remettant dans les boîtes d'origine, sans oublier les modes d'emploi ;
– en contrôlant l'intégralité des boîtes : nombre de tubes, de cartes ou de jetons…

FICHE TECHNIQUE

59 Les papiers et cartons

→ **Objectifs** utiliser le papier et le carton pour développer le toucher et la manipulation chez l'enfant.

Dans l'animation, les éléments naturels (comme le sable, l'eau, la terre) sont souvent exploités avec les enfants. Il est important d'introduire d'autres matériaux qui leur permettent de connaître les couleurs ou de développer le toucher, l'odorat…
Le papier est un matériau qui offre de multiples possibilités d'expérimentation. Il peut être chiffonné, roulé en boules, déchiré, lacéré, perforé à l'aide de crayons ou de stylo, découpé.

A Les intérêts du papier et du carton

Le papier et le carton ont plusieurs intérêts :
- la découverte : des coloris, de l'épaisseur, de l'aspect (plus ou moins lisse) ;
- selon le degré de préhension, l'enfant peut le déchiqueter en plus ou moins gros morceaux ;
- le défoulement ;
- la maîtrise du geste et la patience ;
- la découverte du résultat final.

La manipulation permet le plaisir de toucher, de découvrir et la latéralisation qui est importante dans l'évolution de la personnalité de l'enfant (être gaucher ou droitier, c'est-à-dire le côté du corps humain qui domine certaines fonctions).

Elle participe à l'idée que l'enfant se fait de lui-même, à l'établissement du schéma corporel, à la perception de son corps et de son environnement.

B Les applications possibles

Le dessin →

C'est un moyen d'expression privilégié du petit enfant, c'est un langage. Les premiers vrais dessins se situent vers l'âge de 18 mois : il est capable de préhension fine pour tenir son crayon, d'une maîtrise du tonus musculaire (bras/avant-bras/main) et d'action intentionnelle.
Vers 3 ans, c'est l'âge du bonhomme têtard, l'enfant commence à bien prendre conscience de son propre corps et peut le reproduire. Les dessins évoluent en fonction de l'âge.
Vers 6-7 ans, c'est l'expression écrite, le stade le plus avancé de l'évolution de l'enfant. Elle nécessite l'apprentissage de la lecture.

La décoration (ribambelles, guirlandes, mobiles, calendrier d'anniversaire, papier mâché, pliages…) →

La décoration a un rôle important au niveau de l'éveil de l'enfant car elle stimule leurs sens :
- leur vue : avec les différentes formes, les couleurs, les mouvements (mobiles) ;
- leur ouïe : les mobiles musicaux, le bruit du contact des différents matériaux… ;
- leur toucher.

Exemple d'activité : des guirlandes de Noël

Type d'activité : manuelle
Lieu : salle de classe
Durée : 30 minutes
Nombre d'enfants : 6
Âge des enfants : 5/6 ans
Matériel : papiers de couleurs différentes, règle, ciseaux à bouts ronds, scotch, gommettes, modèles de motifs

Les objectifs de l'activité :
- réaliser une guirlande en ribambelle ;
- développer la préhension fine ;
- stimuler la concentration ;
- favoriser la créativité ;
- favoriser le travail en groupe, le partage du matériel ;
- développer l'autonomie.

Installation du lieu

Placer 6 chaises autour d'une table.

Préparation de l'activité

1 Mettre à disposition des enfants des ciseaux à bouts ronds et des gommettes au milieu de la table.

2 Préparer des bandes de 6 cm de haut sur lesquelles sont tracés des carrés ou des rectangles.

3 Préparer un gabarit du motif souhaité et donner une bande à chaque enfant.

Déroulement de l'activité

1 Installer les enfants autour de la table.

2 Leur présenter un modèle de guirlande et répondre à leurs questions.

3 Réaliser les guirlandes :
- les enfants plient la bande en accordéon en suivant le tracé sur la partie supérieure de l'accordéon ;
- ils tracent les contours du motif (à partir du gabarit) en laissant une partie non coupée des 2 côtés de l'accordéon ;
- ils découpent le modèle et le déplient délicatement pour éviter de déchirer la ribambelle ;
- ils décorent la ribambelle avec les gommettes.

4 Accrocher avec les enfants la ribambelle terminée.

5 Faire un bilan de satisfaction avec les enfants.

6 Ranger le matériel ; nettoyer les tables et les outils.

7 Aider au lavage des mains des enfants.

8 Accompagner les enfants vers le reste du groupe et un professionnel.

Rôle de l'adulte

→ L'adulte donne les consignes, les précautions à prendre.

→ L'adulte aide, stimule et vérifie que les bords de l'accordéon ne sont pas découpés.

→ L'adulte valorise le travail réalisé puis il informe de la fin de l'activité.

→ L'adulte fait participer les enfants au rangement.

Transmission orale

Transmettre les observations sur le groupe, les difficultés des enfants.

Évaluation de l'animation

- Les règles de sécurité ont-elles été respectées ? Le groupe a-t-il respecté les consignes ? Les objectifs sont-ils atteints ? Les enfants ont-ils suivi l'activité jusqu'à sa fin ? Les difficultés des enfants ont-elles été surmontées ? Le vocabulaire était-il adapté ?
- Proposer des réajustements en fonction des difficultés rencontrées et des résultats de l'évaluation de l'activité (gestion du groupe, sécurité, manque de matériel, vocabulaire plus clair…).

60 La peinture

→ **Objectifs** découvrir de nouvelles sensations, développer le toucher et favoriser la préhension.

Il est possible de proposer une activité peinture dès l'âge de 18 mois, mais il faut veiller à utiliser du matériel et des matériaux adaptés à l'âge de l'enfant.

A Les intérêts de la peinture

La peinture permet à l'enfant d'exprimer ses sentiments, ses émotions, ses humeurs, de découvrir les couleurs.
Peindre ou dessiner lui procure une détente (la peinture à doigt a notamment un effet calmant sur les enfants excitables ou agressifs).

B Des applications possibles

Les différentes façons de peindre	Caractéristiques
Peindre avec les mains ou avec les pieds (cette activité est possible avec de très jeunes enfants, car il n'y a pas d'utilisation de matériel dangereux pour les enfants).	– permet une exploration de la couleur par la main ; – permet un contact direct avec la matière molle ; – aide à avoir une meilleure connaissance de son schéma corporel par les traces de ses mains et celles de ses camarades ; – permet de remarquer les différentes formes. Attention aux très jeunes enfants, c'est une activité salissante.
Peindre avec des outils (peindre debout autour d'une table ou peindre debout sur un mur à hauteur des enfants).	Il est possible d'utiliser un grand nombre d'outils, cependant l'outil choisi est fonction de l'âge de l'enfant : – pinceaux (pas avant 3 ans) ; – rouleau ; – paille (pas avec les jeunes enfants car ils peuvent aspirer la peinture) ; – pochoirs (l'adulte réalise lui-même le pochoir en papier, pomme de Terre…).

Les différentes façons de dessiner	Caractéristiques
Dessiner sur de grands tableaux (tableaux noirs et craies de couleur ou tableaux blancs et feutres).	Verticalement au mur, ils permettent des mouvements très larges (en effet, l'enfant de 18 mois à 2 ans utilise pour dessiner tout son bras et non pas seulement son poignet comme l'enfant plus grand).
Dessiner sur de grandes feuilles (blanches ou de couleur).	Ces feuilles peuvent être posées sur le sol ce qui rend le mouvement plus étriqué : l'enfant doit utiliser son poignet pour diriger le mouvement (profitable avec des enfants de 2 à 3 ans).
Dessiner sur de petites feuilles (elles peuvent être fixées sur une table avec de la pâte adhésive ou du scotch).	Des feutres fins permettent à l'enfant d'exercer sa motricité fine. L'usage de crayons de couleur n'est pas recommandé chez le jeune enfant, car ils sont trop fragiles : les mines se cassent facilement, ce qui peut décourager l'enfant.

Exemple d'activité : les empreintes de mains

Type d'activité : manuelle
Lieu : salle d'activité (structure d'accueil petite enfance)
Durée : 30 minutes
Nombre d'enfants : 4
Âge des enfants : 3 ans
Matériel : 4 feuilles blanches de papier à dessin, 4 assiettes plates de peinture (gouache) de couleurs différentes, nappe, 4 tabliers, un point d'eau, des torchons, une table.

Les objectifs de l'activité :
- réaliser les empreintes de ses mains ;
- découvrir les couleurs ;
- découvrir la matière ;
- développer la motricité fine et le toucher ;
- favoriser la créativité.

Installation du lieu

1. Disposer une table et 4 chaises autour : l'installation doit permettre de peindre debout (pour faciliter la pose des mains sur la feuille).
2. Protéger la table avec la nappe.

Préparation de l'activité

1. Positionner les 4 feuilles blanches en face de chaque chaise.
2. Placer les assiettes contenant les différentes couleurs de peinture.

Remarque

La gouache peut être utilisée avec les enfants.

Déroulement de l'activité

1. Mettre un tablier à chaque enfant et les faire s'installer autour de la table.
2. Présenter l'activité et un modèle d'empreintes et répondre aux questions. → L'adulte donne les consignes, les précautions à prendre.
3. Réalisation des empreintes :
   - les enfants déposent une main dans une assiette au choix puis l'autre main ; → L'adulte aide, stimule et vérifie que les doigts sont bien écartés. Il valorise le travail fait.
   - ils déposent leurs 2 mains sur la feuille de dessin avec l'aide de l'adulte, en écartant tous les doigts ;
   - leurs mains sont essuyées avec un torchon.
4. Laver les mains des enfants. → L'adulte met le nom de l'enfant sur le dessin et le met à sécher.
5. Faire un bilan de satisfaction avec les enfants en les faisant par exemple comparer leurs empreintes. → L'adulte informe de la fin de l'activité.
6. Ranger le matériel et les produits, nettoyer les tables et les outils. → L'adulte fait participer les enfants au rangement.
7. Accompagner les enfants vers le reste du groupe et un professionnel.

Rôle de l'adulte

- L'adulte donne les consignes, les précautions à prendre.
- L'adulte aide, stimule et vérifie que les doigts sont bien écartés. Il valorise le travail fait.
- L'adulte met le nom de l'enfant sur le dessin et le met à sécher.
- L'adulte informe de la fin de l'activité.
- L'adulte fait participer les enfants au rangement.

Transmission

Transmettre de façon orale ou écrite les observations et les difficultés rencontrées par les enfants.

Évaluation de l'animation

- Les règles de sécurité ont-elles été respectées ? Le groupe a-t-il respecté les consignes ? Les objectifs sont-ils atteints ? Les enfants ont-ils suivi l'activité jusqu'à sa fin ? Les difficultés des enfants ont-elles été surmontées ? Le vocabulaire était-il adapté ?
- L'adulte propose des réajustements en fonction des difficultés rencontrées et des résultats de l'évaluation de l'activité (gestion du groupe, sécurité, organisation, vocabulaire plus clair…).

FICHE TECHNIQUE

61 La pâte à sel

→ **Objectifs** faire découvrir les matériaux, favoriser la manipulation et le toucher.

Les enfants aiment malaxer les pâtes, les transformer en boules, les faire passer entre les doigts…
Il existe différentes pâtes : la pâte à sel, la pâte à modeler, la pâte à gâteau… : leur intérêt est sensiblement identique.
Les activités comme la pâte à sel, le collage ou la pâte à modeler, sont proposées la plupart du temps à un petit groupe d'enfants avec un adulte qui anime l'atelier.
Ces activités permettent aux enfants d'explorer et d'exploiter les matériaux à étaler ou à modeler et de découvrir de nouveaux matériaux.

A Les intérêts des pâtes

La manipulation de la pâte apporte le plaisir de toucher, de découvrir, et procure du plaisir aux plus jeunes qui s'amusent à pousser, tirer, écraser et manipuler la pâte avant même de « faire quelque chose ».
Elle développe le langage : parler de la couleur, de la texture (douce, molle), du poids de la pâte ; à quoi elle ressemble lorsque les couleurs sont mélangées, ce que les enfants confectionnent (« biscuits, serpents, tartes »).
Cette manipulation apprend à l'enfant la différence entre le sel et la farine (texture, goût, odeur) et permet d'expérimenter les mesures et de partager avec le groupe. C'est également l'occasion de se défouler (il peut frapper la pâte).

B Les applications possibles

La manipulation d'éléments naturel

- l'eau (bac à eau, la piscine…)
- la terre (bac à argile, bac à terre)
- le sable (bac à sable, bac à sciure, bac à farine, bac à semoule…)

→ Elle permet à l'enfant de découvrir et exploiter les qualités plastiques de son environnement quotidien.
L'enfant exerce son sens du toucher et précise ses gestes (par les activités de transvasement « vider/remplir » et la préhension qui va devenir de plus en plus minutieuse).

Les pâtes (pâte à modeler, pâte à gâteau, pâte à sel…)

→ Elles permettent à l'enfant :
– de développer l'autonomie en lui donnant des outils d'expression et de communication ;
– de transformer des matériaux en ajustant progressivement son geste en fonction de leurs qualités physiques et plastiques ;
– de combiner des formes, des couleurs, des matières et des objets ;
– de se familiariser à la diversité des matières et des techniques.

Exemple d'activité : un mouton en pâte à sel

Type d'activité : manuelle
Lieu : salle d'activité structure d'accueil petite enfance
Durée : 30 minutes
Nombre d'enfants : 4
Âge des enfants : 3 ans
Matériels et produits : nappe, point d'eau, 4 tabliers, des torchons, 1 saladier, 1 gobelet, 1 spatule en bois, farine (2 verres), sel (1 verre), eau (1 verre), emporte pièce (mouton).

Les objectifs de l'activité :
- réaliser un mouton ;
- découvrir la matière, les dosages ;
- développer la motricité fine et le toucher ;
- favoriser le travail en groupe.

Installation du lieu

■ Disposer une table et 4 chaises autour, de façon à pouvoir être debout (pour faciliter le mélange dans le saladier).

Préparation de l'activité

1. Préparer les ingrédients, les ustensiles et l'emporte-pièce.
2. Disposer les ingrédients au milieu de la table, à disposition des enfants.
3. Préparer une affiche avec le nombre de gobelet(s) schématisés pour chaque ingrédient.

Remarque

Les enfants ne sachant pas lire, il faut représenter le nombre de verres et les dessins des ingrédients.

Déroulement de l'activité

1. Mettre un tablier à chaque enfant et les faire s'installer autour de la table.
2. Présenter l'activité et un modèle de mouton en pâte à sel ; répondre à leurs premières questions.
3. Réaliser le mouton :

- chaque enfant dépose 1 gobelet : 1 gobelet de farine 2 fois, 1 gobelet de sel une fois et 1 gobelet d'eau 1 fois ;
- ils mélangent chacun leur tour à l'aide de la spatule, puis avec les mains jusqu'à ce que la pâte soit lisse ;
- partager la pâte en 4 morceaux pour chacun des enfants qui va l'aplatir avec les mains ;
- chaque enfant dépose l'emporte-pièce sur sa pâte étalée et retire les débords.

4. Les enfants déposent leur mouton sur une feuille pour qu'il sèche.
5. Faire un bilan de satisfaction avec les enfants.
6. Ranger le matériel et les produits, nettoyer les tables et les outils.
7. Aider au lavage des mains, puis accompagner les enfants vers le reste du groupe.

Rôle de l'adulte

→ L'adulte donne les consignes, les précautions à prendre.
→ Il aide, stimule et vérifie que la pâte est suffisamment mélangée (ne pas forcer les enfants à malaxer)
→ L'adulte valorise le travail réalisé.
→ Il accompagne le geste en maintenant l'emporte-pièce.
→ Il informe de la fin de l'activité.
→ L'adulte fait participer les enfants au rangement.

Transmission

Elle peut être orale ou écrite. Transmettre ses observations et les difficultés éventuelles des enfants à réaliser les moutons.

Évaluation de l'animation

■ Les règles de sécurité ont-elles été respectées ? Le groupe a-t-il respecté les consignes ? Les objectifs sont-ils atteints ? Les enfants ont-ils suivi l'activité jusqu'à sa fin ? Les difficultés des enfants ont-elles été surmontées ? Le vocabulaire était-il adapté ?

■ Proposer des réajustements en fonction des difficultés rencontrées et des résultats de l'évaluation de l'activité (gestion du groupe, sécurité, organisation, vocabulaire plus clair).
Les difficultés des enfants ont-elles été surmontées ? Le vocabulaire était-il adapté ?

62 Les déguisements

→ **Objectifs** développer l'imagination et la créativité.

A Les intérêts des déguisements

Souvent à base de tissus, les déguisements permettent à l'enfant de découvrir de nouvelles textures, d'assembler et de superposer les matières, de faire une production. Ils permettent à l'enfant de développer son imagination, de se mettre en scène, d'imiter en se déguisant.
Le déguisement permet à l'enfant de changer de personnalité, de se transformer, de ressembler à un héros, de s'extérioriser, de se cacher, de se sentir plus fort, plus beau ou plus belle…

B Des applications possibles

Les marionnettes : en cacahuètes, en papier, en mouchoirs ou plus complexes (boule de polystyrène, bâton, tissu…)
→ Le plaisir est plus grand quand les enfants fabriquent eux-mêmes leurs personnages.

Les masques : en carton, en papier, en plâtre… Ils sont utilisés avec des enfants plus grands (à partir de 3-4 ans environ), et peuvent s'accompagner de vêtements complétant le masque.
→ L'enfant peut les fabriquer ce qui permet de développer l'habileté et le repérage spatial ; ils permettent à des enfants plus grands de se mettre en scène, de s'exprimer, en jouant un rôle ; ils développent l'assurance et l'imagination.

Le maquillage : adapté à la peau des enfants protégée d'une crème. Il peut être : abstrait (des rayures, des étoiles…) ou concret (un clown, un homme barbu, une femme, une fleur, un animal).
→ Il permet à l'enfant de se « transformer », sans masque, c'est le plaisir de changer d'identité, d'être « plus beau ou plus belle », ceci développe son imagination…
Mais attention aux allergies !

Exemple d'activité : le masque de carnaval

Type d'activité : manuelle
Lieu : salle d'activité structure d'accueil petite enfance
Durée : 30 minutes
Nombre d'enfants : 6
Âge des enfants : 2/3 ans
Matériel : papiers cartonnés (Bristol® ou Canson®), 1 paire de ciseaux et un cutter pour l'adulte, un crayon, une perforatrice, du fil élastique, un gabarit (masque loup), des gommettes, du matériel de décoration.

Les objectifs de l'activité :
– réaliser un masque ;
– développer la préhension fine ;
– favoriser la communication ;
– favoriser la créativité ;
– favoriser le travail en groupe, le partage.

Installation du lieu

Disposer une table et 6 chaises autour.

Sécurité

Les ciseaux et le cutter doivent être hors de portée des enfants.

Préparation de l'activité

1 Préparer les 6 loups (masques à partir du gabarit) : tracer les yeux et les évider.
2 Répartir des gommettes et autres éléments de décoration au milieu de la table à disposition des enfants.

Déroulement de l'activité

1 Installer les enfants.
2 Présenter l'activité et un modèle de loup décoré. Répondre aux questions des enfants.
3 Réaliser le masque :
– les enfants décorent leur loup avec des gommettes au choix et différents éléments de décoration ;
– perforer chaque masque de chaque côté et attacher le fil élastique (adapté au tour de tête de l'enfant) ;
– indiquer le nom de l'enfant.
4 Bilan de satisfaction avec les enfants.
5 Ranger le matériel et les produits, nettoyer les tables et les outils.
6 Aider au lavage des mains.
7 Accompagner les enfants vers le reste du groupe et un professionnel.

Rôle de l'adulte

→ L'adulte donne les consignes, les précautions à prendre.

→ L'adulte aide, stimule et vérifie que les décorations ne débordent pas à l'extérieur du masque ou sur les yeux. Il valorise le travail effectué.

→ L'adulte informe de la fin de l'activité.

→ L'adulte fait participer les enfants au rangement.

Transmission

L'adulte transmet ses observations, les difficultés des enfants…

Évaluation de l'activité

- Les règles de sécurité ont-elles été respectées ? Le groupe a-t-il respecté les consignes ? Les objectifs sont-ils atteints ? Les enfants ont-ils suivi l'activité jusqu'à sa fin ? Les difficultés des enfants ont-elles été surmontées ? Le vocabulaire était-il adapté ?
- L'adulte propose des réajustements en fonction des difficultés rencontrées et des résultats de l'évaluation de l'activité (gestion du groupe, sécurité, organisation, vocabulaire plus clair…).

FICHE TECHNIQUE

63 Les contes et les récits

→ OBJECTIFS développer l'imaginaire, le langage et l'attention.

Une **histoire** est un récit ; un **conte** est un récit d'aventures imaginaires. Le conte a un but éducatif : le bien est valorisé, le mal est dévalorisé.

A Les intérêts du livre chez les petits

Quels rôles jouent les livres ?

Le livre favorise les découvertes sensorielles : l'enfant le voit, le touche, le sent, le porte à sa bouche, écoute le bruit du papier. Il est donc important de varier la texture des livres : en papier, en tissu (feutrine, coton, laine) ou en plastique (pour le bain).
Le livre permet d'effectuer des activités motrices : en manipulant le livre, l'enfant apprend à maîtriser ses gestes (ouvrir et fermer le livre, tourner les pages, détacher des images…).
Le livre est un bon moyen d'entrer dans le monde du langage : écouter, regarder et nommer vont conduire l'enfant sur le chemin de la lecture.

Pourquoi raconter une histoire ?

Cela va répondre aux besoins de l'enfant : ses besoins d'imaginaire et de merveilleux ; son besoin de sécurité (un monde que les histoires expliquent) ; le besoin de connaître les autres (imitation, identification aux personnages) ; ses besoins intellectuels ; l'acquisition du langage et du vocabulaire, du sens social.

B Les applications possibles

Quelles histoires choisir ?

Il faut tenir compte de la maturité de l'enfant, de ses besoins affectifs, des activités pratiquées…
Chez les petits : l'histoire est simple, proche de la réalité des enfants ; les personnages sont souvent des animaux humanisés ou des enfants.
Chez les grands : les personnages sont plus nombreux, hors du cadre familial ; les textes et les illustrations sont plus riches que chez les petits.

Comment raconter une histoire ?

Le moment	Choisir un moment favorable, calme.
Le cadre	Le petit groupe d'enfants est confortablement installé en demi-cercle autour de l'adulte ; le conteur doit être visible par tous.
Attitude du conteur	Il doit prendre l'histoire au sérieux (sans trop la jouer), maîtriser l'histoire, mettre l'intonation, avoir une voix posée, prendre son temps, laisser le temps aux enfants de regarder les images, regarder les enfants pour maintenir l'attention ; faire du moment de l'histoire un temps agréable.
La durée de l'histoire	5 minutes maximum pour les petits, 5 à 10 minutes pour les 3 à 5 ans, 15 minutes pour les 5 à 6 ans. Si elle est trop courte, l'enfant n'a pas le temps d'être pris par l'histoire, et si elle est trop longue, il se lasse. Il faut raconter une seule histoire à la fois et éviter les histoires à épisodes, car l'attente est angoissante pour l'enfant.

Le prolongement d'une histoire
Il est possible de faire répéter l'histoire (pour exercer la mémorisation, le vocabulaire, l'expression orale), de faire un mime, un dessin, de la peinture, du collage ou des marionnettes en lien avec l'histoire.

Exemple d'activité : un conte

Type d'activité : calme (après une activité intense, avant le repas, avant la sieste)
Lieu : coin repos (structure d'accueil petite enfance)
Durée : 10 minutes
Nombre d'enfants : 4
Âge des enfants : 2-3 ans
Matériel : des coussins, le conte et les éventuels décors associés.

Les objectifs de l'activité :
- favoriser la communication ;
- favoriser l'attention et la concentration ;
- stimuler la mémoire, l'imaginaire ;
- apporter du vocabulaire ;
- favoriser les relations.

Installation et préparation

1 S'installer dans un endroit calme, disposer des coussins.
2 Prendre connaissance de l'histoire en amont pour savoir la raconter.
3 Mettre le conte à disposition près du coin.

Déroulement de l'activité

1 Installer les enfants.
2 Leur présenter l'activité : introduire l'histoire avant la narration (personnages, climat, lieux, intrigue…).
3 Lecture du conte :
– narrer en respectant le rythme de l'histoire ; s'assurer que tout le monde suit en posant des questions, en regardant les enfants dans les yeux… ;
– veiller à distinguer les situations et les personnages par l'intonation de la voix, les changements de rythme, l'expression du visage, les gestes… ;
– annoncer la fin du conte.
4 Faire un bilan de satisfaction avec les enfants.
5 Ranger les coussins, le matériel.
6 Accompagner les enfants vers le reste du groupe et un professionnel.

Rôle de l'adulte

→ L'adulte installe les enfants à côté de lui pour les entendre et les voir facilement.
→ Il demande le silence.
→ L'adulte fait participer les enfants, explique les mots difficiles ; il valorise les interventions des enfants.
→ L'adulte fait participer les enfants au rangement.

Transmission

Transmettre oralement ses observations et les remarques des enfants.

Évaluation de l'activité

- Les règles de sécurité ont-elles été respectées ? Le groupe a-t-il respecté les consignes ? Les objectifs sont-ils atteints ? Les enfants ont-ils été attentifs jusqu'à la fin de l'activité ? Le vocabulaire était-il adapté ?
- Proposer des réajustements en fonction des difficultés rencontrées et des résultats de l'évaluation de l'activité (gestion du groupe, sécurité, organisation de l'espace, vocabulaire plus clair, conte plus adapté…).

FICHE TECHNIQUE

64 Les comptines et le chant

→ **Objectifs** favoriser la mémorisation, l'apprentissage du vocabulaire et du rythme, développer le toucher et l'acquisition du schéma corporel.

Les comptines

Les comptines (jeux chantés) permettent à l'enfant de mieux connaître son corps (par exemple : « savez-vous planter les choux ? »). Ils sont mémorisés par l'enfant et lui servent de repère.
Plus ou moins rimées, parlées, chantées, accompagnées de gestes ou de frappés de mains, les comptines ont souvent des fonctions utilitaires.

Les chansons

Les chansons peuvent être variées :
– les berceuses sont chuchotées et mélodieuses ; elles servent à endormir ;
– les chansons de gestes font appel au « mime » et favorisent la mémorisation (des nombres, des jours de la semaine, des doigts de la main, des couleurs…) ;
– les chansons de texte s'écoutent comme un conte ;
– les chansons de jeux accompagnent des activités ludiques (ex. la rythmique).

L'adulte ne doit pas tenir compte de ses goûts, mais élargir au maximum les goûts de l'enfant. Parmi les disques, les uns sont écoutés à certains moments de la journée (au cours du repos, au réveil), les autres rythment certaines activités (rondes, rythmique, jeux moteurs, fête, bal…).

A L'intérêt de l'éveil musical

La musique encourage l'enfant à répondre avec des mouvements spontanés de son corps et l'initie au sens du rythme et du temps (frapper dans les mains au son de la musique). Elle développe également sa sensibilité auditive, en distinguant différentes notes (hautes, basses).
Le chant procure du plaisir (les enfants aiment chanter) et aide ainsi l'enfant à affiner son intérêt et son goût pour la musique. Enfin, c'est un bon moyen de développer la mémoire (compréhension et assimilation de mots nouveaux) et le sens du toucher (les comptines accompagnées de gestes).

B Les applications possibles

Activités associées à la musique : la peinture, les jeux d'eau, les jeux moteurs.

Activité avec des instruments de musique : maracas, tambourins, cymbales peuvent être proposés aux enfants pour leur éveil musical (les instruments peuvent être réalisés avec les enfants).

→

– L'adulte doit être attentif aux sons ;
– chanter en invitant l'enfant à l'accompagner ;
– organiser des séances de musique en utilisant différents instruments ;
– s'assurer de la qualité du matériel proposé (sécurité…) ;
– diversifier le matériel sonore ;
– inventer des jeux sonores ;
– lier l'éveil musical au jeu et non à une activité pédagogique.

Exemple d'activité : chanter une comptine

Type d'activité : calme (après une activité intense, avant le repas, avant la sieste)
Lieu : coin repos d'une structure d'accueil petite enfance
Durée : 5 minutes
Nombre d'enfants : 4
Âge des enfants : 2-3 ans

Les objectifs de l'activité :
- initier au chant, au sens du rythme ;
- favoriser l'attention, la concentration, la diction ;
- favoriser la motricité fine, la coordination du geste et de la parole, l'acquisition du schéma corporel ;
- favoriser la communication.

Installation et préparation

1 Installer le coin de façon confortable avec des coussins.
2 Choisir une comptine adaptée à l'âge des enfants.
3 S'imprégner de la comptine pour la connaître avant de la présenter aux enfants.

Déroulement de l'activité

1 Installer les enfants confortablement.
→ L'adulte installe les enfants en face de lui pour les entendre et les voir facilement.

2 Leur présenter l'activité : introduire la comptine.
→ L'adulte demande le silence.

3 Lecture de la comptine :
- présenter la comptine globalement puis la reprendre point par point ;
- répéter un maximum de fois en articulant, en parlant ni trop vite ni trop lentement, en mettant l'intonation, en utilisant des gestes précis et amples ;
- annoncer la fin du conte.

→ L'adulte fait participer les enfants.

4 Faire un bilan de satisfaction avec les enfants.
5 Ranger les coussins, le matériel.
→ L'adulte fait participer les enfants au rangement.

6 Accompagner les enfants vers le reste du groupe et un professionnel.

Rôle de l'adulte

- L'adulte installe les enfants en face de lui pour les entendre et les voir facilement.
- L'adulte demande le silence.
- L'adulte fait participer les enfants.
- L'adulte fait participer les enfants au rangement.

Transmission

L'adulte transmet ses observations, les remarques des enfants…

Évaluation de l'activité

- Les règles de sécurité ont-elles été respectées ? Le groupe a-t-il respecté les consignes ? Les objectifs sont-ils atteints ? Les enfants ont-ils été attentifs jusqu'à sa fin ? Les enfants ont-ils participés ?
- Proposer des réajustements en fonction des difficultés rencontrées et des résultats de l'évaluation de l'activité (gestion du groupe, sécurité, organisation de l'espace, vocabulaire plus clair, comptine plus adaptée…).

FICHE TECHNIQUE

65 L'expression corporelle

→ **OBJECTIFS** développer la motricité, l'acquisition du schéma corporel, la connaissance de l'environnement.

L'expression corporelle favorise l'équilibre physique et psychique de l'enfant ; elle conditionne son épanouissement et permet l'élaboration du schéma corporel.
Dans la mesure où il maîtrise son corps, l'enfant se sent mieux dans sa peau et a de meilleures relations avec son entourage, ses copains…
Les exercices doivent s'adapter à l'âge et aux capacités motrices de l'enfant.
Ces activités corporelles peuvent se faire avec le corps (les bras, les doigts, la main et le souffle, les mains sur les yeux), avec un objet ou à l'aide d'une comptine, d'une histoire.

A L'intérêt de l'activité corporelle

Elle développe :
- la motricité globale : l'équilibre, le maintien, la maîtrise du corps, la coordination des gestes ;
- les sens : le toucher, la vue, l'ouïe ;
- la connaissance de soi et des limites de son corps (de son schéma corporel, de ses capacités motrices) et la confiance en soi ;
- la connaissance de l'autre : par les contacts verbaux et corporels ;
- la connaissance de l'espace (direction, orientation…) et des matériaux (le dur, le souple, le léger…) ;
- la socialisation : le respect des règles communes ;
- les activités physiques répondent aussi aux besoins de bouger.

B Les objectifs associés

La rythmique →	Vers l'âge de 2 à 3 ans, l'enfant aime particulièrement le rythme, la musique, les activités de groupe, les déguisements, les cerceaux… Les rondes permettent de s'adapter au temps de la musique, de réagir à des rythmes différents.
La détente et le retour au calme →	Pour préserver l'équilibre des enfants, il est important de ménager des moments de calme, de détente et de repos. La relaxation suppose une bonne connaissance de son corps. Elle peut se réaliser à tout moment de la journée (quand les enfants sont agités, pour terminer une séance de motricité, pour commencer une activité demandant de la concentration…).
La socialisation (jeux de groupe comme les rondes : le fermier dans son pré, savez-vous planter les choux…) →	Les rondes permettent aux enfants d'ajuster leur déplacement (vitesse, sens) au déplacement du groupe, de s'orienter et de se socialiser. C'est une activité difficile pour les petits, car il faut accepter de donner la main à l'autre.

Exemple d'activité : la danse

Type d'activité : physique
Lieu : pièce spacieuse (structure de loisirs)
Durée : 10 minutes
Nombre d'enfants : 6
Âge des enfants : 4/5 ans

Les objectifs de l'activité :
- acquérir de la souplesse et la maîtrise de son corps ;
- favoriser la motricité et la coordination ;
- favoriser l'équilibre ;
- favoriser l'organisation spatiale et temporelle ;
- favoriser la socialisation.

Installation du lieu

1 Choisir un lieu sans meubles dangereux ou encombrants.
2 Bien aérer et éclairer la pièce.
3 Placer des tapis au sol.

Préparation de l'activité

Prévoir les enchaînements qui seront présentés aux enfants.

Déroulement de l'activité

1 S'assurer que les enfants sont en tenue légère, ample et souple et les pieds nus. → L'adulte demande le silence.

2 Placer les enfants en cercle et leur présenter l'activité. → L'adulte fait participer les enfants.

3 Réalisation de la danse :
- se mettre avec les enfants en cercle et indiquer les mouvements et les déplacements au fur et à mesure aux enfants : marche en avant, en arrière, sur le côté, de l'autre, tourner sur soi… ; → L'adulte encourage et stimule les enfants ; il valorise le travail de tous et insiste sur la notion de groupe.
- annoncer suffisamment en amont le prochain enchaînement pour que le groupe soit coordonné ;
- annoncer la fin de la danse.

4 Faire un bilan de satisfaction avec les enfants.
5 Remettre le lieu en état : ranger les tapis. → L'adulte fait participer les enfants au rangement.
6 Accompagner les enfants vers le reste du groupe et un professionnel.

Rôle de l'adulte

- L'adulte demande le silence.
- L'adulte fait participer les enfants.
- L'adulte encourage et stimule les enfants ; il valorise le travail de tous et insiste sur la notion de groupe.
- L'adulte fait participer les enfants au rangement.

Transmission

L'adulte transmet ses observations, les difficultés des enfants…

Évaluation de l'activité

■ Les règles de sécurité ont-elles été respectées ? Le groupe a-t-il respecté les consignes ? Les objectifs sont-ils atteints ? Les enfants ont-ils été attentifs jusqu'à la fin ? Les difficultés des enfants ont-elles été surmontées ? Le vocabulaire était-il adapté ?

■ L'adulte propose des réajustements en fonction des difficultés rencontrées et des résultats de l'évaluation de l'activité (gestion du groupe, sécurité, coordination des gestes, meilleure adaptation aux capacités des enfants…).

FICHE TECHNIQUE

66 Les jeux individuels

→ **Objectifs** stimuler la concentration, l'observation, la réflexion et favoriser la créativité et l'autonomie.

Le jeu est un besoin essentiel ; les coins jeux permettent aux enfants de se concentrer sur un thème : ils sont rassurants, permettent l'isolement, l'activité, l'imitation, l'imagination, l'autonomie et favorisent la socialisation.
Le jeu est un besoin vital auquel l'enfant ne peut résister : il joue dans le bain, au lit, sur le pot, à table, lorsqu'il est malade. Il joue en oubliant les dangers ou en les ignorant.

A Les intérêts des jeux

Le jeu permet à l'enfant :
- d'expérimenter ses sentiments ;
- d'établir des contacts avec les objets ;
- de développer son adresse ;
- d'acquérir le contrôle de son corps ;
- de coordonner ses mouvements ;
- de développer sa personnalité.

B Des exemples de coins de jeux

Le coin « maisonnette » (jeu d'imitation)	Il permet à l'enfant de revivre des situations de la vie quotidienne comme prendre un repas, cuisiner, parler au téléphone, conduire l'auto, se déguiser en adulte. Il encourage l'enfant à participer librement à des activités variées. L'enfant y exprime par le jeu certaines expériences stressantes : par exemple s'il a été puni ou grondé, il grondera la poupée, l'ours en peluche…
Les coins « construction »	Ils initient l'enfant à certains concepts mathématiques et scientifiques : pour construire efficacement, l'enfant doit avoir un bon sens de l'équilibre, des hauteurs… Ils développent le schéma corporel de l'enfant et ses relations dans l'espace en lui permettant de construire de grandes structures à l'intérieur desquelles il peut monter. Ils permettent des jeux d'imagination : l'enfant construit des maisons, des routes, même des villes entières.
Le bac à sable	En se servant de ses mains, l'enfant peut creuser, entasser, mouler, tamiser et construire de façon créative. Le sable lui permet d'expérimenter avec des contenants de grosseurs et de formes variées (il développe alors son langage : « gros », « plus gros », « profondeur », « haut »…).

Exemple d'activité : des formes à encastrer

Type d'activité : éducative
Lieu : coin calme structure petite enfance
Durée : 5 minutes
Nombre d'enfants : 1
Âge des enfants : 2 ans
Matériel : jeu de formes à encastrer.

Les objectifs de l'activité :
- encastrer les formes géométriques ;
- développer la préhension fine, manipuler les formes ;
- stimuler la concentration, l'observation, la réflexion ;
- favoriser la créativité.

Installation et préparation

1 Choisir un jeu adapté à l'âge de l'enfant (de grande taille).

2 Installer un tapis et y positionner les formes.

Déroulement de l'activité

1 Installer l'enfant sur le tapis.

2 Lui expliquer le jeu et lui en faire une démonstration en encastrant des formes. → L'adulte donne les consignes.

3 Réalisation de l'activité :

– se tenir près de l'enfant et l'accompagner dans ses gestes ; → Il aide et stimule.

– nommer les différentes formes à l'enfant et l'inciter à observer pour pouvoir encastrer ;

– mettre à sa disposition les formes en soutenant l'attention de l'enfant pour éviter la lassitude. → Il l'encourage lors des réussites et l'aide à ne pas se décourager.

4 Lorsque toutes les formes sont encastrées, féliciter l'enfant.

5 Faire un bilan de satisfaction avec l'enfant. → L'adulte informe de la fin de l'activité (quand toutes les pièces sont encastrées).

6 Ranger le jeu et le tapis. → L'adulte fait participer les enfants au rangement.

7 Accompagner les enfants vers le reste du groupe et un professionnel.

Rôle de l'adulte

- L'adulte donne les consignes.
- Il aide et stimule.
- Il l'encourage lors des réussites et l'aide à ne pas se décourager.
- L'adulte informe de la fin de l'activité (quand toutes les pièces sont encastrées).
- L'adulte fait participer les enfants au rangement.

Transmission

L'adulte transmet ses observations, les difficultés des enfants…

Évaluation de l'activité

■ L'enfant a-t-il respecté les consignes ? Les objectifs sont-ils atteints ? L'enfant a-t-il suivi l'activité jusqu'à sa fin ? Les difficultés de l'enfant ont-elles été surmontées ? Le vocabulaire était-il adapté ? L'enfant a-t-il repéré les formes et compris le principe du jeu ?

■ L'adulte propose des réajustements en fonction des difficultés rencontrées et des résultats de l'évaluation de l'activité ? (gestion de l'enfant, vocabulaire plus clair, jeu plus adapté…)

67 Les jeux de groupes

→ **OBJECTIFS** favoriser la socialisation à travers les règles du jeu et les relations avec le groupe.

Les jeux en groupes aident l'enfant à mieux se connaître et à mieux comprendre ses relations avec les autres. Ils stimulent le développement du langage, les aptitudes d'écoute et de concentration ; ils favorisent la socialisation.

A Les intérêts des jeux avec des règles

Ils permettent :
- de découvrir la règle et de la respecter ;
- d'apprendre à vivre l'entente, la collaboration et l'opposition ;
- de vivre la position de leader à un moment du jeu ;
- d'établir une relation basée sur le respect des règles établies ;
- d'évaluer ses compétences et de les dépasser ;
- de faire l'expérience des autres : de constater qu'ensemble on s'amuse mieux, que l'on peut s'aider mutuellement.

Le choix des jeux

Il faut tenir compte : du nombre de joueurs, du lieu du jeu, des dispositions du local, du mobilier, de la cour…, de la préparation du matériel (foulard, dossards, crayons, feutres, ficelles, cordes, bâtons, cerceaux, sifflet…).

Organiser et animer une séance de jeux

Une séance de jeux doit être construite sur un rythme :
- une phase d'accrochage et de mise en train ;
- une phase de rendement ;
- une phase de reprise en main ;
- le retour au calme.

Perdre ou gagner

Le fait de perdre doit être dédramatisé, ne pas être vécu comme un échec ; le but est d'accepter le résultat. Le fait de multiplier les jeux et donc de gagner et perdre, permet de minimiser l'effet des résultats du jeu. L'adulte doit montrer une attitude positive (en félicitant le gagnant, en réconfortant le perdant…).

B Des exemples de jeux

Les jeux d'extérieur : dynamiques et remuants (ex. : jeux de ballon, jeux d'équipe…) →	Ils permettent à l'enfant de s'aérer, de prendre le soleil, de se détendre et de se défouler lorsqu'il est plus grand, de découvrir l'environnement, de s'éveiller, d'entretenir une relation privilégiée avec l'adulte qui l'accompagne, de rencontrer d'autres enfants et d'autres adultes.
Les jeux d'intérieur : (ex. : jeux de mémoire, d'éveil des sens, d'attention et d'observation) →	Ils permettent de multiplier ses contacts avec les autres dans un intérêt commun pour le jeu et de développer certaines compétences en fonction du jeu : facultés intellectuelles, motrices, sociales…

Exemple d'activité : les chaises musicales

Type d'activité : de loisirs
Lieu : salle centre de loisirs
Durée : 20 minutes
Nombre d'enfants : 10
Âge des enfants : 6 ans
Matériel : 10 chaises, un magnétophone, des musiques.

Les objectifs de l'activité :
– respecter les règles du jeu ;
– stimuler la concentration ;
– développer la rapidité et les réflexes ;
– favoriser la socialisation.

Installation et préparation

1 Installer les chaises dos à dos, en plaçant 5 chaises de chaque côté.
2 Disposer le magnétophone et choisir la musique.

Déroulement de l'activité

1 Installer les enfants : 10 enfants assis sur les 10 chaises (chacun assis sur une chaise).

2 Expliquer les règles du jeu aux enfants.
→ L'adulte donne les consignes.

3 Réalisation de l'activité :
– enlever une chaise et mettre la musique ;
– les enfants tournent autour des chaises dans le même sens sans se doubler ;
– à l'arrêt de la musique chacun doit s'asseoir et celui qui se retrouve sans chaise est éliminé ;
→ L'adulte arrête la musique.
– remettre la musique et le jeu recommence en enlevant une chaise à chaque tour, jusqu'à la finale avec une seule chaise prise par le gagnant du jeu ;
→ L'adulte encourage, stimule et vérifie que les règles sont respectées.
– féliciter le gagnant de la partie et inciter les autres enfants à le faire.

4 Faire un bilan de satisfaction avec les enfants.
→ L'adulte informe de la fin de l'activité.

5 Ranger le matériel (chaises, magnétophone).
→ L'adulte fait participer les enfants au rangement.

6 Accompagner les enfants vers le reste du groupe et un professionnel.

Rôle de l'adulte

Transmission

Il transmet ses observations, les difficultés des enfants, leur comportement face au respect des règles…

Évaluation de l'activité

- Les règles de sécurité ont-elles été respectées ? Le groupe a-t-il respecté les consignes ? Les objectifs sont-ils atteints ? Les enfants ont-ils suivi l'activité jusqu'à sa fin ? Les difficultés des enfants ont-elles été surmontées ? Le vocabulaire était-il adapté ?
- L'adulte propose des réajustements en fonction des difficultés rencontrées et des résultats de l'évaluation de l'activité ? (gestion du groupe, sécurité, manque de matériel, vocabulaire plus clair…).

68 L'animation

Il peut être difficile pour un animateur de gérer son groupe. Gérer les temps de vie du quotidien demande une certaine organisation pour soi-même et pour le groupe.

A Qu'est-ce que l'animation ?

L'animation vient du latin *animar*, c'est-à-dire donner une âme, rendre vivant. L'animation a donc pour fonction de **rendre vivant** un individu ou un groupe d'individus. L'expression « rendre vivant » peut être comprise comme « **prendre sa vie en main** », c'est-à-dire être **autonome** : l'animation a donc pour objectif à long terme de rendre autonomes les individus à qui l'on s'adresse ; à court terme, l'objectif de l'animation est de permettre à chaque individu de développer l'ensemble de ses possibilités. **L'animateur doit donc stimuler les individus à travers des activités**.

B Qu'est-ce que le projet d'animation ?

Qui le construit ?

Le responsable de la politique de l'établissement, en général avec la participation des personnes qui travaillent auprès des enfants.

Quand ?

Lors de la création de l'établissement, en référence aux objectifs de l'organisme fondateur :
- le projet d'association ;
- la politique sanitaire et sociale.

Ce projet global est réactualisé régulièrement ce qui donne naissance au projet annuel, voire à un projet spécifique propre à une période ou à un événement donné.

Sur quelles bases ?

- selon les objectifs de l'organisme fondateur (soins, loisirs, éducation...), tels qu'ils peuvent être énoncés dans les statuts de cet organisme, ou dans les textes réglementaires constitutifs (école, centre de loisirs...).
- selon les caractéristiques des enfants accueillis : âge, état de santé... ;
- selon la nature ou la durée du séjour.

Où le trouver ?

Auprès des responsables de l'établissement.

C Quels sont les modes d'animation ?

Il est important d'être capable de justifier le choix d'un mode d'animation pour un public et une activité donnée et d'indiquer des moyens à mettre en œuvre pour obtenir l'adhésion de la personne ou la participation d'un groupe.

L'animateur choisit son mode d'animation en fonction du public, de l'activité et/ou des objectifs qu'il s'est fixé. On trouve 4 grandes attitudes en animation :
- le laisser-faire ;
- le faire faire ;
- le faire avec ;
- le favoriser, donner à faire.

Au cours d'une même activité, l'animateur peut utiliser différents modes d'animation.

D Comment se déroule l'animation ?

L'animateur doit :
– veiller à la sécurité physique en proposant du matériel adapté ;
– favoriser la coopération entre les individus dans l'utilisation du matériel, dans l'aide apportée… ;
– éviter les interventions intempestives de personnes extérieures ;
– ne pas porter de jugements esthétiques bloquant l'individu. En effet, le « beau » et le « laid » n'existent que pour soi et se fondent sur des critères propres ;
– éviter que les personnes portent des jugements sur ce qu'ont fait les autres ;
– être conscient que la réalisation d'une personne lui appartient totalement, et qu'elle peut vouloir la détruire.

Certains moments de la journée sont plus favorables aux activités intellectuelles, d'autres au repos.
Pour que l'enfant exploite au maximum les temps de jeu et de sortie, temps durant lequel le cerveau est à l'état de veille, il est indispensable que l'adulte ait satisfait les besoins affectifs et le rythme de base sommeil/alimentation du nourrisson.

E À quel besoin de l'enfant je réponds ?

L'adulte doit cibler les besoins auxquels il va répondre :
– aux besoins physiologiques : respirer, boire, manger, dormir, éliminer… ;
– au besoin de sécurité : être hors de danger physiquement, psychologiquement… ;
– aux besoins affectif, de communication, de stimulation ;
– au besoin de mouvement ;
– aux besoins de jeu et de plaisir ;
– au besoin de calme ;
– au besoin de socialisation (règles du jeu, jeu de société, jeu de groupe…) ;
– au besoin d'autonomie (choix des activités et du matériel, s'habiller seul, manger seul...) ;
– aux besoins d'expression et de communication ;
– au besoin de découverte ;
– au besoin de se connaître et de se situer dans l'espace (se déguiser, se maquiller, découvrir son image (miroir), faire des puzzles, des activités motrices…) ;
– au besoin de manipulation : des objets pour compter, de matériaux (sable, pâte à modeler, pâte à sel, argile), dessiner ;
– au besoin de création et d'imagination (lire des contes, dessiner librement, jouer librement, peindre…).

En jouant, l'enfant apprend des comportements de base, tels que l'ordre, le soin, l'application, la patience, la concentration et des comportements sociaux positifs, tels que l'attention à l'autre, le partage, la limitation de ses propres désirs, la distinction entre « le mien et le tien ».

F Comment évaluer l'animation ?

L'animateur doit être capable de **se remettre en question et d'évaluer son travail.**
Si un atelier ou une activité ne fonctionne pas bien, il doit se demander pourquoi et réfléchir à des améliorations possibles. Il peut changer son approche.
L'animation ne doit **pas être seulement occupationnelle : l'usager doit se sentir acteur** et auteur des activités qu'il réalise.

FICHE SAVOIR

69 La communication

Communiquer, c'est la capacité **d'une personne à être comprise et à comprendre** grâce à l'attitude, la parole, ou un code. C'est un besoin fondamental : il est indispensable au dynamisme physique et psychique.
La communication est un fait social ; il y a échange et réciprocité.

A Les formes de communication

1 La communication verbale

Le code de communication utilisé est le langage, formé de deux éléments :
- **le vocabulaire** : ensemble de mots utilisables ;
- **la syntaxe** : organisation des mots pour former des phrases.

2 La communication non verbale

■ **Elle vient en supplément du langage.**
Les principaux **paralangages** sont :
- **la distance entre les personnes** (distance entre soi et les autres) et autour des individus (façon dont chacun se déplace) : c'est le territoire ;
- **l'image du corps**, c'est-à-dire de l'image que l'on renvoie extérieurement (façon de s'habiller, choix vestimentaires…) ;
- **la posture** : les gestes et attitudes envoient des signaux sur l'éducation, le milieu d'origine, mais aussi le niveau d'attention accordé au message ;
- **des mimiques** : toutes les expressions du visage (dont nous sommes souvent inconscients) sont perçues par l'autre (le regard).

■ **Elle peut renforcer le message verbal.**
Elle vient appuyer le discours pour apporter des éléments d'information complémentaires comme :
- **transmettre un message** : certains gestes codés sont compris sans nécessité d'avoir recours au langage ;
- **répéter l'information** : certains gestes viennent ponctuer les propos et rendent l'information plus compréhensible ;
- **exprimer des émotions** : certains gestes expriment des états intérieurs (par exemple, expriment l'inquiétude, la perplexité, la concentration...).

■ **Elle peut au contraire brouiller le sens initial du message.**
Certains gestes viennent parasiter la parole (les tics ou gestes fréquents), rompent la communication.

B Les conditions pour une communication orale de qualité

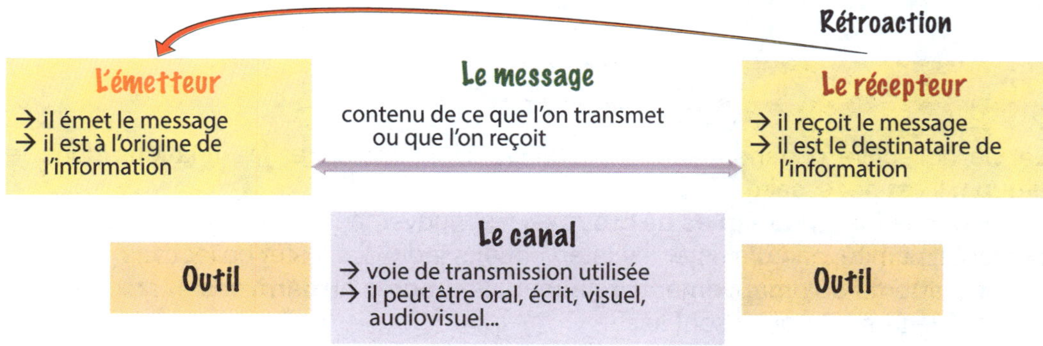

L'outil est le moyen matériel utilisé pour produire et/ou transmettre le message (téléphone, imprimante, télécopieur...).
La rétroaction est l'effet du message sur le récepteur (retour par questionnement, commentaires, attitudes...).

■ **Détecter une éventuelle gêne** : dans le domaine sanitaire ou social, l'objet du message est souvent lié à l'intimité ou à l'affectivité. Certaines personnes peuvent donc être gênées pour s'exprimer, elles utilisent parfois des détours pour faire comprendre leurs attentes : le but réel de la communication (par exemple, parler de soi) est alors caché par un but apparent (par exemple, parler de sa fille).

■ **Utiliser les mêmes codes** : le code utilisé par l'émetteur peut être différent de celui du récepteur (par exemple, un adulte qui emploie des termes spécialisés pour s'adresser à un enfant qui ne les connaît pas).
Une communication est de qualité si le récepteur du message comprend ce qu'a voulu exprimer l'émetteur du message.

C La communication interpersonnelle

On parle de communication interpersonnelle quand deux personnes sont en présence (s'il n'y a qu'une personne, il n'y a pas de communication et s'il y a plus de deux personnes, on parle de communication de groupe).

D La communication dans un groupe

Le travail en groupe nécessite :
- une disponibilité aux autres ;
- une ouverture d'esprit ;
- une capacité à innover et à faire évoluer ses idées.

FICHE SAVOIR

70 La gestion du groupe

A Les relations en collectivité

La vie collective engendre une vie relationnelle. Pour gérer les relations dans le groupe, il est nécessaire :
– **d'observer les dynamiques de groupes**, les mouvements relationnels, tout en respectant l'intimité, afin d'ajuster les interventions individuelles et collectives.
– **d'être attentif aux mouvements relationnels propres aux arrivées et aux départs et aux événements** qui y sont liés ;
– **d'observer les modes d'investissement des espaces collectifs**. Cette observation permet d'apprécier l'utilisation et les modes d'appropriation des différents lieux, de repérer les évolutions dans les usages.
De plus, en collectivité, différents phénomènes de groupe peuvent se développer : emprise d'un enfant sur un autre, rapports de force.

B Gérer les perturbations de la vie collective

1 Analyser et comprendre la situation

Il est nécessaire de faire l'analyse de chaque situation, ce qui suppose d'exclure l'utilisation de grilles préétablies avec les sanctions correspondantes, chaque situation étant unique et conformément au principe de personnalisation et d'individualisation de la sanction.

2 Distinguer les types de perturbations et les réponses

Il est important de distinguer les comportements portant atteinte à la qualité de vie collective ou de transgressions du cadre collectif :
– de ne pas réduire les réponses aux sanctions ;
– de les situer aussi sur le plan éducatif ;
– de distinguer les réponses institutionnelles et éducatives, les unes n'excluant pas les autres.

3 Veiller aux modalités d'application des sanctions

Il est recommandé :
– de déterminer les éventuelles sanctions dans un souci d'équilibre entre les intérêts de chacun et dans le respect des missions de l'établissement ;
– de s'appuyer sur les principes de proportionnalité, de légitimité de l'autorité, de respect de l'intégrité des personnes et du sens de la sanction.

4 Informer des décisions

Pour réaffirmer le cadre de la vie commune, il est recommandé d'informer l'enfant et le groupe des décisions prises en aidant à leur compréhension.

C Les conflits

■ **Le conflit** signifie : lutte, combat, guerre, opposition d'intérêts, expression d'exigences internes inconciliables, contestation de compétences...

■ **Les valeurs individuelles** sont très fortement **liées à la socialisation**. Dans un

climat compétitif, le conflit est destructeur, il existe une notion de gain et de perte pour les groupes et les individus.
Dans un climat collaboratif au contraire, il est constructif, il permet le changement de normes et la créativité et à terme le renforcement de cohésion des groupes. L'utilisation du conflit pour faire évoluer des normes peut être une pédagogie.

■ **L'appartenance à des groupes** est une des caractéristiques de l'espèce humaine. Le groupe est constitué des personnalités des individus. Les individus sont façonnés par le groupe, c'est la socialisation : avec la structuration, l'organisation et l'émergence de leaders, l'identification des membres les uns aux autres à des degrés divers, l'adhésion inconsciente à des représentations sociales, des stéréotypes et des normes.

■ **Pour gérer le conflit**, il est nécessaire de repérer les valeurs ou les normes qui sont à l'origine du conflit et les niveaux engagés (individuel, interpersonnel, social), de permettre à chacun de défendre ses droits tout en respectant ceux des autres, en tenant compte de l'aspect affectif et en étant dans l'écoute, de mettre en place l'implication de chacun pour faire évoluer le conflit.

Les tensions dans un groupe sont normales et inévitables. Le groupe ne peut pas progresser sans qu'il y ait des oppositions et des confrontations.

D Le leadership

Le leader est celui qui exerce une influence sur le groupe, c'est à dire une autorité naturelle. Cette autorité est conférée par le groupe.
Il est important d'avoir des leaders dans un groupe, car ils entraînent le reste du groupe. Le leader peut exercer trois formes d'activités : une activité relationnelle, une activité informationnelle et une activité décisionnelle.

E Les rôles et attitudes dans le groupe

Il existe dans un groupe des personnalités qui ont des compétences, des motivations et des intérêts différents. Il est possible d'identifier des types de personnalités :
– le passif ;
– le timide ;
– le démissionnaire ;
– l'agressif ;
– le dominateur ;
– le trop dynamique…
L'animateur d'un groupe doit adapter son attitude en fonction des personnalités : rassurer, encourager, confier des responsabilités, rappeler les règles…

F L'empathie et les émotions

L'empathie permet d'accepter ce que les personnes éprouvent, tout en conservant une capacité intellectuelle et la lucidité nécessaire, c'est-à-dire percevoir l'état dans lequel est l'autre, sans pour autant se sentir envahi par ses propres émotions. Pour éviter d'être dépassé par ses émotions, il faut les repérer. L'animateur doit être transparent dans ses intentions.

Avec les enfants, il faut **mettre des mots sur leurs émotions**, leur permettre de les identifier, de les exprimer et de les comprendre ; cela peut se faire avec des images, par les dessins ou avec leurs mots dans la perspective de favoriser le bien-être, le développement de compétences psychosociales.

71 Notions de pédagogie active

A Définitions

■ **La pédagogie active** fait partie des méthodes de l'apprentissage expérientiel qui consiste à **apprendre en faisant**. Il s'agit de mettre en situation l'apprenant (situations fictives ou réelles) pour qu'il utilise et développe ses compétences au cours de la formation.

La pédagogie active a donc pour objectif de rendre l'élève acteur de ses apprentissages, afin qu'il construise ses savoirs à travers des situations de recherche.

■ **L'apprentissage** est un acte social qui conduit à la transformation des représentations mentales des apprenants.

B Intérêt

Depuis quelques années les chercheurs en sciences de l'éducation affirment que les pédagogies transmissives traditionnelles (cours magistral, exposés, conférences...), ne reposant que sur le savoir, conduisent souvent à des situations d'échec.

Les pédagogies centrées sur l'apprenant et qui tiennent compte de ses acquis permettraient d'aider l'apprenant à développer des compétences exploitables dans l'environnement du travail.

Les pédagogues comme Freinet et Montessori avaient défendu une pédagogie autre que celle de la transmission, en axant leurs méthodes sur le sensoriel et la découverte pour apprendre par soi-même et en fonction de ses aspirations et préférences.

C La notion de projet

Un élément important de la pédagogie active est le projet, entendu comme la conception, la prévision d'une démarche pour réaliser une activité véritable en vue d'une fin précise. Ce projet comporte :

- des difficultés à surmonter ;
- des problèmes à résoudre ;
- des contenus à comprendre, à définir, à assimiler, à réutiliser ;
- des plans à élaborer, à mettre en œuvre.

La séquence pédagogique traditionnelle de cours, d'exercices, d'évaluation, devient une séquence de confrontation à un problème concret, de recherche d'information, de recherche d'une solution au problème, et dont l'évaluation repose sur l'ensemble de la démarche, et notamment sur les compétences.

D Les caractéristiques de la pédagogie active

1 La proximité avec la réalité

La reproduction de situations proches de la réalité a pour objectif de :
- rendre concrets des concepts abstraits ;
- permettre une transposition à la réalité et à la vie quotidienne ;
- donner du sens pour l'apprenant en permettant une meilleure appropriation des contenus d'apprentissage.

2 L'originalité des scénarios

L'originalité des scénarios et des supports d'animation permet de :
- favoriser l'utilisation de tous les sens, en particulier de la vision, permettant une meilleure structuration de l'information et une rapide intégration des savoirs dans la mémoire à court terme ;
- guider les apprenants vers l'apprentissage à l'aide de mises en situation ou scénarios permettant de communiquer et de s'exprimer.

3 L'utilisation de cas fictifs

La simulation de cas fictifs permet :
- d'éloigner les apprenants de la réalité, notamment des contextes conflictuels et affectifs.

Cette mise à distance permet de favoriser ce qui est appelé le « conflit socio-cognitif » : il s'agit d'une contradiction (ou d'une incompatibilité) entre les idées, les représentations, les actions de l'apprenant devant la source d'une tension.
- de dédramatiser l'apprentissage en donnant la possibilité de s'amuser, de se détacher de la réalité, en éliminant toute source de tension et de stress, en faisant des choses importantes sans leur donner de l'importance comme ce sont des mises en situations fictives.

4 Le travail en groupe

Le travail et la réflexion en groupe permettent de :
- s'appuyer sur les connaissances existantes chez les apprenants pour les faire évoluer ;
- partager les expériences et s'enrichir mutuellement ;
- s'impliquer davantage et diminuer les résistances, ce qui favorise l'adoption de nouvelles normes.

5 Le choix des outils

Les outils utilisés permettent le développement de compétences psychosociales chez les apprenants.

6 L'autonomie

La pédagogie active est moins cadrée que la pédagogie traditionnelle. Même si l'apprenant est encadré, il est plus autonome dans sa démarche, et le travail se fait souvent en groupe.
Les objectifs et les critères d'évaluation sont communiqués de manière claire à l'apprenant et les compétences visées sont souvent indiquées aux apprenants.

FICHE TECHNIQUE

72 Le portage, l'installation et la mobilisation de l'enfant

MATÉRIELS ET PRODUITS

- siège adulte et selon l'objectif du déplacement et le moment de la journée :
- matelas et serviette ou transat ou lit pédiatrique ou tapis d'éveil ou chaise haute.

A Porter un nourrisson à partir du matelas de change

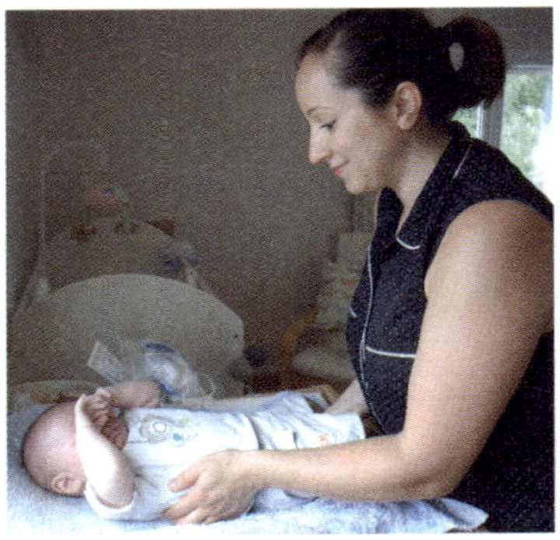

1 Mettre les deux mains sous les aisselles du nourrisson, de chaque côté, le pouce vers sa poitrine, la paume et les autres doigts maintiennent ses épaules et sa nuque.

2 Soulever le nourrisson et l'approcher contre soi.

3 Caler le nourrisson contre soi, en direction d'une épaule, sa tête dépassant au dessus de l'épaule : si la tête du nourrisson est sur l'épaule gauche, votre bras gauche est sous le fessier du nourrisson, votre main droite soutient son dos.

B Allonger le nourrisson sur le ventre

À pratiquer en cas de coliques ou de gaz et en période d'éveil (ne pas pratiquer après le biberon ou le repas, ni avec un nourrisson qui a tendance à régurgiter).

1 S'asseoir confortablement et de façon stable, le nourrisson contre l'épaule.

2 Faire glisser le nourrisson contre soi, vers le bas jusqu'aux cuisses, en glissant sa tête contre l'avant-bras gauche.

3 Positionner la tête du nourrisson sur votre cuisse gauche et les jambes sur votre cuisse droite.

4 Bien maintenir l'ensemble du corps de l'enfant.

C Allonger le nourrisson en berceau contre soi

À pratiquer après le rot ; à éviter avant le biberon (position associée à la prise du biberon).

1 S'asseoir confortablement et de façon stable avec le nourrisson dans les bras contre son épaule.

2 Faire glisser le nourrisson contre soi vers le bas et faire glisser sa tête au creux de votre coude gauche et poser ses fesses sur vos cuisses en maintenant l'extérieur de son corps avec la main gauche qui soutient la jambe gauche ou les fesses du nourrisson.

3 Positionner la tête du nourrisson contre soi.

4 Veiller à ce que l'ensemble du corps de l'enfant soit maintenu.

D Promener un nourrisson dans ses bras

À pratiquer pour faire patienter en cas de pleurs.

1 Prendre le nourrisson contre soi (vos mains sous les aisselles du nourrisson). Le retourner en faisant passer votre main droite (soutenant l'aisselle gauche du nourrisson) vers votre épaule gauche et faire glisser la main gauche entre ses jambes et sous ses fesses de manière à bien porter son poids.

2 Maintenir le bras droit qui entoure le buste du nourrisson à hauteur des aisselles du nourrisson de telles sortes que ses bras soient en appui sur le bras droit.

3 Positionner la tête du nourrisson contre soi.

4 Veiller à ce que l'ensemble du corps de l'enfant soit maintenu.

E Porter le nourrisson et masser son ventre

À pratiquer lorsque le nourrisson a des coliques ou gaz et est en période d'éveil ; ne pas pratiquer après le biberon ou le repas, ni avec nourrisson qui a tendance à régurgiter.

1 Faire glisser le nourrisson contre soi vers le bas et faire glisser sa tête sur le côté au creux de votre coude gauche (l'enfant regardant vers l'extérieur), votre main gauche venant soutenir le dos et les fesses, et votre main droite venant se positionner entre les jambes du nourrisson sur son ventre en soutenant le bas de son corps.

2 Placer la main droite du nourrisson au-dessus du bras gauche.

3 Bien maintenir l'ensemble du corps de l'enfant.

F Installer sur un transat ou un siège bas

À pratiquer pour mettre en sécurité l'enfant.

1 Prendre le nourrisson contre soi (mains sous les aisselles du nourrisson).

2 Le caler contre soi, en direction d'une épaule, sa tête dépassant au-dessus de l'épaule. Si la tête est sur l'épaule gauche, le bras gauche est sous le fessier du nourrisson, la main droite soutient son dos. Se diriger vers le transat ou le siège bas.

3 Se positionner devant le siège ou le transat et poser un genou au sol pour garder l'équilibre ou s'agenouiller complètement si nécessaire en gardant le dos droit.

4 Installer le nourrisson et veiller à attacher les sangles de sécurité.

5 Vérifier que le nourrisson est correctement installé dans le siège.

G Installer au lit

À pratiquer pour mettre au lit l'enfant ; lui mettre la turbulette avant si nécessaire.

1 Prendre le nourrisson contre soi (mains sous les aisselles du nourrisson).

2 Le caler contre soi, en direction d'une épaule (droite ou gauche), sa tête dépassant au-dessus de l'épaule (si la tête du nourrisson est sur l'épaule gauche, le bras gauche est sous le fessier nourrisson, la main droite soutient le dos du nourrisson).

3 Se positionner devant le lit et en orientant la tête de l'enfant vers le haut du lit.

4 Poser le siège de l'enfant sur le matelas en retirant progressivement la main. Poser la tête du nourrisson sur le matelas en enlevant la main délicatement.

5 Vérifier que le nourrisson est correctement installé.

FICHE TECHNIQUE

73 L'habillage et le déshabillage de l'enfant

→ OBJECTIF assurer le confort de l'enfant.

MATÉRIELS ET PRODUITS

- un matelas de change
- une poubelle
- une corbeille de linge sale
- une serviette
- un thermomètre
- un jouet ou le doudou
- une lavette
- un détergent/désinfectant
- des vêtements propres

Préparation

1 Porter une tenue adaptée.

2 Se laver les mains.

3 Préparer le lieu, fermer les fenêtres.

4 Préparer le matériel et les produits.

Organisation du plan de travail

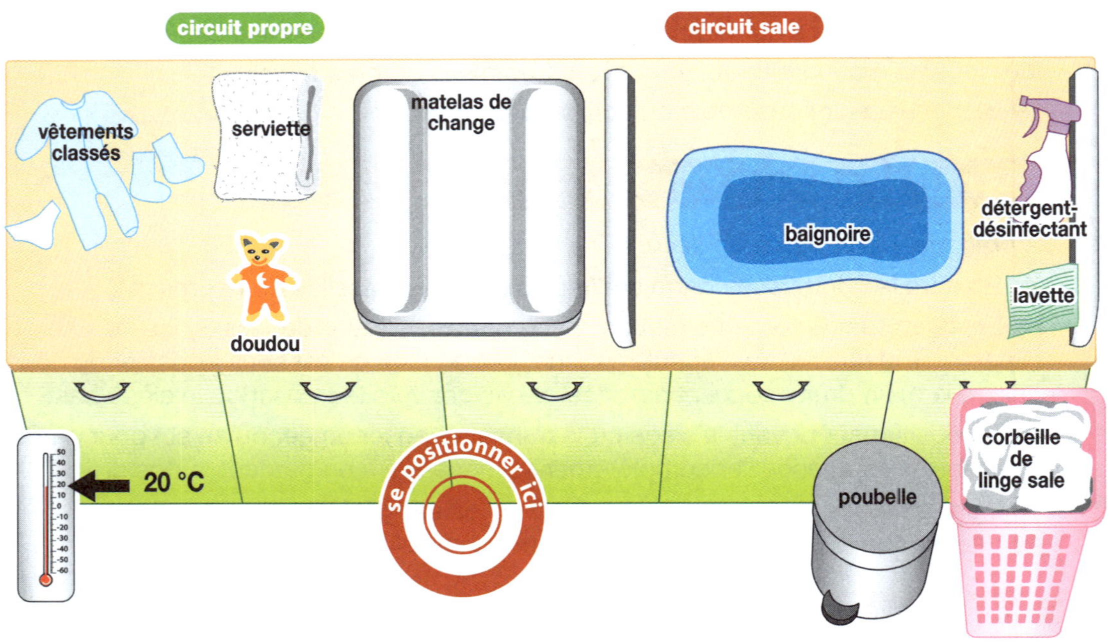

Exécution

1 Prévenir l'enfant

2 Déshabiller l'enfant :
- enlever le bas (déboutonner le bas si l'enfant porte une grenouillère) ;
- ôter le haut : faire passer les bras, élargir l'encolure pour faire passer la tête (attention à ne pas l'étrangler) ;
- couvrir l'enfant.

3 Habiller l'enfant :
- enfiler le haut en élargissant le col ;
- faire passer les mains dans chaque manche ;
- enfiler le bas.

4 Installer l'enfant en sécurité : sur le transat, au lit…

Rangement et nettoyage

1 Ranger le lieu : ranger les produits sortis, le matelas, le thermomètre…

2 Ne jamais mettre en contact le « propre » et le « sale » ; mettre le linge « au sale » au fur et à mesure du côté sale.

3 Nettoyer et désinfecter : le matériel et le plan de travail.

4 Se laver les mains.

Transmission des informations

- Décrire les tâches qui ont été effectuées.
- Informer du déroulement de l'habillage et du déshabillage (coopération de l'enfant ou non, par exemple).
- Donner la date et l'heure.
- Transmettre les observations éventuelles (présence de rougeurs, d'érythème, enfant fiévreux…).

LES CRITÈRES D'ÉVALUATION

- **L'organisation et l'ergonomie** : mise à disposition du matériel et des vêtements sur le plan de travail ; choix de l'habillage couché (jusqu'à 8-9 mois, puis assis et allongé à la fois jusqu'à 15 mois environ, assis et debout dès que l'enfant marche).
- **L'hygiène** : respect du circuit propre/sale.
- **Le confort** : choix des vêtements adaptés à l'âge de l'enfant, à son poids, à la saison, à la température et à l'activité prévue.
- **La sécurité** : bon maintien de l'enfant pour éviter les chutes ; pas d'absence ni d'éloignement du plan de travail.
- **L'économie** : pas de change de vêtements si cela n'est pas demandé (ou pas nécessaire) ; respect des doses pour l'utilisation des produits (savon, détergent…).
- **La communication** : importance de la communication orale avec l'enfant tout au long de la tâche et contact des mains favorisé.
- **La qualité du résultat** : habillage correct de l'enfant (bien boutonné, enfilé dans le bon sens…) ; sollicitation de l'enfant en fonction de son degré d'autonomie (habillage avec de l'aide, assis, debout ou couché).

FICHE TECHNIQUE

74 La toilette du visage du nourrisson

→ **Objectifs** assurer l'hygiène, la propreté de la peau et le confort de l'enfant.

MATÉRIELS ET PRODUITS

- un matelas de change
- une poubelle
- une corbeille de linge sale
- une serviette
- un gant de toilette ou cotons ou compresses
- du sérum physiologique
- un thermomètre
- un jouet ou le doudou
- une lavette
- un détergent/désinfectant
- des vêtements propres (si nécessaire)
- un haricot pour mettre les fusettes de coton sales et/ou les compresses

Préparation

1. Porter une tenue adaptée.
2. Se laver les mains.
3. Préparer le lieu, fermer les fenêtres.
4. Préparer le matériel et les produits : mettre la serviette sur le matelas de change.

Organisation du plan de travail

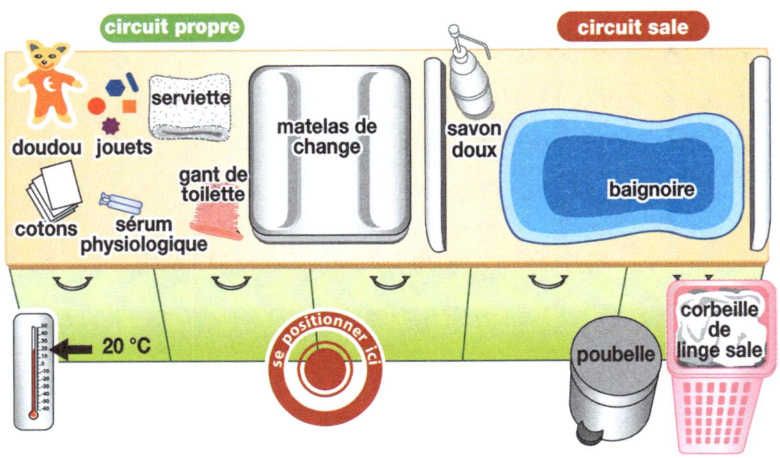

Éxécution

1. Prévenir l'enfant (suite au bain et/ou à l'habillage).
2. Nettoyer les yeux :
   – mouiller la compresse (avec du sérum) ou le coton ou le gant de toilette (avec de l'eau) en ayant une main sur le robinet pour faire couler l'eau et une main sur l'enfant ;
   – passer la compresse (ou le coton ou le gant) de l'angle externe de l'œil vers l'angle interne (du plus propre au plus sale), ou en allant de l'angle interne de l'œil vers l'angle externe (pour ne pas boucher le canal lacrymal) ;
   – mettre dans le haricot ou à la poubelle les fusettes ou compresses, au fur et à mesure.

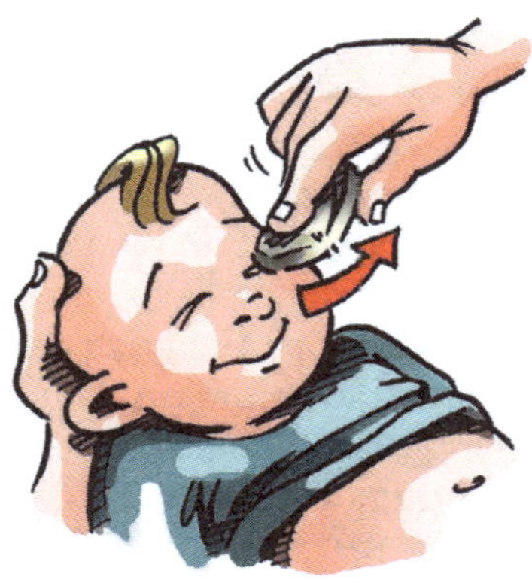

3 Nettoyer les oreilles (si nécessaire) à l'aide de fusettes de coton :
– utiliser une fusette sèche pour l'entrée du conduit auditif ;
– utiliser une fusette mouillée ou un gant mouillé (eau du robinet) pour le pavillon de l'oreille (non nécessaire si la toilette du visage fait suite au bain) ;
– mettre dans le haricot ou à la poubelle les fusettes au fur et à mesure.

4 Nettoyer le nez : utiliser une fusette de coton humidifiée (de sérum physiologique ou d'eau du robinet) et la faire tourner dans la narine pour récupérer les sécrétions (jeter ensuite la fusette dans le haricot ou à la poubelle).

Autre méthode

Instiller dans chaque narine du sérum et récupérer les sécrétions avec un coton (si l'enfant est encombré).

5 Nettoyer le visage : mouiller le coton ou le dos du gant de toilette (une main sur l'enfant et une main pour faire couler l'eau) ;
– nettoyer le front, les ailes du nez, les joues, le menton et la bouche (mettre le coton à la poubelle ou dans le haricot) ;
– sécher le visage avec la serviette en tapotant.

6 Installer l'enfant en sécurité : sur le transat, par exemple.

Rangement et nettoyage

1 Ranger le lieu : ranger les produits sortis, le matelas, le thermomètre…

2 Ne jamais mettre en contact le « propre » et le « sale » ; mettre le linge « au sale » au fur et à mesure du côté sale.

3 Nettoyer et désinfecter le matériel et le plan de travail.

4 Se laver les mains.

Transmission des informations

- Décrire les tâches qui ont été effectuées. Informer du déroulement de la toilette (coopération de l'enfant ou non, par exemple).
- Noter la date et l'heure. Transmettre les observations éventuelles (narines encombrées, yeux rouges…).

LES CRITÈRES D'ÉVALUATION

- **L'organisation et l'ergonomie** : mise à disposition du matériel et des produits sur le plan de travail ; choix de la toilette (couché jusqu'à 8-9 mois, puis à la fois assis et allongé jusqu'à 15 mois environ, assis et debout dès que l'enfant marche en utilisant le gant de toilette).
- **L'hygiène** : respect du circuit propre/sale ; utilisation de l'eau du robinet sans savon pour le visage (lait de toilette à rincer si nécessaire).
- **Le confort** : choix de la méthode adaptée à l'âge de l'enfant (compresse éventuellement jusqu'à 1 mois, puis coton jusqu'à 6 mois et gant de toilette ensuite, excepté pour le nez.
- **La sécurité** : bon maintien de l'enfant pour éviter les chutes ; pas d'absence ni d'éloignement du plan de travail.
- **L'économie** : pas d'utilisation excessive de cotons, de compresses, ou de sérum.
- **La communication** : importance de la communication avec l'enfant.
- **La qualité du résultat** : toilette correcte de l'enfant (visage, nez, yeux, oreilles propres) ; sollicitation de l'enfant en fonction de son degré d'autonomie (toilette du visage au gant de toilette debout avec la participation de l'enfant).

FICHE TECHNIQUE

75 La toilette du visage et des mains du jeune enfant

→ **Objectifs** assurer l'hygiène, la propreté de la peau, le confort de l'enfant et favoriser le développement de l'autonomie.

MATÉRIELS ET PRODUITS

- une serviette
- un gant de toilette
- une brosse à dents adaptée à l'âge de l'enfant (si nécessaire)
- du dentifrice
- un verre d'eau
- du savon doux (mains)
- des vêtements de rechange si nécessaire
- une corbeille de linge sale
- une poubelle
- une lavette
- un détergent/désinfectant

Préparation

1 Porter une tenue adaptée.

2 Se laver les mains.

3 Préparer le lieu, fermer les fenêtres.

4 Préparer le matériel et les produits.

Organisation du plan de travail

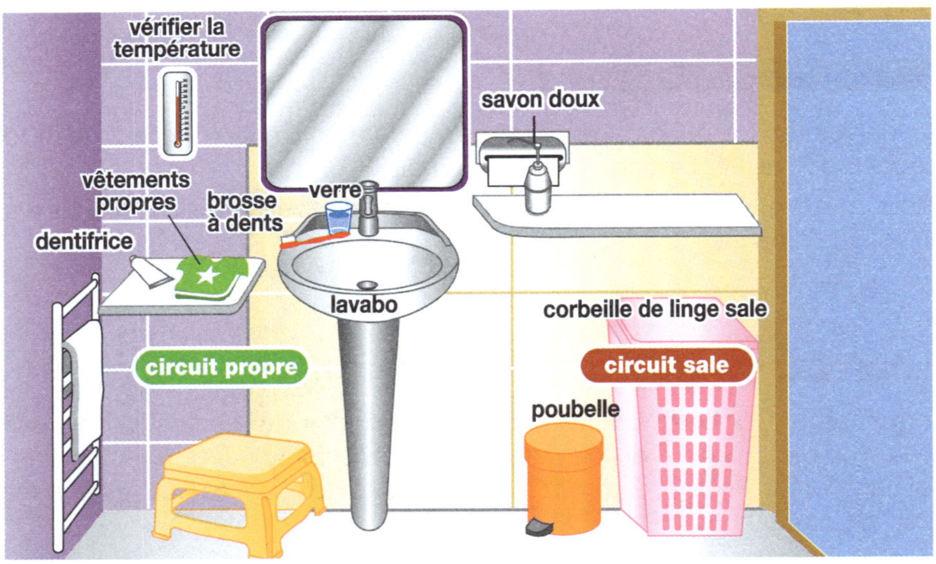

Exécution

1 Prévenir l'enfant.

2 Nettoyer le visage en faisant participer l'enfant ou en l'aidant :
– mouiller le gant de toilette (eau du robinet) ou le faire mouiller par l'enfant selon les capacités de l'enfant ;
– essorer ou faire essorer le gant dans le lavabo selon les capacités de l'enfant ;
– nettoyer ou faire nettoyer les yeux, le front, les ailes du nez, les joues, le menton et la bouche et le nez.

3 Sécher ou faire sécher le visage avec la serviette en tapotant.

4 Nettoyer ou faire nettoyer les mains soit avec le gant de toilette mouillé et imprégné d'une dose de savon, soit directement sous l'eau du robinet avec du savon.

5 Sécher ou faire sécher les mains.

6 Le brossage des dents, si nécessaire :
– de 1 à 3 ans : sans dentifrice, avec une brosse à dent de petite taille (ne sait pas rincer sa bouche) ;
– à partir de 4 ans : avec dentifrice, avec une brosse adaptée à l'âge et à la dentition de l'enfant, lui faire rincer sa bouche.

7 Installer l'enfant en sécurité ou l'accompagner et le remettre à un autre professionnel.

Rangement et nettoyage

1 Ranger le lieu : ranger et faire participer (quand l'enfant est capable de participer au rangement des produits sortis, verre, serviettes…).

2 Nettoyer et désinfecter : le matériel et le plan de travail.

3 Se laver les mains# I {{y| #s #puni #Áh| #zhs #Âau fur et à mesure du côté.

4 Ne jamais mettre en contact le « propre » et le « sale ».

Transmission des informations

- les tâches qui ont été effectuées ;
- le déroulement de la toilette du visage et des mains (coopération de l'enfant ou non par exemple) ;
- la date et l'heure ;
- les observations éventuelles (rougeurs sur les joues, yeux rouges…).

LES CRITÈRES D'ÉVALUATION

- **L'organisation et l'ergonomie** : mise à disposition du matériel et des produits sur le plan de travail, choix du brossage des dents adapté à l'âge s'il est effectué (jusqu'à 3 ans sans dentifrice et l'adulte placé derrière l'enfant ; l'adulte tenant la brosse au début ; à partir de 3 ans l'enfant tient la brosse et l'adulte se place à côté et lui montre et l'aide dans ses gestes).
- **L'hygiène** : respect du circuit propre-sale ; utilisation de l'eau du robinet pour le visage sans savon (si utilisation de lait de toilette à rincer si nécessaire), choix de la méthode de brossage des dents adapté à l'âge de l'enfant s'il est effectué (à sa dentition).
- **Le confort** : utilisation d'un tabouret pour l'enfant pour être à hauteur du lavabo.
- **La sécurité** : bon maintien de l'enfant pour éviter les chutes, pas d'absence, ni d'éloignement lors de la toilette, utilisation d'une brosse à dents adaptée à l'enfant, utilisation de dentifrice seulement si l'enfant sait se rincer la bouche.
- **L'économie** : pas d'utilisation excessive de dentifrice ou de savon.
- **La communication** : importance de la communication orale avec l'enfant tout au long de la tâche.
- **La qualité du résultat** : toilette correcte de l'enfant (visage, nez, yeux, oreilles, mains et dents propres) ; sollicitation de l'enfant en fonction de son degré d'autonomie (brossage des dents seul ou avec l'aide de l'adulte), qualité et pertinence des explications dans l'apprentissage des gestes du quotidien (toilette, brossage des dents).

FICHE TECHNIQUE

76 Le change d'un nourrisson

→ **Objectifs** assurer le confort, l'hygiène, le bien être de l'enfant et prévenir les érythèmes fessiers.

MATÉRIELS ET PRODUITS

- un matelas de change
- une poubelle
- une corbeille de linge sale
- une serviette
- un gant de toilette (ou lingettes jetables à domicile)
- du papier toilette
- un thermomètre
- un jouet ou le doudou
- des vêtements de rechange
- une couche adaptée au poids de l'enfant
- une lavette
- un savon doux
- un détergent/désinfectant

Préparation

1 Porter une tenue adaptée.

2 Se laver les mains.

3 Préparer le lieu, fermer les fenêtres.

4 Préparer le matériel et les produits. Mettre la serviette sur le matelas.

Organisation du plan de travail

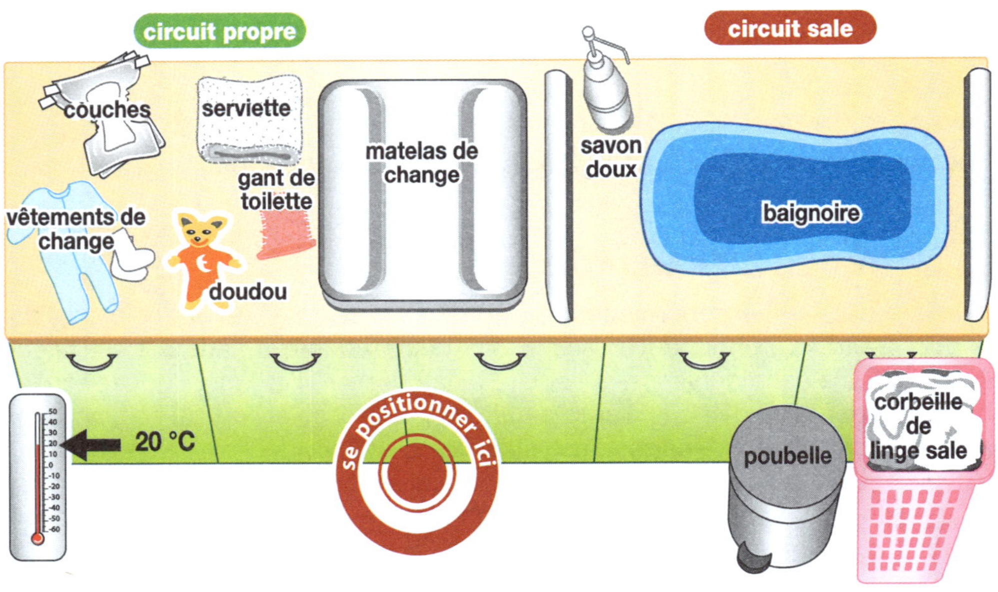

Éxécution

1 Prévenir l'enfant.

2 Déshabiller le bas du corps de l'enfant (si le bas est sale, le mettre dans la corbeille de linge sale). Déboutonner le bas si l'enfant porte une grenouillère et la remonter sur l'abdomen de l'enfant en la roulant.

3 Essuyer le siège avec les parties propres de la couche ou avec du papier toilette si l'enfant a des selles (examiner les urines, les selles et l'état de la peau).

4 Ôter la couche sale en la repliant (enfermer les selles à l'intérieur) et la jeter à la poubelle (garder une main sur l'enfant).

5 Savonner le siège de l'enfant :
- l'abdomen, les cuisses et les plis de l'aine, les organes génitaux (du pubis vers l'anus, en s'arrêtant avant) ;
- le bas du dos, les fesses, puis la région anale.

6 Rincer à l'eau dans le même ordre (avec le gant de toilette).

7 Sécher en tapotant et en insistant dans les plis.

8 Mettre la couche propre : fixer les adhésifs et passer deux doigts au niveau de l'abdomen et des cuisses pour vérifier si ce n'est pas trop serré.

9 Habiller l'enfant.

10 Installer l'enfant en sécurité : sur le transat, au lit…

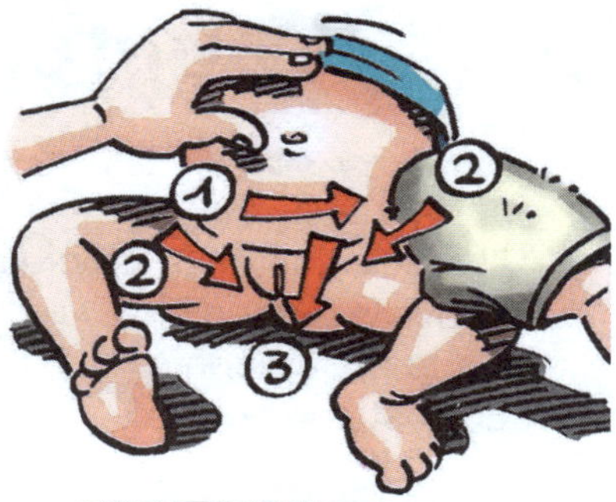

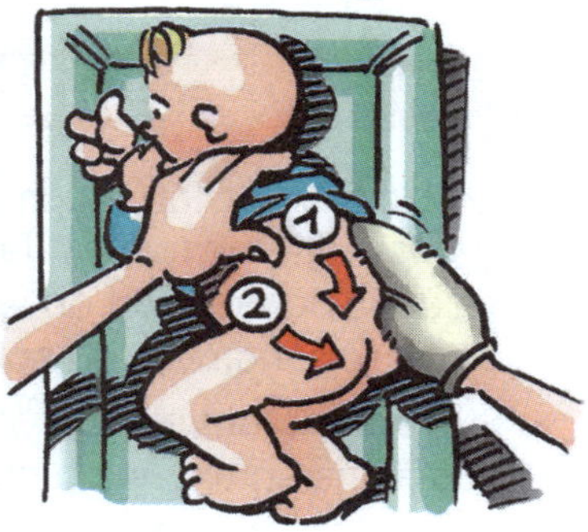

Rangement et nettoyage

1 Ranger les produits sortis, le matelas, le thermomètre, mettre la serviette et le gant au sale.

2 Ne jamais mettre en contact le « propre » et le « sale » (mettre le linge « au sale » au fur et à mesure du côté sale).

3 Nettoyer et désinfecter le matériel et le plan de travail.

4 Se laver les mains.

Transmission des informations

- Décrire les tâches qui ont été effectuées.
- Informer du déroulement du change (coopération de l'enfant ou non…).
- Donner la date et l'heure.
- Transmettre les observations éventuelles (présence de rougeurs, d'érythème, de selles liquides…).

LES CRITÈRES D'ÉVALUATION

- **L'organisation et l'ergonomie** : mise à disposition du matériel, des produits et des vêtements de rechange sur le plan de travail ; choix du change couché (jusqu'à la mise sur le pot).
- **L'hygiène** : respect du circuit propre/sale.
- **Le confort** : choix de la couche adaptée à l'âge et au poids de l'enfant ; choix des vêtements adaptés à la saison, à la température et à l'activité prévue.
- **La sécurité** : bon maintien de l'enfant pour éviter les chutes ; pas d'absence ni d'éloignement du plan de travail.
- **L'économie** : pas de change de vêtements si cela n'est pas demandé (ou pas nécessaire) ; respect des doses pour l'utilisation des produits (savon, détergent…).
- **La communication** : importance de la communication orale avec l'enfant tout au long de la tâche et contact des mains favorisé.
- **La qualité du résultat** : couche propre ; habillage correct de l'enfant (bien boutonné, enfilé dans le bon sens…) ; sollicitation de l'enfant en fonction de son degré d'autonomie (habillage avec de l'aide, assis, debout ou couché).

FICHE SAVOIR

77 L'apprentissage de la propreté

L'acquisition de la propreté est une étape importante qui va conduire l'enfant à une nouvelle autonomie.
Cette acquisition relève d'un processus naturel en étroite relation avec la maturation du système nerveux.

A Rappels d'anatomie et de physiologie

■ L'urine est fabriquée par les reins et s'accumule dans la vessie. La miction est le fait d'éliminer l'urine sous l'effet :
- de la contraction de la vessie ;
- du relâchement du sphincter vésical.

Le sphincter vésical est un muscle rond qui ferme la vessie. Le jeune enfant ne contrôle pas l'ouverture et la fermeture de ce sphincter, c'est un réflexe (il urine chaque fois que sa vessie se remplit). Lorsque la maturation du système nerveux sera suffisante, l'enfant pourra contrôler le sphincter vésical.

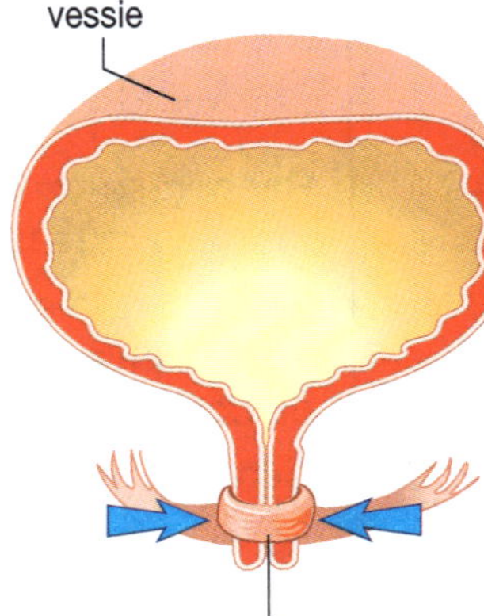

■ La défécation est l'élimination des selles (ou matières fécales).
Le sphincter anal est un muscle rond qui ferme le côlon.
Le nourrisson n'est pas capable de contrôler l'ouverture et la fermeture de ce sphincter. Le contrôle deviendra volontaire lorsque la maturation nerveuse sera suffisante.

B Les impératifs de la propreté

Les conditions	Justification
Une maturation physiologique : - des nerfs moteurs ; - des nerfs sensitifs.	- les nerfs moteurs permettent d'ouvrir ou de fermer les sphincters ; - les nerfs sensitifs permettent à l'enfant de ressentir que sa vessie est pleine ou que son intestin contient des selles.
Une maturation intellectuelle	L'enfant doit avoir conscience de ce besoin d'évacuation et doit pouvoir communiquer avec l'adulte pour demander le pot.
Une maturation affective	L'enfant doit avoir le désir de « devenir grand ». Il peut vouloir freiner cet apprentissage.

C La progression de la propreté

L'âge de l'enfant	Ses acquisitions
De 18 à 21 mois	L'enfant peut maîtriser le sphincter anal.
Vers 2 ans	L'enfant peut maîtriser le sphincter vésical. La propreté est d'abord diurne (de jour).
Vers 3-4 ans	La propreté devient aussi nocturne (de nuit).

- L'acquisition de la propreté relève d'un processus naturel avec parfois des « retours en arrière » liés :
– à la naissance d'un petit frère ou d'une petite sœur ;
– à un déménagement ;
– à un changement de mode de garde, etc.

- Chaque enfant a son propre rythme : certains sont propres tôt et d'autres plus tard.

D Le rôle de l'adulte dans l'acquisition de la propreté du jeune enfant

Attitudes positives envers l'enfant	Attitudes à proscrire
– Respecter le rythme de l'enfant. – Laisser le pot à libre disposition. – Aider l'enfant à ôter sa couche chaque fois qu'il souhaite aller sur le pot. – À partir de 15-18 mois, possibilité de remplacer les couches par des culottes afin de mieux situer les moments d'évacuation. – L'installation sur le pot ne doit pas dépasser 5 minutes et l'enfant doit être bien assis. – Demander à l'enfant de collaborer, susciter les initiatives. – Dédramatiser « les petits accidents » du début quand l'enfant est sans couches. – Valoriser la propreté (être propre « c'est pouvoir aller à l'école »). – Le féliciter. – Lui apprendre à tirer la chasse d'eau.	– L'usage de la force ou des menaces (il ne faut jamais forcer un enfant à aller sur le pot, ni exercer un contrôle oppressant sur ses évacuations, encore moins le gronder lorsque le résultat se fait attendre). – Les moqueries et les comparaisons (l'enfant sera blessé si on le compare avec un autre enfant). – Les réveils nocturnes : ils entraînent des troubles du sommeil, de la nervosité et souvent une résistance de la part de l'enfant. – Le rationnement de l'eau le soir : c'est une attitude qui va à l'encontre des besoins physiologiques de l'enfant.

Lorsque l'enfant la possibilité de choisir le moment où il veut être propre, l'acquisition se fait généralement sans problèmes et assez rapidement.

FICHE TECHNIQUE

78 Les soins liés à l'acquisition et au maintien de la continence

MATÉRIELS ET PRODUITS

- toilettes adaptées à l'âge de l'enfant ou pot
- papier hygiénique
- savon doux ou lingette (à domicile)
- poubelle
- gants
- lavette
- détergent désinfectant
- change culotte adapté à l'âge et au poids de l'enfant si nécessaire

Préparation

1 **Porter une tenue adaptée.**

2 **Se laver les mains.**

3 **Préparer le lieu**, fermer les fenêtres ; vérifier l'installation du pot dans les toilettes quand domicile.

4 **Préparer le matériel et les produits.**

© www.potetteplus.fr

Exécution

1 Prévenir l'enfant, lui proposer d'aller aux toilettes et l'accompagner.

2 Aider si nécessaire à baisser et/ou à enlever le pantalon ou à lever la robe. Aider à baisser le slip ou la culotte, ou le change culotte.

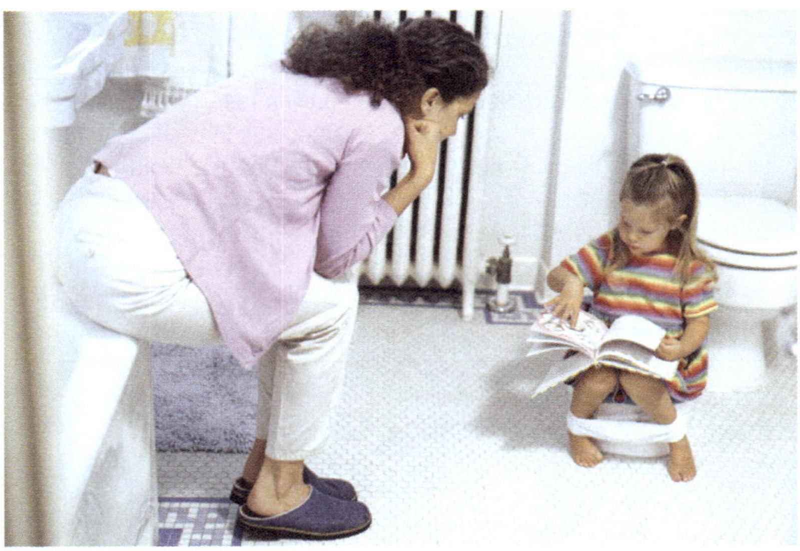

Replier la couche-culotte si elle est souillée et la jeter à la poubelle (en restant près de l'enfant).

3 Aider pour l'installation sur le pot ou sur les toilettes adaptées si nécessaire (en fonction des capacités de l'enfant).

4 Proposer à l'enfant de s'essuyer avec du papier hygiénique ou le faire (en fonction de l'âge).

5 Selon l'âge, possibilité de nettoyer avec une lingette à domicile.

6 Remonter ou aider à remettre le slip ou la culotte, ou la couche-culotte propre.

7 Aider au rhabillement de l'enfant si nécessaire.

8 Faire laver les mains.

9 Installer l'enfant en sécurité ou raccompagner vers un autre adulte.

Rangement et nettoyage

1 Ranger le lieu : ranger les lingettes, mettre les serviette et gant au sale, vider les urines ou les selles dans les toilettes quand utilisation du pot…

2 Nettoyer et désinfecter : les toilettes ou le pot (utilisation des gants d'entretien).

3 Se laver les mains.

4 Ne jamais mettre en contact le « propre » et le « sale ».

Transmission

Transmettre les informations :
– les tâches qui ont été effectuées ;
– le déroulement de l'accompagnement aux toilettes (coopération de l'enfant ou non par exemple) ;
– la date et l'heure ;
– les observations éventuelles (présence de rougeurs, d'érythème, selles liquides, …)

LES CRITÈRES D'ÉVALUATION

- **L'organisation et l'ergonomie** : mise à disposition du matériel, des produits, pot ou toilettes adaptées à l'enfant.
- **L'hygiène** : respect du circuit propre-sale ; slip ou culotte ou couche-culotte propres non souillés.
- **Le confort** : choix de la couche-culotte adaptée à l'âge de l'enfant, à son poids.
- **La sécurité** : toilettes ou pot adaptés à l'enfant pour éviter les chutes ; pas d'éloignement des toilettes.
- **L'économie** : pas de change de vêtements si cela n'est pas demandé (ou pas nécessaire), respect des doses pour l'utilisation des produits (savon, détergent…).
- **La communication** : importance de la communication orale avec l'enfant tout au long de la tâche, valorisation de la propreté.
- **La qualité du résultat** : sous-vêtements propres, ou couche-culotte propre, habillage correct de l'enfant ; sollicitation de l'enfant en fonction de son degré d'autonomie.

FICHE SAVOIR

79 Les conditions favorables à l'endormissement et au réveil

A Les rythmes du sommeil

Le sommeil répond aux besoins de dormir et se reposer.

■ Le fonctionnement de l'organisme est influencé par une alternance de temps de veille et de temps de sommeil sur une durée de 24 heures : on appelle ce phénomène le **rythme circadien**.

■ Le cycle du sommeil se répète 4 à 5 fois dans une nuit (chaque cycle dure en moyenne 1 h 30).
Le nourrisson dort 16 heures, l'adulte 7 à 8 heures et la personne âgée 6 h à 6 h 30.

Les cinq phases d'un cycle de sommeil

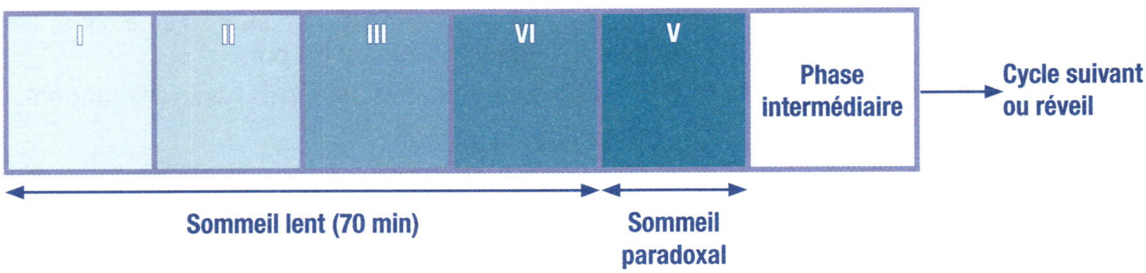

■ Les quatre phases du **sommeil lent sont** :
– **phase d'endormissement (I)** : hallucinations passagères, détente des muscles, perte de conscience ;
– **sommeil léger (II)** : relaxation musculaire progressive, l'activité cérébrale diminue, les pensées sont floues. La personne peut encore se réveiller facilement ;
– **sommeil profond (III)** : la fonction digestive s'accélère, les échanges cellulaires sont facilités. Le réveil est plus difficile ;
– **sommeil très profond (VI)** : ralentissement des fonctions de l'organisme. Rythmes ralentis et irréguliers. Le réveil est lent et pénible.

■ **Le sommeil rapide** : encore appelé sommeil paradoxal, c'est le temps des rêves, les yeux bougent. Le réveil est facile.

B Les fonctions du sommeil

Le rêve permet la restauration neuronale ; le cerveau se régénère. C'est un moyen de maintenir l'équilibre psychique en évacuant les tensions, les conflits internes, les pulsions (intolérables). Ainsi le rêve est la plupart du temps oublié.

C Le sommeil de l'enfant

Une nuit de sommeil d'un enfant est constituée de plusieurs cycles de sommeil, qui durent chacun en moyenne 1 heure 30 à 2 heures.
Une période de sommeil permet à chaque cycle :
– **la récupération**, qui efface la fatigue physique : elle s'effectue au cours du sommeil lent et sa durée augmente selon le degré de fatigue de l'enfant ;

– **la fabrication d'une hormone de croissance** durant le sommeil lent profond (l'hormone somatotrope fabriquée par l'hypophyse) ;
– **la maturation du système nerveux**, l'élaboration de la mémoire et la récupération de la fatigue psychique durant le sommeil paradoxal.

■ **Les signes de l'endormissement sont** : les yeux qui picotent, sensation de froid, bâillement, regard immobile, les paupières qui tombent, la tête qui oscille en quête d'appui et le corps qui recherche une position confortable.

■ **Le besoin de récupération** diminue avec l'âge : un nouveau-né dort 18 à 20 heures par jour ; un enfant de 1 à 3 ans dort 13 à 15 heures (10 à 12 heures par nuit et 3 heures de sieste) et un enfant de 3 à 6 ans dort de 11 à 12 heures par jour.

D Les éléments favorables au sommeil

Pour s'endormir sans difficulté, l'enfant a besoin :
– de silence ;
– de pénombre ;
– de s'endormir à des heures régulières ;
– d'une température de 18 °C à 20 °C ;
– de jeux calmes avant le coucher ;
– de câlins ;
– d'une berceuse ;
– d'une histoire et d'un objet favori près de lui.

E Les éléments favorables au réveil

Le matin, il est important de ne pas réveiller les enfants au dernier moment pour qu'ils aient le temps de prendre leur petit-déjeuner et de s'habiller ; un horaire régulier tous les jours est favorable.
Le réveil progressif et spontané est l'idéal :
– en laissant parvenir les bruits de la maison ou de la structure par la porte entre ouverte ;
– en laissant pénétrer la lumière dans la chambre ;
– en diffusant une musique douce et agréable…

F Les conséquences d'une insuffisance de sommeil

Le manque de sommeil engendre un état de fatigue, un déséquilibre nerveux avec des troubles du comportement (agressivité, irritabilité…) ainsi que des troubles de la croissance. Un enfant manquant de sommeil est irritable, tendu et ses capacités de mémoire et de concentration diminuent.

■ **Les troubles à l'endormissement** : l'enfant peut avoir du mal à s'endormir, des difficultés à se séparer de son entourage, peur du noir, d'être seul dans sa chambre…

■ **L'insomnie du jeune enfant** : elle est rare, mais plus grave. Plus il est jeune, plus il risque de développer une dépression, un refus d'alimentation.

■ **Les terreurs nocturnes chez l'enfant** : l'enfant a des difficultés pour s'endormir, il se réveille dans la nuit en criant et en appelant.

FICHE TECHNIQUE

80 La réfection du lit non occupé

MATÉRIELS ET PRODUITS

- 2 draps propres pour le lit ordinaire ou 1 seul drap avec une turbulette pour nourrisson pour le lit à barreaux (ou lit pédiatrique),
- 1 alèse ou taie (changer uniquement les éléments sales)
- 1 ou 2 chaises
- corbeille de linge sale
- poubelle
- lavette
- détergent désinfectant

Préparation

1 **Porter une tenue adaptée** (mettre des gants pour le linge souillé).

2 **Se laver les mains.**

3 **Mettre la présence en structure sanitaire.**

4 **Préparer le lieu,** fermer la porte et les fenêtres.

5 **Préparer le matériel et les produits.**

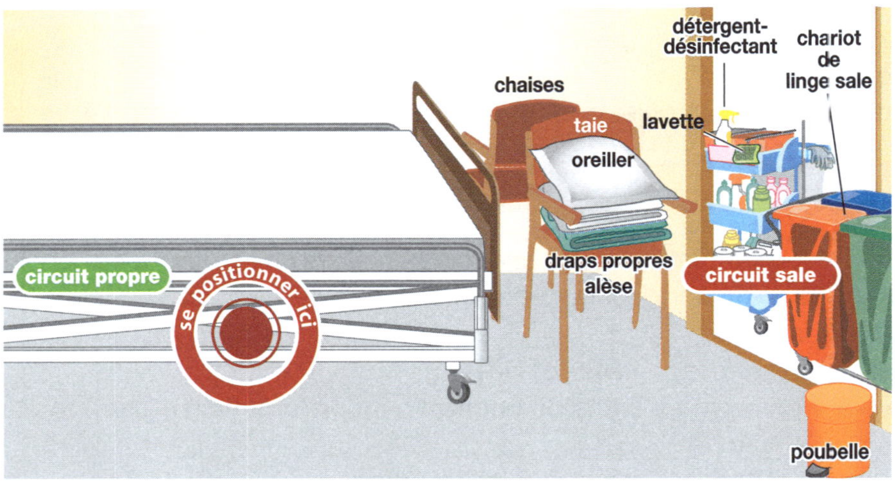

Éxécution

1 **Prévenir l'enfant et** l'installer en sécurité.

2 **Installer les chaises** dos à dos au pied du lit à barreaux (ou lit pédiatrique) ou du lit ordinaire.

3 **Adapter la hauteur du lit** si possible ou abaisser les barreaux si lit pédiatrique.

4 **Retirer oreiller** quand il y en a (pour les enfants de plus de 2 ans) ou la taie d'oreiller (sans oreiller pour les moins de 2 ans) et les **poser** sur les chaises.

5 **Déborder** les éléments de la literie.

6 **Plier en portefeuille les pièces** de la literie une à une et **les poser sur les chaises** (ne plier que les éléments qui ne seront pas changés).

7 **Prendre l'ensemble des éléments sales,** sortir de la chambre et les mettre dans le chariot ou la corbeille de linge sale.

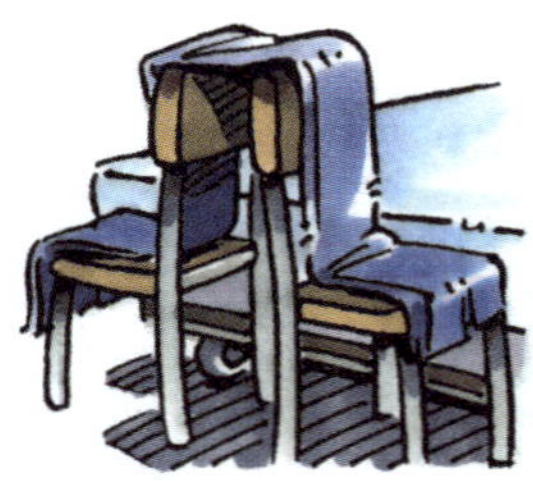

8 **Se laver les mains** (solution hydro-alcoolique) et **rentrer dans la chambre avec les draps propres.**

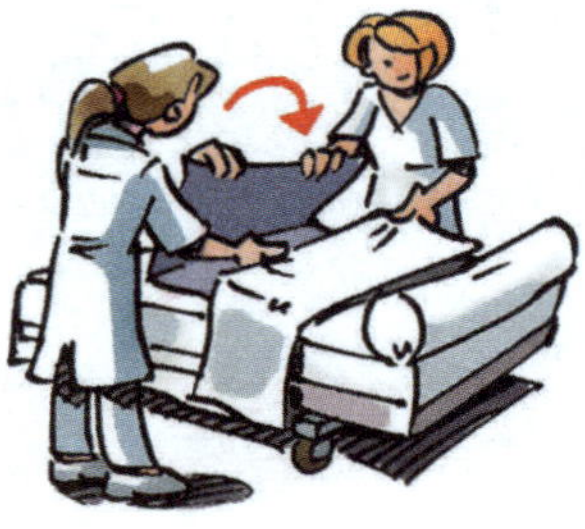

9 **Déplier chaque élément** de la literie un à un, au centre du lit : drap de dessous (border en évitant les plis ; coins au carré), l'alèse (bordée des deux côtés ; elle est placée vers la tête pour les nourrissons), puis la literie de dessus (drap de dessus, couverture et dessus de lit bordés en même temps aux pieds du lit en faisant des ½ coins au carré : sans border sur les côtés du lit).
Pour les nourrisson, la literie de dessus (le drap de dessus et la couverture) dans le lit à barreaux (ou pédiatrique) n'est pas utilisée, qui seront remplacés par une turbulette mise à l'enfant au moment du couché.

10 **Faire un pli d'aisance** quand il y a la literie de dessus.

11 **Ouvrir ou non le lit** avec revers du drap de dessus selon les habitudes et l'âge de l'enfant.

12 **Remettre l'oreiller quand il y a en a un ou la taie d'oreiller seule pour les enfants de moins de 2 ans.**

13 **Installer** confortablement l'enfant si nécessaire et assurer sa sécurité en remontant les barreaux si lit pédiatrique.

Rangement et nettoyage

1 Mettre le linge sale au sale (s'il reste des éléments).

2 Ranger le lieu : ranger les chaises.

3 Nettoyer et désinfecter : le matériel et les chaises.

4 Se laver les mains.

5 S'assurer que l'enfant est bien installé.

6 Éteindre la présence en structure sanitaire.

Transmission

Transmettre les informations :
- la date et l'heure ;
- le nom et la signature du professionnel ;
- les tâches qui ont été effectuées ;
- le déroulement de la réfection du lit ;
- les observations éventuelles : l'état de salissure de la literie…

LES CRITÈRES D'ÉVALUATION

- **L'organisation et l'ergonomie** : mise à disposition du matériel et des produits.
- **L'hygiène** : respect du circuit propre/sale, pas de linge sale au sol ou sous le lit.
- **Le confort** : absence de pli dans la literie.
- **La sécurité** : bon maintien de l'enfant lors de l'installation, pas d'élément entravant le passage.
- **L'économie** : pas d'utilisation excessive des produits.
- **La communication** : importance de la communication et attitude adaptée.
- **La qualité du résultat** : réfection du lit correcte, literie propre, aspect esthétique du lit.

FICHE SAVOIR

81 La mort inattendue du nourrisson

A Définitions

■ **Le concept de mort subite du nourrisson (MSN)** est défini comme étant le décès d'enfants en bonne santé, retrouvés morts dans leur berceau sans explication apparente.

La définition était initialement très large. Une des plus récentes définitions de la MSN date de 2004 et précise qu'il s'agit : « ***d'un décès d'un enfant de moins d'1 an, survenant apparemment pendant le sommeil, qui reste après des investigations postmortem comprenant une autopsie complète et une revue complète des circonstances du décès et de l'histoire clinique#*** ».

■ **La mort inattendue du nourrisson (MIN)** désigne tout décès d'un nourrisson, entre la naissance et 2 ans, survenant sans que rien ne le laisse prévoir.
Il s'agit donc uniquement des circonstances du décès, et non des causes du décès qui sont précisées secondairement, par un bilan médical.
Les MIN représentent donc l'ensemble des décès de nourrissons, qui regroupent des morts naturelles expliquées par diverses pathologies et des morts naturelles restant inexplicables.

■ **Une « mort inattendue »** ne peut être déclarée « mort subite du nourrisson » qu'après exploration approfondie, comprenant une autopsie.

Les explorations *postmortem* ont permis d'expliquer certains décès par une infection, une maladie métabolique, voire des actes de maltraitance.

B Les causes

Plusieurs facteurs peuvent être en cause, des facteurs de risques et des facteurs favorisants.

■ **Les facteurs favorisants**
- la maturation des grandes fonctions vitales (vulnérabilité du nourrisson) ;
- les pathologies habituelles de cette tranche d'âge (bronchiolite).

■ **Les facteurs de risques**
Ils sont liés à l'environnement du nourrisson et aux conditions de couchage :
- le tabagisme chez la mère lors de la grossesse ;
- le petit poids de naissance ;
- la prématurité ;
- la position de couchage sur le ventre ou le côté ;
- le tabagisme passif ;
- le partage du lit ;
- l'hyperthermie, et une chambre surchauffée ;
- le lit et la literie inadaptés ;
- la période hivernale.

C Les recommandations

Certaines recommandations sont proposées par l'American Academy of Pediatrics :

■ **Installer le nourrisson dans la chambre des parents**
Installer le berceau du nourrisson dans la chambre des parents permettrait une meilleure surveillance, en cas de signes inquiétants.
En revanche, il est déconseillé de faire dormir le nourrisson dans le lit des adultes.

■ **Coucher le nourrisson sur le dos et sans peluche**
Coucher le nourrisson sur le dos, sur une surface ferme, un drap bien ajusté, sans couverture, ni oreillers ou peluches susceptibles de l'étouffer et de créer une chaleur excessive permettrait d'améliorer significativement le sommeil du nourrisson et de prévenir le risque de mort subite.

© AeroSleep

© AeroSleep

■ **Privilégier le contact physique**
Le contact physique entre la mère et le nouveau-né immédiatement après la naissance, quel que soit le mode d'accouchement serait très important. Le contact de la peau de la mère avec celle de l'enfant permet au nourrisson d'être colonisé par les mêmes bactéries, ce qui est important pour développer son système immunitaire.
Le contact physique avec la mère et le fait d'être nourri au sein permettraient également de prévenir le risque d'allergies et augmenterait également la protection contre le syndrome de mort subite.
Le contact physique permet aussi au nourrisson d'être plus heureux, sa température corporelle est alors plus stable et normale, tout comme son rythme cardiaque.

■ **Veiller à la qualité de l'environnement**
– aérer la chambre ;
– ne pas fumer dans la chambre ou près du nourrisson (pour éviter le tabagisme passif) ;
– éviter de surchauffer la chambre et être vigilant à l'hyperthermie ;
– veiller à la qualité du lit et de la literie (à son adaptation).

■ **L'usage de la tétine** pendant le sommeil protégerait les nourrissons.

© AeroSleep

© AeroSleep

FICHE TECHNIQUE

82 La préparation du biberon et l'alimentation lactée

→ **OBJECTIF** assurer le repas du nourrisson.

MATÉRIELS ET PRODUITS

- biberon de verre
- chauffe-biberon ou casserole
- couteau
- assiette
- goupillon
- boîte de lait en poudre 1er âge ou 2e âge (avec sa mesurette)
- bouteille d'eau faiblement minéralisée (Évian)
- détergent à usage alimentaire

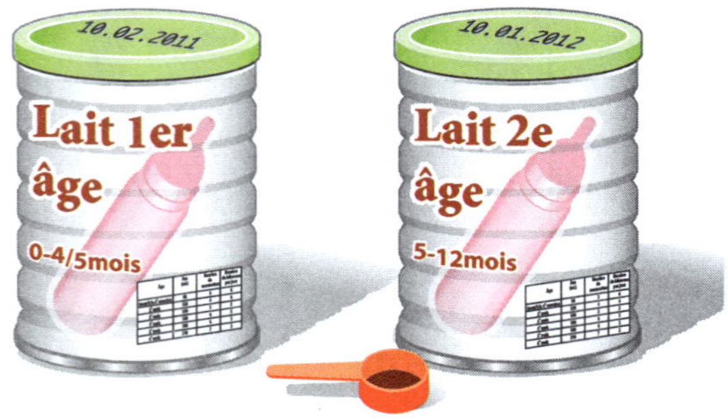

Préparation

1 Porter une tenue adaptée : une blouse et une charlotte.

2 Se laver les mains.

3 Préparer le lieu.

4 réparer le lait en poudre, l'eau et le biberon et sortir le matériel.

Organisation du plan de travail

Le préparateur travaille en ligne, selon le principe de la « marche en avant » des denrées.

Éxécution

1 Lire le mode d'emploi sur la boîte de lait (vérifier les dates de péremption).

2 Dévisser la tétine avec le capuchon et les poser sur l'assiette ; ouvrir la bouteille d'eau et mettre le bouchon dans l'assiette.

3 Verser l'eau dans le biberon : quantité adaptée à l'âge et au poids de l'enfant.

Âge du nourrisson	Quantité d'eau (mL)	Nombre de mesures de lait	Nombre de biberons (par jour)
1er mois	90	3	6
2e mois	120	4	6
3e mois	150	5	5
4e mois	180	6	5
5e mois	180	6	3
Du 6e au 12e mois	210	7	2

Exemple de dosage de lait infantile.

4 Verser les mesures de lait en poudre en les arasant avec le dos du couteau ; fermer la boîte.

5 Fermer le biberon et mélanger en roulant le biberon entre les mains.

6 Faire chauffer le biberon au chauffe-biberon ou dans une casserole (ou au micro-onde) ; vérifier la température avant de donner à l'enfant.

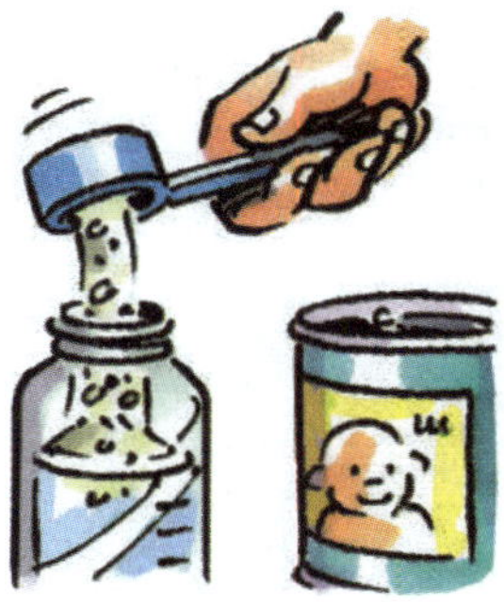

Rangement et nettoyage

1 Nettoyer et ranger le plan de travail.

2 Laver et essuyer la vaisselle :
– jeter le reste de lait ;
– nettoyer le biberon, la tétine et la bague du biberon avec le goupillon.

3 Ranger le matériel.

4 Se laver les mains.

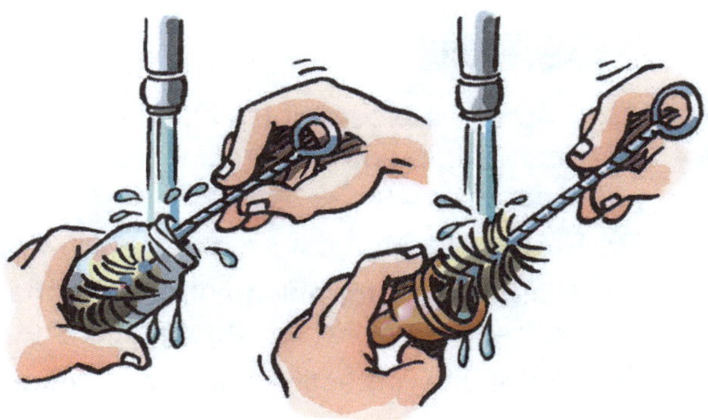

LES CRITÈRES D'ÉVALUATION

- **L'organisation et l'ergonomie** : mise à disposition du matériel et des produits sur le plan de travail.
- **L'hygiène** : respect du circuit propre/sale ; tenue propre ; lavage des mains dès que nécessaire ; plan de travail propre.
- **La sécurité** : utilisation correcte et adaptée du chauffe-biberon, du couteau (jamais pointe vers le haut) ; vérification de la température du lait avant de donner à l'enfant ; dosage respecté.
- **L'économie** : utilisation de la mesurette, de la graduation du biberon (eau).
- **la qualité du résultat** : dosage correct du biberon ; absence de grumeaux ; biberon chaud ; plan de travail propre.

FICHE TECHNIQUE

83 Donner le biberon

→ **OBJECTIFS** assurer les besoins nutritionnels, le confort de l'enfant et développer le goût.

MATÉRIELS ET PRODUITS

- une chaise ou un fauteuil confortable pour l'adulte
- une table (pour poser le biberon)
- un chauffe-biberon
- un biberon de lait préparé
- un bavoir
- une serviette de table
- une lavette
- un détergent/désinfectant alimentaire
- un écouvillon (pour laver le biberon)
- du produit vaisselle

Préparation

1 Porter une tenue adaptée.

2 Se laver les mains.

3 Préparer le lieu, s'assurer de l'hygiène de l'environnement : propreté de la table, du confort du siège pour l'adulte.

4 Préparer le matériel et les produits : bavoir, biberon de lait chauffé dans le chauffe-biberon.

Éxécution

1 Préparer le biberon puis bien agiter en roulant entre les mains. Vérifier la température sur le dos de la main (passer sous l'eau froide éventuellement) et remettre le capuchon sur le biberon.

2 Prévenir l'enfant (faire le change si nécessaire, puis se laver les mains).

3 S'installer confortablement et au calme, l'enfant sur les genoux en position semi-assise (pour éviter les régurgitations et les crampes).

4 Mettre une protection : bavoir, serviette de table…

5. Ôter le capuchon de la tétine (ne pas toucher la tétine avec les doigts) et donner le biberon. La tétine est toujours remplie de lait, le débit est adapté à l'âge de l'enfant et à la consistance de la préparation (position I.II.III). Faire des pauses si nécessaire ; favoriser les échanges non verbaux et laisser l'enfant libre de ses mouvements (bras).
6. À la fin du biberon, tenir le bébé redressé contre soi pour favoriser le rôt (et éviter ainsi l'étouffement), essuyer la bouche du bébé, faire le change si nécessaire.
7. Installer l'enfant en sécurité sur le transat (pour éviter les régurgitations).

Rangement et nettoyage

1. Ranger le lieu : mettre le biberon dans l'évier et le bavoir au sale.
2. Nettoyer et désinfecter : effectuer la vaisselle, mettre à égoutter les couverts, assiettes, biberon (ouvrir le biberon, le vider, le remplir d'eau et le laver avec un écouvillon puis le stériliser), laver la table, nettoyer et désinfecter le plan de travail (de la préparation du biberon) et remettre en ordre.
3. Se laver les mains.
4. Ne jamais mettre en contact le « propre » et le « sale » (bavoirs ou serviettes de table).

Transmission des informations

- Décrire les tâches qui ont été effectuées.
- Informer sur le déroulement du repas.
- Donner la date et l'heure de la technique.
- Transmettre les observations éventuelles (pas d'appétit, quantités ingérées, régurgitations…).

LES CRITÈRES D'ÉVALUATION

- **L'organisation et l'ergonomie** : mise à disposition du biberon sur la table ; installation confortable du nourrisson dans les bras.
- **L'hygiène** : respect du circuit propre/sale ; pas de contact de la main avec la tétine du biberon.
- **Le confort** : installation correcte des accessoires de confort.
- **La sécurité** : bon maintien de l'enfant pour éviter les chutes (prise du biberon) ; pas d'absence ni d'éloignement du fauteuil en laissant l'enfant seul.
- **L'économie** : respect des doses de lait pour le biberon en fonction de l'âge de l'enfant.
- **La communication** : importance de la communication orale avec l'enfant tout au long de la tâche et de la prise du biberon.
- **La qualité du résultat** : repas adapté à l'enfant (capacités digestives) ; sollicitation de l'enfant en fonction de son degré d'autonomie (participation à la prise du repas : il peut tenir le biberon) ; respect des désirs exprimés (il pousse le biberon, il ferme la bouche) ; respect de la durée du repas (pas trop long ni trop court).

FICHE TECHNIQUE

84 Assurer la prise de repas du jeune enfant

→ **OBJECTIFS** assurer les besoins nutritionnels, le confort de l'enfant et développer le goût.

MATÉRIELS ET PRODUITS

- une chaise haute pour un enfant de 8 mois et jusqu'à 3 ans (l'enfant doit bien se tenir), sangle de sécurité, tablette assez large, matériau facile d'entretien, stable ou un transat (en dessous de 8 mois).
- des couverts adaptés à l'enfant (gobelets à bec, à poignées…)
- un bavoir, une serviette de table
- une lavette, un détergent/désinfectant alimentaire
- du produit vaisselle

Préparation

1 Porter une tenue adaptée.

2 Se laver les mains.

3 Préparer le lieu, s'assurer de l'hygiène de l'environnement : propreté de la table, du plateau, propreté des instruments et des couverts.

4 Préparer le matériel et les produits.

Organisation du plan de travail

Exécution

1 Prévenir l'enfant : faire le change, faire passer aux toilettes, faire laver les mains, éventuellement le visage….

2 Installer l'enfant et s'assurer de son confort : siège adapté, dos calé, couverts adaptés.

3 Mettre une protection : bavoir, serviette de table…

4 Aider et faire participer au repas :
– respecter le goût, le refus, le rythme, les demandes (couper la viande…), éviter de mélanger les aliments (modifie le goût et entraîne la perte d'appétit) ;
– accompagner le geste selon l'âge pour apprendre à l'enfant l'autonomie, lui proposer de se servir lui-même ;
– apprendre les règles (ne pas se lever de table, ne pas manger avec les doigts, ne pas parler la bouche pleine…) ;
– faire boire, parler, dialoguer, stimuler, mais sans forcer.

5 Faire laver les mains, les dents, le visage à la fin du repas.

6 Installer l'enfant en sécurité sur le transat.

Rangement et nettoyage

1 Ranger le lieu : mettre dans l'évier les assiettes, les couverts, le plateau…

2 Ne jamais mettre en contact le « propre » et le « sale » (bavoirs ou serviettes de table).

3 Nettoyer et désinfecter les couverts, les assiettes, la salle, la table ou la chaise haute et remettre en ordre.

4 Se laver les mains.

Transmission des informations

- Décrire les tâches qui ont été effectuées.
- Informer du déroulement du repas (participation de l'enfant en tenant sa cuillère…).
- Donner la date et l'heure de la technique.
- Transmettre les observations éventuelles (pas d'appétit, quantités…).

LES CRITÈRES D'ÉVALUATION

- **L'organisation et l'ergonomie** : mise à disposition du matériel et du repas sur la table ou sur le plateau de la chaise haute (dans le transat tant que l'enfant ne peut tenir assis seul ; assis sur la chaise haute vers l'âge de 8/9 mois et assis sur une chaise basse autour d'une table à partir de 18 mois, en fonction de ses capacités motrices, notamment la maîtrise de la marche).
- **L'hygiène** : respect du circuit propre/sale.
- **Le confort** : installation correcte des accessoires de confort.
- **La sécurité** : bon maintien de l'enfant pour éviter les chutes ; pas d'absence ni d'éloignement de la table ou de la chaise haute ; pas d'instruments tranchants, piquants…
- **L'économie** : pas de quantités excessives par rapport à l'âge de l'enfant.
- **La communication** : importance de la présentation des aliments et de la communication orale avec l'enfant tout au long de la tâche.
- **La qualité du résultat** : repas adapté à l'enfant (capacités digestives) ; sollicitation de l'enfant en fonction de son degré d'autonomie (participation à la prise du repas), respect des désirs exprimés, satisfaction de l'usager…) ; durée du repas correspondant à l'âge de l'enfant (à ses caractéristiques).

FICHE TECHNIQUE

85 La distribution des repas, l'aide à l'hydratation régulière

A Les règles d'hygiène

- Avoir une tenue propre pour le service et se laver les mains.
- S'assurer que les tables et la vaisselle sont propres.
- Utiliser plateau et assiettes pour disposer les aliments.
- Faire passer les enfants aux toilettes avant le repas (ou faire un change).
- Ne pas souffler sur un aliment chaud.
- Faire laver ses mains à l'enfant.
- Installer l'enfant en sécurité.
- Donner une serviette de table ou mettre un bavoir.
- Saisir les plats ou les verres par le dessous (jamais les doigts à l'intérieur des plats), les couverts toujours par les manches…
- Nettoyer après chaque repas.

B L'organisation dans le temps et dans l'espace

① S'assurer que la table est propre et les couverts installés (verres, pichet d'eau).

② Aller chercher les enfants et les aider les enfants à s'installer à table.

③ Faire le service : les plats chauds peuvent être disposés dans un plat sur la table ; proposer aux enfants de l'eau. Pour un service sur table : mettre le pain, l'assiette individuellement.

④ Débarrasser les plats et la table au fur et à mesure.

⑤ Aider les enfants à se lever de table (les raccompagner).

⑥ Nettoyer les tables.

Tout au long du service :

- aider les enfants qui en ont besoin : couper la viande, le poisson, les légumes en petits morceaux, aider à tenir les couverts, le verre ou la cuillère.
- penser à leur laisser le temps de mâcher, de respirer, faire boire un peu entre chaque bouchée éventuellement.
- favoriser leur autonomie : ouvrir les sachets ou barquettes quand c'est nécessaire.

C Le confort de l'usager et son bien être

Veillez à la présentation : nappes sur les tables ; couverts bien disposés (couteau à droite, cuillère à droite, fourchette à gauche si l'enfant est droitier ou inverser s'il est gaucher).

S'assurer que la salle à manger est correctement chauffée et éclairée.

Garantir un temps suffisant à chaque enfant pour prendre son repas.

Privilégier les tables avec peu de personnes, pas trop proches les unes des autres pour ne pas gêner le passage et assurer une place suffisante pour chaque enfant.

Aider chacun en fonction de son autonomie, ne pas assister : favoriser la prise des repas, ne faire manger que lorsqu'il n'est pas possible de faire autrement.

Respecter les goûts de chacun.

Mettre tous les éléments à portée de main pour l'enfant.

D La communication

- S'informer des goûts de l'enfant, des régimes (sans sucre, sel…) : se référer à la feuille de distribution.
- Transmettre ce que l'enfant a mangé et bu.
- Prendre le temps de communiquer avec l'enfant, de lui demander s'il a besoin d'aide.

E Après le repas

① Faire laver les mains, le visage.

② Nettoyer le matériel et remettre la salle en ordre.

③ Nettoyer et désinfecter le chariot.

④ Faire les transmissions : quantité, appétit ou non, participation de l'enfant, difficultés…

F Tout au long de la journée

Proposer aux enfants de boire régulièrement dans la journée.

FICHE TECHNIQUE

86 L'entretien des espaces spécifiques aux soins

■ Il est nécessaire d'avoir une tenue adaptée à l'entretien des locaux et des équipements de soins. **L'utilisation d'un tablier sur sa tenue pourra donc être nécessaire ainsi que le port de gants d'entretien, selon la tâche à effectuer.**

■ Il est important de respecter **un circuit nécessaire** pour l'hygiène et la sécurité (**un côté propre** et **un côté sale**). Ce circuit permet d'être respecté lors de l'entretien avec l'utilisation d'un chariot d'entretien en collectivité.

B Le bionettoyage des surfaces avec un détergent, puis un désinfectant

Le bionettoyage a pour objectif d'éliminer les salissures et les micro-organismes. Il est obtenu par la combinaison d'un nettoyage, suivi d'un rinçage (qui élimine le détergent et les salissures) et d'une désinfection (par pulvérisation d'un désinfectant).

MATÉRIELS ET PRODUITS

- chariot de lavage
- 3 lavettes bleues
- 3 seaux de couleurs différentes (solution détergente, eau de rinçage, solution désinfectant)
- 1 dose de détergent
- 1 dose de désinfectant (ou produits en sprays prêts à l'emploi)
- filet de récupération des lavettes sales
- gants

Préparation

1. **Porter une tenue adaptée.**
2. **Se laver les mains** et mettre les gants.
3. **Préparer le lieu** : aérer la pièce. Si structure, le chariot reste à l'extérieur de la pièce.
4. **Préparer le matériel et les produits** : préparer la solution détergente dans un seau, remplir un seau d'eau claire, préparer la solution désinfectante dans le 3ème seau, installer les seaux et la presse sur le chariot, tremper les lavettes.

Éxécution

1. Laver la surface avec une lavette imprégnée de détergent : faire un détourage puis toute la surface par bandes ; mettre la lavette au sale (filet de récupération).
2. Rincer de la même façon que le lavage (détourage et bandes) avec une lavette imprégnée d'eau, puis mettre la lavette au sale.
3. Désinfecter : passer une lavette imprégnée de désinfectant de la même façon que le lavage et le rinçage (détourage et bandes) ; un rinçage peut être nécessaire selon les désinfectants, il faut alors attendre un temps d'action avant de rincer le produit désinfectant.
4. Vérifier l'absence de salissures et de traces.

Rangement et nettoyage

1. Mettre les lavettes au sale (lavage en machine).
2. Nettoyer et ranger le matériel (laver et désinfecter les seaux).
3. Ôter ses gants et se laver les mains.

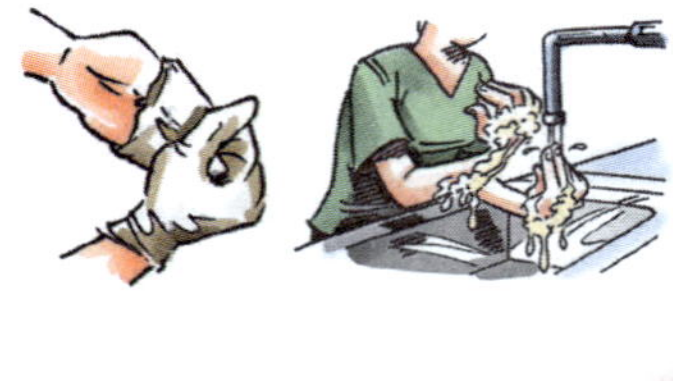

B Le bionettoyage des surfaces avec un détergent-désinfectant (dD)

Les produits détergents désinfectants permettent de réaliser le nettoyage et la désinfection en même temps.

MATÉRIELS ET PRODUITS

- chariot de lavage
- 1 ou 2 lavettes bleues
- 1 ou 2 seaux de couleurs différentes (solution détergent-désinfectant et eau de rinçage)
- 1 dose de détergent-désinfectant (dD) ou produit en spray prêt à l'emploi
- filet de récupération des lavettes sales
- gants

Préparation

1 **Porter une tenue adaptée.**

2 **Se laver les mains** et mettre les gants.

3 **Préparer le lieu** : aérer la pièce. Si structure, le chariot reste à l'extérieur de la pièce.

4 **Préparer le matériel et les produits** : préparer la solution détergente-désinfectante dans un seau (ou désinfectant prêt à l'emploi à pulvériser), remplir un seau d'eau claire, installer les seaux et la presse sur le chariot, tremper les lavettes.

La plupart des Dd non alimentaires ne se rincent pas après pulvérisation.

Éxécution

1 Faire le bionettoyage de la surface avec une lavette imprégnée de solution détergent-désinfectant : détourage, puis toute la surface par bandes ; mettre la lavette au sale (filet de récupération).

2 Rincer **si nécessaire** de la même façon que le bionettoyage (détourage et bandes) avec une lavette imprégnée d'eau, puis mettre la lavette au sale (selon les dD, il faut alors attendre un temps d'action avant de rincer le produit).

3 Vérifier l'absence de salissures et de traces.

Rangement et nettoyage

1 Mettre les lavettes au sale (lavage en machine).

2 Nettoyer et ranger le matériel (laver et désinfecter les seaux).

3 Ôter ses gants et se laver les mains.

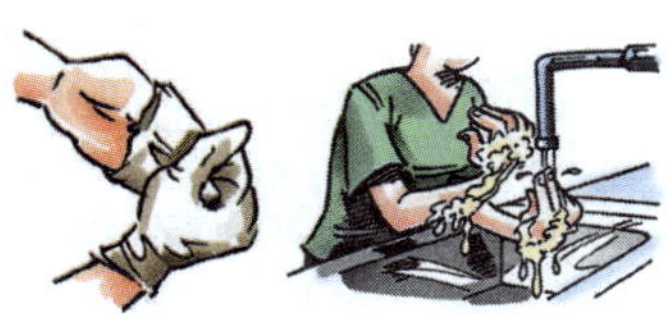

LES CRITÈRES D'ÉVALUATION

- **L'organisation et l'ergonomie** : mise à disposition du matériel et des produits, ordre logique des opérations.
- **L'hygiène** : respect du circuit propre/sale, tenue propre, port de gants, spray utilisé sur la lavette et non directement sur la surface.
- **La sécurité** : respect des consignes d'utilisation des produits et des matériels ; port de gants.
- **L'économie** : pas d'utilisation de matériel ou de produits non indispensables à la tâche, respect des doses pour l'utilisation du détergent-désinfectant, quantité suffisante de détergent-désinfectant en fonction de la surface.
- **La communication** : information sur les tâches à effectuer, zone de lavage balisée.
- **La qualité du résultat** : absence de poussière, de salissure, de trace.

FICHE SAVOIR

87 Notions de bientraitance et de maltraitance

A Les bonnes pratiques professionnelles et l'ANESM

Les bonnes pratiques professionnelles émises par l'Agence Nationale de l'évaluation et de la qualité des établissements et services sociaux et médico-sociaux (ANESM) déterminent les priorités en faveur des usagers, et la bientraitance figure au premier plan.

L'ANESM a en effet établi des recommandations sur la bientraitance mettant en avant la vision des trois lois concernant la place et la bientraitance de l'usager :

- la loi de 2002 rénovant l'action sociale et médico-sociale ;
- la loi de 2005 pour l'égalité des droits et des chances, la participation et la citoyenneté des personnes handicapées ;
- la loi de 2007 réformant la protection de l'enfance.

Les pratiques professionnelles recommandées reposent sur le droit international, notamment dans les principes énoncés par l'ONU (Organisation des Nations Unies) et par l'Union européenne. La bientraitance est l'une des conséquences de l'exigence d'équité et de justice sociale qui concerne l'ensemble des acteurs sociaux.

Ces recommandations ciblent l'ensemble des professionnels, ainsi que les organismes gestionnaires, les associations d'usagers, les usagers et leurs proches.

B Le concept de bientraitance

Le choix du terme de bientraitance par l'ANESM (et non de bienfaisance) réside dans la proximité des deux concepts de bientraitance et de maltraitance permettant une résonance entre les deux mots : utiliser le terme de bientraitance oblige les professionnels à garder en mémoire la trace de la maltraitance.

La bientraitance repose sur la volonté d'améliorer des pratiques tout en étant vigilant. C'est à la fois une démarche positive et la mémoire du risque possible : elle vise à promouvoir le bien-être de l'usager en gardant présent à l'esprit le risque de maltraitance.

Ainsi, la bientraitance ne se résume pas à l'absence de maltraitance, ni à la prévention de la maltraitance ; elle n'est en rien le contraire de la maltraitance.

C La définition de l'ANESM

Il n'existe pas de définition définitive.

La bientraitance résulte d'un équilibre entre les exigences d'une réponse aux besoins fondamentaux de l'usager qui soit la plus individualisée possible et une mise en œuvre par les professionnels selon les moyens du contexte donné.

D Le champ et les objectifs de la bientraitance

La définition **des principes fondamentaux** de la bientraitance et de ses applications constitue le **fondement de toutes les bonnes pratiques professionnelles** que l'ANESM valide ou élabore.

Cette recommandation bénéficie du statut particulier de **recommandation-cadre** au regard des productions de l'Agence.

E Les principes fondamentaux de la bientraitance

La bientraitance s'enracine dans des principes qui relèvent non pas de la pratique professionnelle à proprement parlé, mais des questionnements éthiques sous-jacents à ces pratiques. Selon l'ANSEM, la bientraitance est « l'enjeu d'une société toute entière, un enjeu d'humanité ».

Les principes fondamentaux pour les professionnels sont :

- une **culture du respect de la personne et de son histoire, de sa dignité et de sa singularité** ;
- une **manière d'être** d'agir et de dire soucieuse de l'autre, réactive aux besoins et demandes de l'enfant, respectueuse de ses choix et de ses refus ;
- une valorisation de l'expression des usagers ;
- un aller-retour permanent entre penser et agir : la démarche exige à la fois une réflexion collective sur les pratiques et une mise en acte rigoureuse des mesures que la réflexion collective préconise ; c'est une culture de questionnement permanent, y compris au regard des évolutions des savoirs et des découvertes des sciences humaines, sociales et médicales ;
- une démarche continue d'adaptation à une situation donnée.

F Les quatre repères pour une culture de la bientraitance

La bientraitance est une **démarche collective** qui identifie le **meilleur accompagnement possible** pour l'usager, dans le **respect de ses choix** et dans l'**adaptation à ses besoins.**

Pour cela, l'ANESM a identifié 4 repères :
– l'usager co-auteur de son parcours ;
– la qualité du lien entre professionnels et usagers ;
– l'enrichissement des structures et des accompagnements grâce à toutes contributions internes et externes pertinentes ;
– le soutien aux professionnels dans leur démarche de bientraitance.

G Des pistes pour bientraiter

– laisser les doudous à disposition des enfants ;
– ne pas forcer l'enfant ;
– ne pas brusquer l'enfant (en paroles ou par les gestes) ;
– respecter l'intimité de l'enfant ;
– mettre des mots sur ce que l'enfant va faire ;
– ne pas parler au-dessus de la tête de l'enfant ;
– s'adresser à l'enfant en utilisant le « je » et le « tu » ;
– valoriser et encourager l'enfant et lui faire confiance ;
– éviter les surnoms et ne pas poser d'étiquette ;
– ne pas porter de jugement sur l'enfant et sa famille.

FICHE SAVOIR

88 L'hyperthermie

→ OBJECTIF prendre la température de l'enfant pour adopter une conduite adaptée à la situation.

A Les variations de la température et la fièvre

La température du corps

C'est le degré de chaleur de l'organisme. La température est de 36,5 °C à 37 °C le matin, et de 37 °C à 37,5 °C le soir. La température peut s'élever (hyperthermie) ou diminuer (hypothermie).

Les variations de la température

	Hypothermie	Hyperthermie
Définition	Température corporelle inférieure à 36 °C.	Température corporelle supérieure à 38 °C.
Causes	– État de choc. – Refroidissement.	– Poussée dentaire. – Vaccination. – Coup de chaleur, maladie.
Conséquences	Hypoglycémie.	– Déshydratation. – Convulsions.
Signes cliniques	– Peau blanche ou cyanosée (bleue) et froide. – Frissons.	– Peau rouge, moite, chaude. – Modifications du comportement (dort trop, joue moins…).
Conduite à tenir	– réchauffer l'enfant ; – bien sécher l'enfant après un bain chaud ; – l'habiller chaudement et lui donner une boisson chaude.	– aérer la pièce ; – prendre la température de l'enfant ; – le dévêtir ; – le faire boire ; – faire baisser la fièvre (le couvrir au besoin de linges humides et frais, donner des médicaments).

B Les méthodes de prise de température

Il existe plusieurs moyens de prendre la température d'un enfant :
– **par voie buccale** (par la bouche) : la variation normale de la température se situe entre 35,5 °C et 37,5 °C ;
– **par voie axillaire** (sous l'aisselle) : la variation normale de la température se situe entre 34,7 °C et 37,3 °C ;
– **par l'artère temporale** (sur le front) ;
– **par voie tympanique** (par l'oreille) : la variation normale de la température se situe entre 35,8 °C et 38,0 °C.

Le choix de la méthode

Le choix de la méthode dépend de l'âge de l'enfant.

Âge	Techniques recommandées
De la naissance à 2 ans	Aisselle.
De 2 à 5 ans	Oreille, aisselle.
Plus de 5 ans	1. Bouche (pour obtenir une lecture exacte). 2. Oreille, aisselle.

Les thermomètres

Les bandelettes thermosensibles (sur le front) ne sont pas recommandées, car leur lecture n'est pas précise. Les thermomètres tympaniques peuvent être complexes à utiliser.

C Prendre la température

Préparation

1. Se laver les mains.
2. Préparer le matériel et les produits : un thermomètre, une compresse, un embout jetable, une poubelle, un plateau, un détergent/désinfectant.
3. Prévenir l'enfant.
4. Nettoyer le thermomètre.

Exécution

Méthode choisie	Technique
Bouche	1. Placer le bout du thermomètre sous la langue de l'enfant. 2. Attendre le signal sonore. 3. Retirer le thermomètre et lire la température.
Aisselle	1. Placer le bout du thermomètre au centre de l'aisselle. 2. S'assurer que le bras de l'enfant est bien collé sur son corps. 3. Attendre le signal sonore. 4. Retirer le thermomètre et lire la température.
Oreille	1. Utiliser un embout propre (ou couvre-sonde) à chaque prise et suivre les directives du fabricant. 2. Tirer doucement vers l'arrière sur l'oreille pour libérer la voie jusqu'au tympan. 3. Insérer doucement le thermomètre jusqu'à ce que le conduit auditif soit entièrement bloqué. 4. Appuyer sur le bouton et le maintenir enfoncé pendant une seconde. 5. Retirer le thermomètre et lire la température.

Rangement et nettoyage

Nettoyer et désinfecter le thermomètre.
Pour le thermomètre tympanique, nettoyer et désinfecter l'embout.

FICHE SAVOIR

89 Les transmissions

A L'objectif de la transmission

C'est de donner des indications et des informations sur ce qu'on a fait, ce qu'on a entendu et observé. Elle permet un meilleur travail d'équipe, une continuité et une meilleure qualité du service rendu à l'usager.

B Les difficultés de la transmission

La transmission nécessite un tri dans les informations à transmettre, une justesse dans le vocabulaire de l'information et une diffusion assez rapide pour un travail suivi et de qualité.

■ Le professionnel a l'**interdiction de diagnostic**, de prescription et de soins dans le sens médical du terme. Il doit être **un trait d'union entre l'enfant et les autres partenaires** sanitaires et sociaux, mais ne doit pas se substituer à eux.

■ Il doit **rendre compte et transmettre l'information** (aux familles, aux autres professionnels et collègues). Il est fréquent que ce ne soit pas toujours la même personne qui intervienne. Il est donc indispensable qu'une transmission se fasse pour un **bon suivi** de l'enfant et **une cohésion dans le travail**.

■ Il **doit rendre compte à la famille, au responsable de la structure, de l'association** : c'est indispensable pour l'enfant et sa famille et pour les professionnels en cas de problème.

C La transmission sur le plan juridique

■ Les écrits transcrits dans un dossier constituent la preuve des soins dispensés. La signature des différents professionnels de l'équipe sur les supports de transmissions engage la responsabilité de chacun.
L'action de transmettre par écrit les informations relatives aux enfants engage la responsabilité de chaque professionnel. **Oublier d'écrire un élément fondamental pour la bonne prise en charge d'un enfant ou pour la continuité des soins peut avoir des conséquences graves**.

■ **Les éléments** qui peuvent constituer le dossier d'un enfant sont :
- **la fiche d'identification et le recueil des données**, comportant l'identité de la personne, son mode de prise en charge, le nom de la personne à prévenir et/ou de la personne de confiance et toute information nécessaire pour une bonne prise en charge ;
- **les prescriptions médicales** éventuelles si PAI ;
- les fiches sanitaires.

En fonction des structures et des services, il peut figurer d'autres éléments dans le dossier.

D Les différentes formes de transmission

1 Les transmissions écrites

■ Les informations transcrites doivent être **précises et compréhensibles par tous**. Elles ne concernent que l'enfant et ne font apparaître aucun jugement de valeur. Elles ne doivent pas contenir d'informations inutiles.

■ Les informations écrites peuvent être présentées sous forme de **transmissions ciblées** : c'est une méthode utilisée dans le secteur sanitaire qui organise et structure les informations écrites de manière relationnelle pour en assurer une lecture rapide et efficace.

Les objectifs des transmissions ciblées sont :
- d'identifier les problèmes nouveaux de la personne quand ils apparaissent ;
- de réajuster le projet de soins en fonction de l'évolution de l'état de la personne ;
- de permettre à l'équipe de se centrer sur la personne plutôt que sur la maladie ;
- d'éviter les transcriptions répétitives ;
- d'assurer la continuité des soins.

La transmission ciblée est présentée sous forme de tableau :

Date/heure Nom/fonction	Cible	Données	Actions	Résultats
.. / .. /.... *.. h.. min*	Énoncé précis visant à attirer l'attention sur un (ou des) élément (s) concernant la personne *: préoccupation de la personne soignée, symptôme, douleur, comportement de la personne (repli sur soi...), changement dans l'état de la personne, événement inhabituel ou significatif (chute...).*	Description de ce qui est observé, constaté ou entendu et précisant la situation	Transcription des soins réalisés : *correspond à ce qui a été fait.*	Présentation des conséquences des actions effectuées : *ce qui est obtenu, évalué ou mesuré.*
		EXEMPLE		
13/04/2018 09h00 C. Xavier/ CAP AEPE	*hyperthermie*	*T°= 38,6°C*	*Médecin informé par IDE*	
13/04/2018 13h00 D. Pont/IDE	*hyperthermie*		*Traitement X en cours*	*T°= 37,6°C*

2 Les transmissions orales

Elles se font pendant des temps informels pour transmettre des informations rapidement auprès d'autres intervenants. Ces intervenants peuvent être des collègues de travail, d'autres professionnels ou la famille. Cette transmission orale peut être nécessaire en cas d'urgence également.

3 Les éléments d'une transmission

Une transmission doit comporter certains éléments essentiels :
- la date et l'heure ;
- le nom et la signature du professionnel ;
- les tâches qui ont été effectuées ;
- le déroulement du soin ;
- les observations éventuelles : progrès ou régression dans la mobilité, état psychologique...

FICHE SAVOIR

90 Recueil des informations préoccupantes

La loi du 5 mars 2007 réformant la protection de l'enfance charge le président du conseil Départemental du recueil, du traitement et de l'évaluation des informations préoccupantes concernant les enfants en danger ou en risque de danger.

A Définition de l'information préoccupante

L'information préoccupante est définie par le décret du 7 novembre 2013 comme : *« une information transmise à la cellule départementale pour alerter le président du conseil général (Départemental aujourd'hui) sur la situation d'un mineur, bénéficiant ou non d'un accompagnement,* ***pouvant laisser craindre que sa santé, sa sécurité ou sa moralité sont en danger ou en risque de l'être ou que les conditions de son éducation ou de son développement physique, affectif, intellectuel et social sont gravement compromises ou en risque de l'être »****.*

B La finalité de l'information préoccupante

Cette transmission vise à évaluer la situation d'un mineur et déterminer les actions de protection et d'aide dont ce mineur et sa famille peuvent bénéficier.

C Les éléments de guidance pour les professionnels

Si les professionnels identifient le besoin de procéder à une évaluation pluridisciplinaire, de réévaluer une situation, d'approfondir une aide apportée, ou bien d'assurer une protection immédiate à l'enfant, ils doivent transmettre leur information préoccupante à la cellule départementale.

■ Les professionnels émetteurs de l'information préoccupante doivent indiquer :
- des informations concernant l'environnement de l'enfant ;
- les ressources et capacités des parents.

■ Pour compléter et enrichir le travail d'analyse partagée de la situation, avant toute transmission d'information préoccupante à la cellule, pour préparer une éventuelle intervention en protection de l'enfance, le dialogue avec les familles, sur les besoins et l'intérêt de l'enfant, est essentiel. Dans le cadre de ce dialogue, le professionnel informe la famille de la transmission d'une information préoccupante à la cellule départementale.

D La réflexion partagée

Elle résulte du travail mené par des professionnels, pour évaluer, à partir des données et des ressources disponibles au sein d'un service, le danger ou les risques de danger relatifs à la santé, la sécurité, la moralité d'un mineur, ou susceptibles de compromettre gravement son éducation, ou son développement physique, affectif, intellectuel et social.
Pour étayer leur préoccupation et identifier le besoin d'aide, les professionnels s'appuient sur une réflexion collective. Elle peut être mise en œuvre dans un cadre institutionnel ou bien de façon plus informelle dans le respect des règles relatives au partage d'informations à caractère secret.

■ Pour aider les professionnels isolés qui ne disposent pas de ressource pour procéder à une réflexion partagée, il est possible de solliciter les professionnels de la cellule départementale afin de déterminer si la situation qui le préoccupe relève ou non de l'information préoccupante.

Les professionnels isolés sont ceux qui, compte tenu de circonstances particulières ou des conditions d'exercice propres à leur profession ne disposent pas des ressources pour procéder à une réflexion partagée. Ils n'ont pas accès à une instance pluridisciplinaire ou à une équipe professionnelle sanitaire ou sociale interne à l'institution au sein de laquelle ils travaillent.

E Les ressources et capacités des parents

Les compétences parentales ou familiales sont des leviers positifs présents dans l'entourage de l'enfant et que les services sociaux peuvent utiliser, soutenir ou favoriser pour mettre fin à la situation de danger.

Les particuliers peuvent, s'ils sont préoccupés par la situation d'un enfant qu'il estime en danger ou en risque de danger, **s'adresser à la cellule départementale, ou au numéro national « 119 allo enfance en danger »**, pour transmettre des éléments dont ils ont connaissance.

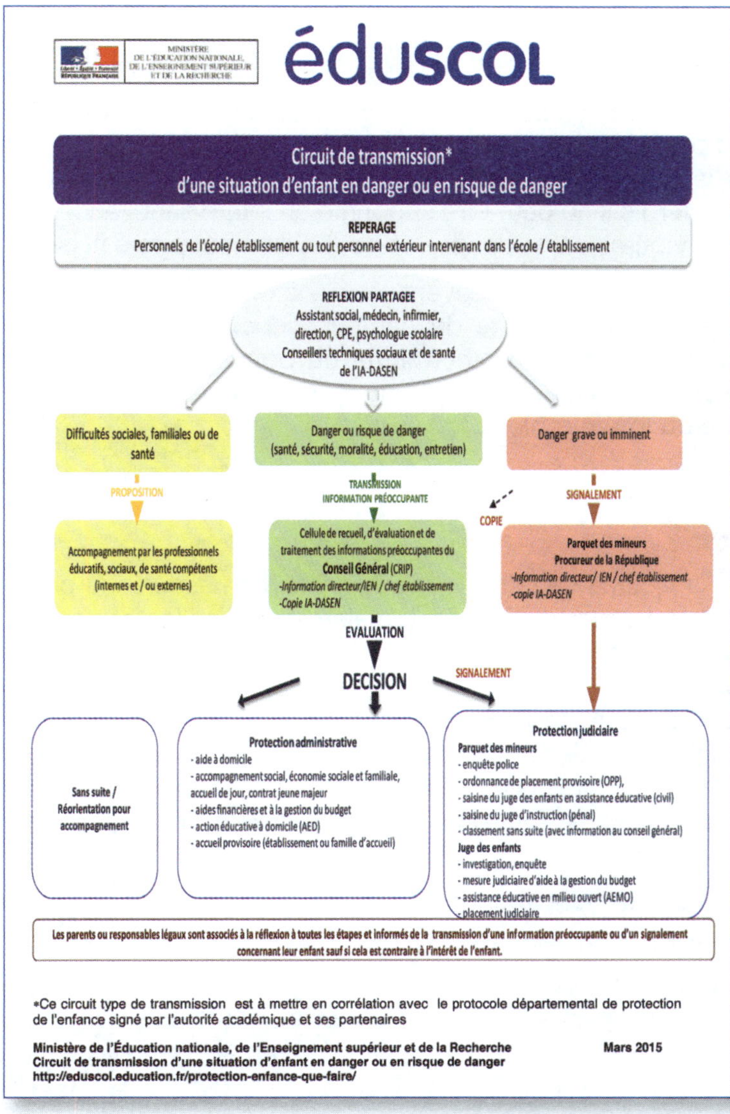

FICHE SAVOIR

91 Prévention et secours civiques de niveau 1 (PSC 1)

→ OBJECTIF Savoir intervenir. *Il est nécessaire pour l'examende valider le PSC1.*

La formation Prévention et secours civiques de niveau 1 (PSC 1) **remplace** depuis le 1er août 2007 **l'Attestation de formation aux premiers secours (AFPS)**.
Les titulaires de l'AFPS sont considérés comme titulaires, par équivalence, de l'unité d'enseignement PSC 1.
Le certificat de sauveteur secouriste du travail (CSST) est une **formation professionnelle** liée au monde du travail. **Un sauveteur secouriste du travail (SST)** est un membre du personnel volontaire ou désigné pour porter secours en cas d'accident.
Face à une **situation d'accident**, la conduite à tenir est toujours basée sur les **quatre grandes actions** suivantes :

Protéger → Examiner → Alerter → Secourir

A La protection

■ C'est la première action du secouriste qui, en fonction de l'observation de la situation (dangers persistants…), prend les décisions suivantes :
– **Supprimer le danger** : sans risque pour la victime ou le secouriste.
– **Isoler le danger** : s'il ne peut être supprimé en interdisant l'accès pour protéger.
– **Soustraire la victime** : si le danger ne peut ni être supprimé ni isolé.

■ Ces dangers persistants peuvent être : d'origine **mécanique** (écrasement, chute de hauteur, choc…) ; d'origine **électrique** ; d'origine **thermique ou pouvant provoquer un incendie** ou **explosion** ; dû à une **atmosphère toxique ou irrespirable**.

Remarque

Devant une attaque terroriste ou une situation de violence, le SST doit appliquer les consignes nationales de sécurité du ministère de l'intérieur disponibles en ligne « réagir en cas d'attaque terroriste ».

B L'examen

L'examen de la victime se fait une fois la protection assurée, il permet de secourir la victime et de faire alerter. Il permet également de collecter **des informations sur l'état de la victime** pour mettre en œuvre des actions et transmettre les informations aux secours.
L'examen consiste à rechercher les signes de détresse vitale (atteinte des fonctions vitales) qui mettent en danger la victime, ou des signes anormaux, ou une brûlure, une plaie ou des difficultés pour effectuer des mouvements…
Les signes recherchés se font dans l'ordre du niveau d'urgence vitale :

1. La victime saigne-t-elle abondamment ?
2. La victime s'étouffe-t-elle ?
3. La victime est-elle consciente ?
4. Dans le cas d'une personne inconsciente : la victime respire-t-elle ?

C L'alerte

L'alerte consiste à appeler ou à faire appeler les secours et à transmettre les informations permettant leur intervention (18 : pompiers, 15 : SAMU, 112 : n° européen) le plus rapidement possible.

Le message d'alerte contient :
– le nom et prénom de la personne qui alerte ;
– le lieu de l'accident ;
– la nature de l'accident ;
– le nombre de victimes ;
– l'état de la (ou les) victime(s) ;
– les gestes d'urgences entrepris ;
– les risques persistants.

D Le soin d'une plaie

Une plaie simple est une petite coupure ou éraflure atteignant les couches supérieures de l'épiderme : elle est peu profonde, peu étendue, ne contient pas de corps étranger.

1 La technique

Préparation

1. Faire asseoir et rassurer la personne. Se laver les mains.
2. Préparer le matériel et les produits : un plateau, une compresse ou gant de toilette, une poubelle, un antiseptique non coloré, un pansement.
3. Mettre des gants jetables.

Exécution

1. Laver la plaie à l'eau et au savon en allant de l'intérieur vers l'extérieur de la plaie.
2. Appliquer l'antiseptique soit par vaporisation, soit avec une compresse (de l'intérieur vers l'extérieur). Protéger la plaie avec un pansement.
3. Jeter les gants à usage unique et se laver les mains.
4. Transmission : signaler la plaie et vérifier le vaccin antitétanique.

2 Les cas particuliers

- **Présence d'un corps étranger dans la plaie** : il ne faut pas le retirer pour éviter tout risque d'aggravation ou de saignement abondant.
- **Le saignement de nez** : faire asseoir la victime tête penchée en avant. Lui demander de se moucher et comprimer ses narines avec deux doigts, pendant 10 minutes.
- **Saignement par un orifice naturel** : alerter les secours et mettre la victime au repos tout en la rassurant.
- **Plaie au thorax** : mettre la victime au sol en position demi-assise et laisser la plaie à l'air libre.
- **Plaie à l'abdomen** : mettre la victime à plat sur le dos au sol et jambes fléchies.
- **Plaie à l'œil** : allonger la victime en lui recommandant de fermer les deux yeux et si possible en maintenant sa tête à deux mains.
- **Section de doigt** : récupérer le segment sectionné, l'envelopper dans une compresse, placer l'ensemble dans un sac plastique propre et fermé, placer dans un autre sac de l'eau et des glaçons et placer ces deux sacs dans un troisième sac.

FICHE SAVOIR

92 Repérer les signes de détresse et intervenir

→ OBJECTIFS Repérer les signes de détresse pour pratiquer le bon geste de secourisme et donner une alerte conforme à l'urgence de la situation.

A Pour un saignement abondant

Un saignement ou hémorragie est un écoulement de sang hors des vaisseaux.
Il existe trois types de saignements : l'hémorragie externe (une plaie), l'hémorragie interne (le sang s'écoule dans une cavité de l'organisme), l'hémorragie extériorisée (le sang s'écoule par un orifice naturel : nez, bouche).

1 Repérer l'origine du saignement.

2 Demander à la victime de comprimer immédiatement l'endroit qui saigne ou, à défaut, le faire à sa place jusqu'à l'arrivée des secours.
Porter des gants ou mettre un sac plastique (pas de contact avec le sang de la victime si cela n'augmente pas le délai de l'intervention).

3 Allonger la victime dès la compression effectuée (cette position retarde ou empêche l'apparition d'une détresse circulatoire).

4 Faire alerter ou à défaut alerter : par un témoin s'il est présent, le SST si la victime comprime elle même ou après avoir relayé la compression manuelle par un pansement compressif .

5 Si la compression directe d'un membre est inefficace (le saignement persiste malgré tout) ou est impossible (nombreuses victimes, catastrophes, nombreuses lésions, plaie inaccessible, corps étranger), mettre en place un garrot au-dessus de la plaie pour arrêter le saignement.

6 Surveiller l'état de la victime : si elle répond, lui parler régulièrement et la rassurer ; protéger la victime contre le froid et/ou les intempéries, la réchauffer ; en cas d'aggravation (sueurs abondantes, sensation de froid, pâleur intense, ou si la victime ne répond plus), pratiquer les gestes qui s'imposent et rappeler les secours.

Remarque
Il convient de toujours se laver les mains et les désinfecter et de retirer les vêtements souillés de sang le plus tôt possible après la fin de l'action de secours.

B Pour l'étouffement

Il faut pratiquer une **désobstruction des voies respiratoires**. En cas d'obstruction partielle, il faut mettre la personne au repos et la rassurer jusqu'à la venue d'un médecin.

1 Constater l'obstruction totale et brutale des voies aériennes.

2 Donner 1 à 5 tapes vigoureuses dans le dos pour désobstruer les voies aériennes
La technique varie en fonction du gabarit de la victime (Victime adulte ou grand enfant, victime qui peut tenir sur l'avant bras ou sur la cuisse du SST).

3 Si les tapes sont inefficaces, réaliser :
– pour une victime adulte ou un grand enfant : 1 à 5 compressions abdominales par la méthode d'Heimlich : se placer derrière la victime contre son dos, s'assurer que la victime est penchée en avant, l'entourer avec ses bras et placer le poing fermé au-dessus du nombril et au-dessous du sternum, mettre l'autre main dessus et tirer vers l'arrière et vers le haut.
– pourune victime qui peut tenir sur l'avant bras ou la cuisse du SST (nourrisson,

petit enfant) : 1 à 5 compressions thoraciques, pour cela : retourner le nourrisson, allonger tête basse sur l'avant-bras et la cuisse de l'adulte et effectuer des compressions avec deux doigts au milieu de la poitrine.

4 En cas d'inefficacité : réaliser de nouveau 1 à 5 tapes dans le dos, puis si besoin, 1 à 5 compressions (abdominales ou thoraciques selon le cas) et ainsi de suite.

5 Arrêter les manœuvres dès la désobstruction (rejet du corps étranger, toux, reprise de respiration) ou si la victime perd connaissance.

6 Installer la victime dans la position où elle se sent le mieux et desserrer ses vêtements si nécessaire.

7 Demander un avis médical et surveiller l'état de la victime.

Cas particuliers : chez la victime consciente et alitée qui présente une obstruction totale des voies aériennes, le SST peut réaliser des compressions thoraciques comme pour le massage cardiaque.

C Pour l'inconscience sans détresse respiratoire

1 Placer la victime sur le côté, en position latérale de sécurité (PLS). Le danger de détresse respiratoire prime sur l'éventualité d'une aggravation de lésion traumatique lors de la mise en PLS.

2 Faire alerter immédiatement les secours, si un témoin est présent ; si le SST est seul et s'il n'a pas obtenu une aide de la part d'un témoin, il peut après avoir mis la victime en PLS aller le plus rapidement possible alerter les secours, puis revenir auprès de la victime.

3 Surveiller l'état de la victime : protéger contre le froid et/ou les intempéries, contrôler en permanence la respiration de la victime.

D Pour l'inconscience avec détresse respiratoire

La détresse ventilatoire peut être due à : une intoxication par l'air inhalé (asphyxie par gaz toxique) ; une obstruction ventilatoire (objet dans la gorge) ; un trouble de la commande respiratoire.
Il faut dans ce cas rétablir une respiration artificielle et une circulation sanguine efficace et mettre en œuvre une DAE (défibrillation automatisée externe).

1 Faire alerter les secours et réclamer un défibrillateur.

2 Pratiquer une réanimation cardio-pulmonaire : la conduite à tenir pour un enfant est la même que pour l'adulte, mais la défibrillation doit être réalisée avec des appareils adaptés (électrodes pédiatriques, réducteur d'énergie). Si le SST n'a qu'un DAE « adulte », il peut être utilisé et les électrodes « adulte » seront placées en avant, au milieu du thorax pour l'une, au milieu du dos pour l'autre.
– **chez la victime de plus de 8 ans** : 30 compressions au milieu de la poitrine, avec le talon de la main, l'autre main aidant à appuyer (pour l'adulte commencer directement par les compressions) ;
– **chez l'enfant** (de 1 à 8 ans) : 30 compressions au milieu de la poitrine avec le talon de la main ;
– **chez le nourrisson** : 30 compressions thoraciques avec deux doigts placés au-dessus de l'axe du sternum.

3 Pratiquer alternativement 30 compressions pour 2 insufflations pour l'adulte, l'enfant et le nourrisson (jusqu'à l'arrivée des secours ou de la DAE). Les insufflations se font par le bouche-à-bouche pour l'enfant et l'adulte, et par bouche-à-bouche et nez chez le nourrisson.

4 Mettre en œuvre le défibrillateur : suivre les instructions.

93 Les autres gestes pour les accidents courants

A Chute ou coup : traumatisme du dos, de la nuque ou de la tête

→ Ne pas mobiliser la victime.
→ Conseiller de ne faire aucun mouvement (en particulier de la tête).
→ Faire alerter ou alerter.
→ Surveiller.

B Chute ou coup : traumatisme au niveau des membres

→ Conseiller de ne pas mobiliser le membre.
→ Faire alerter ou alerter.
→ Surveiller.

C Brûlure thermique

→ Supprimer la cause ou soustraire la victime.
→ Refroidir immédiatement la surface brûlée par ruissellement d'eau courante tempérée.
→ Faire alerter ou alerter dès le début de l'arrosage.
→ Mettre au repos.
→ Surveiller et protéger du froid en laissant la brûlure visible.

D Brûlure chimique

→ Rincer en arrosant la partie imprégnée de produit.
→ Déshabiller la victime en se protégeant.
→ Faire alerter ou alerter (préciser le nom du produit).
→ Se laver les mains.
→ Surveiller et protéger du froid.

E Protection de produit dans l'œil

→ Rincer le plus tôt possible l'œil (ne pas faire couler sur l'autre œil).
→ Faire alerter ou alerter (préciser le nom du produit).
→ Surveiller et protéger du froid.

F Brûlure électrique

→ Arroser la zone brûlée visible à l'eau courante tempérée.
→ Faire alerter ou alerter les secours.
→ Demander un avis médical et suivre les consignes.
→ Surveiller et protéger du froid.

G Brûlure interne par ingestion ou inhalation

→ Placer la victime en position demi-assise.
→ Demander un avis médical et suivre les consignes.
→ Garder l'emballage du produit.
→ Surveiller et protéger du froid.

H Intoxication (produits toxiques, médicaments, plantes

→ Ne pas donner de lait.
→ Ne pas faire vomir si le produit est moussant.
→ Retrouver l'emballage ou notice du produit.
→ Estimer la quantité prise.
→ Contacter le centre antipoison.

I Morsure

→ Demander si l'animal est vacciné contre la rage.
→ Emmener la victime chez le médecin.

J Piqûre

→ Observer s'il y a un gonflement.
→ Prévenir un œdème de Quincke en consultant un médecin ou pharmacien.

FICHE SAVOIR

94 Le projet d'accueil individualisé

A L'accueil des enfants atteints de troubles de la santé

■ L'École doit accueillir tous les enfants avec un même souci d'exigence et d'ambition. Elle doit tout mettre en œuvre pour éviter l'exclusion et l'isolement dans lequel la maladie peut placer l'enfant en permettant de développer des comportements solidaires. Ainsi, les enfants atteints d'un trouble de la santé évoluant sur une longue durée **doivent être pleinement intégrés à tous les aspects de la vie de l'école**.

■ Les conditions d'accueil d'un élève porteur d'une maladie de longue durée nécessitent l'implication de tous les personnels de la communauté éducative, enseignants et non-enseignants, ainsi que les personnels de la restauration scolaire si nécessaire, en lien étroit avec le médecin et l'infirmière qui assurent le suivi de l'élève, avec l'accord de la famille.

■ Lorsque la scolarité d'un élève, notamment en raison d'un trouble de santé invalidant, nécessite un aménagement, un **projet d'accueil individualisé** est élaboré avec le concours du médecin de l'éducation nationale ou du médecin du service de protection maternelle et infantile. **Ce projet concerne les élèves ne relevant pas de la commission des droits et de l'autonomie.** Le PAI est différent du projet personnalisé de scolarisation.

B Le contenu d'un Projet d'Accueil Individualisé (P.A.I.)

Le P.A.I. est un **document écrit** précisant les **adaptations** à apporter à la vie de l'enfant ou de l'adolescent **en collectivité (crèche, école, collège, lycée, centre de loisirs)**.
Il peut concerner le temps scolaire mais aussi périscolaire, et se nomme ainsi parfois PAIP (projet d'accueil individualisé périscolaire).

Ce document est mis au point à la demande de la famille, ou en accord avec celle-ci pour organiser les modalités particulières de la vie quotidienne de l'enfant en tenant compte des besoins thérapeutiques de celui-ci et dans le respect des compétences de chacun. Il a pour but de faciliter l'accueil de l'enfant, sans se substituer à la responsabilité des familles. Il s'élabore en concertation étroite avec, selon les cas, le médecin scolaire ou de la P.M.I., et en lien avec le médecin prescripteur.

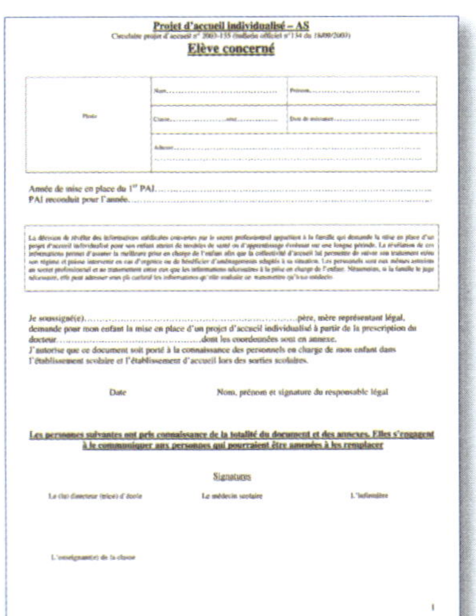
Projet d'accueil individualisé – AS

Élève concerné

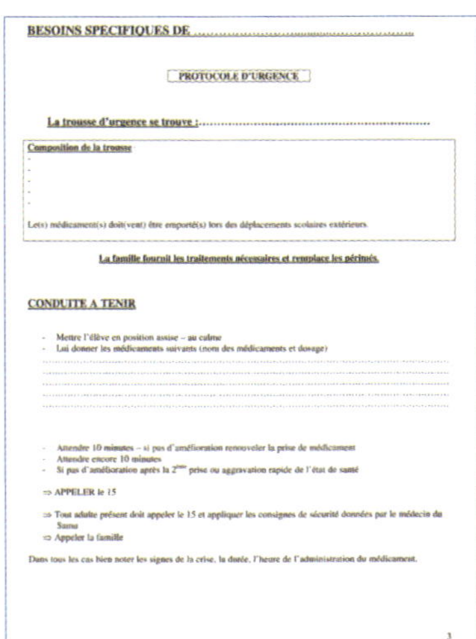
BESOINS SPECIFIQUES DE ....

PROTOCOLE D'URGENCE

La trousse d'urgence se trouve : ....

CONDUITE A TENIR

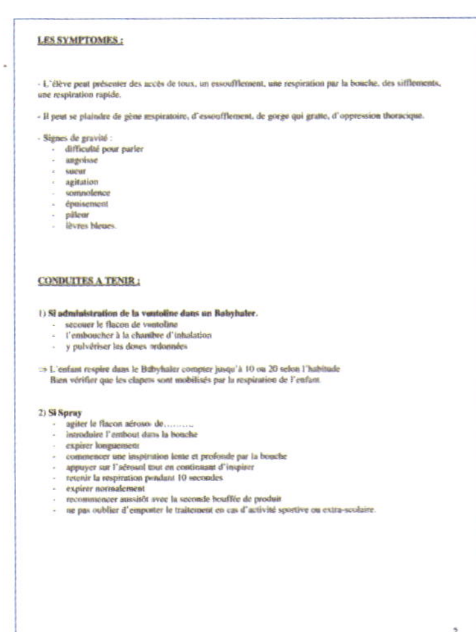
LES SYMPTOMES :

CONDUITES A TENIR :

Selon la nature du trouble de la santé, le P.A.I. permet de préciser :

- les médicaments qu'il convient d'administrer ;
- les aménagements spécifiques ;
- la prescription si nécessaire d'un régime alimentaire ;
- le protocole de soins d'urgence le cas échéant.

C La prise de médicaments dans le cadre d'un P.A.I.

Pendant le temps scolaire, certains élèves peuvent être amenés à prendre des médicaments dans le cadre du traitement de leur pathologie.

- La circulaire de juin 1999 relative à la distribution de médicaments précise que l'aide à la prise de médicament n'est pas un acte médical (et n'est donc pas un exercice illégal de la médecine) :
« lorsque la prise du médicament est laissée par le médecin prescripteur à l'initiative d'une personne malade capable d'accomplir seule ce geste et lorsque le mode de prise, compte tenu de la nature du médicament, ne présente pas de difficultés particulières ni ne nécessite un apprentissage ».
- L'ordonnance prescrivant le traitement doit ainsi être adressée, sous pli confidentiel, au médecin scolaire, et la prise des médicaments doit être strictement encadrée (heure de prise du médicament, quantité…) et détaillée dans le PAI, dans le respect du secret médical.
- Dans les situations d'urgence, si le protocole de soins d'urgence élaboré avec le médecin de l'élève préconise une auto-injection d'un traitement médicamenteux, il est indispensable que le PAI détaille les modalités selon lesquelles ce traitement peut être pratiqué et nomme les personnes autorisées à l'administrer.
- Le protocole de soins d'urgence est un document établi avec le médecin qui suit l'enfant dans le cadre de sa pathologie et qui précise les actes d'intervention à effectuer en cas d'urgence.
- La décision de révéler des informations concernant l'état de santé de leur enfant aux personnes qui le prennent en charge pendant le temps scolaire et périscolaire appartient strictement à la famille. Le médecin est le garant et le responsable **du secret dit « médical »**. Il est le seul à déterminer, en accord avec la famille, les informations médicales qui peuvent être données. Le **respect du secret professionnel est une obligation générale** et absolue qui s'impose à tous.

Testez-vous !

1 Le monoxyde de carbone est :
A. dangereux
B. bénéfique
C. indispensable à la respiration

2 Le bruit se mesure en :
A. watts
B. hertz
C. décibels

3 L'organisation de l'espace permet à l'enfant :
A. de s'organiser dans le temps
B. de retrouver facilement le matériel
C. de bavarder

4 Les espaces de repos correspondent :
A. aux endroits très chauffés du logement
B. aux endroits très décorés du logement
C. aux endroits les plus calmes du logement

5 Le classement UPEC définit la résistance des matériaux selon leur résistance entre autre :
A. à l'utilité
B. à l'eau
C. aux produits chimiques

6 La norme NF pour « normes françaises » atteste :
A. qu'un produit est conforme à la sécurité et à la santé
B. qu'un produit est conforme aux valeurs françaises
C. qu'un produit est conforme aux règles de confort

7 Les mobiles placés au plafond stimulent chez le nourrisson :
A. la vison
B. l'ouïe
C. la motricité

8 Les jouets qui seront privilégiés de 0 à 12 mois sont :
A. les jeux d'activités symboliques
B. les jouets à pousser
C. les jouets sonores

9 Les jouets qui seront privilégiés de 2 à 4 ans sont :
A. les jeux d'activités symboliques
B. les jouets à pousser
C. les jouets sonores

10 Les livres qui seront privilégiés de 3 à 6 ans possèdent :
A. peu de pages
B. 30 à 40 pages
C. 50 à 100 pages

11 Il est possible d'utiliser un chaise haute pour un enfant dès l'âge de :
A. 2 mois
B. 4 mois
C. 6 mois

12 Les perçages différents des tétines des biberons permettent de :
A. réguler la quantité d'air
B. régler la longueur de la tétine
C. réguler le débit

13 Une stérilisation chimique des biberons se fait généralement :
A. à chaud
B. à froid
C. à très haute chaleur

14 Un liquide vaisselle est :
A. un solvant
B. un détartrant
C. un détergent

15 Le développement durable doit être :
A. économiquement inefficace
B. économiquement efficace
C. socialement équitable

voir corrigés p. 212

Préparation à l'épreuve EP1

Cette partie vise à vous préparer à l'exposé et l'entretien de l'épreuve EP1 « Accompagner le développement du jeune enfant », notamment en vous aidant à la **construction des deux fiches** qui seront à présenter.

1 Rappels des textes officiels

Les deux fiches sont le support de l'entretien conduit par le jury lors de l'épreuve EP1. Elles doivent présenter le contexte d'intervention et décrire des activités. L'une est relative à la réalisation d'un soin du quotidien et l'autre relative à l'accompagnement de l'enfant dans ses découvertes et ses apprentissages.

Ces fiches sont établies à partir de la formation en EAJE ou au domicile privé ou de l'expérience professionnelle dans ces mêmes milieux.
En **l'absence de l'ensemble des fiches**, le candidat se verra attribuer **zéro à cette épreuve.**

■ **L'épreuve dure 25 minutes et se déroule en deux temps :**
– **un exposé** d'une durée de 5 à 10 minutes, au cours duquel le candidat présente et justifie le choix des activités ;
– **un entretien** d'une durée de 15 à 20 minutes qui permet au jury d'approfondir certains éléments de sa présentation et de vérifier la maîtrise de certaines compétences.

■ **Les compétences attendues sont :**
– recueillir les informations, s'informer sur les éléments du contexte et de la situation professionnels à prendre en compte ;
– adopter une posture professionnelle adaptée ;
– mettre en œuvre les conditions favorables à l'activité libre et à l'expérimentation dans un contexte donné ;
– mettre en œuvre des activités d'éveil en tenant compte de la singularité de l'enfant ;
–réaliser des soins du quotidien et accompagner l'enfant dans ses apprentissages ;
– appliquer des protocoles liés à la santé de l'enfant.

■ Les justificatifs des **PFMP d'au moins 4 semaines en EAJE ou auprès d'un assistant maternel agréé ou service d'aide à domicile offrant des prestations de garde d'enfant(s) de moins de 3 ans** ou les justificatifs **d'expérience professionnelle d'au moins 12 semaines** en EAJE ou au domicile privé, doivent être remis à la date fixée par le recteur. Ils précisent les lieux, les durées accomplies, le type de public concerné ainsi que les activités effectuées par le candidat.

En **l'absence d'attestation de PFMP** conforme aux exigences de l'épreuve et fournie à la date fixée par le Recteur, le candidat ne sera **pas autorisé à se présenter à l'épreuve** et le diplôme ne pourra pas lui être délivré.

2 Contenu des deux fiches

Chaque fiche doit être structurée en deux parties :
– la présentation du contexte : **la (ou les) structure(s)** dans laquelle vous travaillez ou dans lesquelles vous avez été stagiaire ;
– la description de l'activité :
fiche 1 → présente une activité relative à la réalisation d'un soin du quotidien ;
fiche 2 → présente une activité relative à l'accompagnement de l'enfant dans ses découvertes et ses apprentissages.

a) Première partie : présentation du contexte d'intervention

Vous présenterez le lieu dans lequel vous avez exercé en précisant : son nom, son historique, sa situation géographique, son fonctionnement, les usagers de la structure et le personnel.
Il faudra être au clair avec chacun des items suivants pour sélectionner les éléments à mettre en avant ensuite dans votre fiche.

Le nom du lieu d'exercice (de la structure, du service, du domicile privé...).

Son historique

Il s'agit de la date et des circonstances particulières de sa création, de l'évolution de la structure (les agrandissements, les changements de statuts...).

Sa situation géographique

Il est important de préciser le lieu d'implantation de la structure que vous présentez, car en fonction de cette situation géographique, le fonctionnement d'une structure sera différent d'un endroit à un autre : les heures d'ouverture, la participation ou non des parents, le type d'activités qui sont proposées, le projet d'établissement, les publics accueillis, les caractéristiques des parents.

Sa forme juridique

Ce peut être une structure de droit privée ou de droit public :

– une **personne morale de droit privé**, peut être à **but non lucratif** (association) ou à but lucratif (crèches privées) ;

– une **personne morale de droit public**, peut dépendre : de l'État, des collectivités territoriales et leurs groupements, d'établissements publics, ou de groupements d'intérêt public ;

– une **personne physique : assistant maternel agréé.**

Une **personne morale** est un groupement de personnes qui se voit reconnaître une existence juridique et qui, à ce titre, a des droits et des obligations.

> **Remarque**
>
> Il est important d'indiquer le statut de la structure (c'est-à-dire sa forme juridique), car il a des conséquences sur l'ensemble de la structure : sur son financement, sur son fonctionnement (avec des parents ou non par exemple dans une structure privée parentale), sur le statut des professionnels et leurs qualifications (agents territoriaux ou non...), sur le coût pour les usagers (école privée payante ou école publique gratuite...).

Son agrément

Il est intéressant de connaître le type d'agrément que possède une structure pour fonctionner, de savoir qui le délivre, ainsi que les conditions de son renouvellement (la PMI par exemple pour les structures d'accueil, ou l'agrément des assistantes maternelles).

Son financement

Cela revient à préciser : « de qui la structure reçoit-elle de l'argent ? ».

Ce peut être des parents (le coût de scolarité pour les écoles privées, les frais de garde...), et/ou des financements de la CAF (pour les structures d'accueil) et/ou des collectivités territoriales (structures collectives municipales) et/ou des aides de l'État...

Son fonctionnement

La fonction de la structure ou du domicile : il faut préciser le rôle de la structure et sa fonction première : Est-ce un mode de garde ? À quelle demande répond-elle auprès des usagers ? Pourquoi a-t-elle été créée ?

Les horaires de fonctionnement : vous devez présenter les horaires d'ouverture, les tranches horaires s'il y en existe plusieurs. Si la structure ou la personne physique fonctionne sur un mode spécifique, il faut le noter (heures d'ouverture très tôt ou très tard pour les parents qui travaillent tôt ou tard, horaires spéciaux pour les crèches hospitalières accueillant les enfants du personnel...).

Les roulements pour les ouvertures ou les fermetures de la structure sont à préciser également (une personne ou deux à l'ouverture, par exemple...).

Le déroulement d'une journée : il faut présenter l'organisation de la journée, les « rituels », le découpage horaire des activités, les temps d'accueil, de goûter, de repas, de repos, d'activité physique...

Les usagers

Le nombre d'enfants et leurs âges :

Vous devez indiquer le nombre total d'enfants inscrits dans la structure et leurs âges : cela permet d'avoir une idée de l'importance de la structure en terme de capacités d'accueil, ainsi que de comprendre ensuite le découpage des effectifs dans la structure.

Si certains enfants viennent occasionnellement, il faut le faire apparaître dans l'effectif global, mais il faut indiquer le nombre d'enfants pouvant être accueillis par jour (souvent ce n'est pas le même pour les structures d'accueil).

Leur répartition dans la structure :
À partir du nombre d'enfants, vous pouvez faire apparaître le découpage dans la structure en groupes d'enfants : en fonction de l'âge, en fonction de leur maturité, des activités (les nourrissons, les 2/3 ans...) ou l'organisation au domicile concernant les lieux de repos...

Les conditions à remplir pour être un usager :
Ces conditions varient selon le type de structure et selon leur statut (public ou privé).
Ce peut être : habiter dans la commune, et/ou les deux parents qui travaillent, et/ou participer à la vie de la structure en donnant de son temps (structure d'accueil à gestion parentale).

Les documents à fournir :
Selon la nature de la structure (le rôle), les documents varient : carnet de santé, livret de famille, certificat médical...

Le personnel

Le nombre :
Le nombre de personne est souvent fonction du nombre d'enfants accueillis. Les agréments obtenus par les structures sont soumis à une obligation réglementaire imposant un nombre de personnes encadrant en fonction du nombre d'enfants.

Leur qualification :
Il faut mentionner les qualifications des professionnels pour faire apparaître la complémentarité des professionnels. En effet, tous n'ont pas le même rôle, ce qui est important pour répondre aux besoins de l'enfant dans sa globalité.
De plus, selon les structures, certaines qualifications sont exigées selon le nombre d'enfants accueillis (par exemple une infirmière puéricultrice en tant que directrice dans certaines structures d'accueil...).

Leur rôle et les tâches qu'ils effectuent :
Il faut expliquer la spécificité de chacun (l'auxiliaire de puériculture ne fera pas tout à fait le travail d'une éducatrice de jeunes enfants : l'une sera plus axée sur les soins et l'autre plus sur le travail éducatif...).

Leurs horaires :
Ce peut être intéressant de préciser les horaires de chacun s'ils sont différents, en précisant pourquoi.

Une présentation personnelle :
Vous pouvez dans cette partie développer votre rôle et les tâches que vous avez effectuées ou que vous effectuez si vous êtes salarié de la structure.

b) Description des activités

Vous devez présenter vos deux activités en leur donnant un titre (exemple : « L'aide à la toilette de Léo ». **Le titre : « titre de l'activité »**

La présentation de l'enfant de moins de 3 ans

Pour le choix de l'activité, il est judicieux d'avoir observé l'enfant avec lequel l'activité aura lieu. Cette activité sera fonction de ses particularités (âge, caractère...). De plus, elle ne se fait pas au hasard, elle s'inscrit dans un projet avec l'équipe ou avec les parents et en fonction du public : elle doit donc être adaptée à l'enfant ou au groupe d'enfants à qui elle est destinée. Il est donc important de les connaître.

Son prénom et son âge :
Vous pouvez présenter l'enfant en indiquant : son prénom ou les initiales de son prénom (en respectant le secret professionnel, sans donner de nom de famille), son âge au moment de l'activité, le groupe auquel il appartient si c'est en structure (petits, grands...).

Ses particularités :
Ce peut être le temps de présence dans la structure ou au domicile, la date de son inscription (récente ou non), les activités qu'il apprécie (des jeux calmes, les dessins, la lecture, des jeux de groupes ou individuels...), son adaptation à la vie en collectivité (la socialisation), sa place dans la fratrie (s'il a des frères et sœurs), son rythme de vie (les temps de sieste sont importants ou non...).

Les besoins de l'enfant à cet âge :
Il est nécessaire de rappeler les besoins propres à la tranche d'âge que vous avez choisie :
– besoin de stimulation motrice et sensorielle ;

– besoin intellectuel (apprendre, développer la curiosité…) ;
– besoin de communication, besoin d'expression…

Selon son âge, un enfant est non autonome (nourrisson) ou semi-autonome (les plus grands enfants) et les besoins et le rôle de l'adulte seront alors différents.

Ses capacités motrices :
Selon son âge et son stade de développement, ses capacités varient : acquisition ou non de la marche, acquisition de la préhension fine ou globale, de la posture…
Quel est son schéma corporel ? Que fait-il seul au quotidien (repas, propreté…) ?

Ses capacités intellectuelles :
Les actions de l'enfant sont-elles volontaires ? Pour arriver à son but, utilise-t-il un moyen qu'il connaît, ou bien réfléchit-il pour trouver une solution ? Devient-il capable d'imiter sans avoir le modèle devant lui (jeu symbolique par exemple) ? L'enfant raisonne-t-il ? Pose-t-il beaucoup de questions (à partir de 3 ans et jusqu'à 6 ans) ?
Quelle est sa maîtrise du langage ? S'exprime-t-il correctement ou pas ? Quelles sont ses capacités d'attention ?

Le choix de l'activité

En fonction de l'enfant (et du groupe d'enfants dans lequel il est si c'est en structure) et de leurs particularités (que vous aurez expliquées), vous pouvez justifier l'activité choisie en indiquant qui la propose, si elle fait partie d'un projet de l'équipe, si c'est un rituel…
Il faudra insister sur l'intérêt de cette activité pour cet enfant-là en particulier : par rapport à ce que vous venez de décrire dans sa présentation, qu'est-ce que cette activité peut lui apporter sur le plan moteur, sensoriel, affectif, intellectuel, social ?

La préparation de l'activité

Il s'agit de présenter la manière dont vous avez planifié votre activité. Il faut tenir compte du nombre d'enfants qui participent si c'est en structure, prévoir le moment le plus opportun à cette activité et la durée adéquate (en fonction de la tranche d'âge et de sa capacité d'attention), aménager l'espace (l'installation de l'espace), préparer le travail (les documents ou le matériel, le livre ou la liste du matériel et des produits…).
Vous devez penser au déroulement complet de votre activité : comment allez-vous vous y prendre ? Quelles sont les étapes de l'activité ? Que faites-vous faire ou non à l'enfant ? Combien de temps prévoyez-vous ?
Il faut penser à un travail de sensibilisation auprès de l'enfant si c'est une activité qui s'inscrit dans le temps, dans un projet…

La réalisation de l'activité

Vous devez présenter la façon dont vous avez mis en œuvre l'activité que vous aviez prévue : les consignes que vous avez données à l'enfant (y compris les consignes de sécurité), la présentation des étapes de la réalisation (votre attitude au cours de l'activité et le comportement de l'enfant) et la clôture de l'activité.

L'analyse et l'évaluation de l'activité

Il s'agit de développer :
– **les points positifs** dans cette activité : au cours de la préparation, de la réalisation de l'activité, votre manière de mener l'activité, le comportement de l'enfant… ;
– **les points à améliorer** : sur le déroulement, sur la gestion de l'activité, sur la gestion de l'enfant ou du groupe… ;
– **vos propositions pour améliorer** éventuellement l'activité : utiliser des moyens différents, une organisation différente, un enfant ou groupe d'enfants plus âgés ou plus jeunes, un nombre plus restreint d'enfants, un mode d'animation différent…

Pour présenter votre activité vous pouvez vous inspirer des modèles des fiches techniques de soin et d'animation proposées dans l'ouvrage.

Voici ci-après :
– un exemple d'une **fiche d'activité relative à la réalisation d'un soin du quotidien ;**
– un exemple d'une **fiche relative à l'accompagnement de l'enfant dans ses découvertes et ses apprentissages.**

Exemple d'informations à donner sur la fiche d'activité **relative à la réalisation d'un soin au quotidien :**

Nom du lieu d'exercice : *c'est-à-dire nom de la structure, du service, du domicile privé…*
Situation géographique : *c'est-à-dire son lieu d'implantation*
Historique : *indiquer la date et les circonstances de sa création, de son évolution…*
Forme juridique : *indiquer la personne physique (ou morale) de droit public (ou privé)*
Agrément : *indiquer la date et le type d'agrément (PMI et /ou autre)*
Financement : *par les parents, la CAF, les collectivités territoriales et/ou aides de l'État ?*
Fonctionnement :
– indiquer la fonction de la structure (ou du domicile) ;
– indiquer les horaires de fonctionnement ;
– décrire le déroulement d'une journée type (peut-être illustré par un schéma).

8 h	11 h 30	12 h 30	15 h 30	16 h à 18 h
accueil	repas	sieste	goûter	← départ →

Caractéristiques des usagers :
– nombre d'enfants et tranches d'âges : ....
– répartition des enfants dans la structure (ou au domicile) : ....
– conditions à remplir pour l'intégrer : ....
– documents à fournir ....

Caractéristiques du personnel :
– nombre : ....
– qualification : ....
– rôle et tâches : ....
– horaires de travail : ....

Titre de l'activité : par ex. « aide au lavage des mains », « aide au brossage des dents », « change », « passage aux toilettes »…

Type d'activité : *de soin d'hygiène ou de confort…*
Lieu : *indiquer si elle se déroule dans la salle de bains au domicile, les toilettes collectifs en structure…*
Moment de la journée : *s'agit-il du matin, midi, après le repas, après la sieste, au goûter, après le goûter, le soir…*
Durée : *indiquer le temps estimé du soin*

Objectifs de l'activité (exemples) :
– assurer le confort, l'hygiène, le bien-être de l'enfant ;
– prévenir les érythèmes fessiers ;
– assurer le l'hygiène, le confort de l'enfant et favoriser le développement de l'autonomie ;
– assurer les besoins nutritionnels, le confort de l'enfant et développer le goût…

Caractéristiques de l'enfant :
– Son prénom et son âge : ....
– Ses particularités : ....
– Les besoins de l'enfant à cet âge : ....
– Ses capacités motrices, intellectuelles… : ....

MATÉRIELS ET PRODUITS : *exemples*

- matelas de change
- serviette
- gant de toilette
- brosse à dents adaptée à l'âge de l'enfant
- dentifrice
- verre d'eau
- savon doux
- des vêtements propres
- thermomètre pour le bain
- jouet
- corbeille de linge sale
- poubelle
- lavette
- détergent-désinfectant

Installation du lieu

Préciser si un agencement particulier est nécessaire.

Organisation du plan de travail

– Respecter le circuit propre et sale.
– Se positionner au milieu du poste de travail.
Il est possible d'insérer ici un schéma pour indiquer sa position et les éléments nécessaires à l'activité.

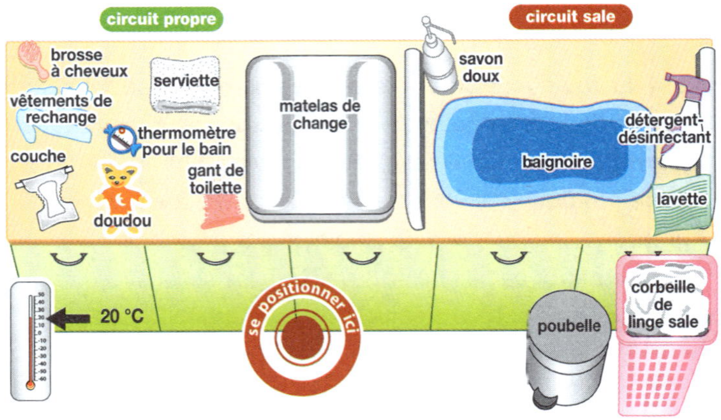

Préparation de l'activité

1 Porter une tenue adaptée.
2 Se laver les mains.
3 Préparer le lieu, fermer les fenêtres.
4 Préparer le matériel et les produits.

Déroulement de l'activité

Préciser les différentes étapes, par exemple :
1 Prévenir l'enfant.
2 Exécuter les étapes du déroulement du soin en sollicitant l'enfant.
3 Installer l'enfant en sécurité : sur le transat, au lit…

Rôle de l'adulte
→ donne les consignes, les précautions à prendre
→ aide et stimule
→ valorise le travail fait
→ informe de la fin de l'activité

Rangement et nettoyage

1 Ranger le lieu : ranger les produits sortis, le matelas, le thermomètre…
2 Nettoyer et désinfecter : le matériel et le plan de travail.
3 Se laver les mains.

Rôle de l'adulte
→ fait participer l'enfant au rangement selon l'âge
→ ne pas mettre en contact le « propre » et le « sale »

Transmission

Préciser :
– les tâches effectuées ;
– le déroulement (coopération de l'enfant ou non)
– la date et l'heure ;
– les observations éventuelles (rougeurs, érythème, fièvre…).

Rôle de l'adulte
→ transmet ses observations, les difficultés des enfants…

Évaluation de l'activité

Les règles de sécurité ont-elles été respectées ? L'enfant a-t-il respecté les consignes ? Ses difficultés ont-elles été surmontées ? Le vocabulaire était-il adapté ? Les objectifs sont-ils atteints ?

Rôle de l'adulte
→ propose des réajustements en fonction des difficultés rencontrées et des résultats de l'évaluation de l'activité.

Détailler chaque critères d'évaluation : l'organisation et l'ergonomie ; l'hygiène ; le confort ; la sécurité ; l'économie, la communication, la qualité du résultat.

Exemple d'informations à donner sur la fiche d'activité **relative à l'accompagnement de l'enfant dans ses découvertes et ses apprentissages :**

Nom du lieu d'exercice : *c'est-à-dire nom de la structure, du service, du domicile privé…*
Situation géographique : *c'est-à-dire son lieu d'implantation*
Historique : *indiquer la date et les circonstances de sa création, de son évolution…*
Forme juridique : *indiquer la personne physique (ou morale) de droit public (ou privé)*
Agrément : *indiquer la date et le type d'agrément (PMI et /ou autre)*
Financement : *provient-il des parents, de la CAF, des collectivités territoriales et/ou aides de l'État…*
Fonctionnement :
– *indiquer la fonction de la structure (ou du domicile) ;*
– *indiquer les horaires de fonctionnement ;*
– *décrire le déroulement d'une journée type (peut-être illustré par un schéma).*

8 h	11 h 30	12 h 30	15 h 30	16 h à 18 h
accueil	repas	sieste	goûter	← départ →

Caractéristiques des usagers :
– nombre d'enfants et tranches d'âges : ....
– répartition des enfants dans la structure (ou au domicile) : ....
– conditions à remplir pour l'intégrer : ....
– documents à fournir ....

Caractéristiques du personnel :
– nombre : ....
– qualification : ....
– rôle et tâches : ....
– horaires de travail : ....

Titre de l'activité : par ex. « empreintes des mains », « jeux d'encastrements », « pâte à modeler »…

Type d'activité :
– *activité d'intérieur (ou d'extérieur) ?*
– *individuelle (ou de groupe) ?*
– *accompagnée ou non ?*
– *calme ou physique ?*
– *éducative ou de loisirs ?*
Lieu : *indiquer si elle se déroule dans le coin calme, avec des coussins, dans une pièce spacieuse, une structure de loisirs, la cuisine…*
Moment de la journée : *s'agit-il du matin, midi, après le repas, après sieste, au goûter, après le goûter, le soir…?*
Durée : *indiquer le temps estimé du soin*

Objectifs de l'activité (exemples) :
– réaliser une production ;
– développer la préhension fine ;
– favoriser la créativité ;
– stimuler la mémoire, l'imaginaire ;
– favoriser le travail en groupe, le partage du matériel ;
– respecter les règles du jeu ;
– développer l'autonomie ;
– favoriser la communication ;
– apporter du vocabulaire ;
– favoriser la motricité et la coordination motrice ;
– favoriser l'équilibre ;
– favoriser l'organisation spatiale et temporelle.

Caractéristiques de l'enfant :
– Son prénom et son âge : ....
– Ses particularités : ....
– Les besoins de l'enfant à cet âge : ....
– Ses capacités motrices, intellectuelles… : ....

MATÉRIELS ET PRODUITS : *exemples*

- table
- nappe
- tablier
- point d'eau
- torchons
- feuilles blanches
- assiette
- peinture
- gommettes
- modèle de motif à reproduire
- coussins
- livre
- jeu de formes à encastrer
- tapis
- musiques
- -...

Installation du lieu

Préciser si un agencement particulier est nécessaire en fonction de l'activité et de l'âge des enfants (installation debout pour faciliter le mélange dans le saladier, assis...).

Remarque

Veiller à ce que le matériel et l'équipement soient adaptés à la taille des enfants et assurent leur sécurité. Pour faciliter la compréhension des enfants, représenter le nombre de verres et les dessins des ingrédients ; les gestes à effectuer...

Préparation de l'activité

1. Préparation des ingrédients, ustensiles.
2. Installation des produits accessibles et à disposition ou non des enfants (au milieu de la table par exemple).
3. Préparation d'une affiche indiquant les étapes
4. ...

Déroulement de l'activité

Préciser les différentes étapes, par exemple :

1. **Installation de l'enfant** : mettre un tablier si nécessaire.
2. **Présentation de l'activité** et d'un modèle et réponse aux questions.
3. **Réalisation** : l'enfant réalise l'activité ; l'adulte anime et surveille l'activité.
4. **Bilan de satisfaction** avec les enfants.

Rôle de l'adulte

→ communique avec l'enfant tout au long de l'activité
→ donne les consignes, les précautions à prendre
→ aide et stimule
→ valorise le travail fait

Fin de l'activité

1. **Remise en état des lieux** : Rangement du matériel et des produits, nettoyage des tables et des outils.
2. **Lavage des mains de l'enfant**.
3. **Transmission orale** ou écrite.

Rôle de l'adulte

→ fait participer l'enfant au rangement selon l'âge
→ transmet ses observations, les difficultés des enfants

Évaluation de l'activilité

Les règles de sécurité ont-elles été respectées ? L'enfant et/ou le groupe a-t-il respecté les consignes ? L'enfant a-t-il suivi l'activité jusqu'à sa fin ? *Ses difficultés ont-elles été surmontées ? Le vocabulaire était-il adapté ? Les objectifs sont-ils atteints ?*

Rôle de l'adulte

→ propose des réajustements en fonction des difficultés rencontrées et des résultats de l'évaluation de l'activité.

3 Quelques conseils pour la présentation orale des fiches

Votre exposé doit suivre **un plan** (introduction, présentation des deux fiches, conclusion). Il vaut mieux éviter les longues phrases et les longs paragraphes.
Votre exposé peut se faire en détaillant à l'oral certains éléments de votre fiche.

L'introduction

Cette introduction vous permet **de vous présenter**, de **présenter votre parcours professionnel, vos projets professionnels** (donc vos motivations) suite à l'obtention du CAP Accompagnant éducatif petite enfance.
Vous présenterez aussi les lieux de stage ou d'exercice dont il est question dans la fiche. Cette présentation précisera votre statut (si vous êtes salarié ou stagiaire) et les objectifs de votre formation.

Comme vous devez présenter les deux fiches à l'oral, il est préférable de répartir votre temps de façon équitable entre les deux présentations (environ 2 minutes chacune).

La présentation du contexte d'exercice de la fiche n° 1 réalisation d'un soin du quotidien

Vous présenterez : son nom, son historique, sa situation géographique, son statut juridique, son agrément, son financement, son fonctionnement, ses usagers et son personnel.

Une présentation personnelle

Vous pouvez dans cette partie développer votre rôle et les tâches que vous avez effectuées ou que vous effectuez si vous êtes salarié de la structure. Vous pouvez insister sur votre participation dans le travail d'équipe, la manière dont vous vous êtes intégré(e) si vous êtes stagiaire ; vous pouvez indiquer vos initiatives personnelles, votre implication et la place que les professionnels ont pu vous faire dans les projets…

Une description de l'activité n°1 : réalisation d'un soin du quotidien

Vous devez présenter cette première activité en lui donnant un titre.
Exemple : « Aide à la toilette de Théo »

La présentation du contexte d'exercice de la fiche n° 2 : accompagnement de l'enfant dans ses découvertes et ses apprentissages

Vous présenterez : son nom, son historique, sa situation géographique, son statut juridique, son agrément, son financement, son fonctionnement, ses usagers et son personnel.

> **Remarque**
> si le contexte est le même que le contexte 1 il n'est alors pas utile de le répéter.

Si le contexte est différent du premier contexte vous pouvez développer votre rôle et les tâches que vous avez effectuées dans ce deuxième contexte. Vous pouvez insister sur la manière dont vous vous êtes intégrée ; vous pouvez indiquer vos initiatives personnelles, votre implication et la place que les professionnels ont pu vous faire dans les projets…

Une description de l'activité n°2 : accompagnement de l'enfant dans ses découvertes et ses apprentissages

Vous devez présenter votre deuxième activité en lui donnant un titre.
Exemple : « Lecture du conte… »

4 Quelques conseils pour l'entretien oral

Cet entretien permet au jury de vous questionner sur :
- l'univers professionnel dans lequel vous exercez ou dans lequel vous avez été stagiaire ;
- votre intérêt et vos motivations pour le domaine de la petite enfance ;
- ce qui concerne votre avenir professionnel.

Lors de l'entretien :
– utilisez un langage simple et précis ;

– parlez clairement : ni trop vite ni trop lentement ;
– adoptez une attitude professionnelle : il est question de votre expérience personnelle de stagiaire ou de salarié, vous pourrez donc mettre en avant ce que vous savez, ce que vous avez acquis avec les enfants, les parents et les professionnels ;
– montrez vos capacités d'analyse des besoins des enfants et vos capacités d'adaptation pour y répondre ;
– soyez attentif aux questions du jury, essayez d'y répondre en vous appuyant sur votre expérience ;
– justifiez le choix des situations que vous avez présenté dans votre dossier.

Corrigés

Testez-vous

1 Le monoxyde de carbone est : A. dangereux → *Fiche 29*

2 Le bruit se mesure en : C. décibels → *Fiche 29*

3 L'organisation de l'espace permet à l'enfant : B. de retrouver facilement le matériel → *Fiche 29*

4 Les espaces de repos correspondent : C. aux endroits les plus calmes du logement → *Fiche 29*

5 Le classement UPEC définit la résistance des matériaux selon leur résistance entre autre à : B. à l'eau et C. aux produits chimiques → *Fiche 30*

6 La norme NF pour normes françaises atteste : A. qu'un produit est conforme à la sécurité et la santé → *Fiche 30*

7 Les mobiles placés au plafond stimulent chez le nourrisson : A. la vison → *Fiche 31*

8 Les jouets qui seront privilégies de 0 à 12 mois sont : C. les jouets sonores → *Fiche 31*

9 Les jouets qui seront privilégies de 2 à 4 ans sont : A. les jeux d'activités symboliques → *Fiche 31*

10 Les livres qui seront privilégies de 3 à 6 sont : B. 30 à 40 pages → *Fiche 31*

11 Il est possible d'utiliser un chaise haute pour un enfant dès : C. 6 mois → *Fiche 32*

12 Les perçages différents des tétines des biberons permettent : C. réguler le débit → *Fiche 32*

13 Une stérilisation chimique des biberons se fait généralement : B. à froid → *Fiche 32*

14 Un liquide vaisselle est : C. un détergent → *Fiche 33*

15 Le développement durable doit être : B. économiquement efficace et C. socialement équitable → *Fiche 34*

EP2

Exercer son activité en accueil collectif

FICHE SAVOIR

1 Processus de séparation et de socialisation

La collectivité n'est pas un besoin pour l'enfant. Elle est souvent liée à un besoin social et économique des parents.

A La socialisation

La socialisation est un **processus d'apprentissage** permettant à un individu de s'adapter et de **s'intégrer à son environnement social** et de vivre en groupe. Il existe deux étapes dans la socialisation : la socialisation primaire et la socialisation secondaire.

- **La socialisation primaire**

Elle correspond à la **construction de la personnalité et de l'identité** de l'enfance à l'adolescence. Elle se fait principalement avec la famille, avec l'assistante maternelle, à la crèche, à l'école, avec les amis… Elle est déterminante pour la suite de l'apprentissage de la vie en société, car il s'agit de l'éducation permettant l'acquisition de normes et des valeurs de la société.

- **La socialisation secondaire**

La socialisation secondaire se déroule à la fin de l'adolescence et durant toute la vie adulte, elle **complète la socialisation primaire, la prolonge, ou la transforme**.

B La socialisation primaire

La socialisation primaire commence avec les parents, en particulier la mère ou l'adulte maternant, et repose sur d'autres choses que l'intégration en collectivité et la confrontation au groupe.

Les premiers liens et l'environnement familial sont décisifs et fondateurs dans la construction de la sociabilité de l'enfant : la nécessité d'un climat émotionnel suffisamment paisible et stable, la qualité et la continuité de l'environnement de l'enfant et les rituels (notamment les régularités structurantes et la prévisibilité des événements quotidiens).

1 Le processus de séparation et d'individuation

Il apparaît aux **alentours de 4-5 mois**, c'est-à-dire au moment de l'émergence progressive du « soi ».

Cette évolution n'est possible que par la maturation neurobiologique de l'enfant, par le développement des capacités sensorielles et par les progrès de posture et de motricité. Son intérêt pour le monde extérieur augmente et les objets deviennent progressivement distincts à ses yeux.

Il a développé une palette expressive des différents affects qui peuvent l'habiter. Son langage émotionnel est proche de celui de l'adulte.

Il a acquis une conscience de la séparation physique, ce qui peut expliquer certains états de détresse passagère. En effet, l'angoisse de l'étranger appelée « **angoisse du huitième mois** », débute plus tôt avec des signes précurseurs comme la différenciation des visages et les manifestations d'inquiétude devant une personne inconnue.

2 Les relations intrafamiliales

Après 5 mois, l'enfant va continuer son développement et progresser vers la séparabilité et vers une plus grande sociabilité.

- Ses progrès dépendent de la qualité de ses liens avec ses parents, de leur empathie à son égard et de leur capacité à vivre l'individuation de l'enfant comme positive. Ce cadre émotionnel paisible crée un climat de sécurité.
- L'attention, la douceur des gestes et des paroles de l'adulte vont permettre à l'enfant de développer le respect, la sollicitude et l'empathie pour autrui.
- Un processus d'identification inconsciente à l'adulte commence, avec l'initiation à une certaine manière d'être et de communiquer avec autrui.

C Les risques en collectivité

1 La discontinuité auprès de l'enfant

À l'inverse des ritualisations spontanées qui ont lieu dans la famille, le fonctionnement de l'accueil collectif peut comporter des ruptures qui contrastent avec la continuité existante dans la vie de l'enfant : les allées et venues des adultes, la multiplication des interventions auprès de l'enfant, la parcellisation des moments de soins, l'hétérogénéité des comportements des adultes…
Ceci peut s'accentuer si les professionnels accordent plus d'importance à la quantité des tâches, à la gestion du temps, à leurs impératifs qu'à l'attention donnée à l'enfant et aux conditions d'accueil.

Les « **objets transitionnels** » ayant un rôle sécurisant auprès des enfants sont susceptibles de procurer un réconfort momentané, mais ils ne peuvent pallier l'insécurité engendrée par des conditions d'accueil inadéquates.

2 Le manque d'attention au moment du repas

Pour stimuler les compétences des enfants et les initier à la convivialité, les professionnels les installent pour le repas à plusieurs autour d'une table et ce, dès l'âge de 13-14 mois, ce qui conduit à des situations délicates :
– les enfants sont encore mal assurés sur le plan postural et moteur ;
– ils ne sont pas encore matures pour partager l'attention de l'adulte avec les autres enfants, et sont donc en quête d'un regard posé sur eux personnellement ;
– ils recherchent l'attention une partie du temps de repas en se dispersant, en s'agitant, en jouant ;
– l'aide apportée par l'adulte est intermittente et ne correspond pas aux attentes de l'enfant.

Contrairement à ce qui est recherché, cette **anticipation sur les capacités réelles des enfants** conduit à un **surcroît d'insécurité et de dépendance.**

D Les éléments favorables à la socialisation de l'enfant

- **Des relations stables avec des adultes référents** de façon continue, dans la proximité des soins et des repas, dans l'attention, et nécessitant une répartition des rôles et des places au sein de l'équipe pour permettre aux enfants de savoir ce qu'ils peuvent attendre de chacun.
- **Des temps de soins individualisés** ou très petits groupes, dans des espaces non clos, mais protégés pouvant offrir une certaine intimité et une communication.
- **Une prévisibilité précise des événements quotidiens**, au-delà des découpages spatio-temporels de la journée : un déroulement détaillé, respecté par chacun des adultes et matérialisé par des signaux visuels indentifiables.
- **Des espaces d'activité organisés**, dont les dimensions évoluent avec les enfants et où ils sont protégés de l'intrusion des plus petits ou plus grands.
- **Des règles de vie précises et constantes**.
- **Une observation attentive de l'enfant**, régulière et partagée par les adultes.

2 La stimulation de la communication

A La communication chez l'enfant

■ La communication entre l'enfant et son entourage commence par les sourires et les pleurs.

■ Elle se transforme avec les premiers échanges verbaux : certains sont très bavards, d'autres sont plus silencieux, ou parlent moins fort...

■ Elle peut aussi être non verbale : par contact visuel, en indiquant du doigt ou en emmenant l'adulte par la main pour montrer…

L'ensemble de ces éléments est un signe du désir de communiquer des enfants.

B Les composantes de la communication

Les différentes composantes de la communication sont :
- la compréhension ;
- le vocabulaire ;
- la phonologie ;
- l'utilisation du langage : pourquoi et comment on communique.

C Les règles de la communication

Pour mener à bien une conversation, l'enfant doit apprendre certaines règles de la communication :

Avoir un intérêt pour la communication.	Utiliser des formes de politesse et de salutation.	Instaurer et maintenir un contact visuel.
Respecter le tour de parole de chacun.	S'adapter à son interlocuteur.	Tenir compte de l'autre et de ce qu'il dit.

D Les éléments de stimulation de la communication

La stimulation de la communication peut se faire de différentes manières, un des éléments favorables est de ne pas tout anticiper et de **laisser l'enfant demander**. Il faut qu'il ait besoin et qu'il puisse faire la demande de ce besoin et donc communiquer.

Éléments de stimulation	Exemples
Des oublis intentionnels d'objets lors du repas, d'un jeu…	Attendre que l'enfant remarque l'oubli ou le faire remarquer : « il manque quelque chose sur la table, avec quoi vais-je manger mon yaourt ? ».

Éléments de stimulation	Exemples
Des responsabilités	Demander de distribuer des assiettes, de ramasser les serviettes, de distribuer des feuilles, de la colle... Les enfants devront faire des demandes aux autres enfants. Faire des demandes d'aide aux enfants : « peux-tu venir m'aider ? » ; « peux-tu me donner ton manteaux ? ».
Des stratégies de rangement	Inciter les enfants à demander de l'aide pour obtenir le jouet ou le jeu, en rangeant certains éléments dans des bacs plutôt en hauteur.
Le travail en équipe	Obliger à partager et à demander aux autres enfants pour utiliser le matériel, en les regroupant en équipes de 2 ou 3 lors des activités et en attribuant la quantité de matériel disponible par groupe (ciseaux, colle…).
Accompagnement de l'adulte	S'approcher de l'enfant semblant avoir besoin d'aide et se placer à sa hauteur ; ne pas laisser un enfant dans sa détresse quand il ne demande pas d'aide. Donner un modèle aux enfants lors des activités. Féliciter les enfants de leurs efforts pour communiquer.

E Des exemples de supports favorisant la communication

– les marionnettes : en incitant les enfants à communiquer avec elles ;
– les jeux de rôle : les déguisements, les jeux d'imitation (dînette, jeu de marchande…) ;
– la pratique des salutations, l'usage des mots de politesse : merci, s'il vous plaît… ;
– le questionnement : en demandant ce qu'ils font ;
– le tour de parole : lever la main, prendre le bâton de parole, attendre son tour... ;
– les histoires collectives : récit d'un bout d'une histoire imaginaire par les enfants à tour de rôle en tenant compte de ce que l'enfant précédent a raconté ;
– l'accueil des parents et des enfants : à l'arrivée des parents et des enfants et à leur départ, les saluer et leur souhaiter une bonne journée pour inciter les enfants à faire de même.

3 Le développement du langage

Certaines activités vont pouvoir favoriser le développement des habiletés langagières de l'enfant de 1 an à 3 ans.

A De l'âge de 12 à 18 mois

Caractéristiques langagières	Attitudes possibles de l'adulte pour favoriser le développement des habiletés langagières
– utilisation de mots simples pour indiquer les choses et pour exprimer ce qu'ils veulent – prise de plaisir à regarder des livres avec des illustrations très colorées – participation lors du récit d'une histoire en montrant les images qui correspondent aux mots ou en les nommant	– répéter ce que dit l'enfant et lui montrer ou lui donner l'objet qu'il nomme ; – compléter les mots ou les phrases de l'enfant en ajoutant un élément ; ce peut être un adjectif : si l'enfant dit « voiture », dire « cette voiture est rouge » ; – élaborer un journal des mots dits par l'enfant pour suivre l'enrichissement de son vocabulaire (à domicile) ; – lire des histoires courtes composées de phrases rythmées, (comptines) ou regarder des livres aux illustrations simples et colorées représentant des objets ou des personnages ; – modifier sa voix et varier les expressions faciales lors de la lecture d'une histoire ; faire des bruits en montrant l'image d'un animal et en l'imitant (faire son cri par exemple).

B De l'âge 18 à 24 mois

Caractéristiques langagières	Attitudes possibles de l'adulte pour favoriser le développement des habiletés langagières
– augmentation rapide du vocabulaire – capacité de dire environ 50 mots (mais compréhension de beaucoup plus) – pour les tout-petits construction de phrases de 2 mots comme « kiki pipi » – énonciation des mots plus claire, même si certains sons restent difficiles à prononcer – pointage du doigt des images dans les livres et commentaire de ce qu'il voit	– se mettre à son niveau ; – regarder des livres avec lui et lui lire des histoires aussi souvent que possible ; – essayer de lui trouver des livres illustrés avec une action par page ; – commenter les mots de l'enfant : si l'enfant dit « chien », dire « Oui, c'est un chien noir » pour construire des phrases plus longues et pour se sentir écouté et intéressant ; – interpréter le sens de phrases de 2 mots comme « fermer porte » : si l'adulte dit « Oui, la porte de la chambre est fermée » et que l'enfant est déçu car il essayait de dire autre chose, proposer alors une autre interprétation comme : « Tu veux fermer la porte de la cuisine ? » pour montrer que l'adulte tente de le comprendre ; – attirer son attention sur le nom des choses entourant l'enfant à l'intérieur (à la maison ou dans la structure) et à l'extérieur (dans le jardin, la cour ou en ballade) ; – nommer ce que l'enfant montre ou regarde ; – féliciter lorsque l'enfant répète un mot, mais ne pas le forcer. 

C De l'âge de 2 à 3 ans

Caractéristiques langagières	Attitudes possibles de l'adulte pour favoriser le développement des habiletés langagières
– compréhension des notions plus abstraites (différence entre « haut » et « bas » ou « grand » et « petit ») – capacité à suivre des directives, des consignes données (« prend ton manteau ») – utilisation fréquente des phrases de 2 ou 3 mots pour s'exprimer (« maman travaille », « Est où maman ? »…) – prononciation correcte de plusieurs sons vers l'âge de 3 ans – meilleure compréhension des histoires simples des livres : capacité à répondre à des questions posées sur l'histoire	– commenter ce que fait l'enfant – écouter l'enfant quand il joue seul (indications de ce qu'il pense ou ressent...) ; – montrer à l'enfant que ce qu'il dit est intéressant et donner un modèle en répétant ce qu'il dit ou en allongeant les phrases ; – parler pour l'aider à construire son vocabulaire pour comprendre le rôle des choses ; – regarder des photos ou des images et utiliser des phrases simples pour les décrire ; – regarder des livres comportant de petites histoires ; – poser des questions et lire avec l'enfant ; – respecter le rythme de l'enfant dans la maîtrise du langage (certaines de leurs capacités se développent tôt, et d'autres, plus tard).

FICHE SAVOIR

4 Les situations de communication professionnelle

A Évolution des relations professionnelles

Conséquence de l'évolution du contexte familial de l'enfant

Les relations entre parents et professionnels se sont adaptées à l'évolution des familles : familles recomposées, monoparentales, travail des femmes, éloignement des grands-parents… La place de l'enfant aussi a changé : l'enfant est désiré, rêvé, idéalisé. Les droits de l'enfant se sont affirmés et la parole de l'enfant compte.
Les relations entre les professionnels de la petite enfance et les parents ont évolué en prenant en compte ces nouveaux modèles familiaux, leur fonctionnement et leur particularité.

Conséquence de la complexité des situations

Les professionnels sont confrontés à des situations familiales de plus en plus complexes auxquels ils doivent répondre. De plus, les pratiques professionnelles renforcent de plus en plus le lien parental et ses diverses expressions ce qui demande de remettre en question les pratiques traditionnelles.
Chaque famille a son histoire, particulière, ses valeurs et ses modèles éducatifs qui peuvent heurter les équipes et leurs représentations individuelles.

Conséquence de la place des familles

L'obligation de définir dans le projet d'établissement ou de service la place des familles et de préciser leur participation à la vie de l'établissement, conduit les professionnels à s'inscrire dans une démarche de co-éducation. La place des parents dépend beaucoup du positionnement des professionnels, de leurs compétences et des moyens qui leur sont donnés. Cette place varie avec l'évolution des lieux d'accueil.
Cette démarche impose une réflexion sur le dispositif d'accueil, sur le cadre des relations avec les parents, sur les modalités de transmission des informations et sur le travail en équipe.
Les professionnels doivent donc s'impliquer dans une réflexion collective sur les besoins des parents et interroger leurs pratiques et leurs modes de communication.

B Les situations d'échange

La période d'adaptation

Les premiers temps d'accueil sont les plus riches en échanges entre les parents et les professionnels pour tout ce qui concerne l'enfant (temps d'adaptation, rentrée des classes) : son état général, son développement, ses habitudes alimentaires, ses habitudes de sommeil, ses réactions…
Cela permet aux professionnels de connaître les habitudes de l'enfant pour le rassurer et pour créer une continuité dans la relation.

Les transmissions journalières

En début de journée : les parents et les enfants sont accueillis par un professionnel dès leur arrivée dans la journée (le matin ou l'après-midi).
Les parents racontent, en présence de leur enfant, ce qui s'est passé depuis la veille : les repas, la nuit de sommeil, son état global. Ces informations sont souvent consignées dans un cahier (en crèche) et transmises au reste de l'équipe. Elles permettent de tenir compte des besoins de l'enfant et d'adapter le rythme de la journée en fonction des informations recueillies.

Ces échanges d'informations correspondent aussi à un moment important de transition où les parents passent le relais, en confiant leur enfant au professionnel.

En fin de journée : la transmission du soir permet à la fois de faire la transition en sens inverse en informant les parents de la journée de leur enfant.

Dans ces moments d'échange, il est important que les parents puissent exprimer leurs inquiétudes ; ces temps de transmissions sont à la base d'une relation d'échange et de confiance entre les professionnels et les parents.

Les discussions sur le pas de la porte

Si la discussion repose sur des observations accumulées liées à un problème de comportement ou d'attitude et qu'elle n'est pas préparée, elle risque alors d'être empreinte d'émotivité et de réveiller les mécanismes de défenses du parent : banalisation de la situation, manque de savoir-faire du professionnel, faute d'un autre enfant…

Il vaut mieux prévoir un temps de rencontre planifié en demandant aux parents leurs disponibilités afin de discuter du développement de leur enfant et non des difficultés. Ces temps de rencontre sont prévus automatiquement dans certaines structures, à des rythmes réguliers, pour faire le point. Cela permet un meilleur suivi et évite que seuls les parents d'enfants en difficulté ne soient convoqués pour des rencontres.

Les rencontres planifiées

Avant la rencontre : pour éviter de notifier aux parents une liste des comportements indésirables, il est préférable de faire un bilan global de l'enfant selon les 5 sphères de développement en précisant l'ensemble des comportements de l'enfant, les éléments positifs et les points à améliorer. Il est important de décrire des comportements spécifiques et d'éviter tout jugement ou qualificatif négatif. Des bilans écrits peuvent être donnés aux parents pour leur permettre de continuer leur réflexion.

Lors de la rencontre : il est nécessaire de rassurer les parents sur l'objectif de la rencontre en précisant qu'il s'agit d'ajuster les moyens d'action auprès de l'enfant pour un meilleur développement. Il faut également veiller à ne pas culpabiliser les parents et à susciter la collaboration du parent.

Après la rencontre : il est important de maintenir la communication afin de faire un suivi des progrès de l'enfant. Un cahier de communication peut permettre aux parents d'avoir une idée de la journée de l'enfant sans multiplier les discussions en fin de journée.

C Les types de transmissions

Le matin et le soir, des transmissions sont faites entre les parents et les professionnels. L'échange du matin permet de savoir s'il s'est passé des choses pendant la nuit de l'enfant ; pendant l'échange du soir, le professionnel va raconter la journée de l'enfant, les temps forts…

Les transmissions commencent au moment de l'arrivée de l'enfant à la crèche ou au domicile ou à l'école.

Les transmissions orales

Il s'agit d'un échange entre les professionnels et les parents à propos des différents moments de la journée, de la semaine ou après une longue absence (vacances ou maladie) de leur enfant.

Les transmissions sont ensuite transmises aux autres professionnels de l'équipe.

Les transmissions écrites

Elles ont pour but de compléter les transmissions orales. Elles permettent une continuité dans l'accueil de l'enfant et dans l'accompagnement tout au long de la journée.

Elles sont très présentes. Elles exigent d'être complètes tout en étant brèves, lisibles et compréhensives.

FICHE SAVOIR

5 Les formes et les outils de communication professionnelle

A Les formes de communication

Le **langage verbal est écrit ou oral**. Le mode de transmission peut être oral, écrit ou visuel.

1 Les registres du langage

Les différents types de langage se définissent par le vocabulaire et la grammaire :

- **Le langage familier** : il est pauvre en vocabulaire (celui-ci contient des mots d'argot) et la grammaire est simplifiée (exemple : frangin, frangine).
- **Le langage courant** : il emploie des mots courants, la grammaire est correcte et les phrases sont courtes (exemple : frère, sœur).
- **Le langage soutenu** : il se caractérise par un vocabulaire plus recherché (scientifique, juridique, médical) et la construction des phrases est plus complexe (exemple : fratrie).

2 Étendue des communications

- **les communications interpersonnelles** : elles mettent en relation deux personnes, chacune d'elle étant alternativement émetteur et récepteur.

- **les communications de groupe** : elles mettent en relation une personne et un groupe ou plusieurs personnes dans un groupe.

- **les communications de masse** : elles mettent en relation une (ou plusieurs) personne(s) avec un groupe inconnu de taille importante, en utilisant les médias.

3 Les paramètres de temps et d'espace dans la communication

La communication peut être :

Directe	ou	À distance	Instantanée	ou	Différée

4 Niveaux de communication

- **La communication interne** : les partenaires sont à l'intérieur de l'institution, par exemple lors d'une réunion de l'équipe.
- **Communication externe** : les messages sont échangés entre l'institution et l'extérieur, ou inversement, par exemple lors de l'envoi d'un courrier d'un directeur de crèche au médecin de la PMI.

5 Les différentes formes de l'information : avantages et inconvénients

Formes	Exemples	Avantages	Inconvénients
Orale	Par la parole – de personne à personne – par le téléphone	Permet de réajuster le message en fonction de la réaction du destinataire	Ne permet pas de conserver une trace
Écrite	– compte rendu de réunion – notes de service – rapports, lettres…	Diffuse le message Garde une trace	Ne permet pas de réajuster le message pour le rendre plus compréhensible
Visuelle	– schéma, protocole, tableaux – organigrammes – photos, dessins…	Permet de communiquer à distance	Peut être difficile à décoder (surtout pour les non-initiés)
Audiovisuelle	– télévision, cinéma	Donne plus d'impact	Le récepteur est passif

B Les écrits professionnels : destinataires et intérêts

Niveaux de communication	Exemples	
	Type d'écrit	Destinataires
Communication **interne latérale** (émetteur et destinataire sont de même niveau hiérarchique)	Dans une crèche, transmission écrite concernant Lilou, 3 mois, qui présente un érythème fessier.	Collègues de la structure
Communication **interne descendante** (l'émetteur est le supérieur hiérarchique du destinataire)	Dans une crèche, note de service de la directrice ou du directeur concernant l'acquittement des congés.	Ensemble du personnel
Communication **interne ascendante** (l'émetteur est le subordonné hiérarchique du destinataire)	Dans une école maternelle, demande d'autorisation d'absence.	Supérieur hiérarchique
Communication **externe** (le message est échangé entre la structure et l'extérieur ou inversement)	À la PMI, une lettre informant des jours et horaires d'ouverture.	Usagers

C Les outils de communication

La personne qui vient chercher l'enfant n'est pas forcément le parent (ce peut être une personne de la famille, une baby-sitter…), il est alors important que les parents puissent avoir les transmissions et savoir ce qui s'est passé au cours de la journée.

Les outils	Exemples
Des feuilles de rythme	Feuille de rythme dans lesquelles est détaillé le temps de repas, d'éveil, de sommeil...
Le téléphone	Possibilité pour les parents de téléphoner pour prendre des nouvelles de leur enfant.
Des feuilles de transmissions quotidiennes	Les transmissions orales faites le matin sont notées : date, heure d'arrivée et de départ des enfants, les transmissions des parents, le repas, le goûter, les changes, les siestes, les traitements, les activités et les observations des professionnels.
Des cahiers de transmission par section ou niveau	Sont notées toutes les transmissions importantes : les absences des enfants, les vacances des enfants, les adaptations, les enfants malades, les changements de section ou de niveau…
Des classeurs des traitements médicaux	Tous les traitements sont consignés : photocopies des ordonnances, noms des médicaments et leur posologie, durées de traitement, poids des enfants.
Des tableaux d'affichage	Affichage du menu de la journée, des événements importants de la journée ou de la semaine, des informations à communiquer…
Des panneaux d'affichage	Affichage des journées pédagogiques prévues, des dates de fermeture, des réunions d'information prévues, des noms de stagiaires accueillis.

FICHE SAVOIR

6 Le projet d'école ou projet pédagogique

A Définition du projet d'école

Le projet pédagogique recouvre la même définition que le projet d'école. Le projet pédagogique est défini par la loi et il est **obligatoire pour chaque école** ; il est prévu pour une **durée de 3 à 5 ans.**
Il tient compte des situations locales de l'école et des besoins de ses publics.

Sa construction comporte trois moments :
– **le constat** (recueil de données propres à l'école et à son environnement) ;
– **l'analyse des données** (concertation de l'équipe pédagogique, du conseil d'école) ;
– **la définition des axes prioritaires du projet** (3 axes au maximum et chacun étant décliné en 3 objectifs maximum).
Les équipes pédagogiques mettent en œuvre ces objectifs pédagogiques déclinés sous forme d'actions. Les actions sont présentées pour la validation du projet d'école.

Exemple d'axe prioritaire et d'objectifs

Axe prioritaire	Objectifs déclinés
Mobilisation du langage dans toutes ses dimensions : utilisation du langage oral dans les interactions, en production et en réception, permettant aux enfants de communiquer, de comprendre, d'apprendre et de réfléchir.	– Entrer en communication, échanger, comprendre et réfléchir avec les autres. – Varier les dispositifs pour favoriser la prise de parole de tous.

Ce que permet / ne permet pas le projet d'école

Ce qu'il permet	Ce qu'il ne permet pas
– le décloisonnement, l'échange de service, d'ateliers, dans des temps limités ; – la modulation des progressions de quelques élèves ; – l'assouplissement des horaires des groupes de discipline, selon les besoins des élèves ; – la participation d'intervenants extérieurs (en complémentarité avec l'enseignant et sous sa responsabilité pédagogique) ; – la constitution de groupes de compétences pendant des moments bien délimités dans la journée.	– la suppression du groupe-classe de référence ; – la constitution de filières et de groupes de niveau permanents ; – le redoublement et la reprise à l'identique des apprentissages de l'année précédente ; – la modification des programmes et instructions, des orientations nationales ; – le remplacement des enseignants par des intervenants extérieurs.

Ce projet pédagogique est soumis au conseil d'école, et donc à l'avis des parents.

B Le rôle du conseil d'école

La composition et les compétences du conseil d'école

La loi d'orientation et de refondation de l'école de la République du 8 juillet 2013, modifie la composition et les compétences du conseil d'école pour reconnaître l'intercommunalité et prendre en compte les questions autour de la vie scolaire. Le conseil d'école réunit les représentants de la communauté éducative et donne son avis sur les principales questions de vie scolaire.

Les membres de droit sont : le directeur de l'école, qui le préside, l'ensemble des maîtres affectés à l'école, le maire et le conseiller municipal chargé des affaires scolaires, les représentants élus des parents d'élèves et du délégué départemental de l'éducation chargé de visiter les écoles.

La prise en compte de l'intercommunalité
La loi prévoit la représentation des établissements publics de coopération intercommunale (EPCI) au sein des conseils d'école. Quand les dépenses de fonctionnement de l'école sont transférées à un EPCI, le président de l'EPCI (ou son représentant) siège au conseil d'école à la place du conseiller municipal.

Une augmentation des compétences
Le conseil d'école peut être amené à se prononcer sur les principales questions de vie scolaire. Il donne son avis non seulement sur les actions pédagogiques, mais aussi éducatives, qui sont entreprises pour réaliser les objectifs nationaux du service public d'enseignement.

La principale instance de concertation de l'école
Le conseil d'école est l'organe de concertation institutionnelle ; il est doté de compétences décisionnelles. Il peut, sur proposition du directeur d'école :

1) Voter le règlement intérieur de l'école ;
2) Établir le projet d'organisation pédagogique de la semaine scolaire ;
3) Dans le cadre de l'élaboration du projet d'école, donner tout avis et présenter toute suggestion sur le fonctionnement de l'école et sur toutes les questions intéressant la vie de l'école, et notamment sur :
– les actions pédagogiques et éducatives qui sont entreprises pour réaliser les objectifs nationaux du service public d'enseignement ;
– l'utilisation des moyens alloués à l'école ;
– les conditions de bonne intégration d'enfants handicapés ;
– les activités périscolaires ;
– la restauration scolaire ;
– l'hygiène scolaire ;
– la protection et la sécurité des enfants dans le cadre scolaire et périscolaire, notamment contre toutes les formes de violence et de discrimination, en particulier de harcèlement ;
– le respect et la mise en application des valeurs et des principes de la République.
4) Statuer, sur proposition des équipes, pour ce qui concerne la partie pédagogique du projet d'école ;
5) En fonction de ces éléments, adopter le projet d'école ;
6) Donner son accord :
– pour l'organisation d'activités complémentaires éducatives, sportives et culturelles ;
– sur le programme d'actions établi par le conseil école-collège ;
7) Être consulté par le maire sur l'utilisation des locaux scolaires en dehors des heures d'ouverture de l'école ; une information doit être donnée au sein du conseil d'école sur :
– les principes de choix de manuels scolaires ou de matériels pédagogiques divers ;
– l'organisation des aides spécialisées.

En fin d'année scolaire, le directeur de l'école produit à l'intention des membres du conseil d'école un **bilan**.

Le conseil d'école est également **informé des conditions** dans lesquelles les professeurs d'école organisent les **rencontres avec les parents**, et notamment **la réunion de rentrée**.

L'organisation du temps scolaire : le conseil d'école ou la commune ou l'EPCI peut transmettre un projet d'organisation de la semaine scolaire au directeur académique des services de l'éducation nationale (DASEN), après avis de l'inspecteur de l'éducation nationale chargé de la circonscription d'enseignement du premier degré (IEN). L'organisation du temps scolaire est prévue pour **une période de trois ans maximum**.

FICHE SAVOIR

7 Le Plan Personnalisé de Scolarisation

Tout enfant ou adolescent soumis à l'obligation scolaire et présentant un **handicap ou un trouble invalidant de la santé** est inscrit dans l'école ou l'établissement d'enseignement le plus proche de son domicile, en milieu scolaire ordinaire. Cet établissement constitue l'établissement de référence.

A Définition du PPS

■ Le projet personnalisé de scolarisation (PPS) est une des composantes du plan de compensation (loi du 11 février 2005) ; c'est un **acte écrit** qui **définit les besoins particuliers d'un enfant en situation de handicap pendant sa scolarité** (accompagnement humain, attribution de matériel pédagogique adapté, dispense d'un ou plusieurs enseignements...) et qui **coordonne les modalités de scolarisation et les actions pédagogiques, psychologiques, éducatives, médicales et paramédicales** nécessaires pour faciliter la scolarisation de l'élève handicapé.

■ Le PPS **suit l'élève durant sa scolarité**, il **s'impose à tous les établissements scolaires, sanitaires et médico-sociaux** et il est révisé régulièrement. Il est particulièrement important au moment des paliers d'orientation (en entrée en 6e, en fin de 3e...).

■ Le PPS garantit la continuité du parcours scolaire.

B La demande de PPS

La demande d'un PPS relève :
- des parents ou du représentant légal si l'enfant est mineur ;
- de l'élève en situation de handicap s'il est majeur.

L'équipe éducative peut également souhaiter qu'un PPS soit élaboré, le chef d'établissement en informe alors les parents ou le représentant légal pour qu'ils en fassent la demande. Si la famille ne donne pas suite, dans un délai de 4 mois, la **maison départementale des personnes handicapées (MDPH)** est informée de la situation de l'élève et prend alors des mesures pour qu'un dialogue soit engagé.

C L'élaboration et la validation du PPS

■ Le PPS est **élaboré par l'équipe pluridisciplinaire** d'évaluation de la MDPH selon 3 modèles :
- PPS pour l'école maternelle ;
- PPS pour l'école élémentaire ;
- PPS pour le 2nd degré.

Le PPS est **construit en concertation avec l'élève, sa famille** et les professionnels en **tenant compte des souhaits, compétences et besoins** de l'élève.

■ **Le PPS est validé par la CDAPH** (commission des droits et de l'autonomie des personnes handicapées) qui se prononce sur l'orientation de l'élève ainsi que sur les éventuelles mesures d'accompagnement. **Les parents sont associés** à la décision d'orientation.

La commission veille à ce que la formation soit **complétée, selon les besoins, par des actions pédagogiques, psychologiques, éducatives, sociales, médicales et paramédicales**.

■ Les informations sur la situation d'un élève handicapé sont regroupées sur un **document unique**, le **GEVA-sco** (Guide d'évaluation des besoins de compensation en matière de scolarisation) : c'est un document officiel pour les échanges entre l'Éducation nationale (équipe de suivi de la scolarisation) et la MDPH.

D Le rôle de l'enseignant référent

■ Un enseignant référent est **saisi par le directeur de l'école** afin qu'il rentre en **contact avec les parents et les accompagne dans leur démarche auprès de la CDAPH**. Cet enseignant exerce les fonctions de référent auprès de chaque élève pour assurer la permanence des relations avec l'élève, ses parents ou son représentant légal.

Le PPS est transmis à l'enseignant référent chargé de sa mise en œuvre et de son suivi.

■ L'enseignant référent a pour missions de :
– réunir l'équipe de suivi de la scolarisation pour chacun des élèves dont il est référent ;
– favoriser la continuité et la cohérence de la mise en œuvre du PPS.

E La scolarisation des élèves à besoins éducatifs particuliers (EABEP)

La notion de « scolarisation des élèves à besoins éducatifs particuliers » **recouvre une population d'élèves très diversifiée**.

Les élèves à besoins éducatifs particuliers sont :
– les élèves en situation de handicap (handicaps physiques, sensoriels, mentaux) notification MDPH ;
– les élèves avec troubles des apprentissages (Dyslexie, dyspraxie, dysphasie…) ou difficultés d'adaptation ;
– des élèves intellectuellement précoces ;
– des élèves malades ;
– des élèves en situation familiale ou sociale difficile ;
– des mineurs en milieu carcéral ;
– des élèves nouvellement arrivés en France ;
– des enfants du voyage ;
– les élèves en grande difficulté scolaire (non-diagnostiqués) ;
– …

L'inclusion vise dès le départ à ne laisser personne à l'extérieur de l'enseignement ordinaire.

Des aménagements de l'environnement sont mis en place pour permettre la participation de tous :
– **le principe d'inclusion** : par exemple en ULIS (Unité Localisée d'Inclusion Scolaire) ;
– **le droit à la compensation** (matériel, AVS) ;
– **le droit à des aménagements** (1/3 tps, secrétaire, parcours aménagé) ;
– **le droit à des adaptations** (aides aux besoins quotidiens en classe) ;
– **la mise en place d'une pédagogie différenciée** : l'équité passe par une inégalité de traitement.

FICHE SAVOIR

8 La double hiérarchie en école maternelle

A Le financement et la gestion des écoles maternelles

■ **Le personnel enseignant** dépend du **ministère de l'Éducation nationale**.

■ **La gestion du matériel, la construction, le personnel** (Agents territoriaux spécialisés des écoles maternelles : ATSEM), l'entretien et l'aménagement des locaux, sont **à la charge de la commune**.

1 Le financement par la commune

■ La commune assure la construction des écoles publiques, la reconstruction, l'extension, les grosses réparations, l'équipement et le fonctionnement.

■ Deux ou plusieurs communes peuvent transférer leur compétence en matière scolaire à un **établissement public de coopération intercommunale (EPCI)** soit de manière générale (ensemble de la compétence scolaire) soit de manière partielle (seulement l'entretien, à l'exclusion des investissements).

■ **Les dépenses d'investissement**

La commune doit mettre à la disposition de l'école : les locaux, le mobilier et le matériel scolaires en bon état et respectant les normes de sécurité. En cas de dommages liés au mauvais entretien des locaux, sa responsabilité peut se trouver engagée.

La **commune doit** également prendre les mesures nécessaires pour **rendre les locaux accessibles aux élèves handicapés**.

■ **Les dépenses de fonctionnement**

La commune assure le **fonctionnement matériel de l'école**, ce qui recouvre notamment les frais de chauffage, de fourniture d'eau, d'électricité, de gaz, de téléphone, la rémunération des personnels de service affectés à l'école et des ATSEM.

Les **dépenses pédagogiques**, sont également à la charge des communes, à l'exception des droits dus en contrepartie de la reproduction par reprographie à la charge de l'État et des fournitures scolaires individuelles (à la charge des parents).

2 La gestion de l'école

■ L'école n'est pas un établissement public au sens juridique du terme. Elle n'a pas de personnalité juridique distincte de celle de la commune. Elle **ne dispose d'aucune autonomie financière** : elle n'a pas de budget. Ses dépenses de fonctionnement sont inscrites au budget de la commune.

■ La **commune peut décider de mettre en place une régie d'avances** par laquelle la gestion d'une partie des crédits municipaux destinés au fonctionnement de l'école est confiée à un régisseur qui peut être le directeur d'école ou tout autre enseignant.

B La double autorité sur les fonctions des ATSEM

C'est le **maire qui nomme et met fin aux fonctions des ATSEM**. Toutefois ces décisions sont soumises à l'avis préalable du directeur d'école (Code des communes).

Les ATSEM **relèvent, pour leur gestion administrative, des services communaux.** Leur traitement est exclusivement à la charge de la commune.

1 Pendant son service dans les locaux scolaires

L'ATSEM est placé sous l'autorité du directeur ou de la directrice (article R412-127). Le décret de février 1989 (article 2) précise que le directeur d'école organise le travail des personnels communaux en service à l'école qui, pendant leur service dans les locaux scolaires, sont placés sous **son autorité**.

Pendant leur service dans les locaux scolaires, les ATSEM ne reçoivent donc d'instructions que du directeur.

2 Dans le cas où les ATSEM exercent des fonctions de surveillance de la cantine

■ C'est un **service public municipal, les ATSEM se trouvent placés sous l'autorité du maire.**

■ La circulaire n° 97-178 du 18 septembre 1997 relative à la surveillance et sécurité des élèves rappelle que, pendant le service de cantine scolaire et/ou de garderie ainsi que pendant les études surveillées, les personnes chargées de la surveillance peuvent être des agents communaux (notamment des ATSEM). **Dans ce cadre, les directeurs d'école n'ont pas de directives à donner à ces agents.**

C Les trois fonctions de l'ATSEM

Fonction éducative	Fonction d'entretien du matériel	Fonction d'aide pédagogique
Soin et aide des enfants durant le temps scolaire : – accueil des enfants et de leur famille ; – habillage, déshabillage, rangement (ou recherche) de vêtements ; – soin d'hygiène : propreté corporelle et vestimentaire, passage aux toilettes, confort physique ; – soins infirmiers ; – réconfort, écoute des enfants. **Aide et assistance durant le temps du midi :** – conduite et accompagnement au restaurant scolaire avec installation des enfants à table ; – vérification des présences ; – accompagnement des enfants pendant le repas ; – accompagnement des enfants à la sieste et à la récréation. **Durant l'accueil du soir :** – aide au goûter ; – aide à la mise en place d'activités ; – accueil des parents.	**Responsabilité de la propreté de la classe (ménage et entretien) :** – rangement et entretien du matériel pédagogique ; – rangement des locaux scolaires ; – nettoyage et entretien des locaux scolaires ; – nettoyage et entretien des équipements mobiliers ; – nettoyage et entretien des sanitaires.	**Sous la responsabilité de l'enseignant, aide matérielle pour les activités pédagogiques :** – préparation des activités scolaires ; – aide à l'encadrement d'activités (ateliers, fêtes, BCD…) ; – accompagnement des sorties scolaires (promenades, visites, piscine, spectacle, voyage, classe de découverte…) ; – participation au service de surveillance d'accueil, de cour, de goûter, de sieste...

■ Les ATSEM sont chargés de l'assistance au personnel enseignant pour la réception, l'animation et l'hygiène des très jeunes enfants ainsi que de la préparation et la mise en état de propreté des locaux et du matériel servant directement à ces enfants. Les ATSEM participent à la communauté éducative (décret du 28 août 1992).

■ Les ATSEM peuvent également être chargées de la surveillance des très jeunes enfants dans les cantines. Elles peuvent en outre, être chargées, en journée, des mêmes missions dans les accueils de loisirs en dehors du domicile parental des très jeunes enfants ; elles peuvent également assister les enseignants dans les classes ou établissements accueillant des enfants handicapés (décret du 22 décembre 2006 qui modifie les missions des ATSEM).

FICHE SAVOIR

9 Le projet éducatif territorial (PEDT)

A Définition des PEDT

■ **Les Projets Éducatifs de Territoire (PEDT) ont été mis en place à l'occasion de la nouvelle organisation du temps scolaire** dans les écoles primaires depuis la rentrée 2013.

■ **Ils formalisent une démarche** permettant aux collectivités territoriales volontaires de proposer à chaque enfant un **parcours éducatif cohérent avant, pendant et après l'école** (activités périscolaires, voire extrascolaires) en organisant la complémentarité des temps éducatifs.

■ Les PEDT **proposent des activités** notamment pendant les temps périscolaires aux enfants scolarisés dans les écoles primaires des territoires concernés. Ces temps sont fonction des horaires de début et de fin de l'école, et des horaires des pauses méridiennes.

■ Ce sont des **outils de collaboration locale** qui peuvent rassembler, à l'initiative des collectivités territoriales, **l'ensemble des acteurs intervenant dans le domaine de l'éducation.**

■ Ils sont **destinés aux enfants scolarisés sur les territoires** de ces collectivités.

B Les objectifs et les principes du PEDT

Le projet éducatif territorial est un outil de collaboration locale qui peut **rassembler l'ensemble des acteurs intervenant dans le domaine de l'éducation** :
– le ministère de l'Éducation nationale ;
– le ministère des sports, de la jeunesse, de l'éducation populaire et de la vie associative ;
– les autres administrations de l'État concernées (ministère de la culture et de la communication ; ministère délégué à la ville, ministère délégué à la famille, notamment) ;
– les caisses d'allocations familiales (CAF) ou la mutualité sociale agricole (MSA) ;
– les autres collectivités territoriales éventuellement impliquées ;
– des associations de jeunesse et d'éducation populaire, ou d'autres associations et institutions à vocation sportive, culturelle, artistique ou scientifique notamment ;
– des représentants de parents d'élèves.

Les objectifs du PEDT sont :

■ de **mobiliser toutes les ressources d'un territoire et de garantir la continuité éducative** entre les projets des écoles et les activités proposées aux enfants en dehors du temps scolaire. Le PEDT favorise les échanges entre les acteurs tout en respectant le domaine de compétences de chacun.

■ de **contribuer à une politique de réussite éducative et de lutte contre les inégalités scolaires** ou d'accès aux loisirs éducatifs.

■ **d'organiser des activités périscolaires prolongeant le service public d'éducation et en complémentarité** avec lui. Il peut porter sur les **activités périscolaires** des écoles **ou** aller jusqu'à s'ouvrir à **l'ensemble des temps scolaire, périscolaire et extrascolaire, de l'école.**

La commune ou l'EPCI assure la coordination des actions et leur conformité avec les objectifs retenus.

C L'élaboration du PEDT

■ Le PEDT est élaboré à **l'initiative des communes ou des établissements publics de coopération intercommunale (EPCI)**. Son élaboration, sa mise en œuvre et son suivi relèvent des collectivités territoriales et de leurs partenaires, notamment associatifs, qui doivent garantir la sécurité physique et morale des mineurs.

■ Les PEDT s'appuient sur les **dispositifs déjà existants** dans les communes comme les projets éducatifs locaux (PEL) et les contrats éducatifs locaux (CEL).

■ Le projet éducatif territorial prend la forme d'un **engagement contractuel**. La **durée maximale de cet engagement est de trois ans**. Le conseil départemental de l'Éducation nationale (CDEN) est informé des PEDT réalisés dans le département.

■ Ces activités ne sont **pas obligatoires, mais elles doivent pouvoir être proposées à chaque enfant**.

D Le fonctionnement du PEDT

■ **Les intervenants**
Ce sont essentiellement **des personnels d'animation** qui sont mobilisés par les mouvements associatifs tels que les associations complémentaires de l'enseignement public, les mouvements de jeunesse et d'éducation populaire, les mouvements sportifs locaux, les institutions culturelles, les associations locales…
Ce peut être également des **bénévoles et des associations de parents**, mais aussi des enseignants volontaires rémunérés et assurés pour cette activité par la collectivité.
Pour **les accueils collectifs de mineurs** (ACM), comme les accueils de loisirs périscolaires, organisés dans le cadre d'un PEDT, les **qualifications des membres de l'équipe d'animation** doivent être **conformes à la réglementation** relative au code de l'action sociale et des familles. De même que pour les **activités physiques**, les **qualifications des intervenants sont précisées dans la règlementation**.

■ **Les locaux**
Les **activités dans le cadre d'un PEDT**, comme pour toute activité périscolaire organisée par la commune, **peuvent se dérouler dans les locaux et les équipements scolaires**. Le **maire ou le président de la collectivité propriétaire des bâtiments de l'école** peut y organiser des activités sportives, culturelles ou socio-éducatives pendant les heures où les locaux ne sont pas utilisés pour les activités liées aux enseignements. Il doit **consulter le conseil d'école** sur le projet d'organisation de ces activités.
Le maire ou le président de l'EPCI peut aussi **accueillir les enfants dans un autre lieu que l'école**, à condition que les **enfants soient confiés à la sortie de l'école à un ou plusieurs adultes**. Le trajet est alors sous la responsabilité de ce(s) dernier(s).

E Les activités

Les activités proposées ont **vocation à s'adresser à tous les enfants**.
Elles ne doivent pas se limiter à des activités d'éveil, mais prendre en compte l'enfant dans toutes ses dimensions et dans son environnement, tout en recherchant la cohérence et la complémentarité entre elles et avec le projet d'école.
Elles doivent favoriser :
– **le développement personnel** de l'enfant, de sa sensibilité et de ses aptitudes intellectuelles et physiques ;
– **son épanouissement** ;
– **son implication** dans la vie en collectivité.

10 Le temps scolaire et périscolaire

A Définitions

■ **Le temps scolaire** est le temps de la classe.
■ **Le temps périscolaire** correspond **aux heures avant et après la classe** et pour lesquelles un encadrement est proposé aux enfants scolarisés. Il s'agit :
– du temps d'accueil du matin avant la classe ;
– du temps méridien (fin de matinée de classe au retour en classe l'après-midi) ;
– du temps d'accueil du soir après la classe (accueils de loisirs …).
■ **Le temps extrascolaire** est le temps durant lequel un encadrement est proposé :
– en soirée après le retour de l'enfant à son domicile ;
– le mercredi ou le samedi après la classe lorsqu'il y a école le matin ;
– le mercredi ou le samedi toute la journée s'il n'y a pas d'école ;
– le dimanche, les jours fériés et durant les vacances scolaires.

B Le rythme scolaire

■ L'enseignement est dispensé dans le cadre d'**une semaine de neuf demi-journées incluant le mercredi matin ; la durée de classe est de 24 heures par semaine** durant **36 semaines**. La durée maximale de la journée d'enseignement est de 5 h 30.
■ **Des activités pédagogiques complémentaires viennent s'ajouter aux 24 heures d'enseignement hebdomadaires** (les activités pédagogiques complémentaires remplacent l'aide personnalisée). Ces activités sont organisées par les enseignants et se déroulent en groupes restreints d'élèves.
■ Le directeur d'école veille au bon **déroulement du service de surveillance. Le service de surveillance à l'accueil et à la sortie des classes du matin et de l'après-midi et pendant les récréations** est défini **en conseil des maîtres.** Un roulement des maîtres est organisé. La surveillance couvre l'ensemble des activités prises en charge par l'école, qu'elles soient obligatoires ou facultatives, et toute la durée au cours de laquelle l'élève est confié à l'institution scolaire.

C La garderie

Certaines activités se déroulent en dehors du temps scolaire (heures légales). Il s'agit essentiellement **des garderies du matin, du soir et du temps du repas.**
■ **La garderie du matin** : elle se déroule avant l'heure officielle d'ouverture de la classe. L'autorité compétente est la collectivité locale. Il s'agit, essentiellement, d'un temps d'accueil. Le lieu où se déroule la garderie est identifié et l'agent qui en a la mission s'y consacre exclusivement.
■ **La garderie du soir** : elle peut être assurée par les ATSEM sous la responsabilité de la collectivité.

D L'accueil

■ L'accueil, **assuré 10 minutes avant la classe**, est réparti entre les enseignants de l'école. **L'ATSEM peut aider à cet accueil, sous la responsabilité d'un enseignant, mais ne peut l'assurer seul.** C'est **un sas entre le monde de la famille et celui de l'école.**
■ Les élèves sont accueillis dix minutes avant le début de chaque demi-journée.

- **Toute absence est signalée** au directeur par le maître.

E La sieste

- La sieste est **un temps nécessaire pour certains enfants, les plus jeunes surtout** ; la possibilité de se reposer est proposée dans des conditions psychologiques positives et matérielles correctes.
- **Après avoir préparé la salle de repos, l'ATSEM surveille la sieste, sous la responsabilité de l'enseignant de la classe concernée.**
- Les enfants doivent avoir un « endormissement » calme, dont le rituel est parfaitement établi. La maîtresse et l'ATSEM sont les éléments de référence. Les enfants sont déshabillés, leurs vêtements sont regroupés.
- **La surveillance de la sieste peut être assurée par une ATSEM**, libérant ainsi l'enseignant, soit pour des activités décloisonnées avec d'autres classes si tous ses élèves dorment, soit pour des ateliers ou des activités en petits groupes si une partie des élèves de sa classe ne dort pas. Dans certains cas, l'enseignant est seul lors de la surveillance de la sieste. Il peut toutefois organiser celle-ci de manière à s'occuper à la fois de ceux qui ne dorment pas et surveiller ceux qui dorment.

F Les récréations

- Les récréations constituent **une pause dans les activités d'apprentissage au cours de chaque demi-journée**.
- Ce sont des **moments éducatifs** : des **activités motrices** sont possibles pour répondre aux besoins physiques des enfants et **sous la surveillance des enseignants**.
- Elles favorisent **les contacts entre enfants** d'âges différents.
- Se déroulant en **plein air aussi souvent que possible**, ces moments concourent à une bonne **hygiène de vie**.
- La surveillance doit être constante. Les modalités retenues pour l'assurer doivent être adaptées en fonction des effectifs, de la configuration des lieux, du matériel scolaire et de la nature des activités.
- **Le service de surveillance est de la responsabilité des enseignants. L'ATSEM ne peut assurer seul la surveillance des récréations.**

G La restauration scolaire et l'animation du temps de midi

- Les municipalités peuvent mettre en place dans les locaux scolaires des services au bénéfice des élèves, en **dehors du temps scolaire** proprement dit, tels que la restauration scolaire, la garderie, les études surveillées, les activités périscolaires, le centre de loisirs.
- **Lors de ces activités, le directeur d'école n'a pas de directive à donner aux personnes chargées de la surveillance, sauf s'il a accepté cette mission.** De même, **les enseignants n'ont de responsabilité à assumer** que s'ils ont accepté d'exercer une telle surveillance.
- **À l'école maternelle, la responsabilité de la restauration relève de la collectivité territoriale.** Le service est assuré soit par le personnel communal, soit par celui du service de restauration.
- **L'animation du temps du midi**: les ATSEM peuvent conduire, sous leur propre responsabilité, cette activité.

FICHE **SAVOIR**

11 Les mesures de sécurité dans les écoles maternelles

A L'organisation de la surveillance

Le directeur d'école bénéficie comme les autres personnels de l'éducation nationale du régime particulier de substitution de la **responsabilité de l'État** à celles des membres de l'enseignement public.

■ Conformément au décret n°89-122 du 24 février 1989, le directeur d'école « *prend toutes dispositions utiles pour que l'école assure sa fonction de service public. À cette fin, il organise l'accueil et la surveillance des élèves et le dialogue avec leurs familles* ». L'obligation de surveillance est définie par le code de l'éducation « ***la surveillance des élèves durant les heures d'activité scolaire doit être continue et leur sécurité doit être constamment assurée** en tenant compte de l'état de la distribution des locaux et du matériel scolaire et de la nature des activités proposées. L'accueil des élèves est assuré dix minutes avant l'entrée en classe.* ***Le service de surveillance à l'accueil et à la sortie des classes, ainsi que pendant les récréations, est réparti entre les maîtres** en conseil des maîtres de l'école* ».

■ Les personnels communaux en service à l'école maternelle sont placés, pendant leur service, dans les locaux scolaires, **sous l'autorité des directeurs d'école**. Lorsque ces personnels assistent les enseignants pour la surveillance des élèves, **durant les heures d'activité scolaire, la responsabilité de l'État** est susceptible d'être engagée, du fait d'un dommage survenu à l'occasion des activités de surveillance.

■ **Les plages horaires réservées à la restauration sont exclues** des périodes pendant lesquelles la surveillance des élèves est placée sous la responsabilité de l'État. Ainsi, un dommage subi par un élève au cours du service de restauration engage normalement la **responsabilité de la commune**. Toutefois, dès lors que des membres de l'enseignement participent à la surveillance de la cantine, une éventuelle faute de leur part engagerait la responsabilité de l'État.

■ **Les directeurs d'école ne sont pas responsables de la surveillance** des élèves bénéficiant des services de **transports scolaires** destinés à assurer le trajet domicile-école et école-domicile. En effet, il appartient à la personne chargée du service des transports scolaires d'organiser la sécurité des élèves bénéficiant de ce service.

■ **Les enseignants sont responsables de la surveillance et de la sécurité des élèves.**

B La sécurité scolaire

1 Les locaux scolaires

■ Le maire est le responsable de la conformité des équipements, de leur installation, de leur maintenance et de l'organisation des secours sur la commune.

■ Toutefois le directeur de l'école doit signaler à la commune les dysfonctionnements qu'il a pu constater et prendre le cas échéant les mesures conservatoires qui peuvent être prises à son niveau (interdiction d'accès à tel ou tel local, par exemple).

2 La protection contre les risques d'incendie

Le directeur d'école :
– veille à ce que les locaux, installations et équipements soient maintenus en conformité avec les dispositions réglementaires ;
– fait procéder périodiquement aux vérifications techniques nécessaires ;

– fait visiter l'établissement par la commission de sécurité selon la périodicité prévue par le règlement de sécurité et fait procéder, en outre, à des contrôles inopinés ;
– prend toute mesure de prévention et de sauvegarde telles qu'elles sont définies par le règlement de sécurité ;
– prend, le cas échéant, toutes mesures d'urgence propres à assurer la sécurité des personnes et en réfère maire, pour décider de l'ouverture ou de la fermeture de l'école ;
– des exercices de sécurité doivent avoir lieu chaque trimestre.

3 La déclaration d'accident scolaire

En cas d'accident scolaire, une déclaration est faite par le directeur d'école et transmise à l'inspection académique dont relève l'école.

C Le Plan particulier de mise en sûreté face aux risques majeurs (PPMS)

La circulaire n° 2002-119 du 29 mai 2002 portant création du PPMS face aux risques majeurs est abrogée et remplacée par circulaire n° 2015-205 du 25-11-2015.

■ Dans chaque école, le directeur d'école, dans le cadre **du conseil des maîtres**, doit élaborer un **Plan Particulier de Mise en Sûreté (PPMS)** face aux risques majeurs qui est présenté au Conseil d'école. Le maire est chargé d'informer sur les mesures de prévention des risques susceptibles d'affecter la commune. Le PPMS doit faire l'objet d'un exercice annuel spécifique qui permet de tester et de valider le dispositif, ainsi que d'une actualisation régulière et d'échanges avec les secours locaux.

■ Le directeur d'école dispose en outre de l'appui des personnes, en particulier des correspondants « sécurité » désignés par les recteurs et les inspecteurs d'académie, directeurs départementaux de l'éducation nationale.

■ Il est nécessaire que les directeurs d'école donnent aux familles une information claire sur le PPMS élaboré pour faire face aux risques majeurs et aux situations d'urgence auxquels l'école peut être confrontée.

■ L'enseignement **Apprendre à porter secours (APS)** comporte un apprentissage des principes simples pour porter secours (reconnaître les risques de son environnement familier et savoir composer le 15).

D Le niveau Vigipirate « sécurité renforcée – risque attentat »

Des mesures complémentaires de sécurité dans les écoles sont mises en place à travers le plan Vigipirate. Ces mesures visent à prévenir des menaces et à permettre une réaction rapide avec la mise en place en cas d'urgence d'un accompagnement par les forces de sécurité du Ministère de l'Intérieur.

Les objectifs de ces mesures :
– renforcer la coopération entre les deux ministères (éducation nationale et intérieur) en intensifiant les échanges ;
– renforcer la sécurité aux abords des écoles ;
– mettre en place une culture commune de la sécurité (3 exercices de sécurité dont 1 exercice par an « attentat-intrusion »...) ;
– former et mettre à disposition des équipes éducatives des ressources pour dialoguer avec les élèves, échanger et les rassurer autour des questions relatives aux attentats et à la menace terroriste ;
– informer les familles des mesures de sécurité.
Dans ce cadre-là, l'accueil à l'entrée des écoles et établissements scolaires est assuré par un adulte, un contrôle visuel des sacs peut être effectué et l'identité des personnes étrangères à l'établissement est systématiquement vérifiée.

FICHE SAVOIR

12 La règlementation lors des sorties scolaires

A Les catégories de sorties

Les sorties scolaires relèvent de trois catégories :

Catégories de sorties	Caractéristiques
1ère catégorie : sorties régulières (obligatoires)	Correspondent aux enseignements réguliers inscrits à l'emploi du temps et nécessitant un déplacement régulier hors de l'école (piscine, bibliothèque, équipement sportif…). Obligatoires et autorisées par le directeur d'école.
2ème catégorie : sorties scolaires occasionnelles sans nuitées	Correspondent à des activités d'enseignement sous des formes différentes et dans des lieux offrant des ressources naturelles et culturelles, même organisées sur plusieurs journées consécutives sans hébergement (visite d'un monument, d'un musée ou d'un lieu spécifique). Obligatoires ou facultatives selon la durée et autorisées par le directeur d'école.
3ème catégorie : sorties scolaires avec nuitées	Permettent de dispenser les enseignements, conformément aux programmes de l'école, et de mettre en œuvre des activités dans d'autres lieux et selon d'autres conditions de vie (classe de découverte, classe culturelle, classe d'environnement). Facultatives et autorisées par le Directeur académique des services de l'éducation nationale (Dasen).

Les sorties peuvent être ou obligatoires ou facultatives :

■ **La sortie est obligatoire** pour l'élève si elle est organisée pendant les horaires de la classe et ne comprend pas la pause du déjeuner. La famille doit être informée du lieu, du jour et des horaires de la sortie.

■ **La sortie est facultative** si elle dépasse les horaires habituels de la classe, ou si elle englobe la pause du déjeuner. L'enseignant qui organise la sortie doit adresser à la famille une information indiquant les modalités d'organisation de la sortie (les horaires et le lieu de départ et de retour). La famille donne son accord en remettant la partie détachable (datée et signée). Si la sortie comprend une nuitée, l'enseignant doit organiser une réunion avec les familles.

L'élève qui ne participe pas à la sortie facultative est accueilli à l'école.

B La réglementation

■ **Le directeur d'école est compétent pour autoriser les sorties entrant dans les deux premières catégories**. Les sorties relevant de la troisième catégorie doivent être autorisées par l'inspecteur d'académie, directeur des services départementaux de l'éducation nationale.

■ Le fait que le directeur autorise la sortie n'exonère pas **les enseignants de leurs responsabilités** dans l'accompagnement et la surveillance des élèves dans le cadre de ces sorties.

■ **L'utilisation des véhicules personnels** est exclue pour les élèves de maternelle, conformément aux recommandations de la circulaire du 21 septembre 1999.

■ **L'autorisation de sortie de territoire** est rétablie depuis le 15 janvier 2017. Elle concerne tout mineur qui voyage à l'étranger sans être accompagné de ses parents. Pour les voyages scolaires, l'enfant doit présenter trois documents :
- un formulaire Cerfa signé par l'un des parents titulaire de l'autorité parentale ;
- une pièce d'identité valide ;
- une photocopie de la carte d'identité ou passeport du parent signataire.

C L'encadrement des sorties

Type de sortie	Taux d'encadrement
Sortie régulière	2 adultes au moins, dont l'enseignant de la classe. Au-delà de 16 élèves, un adulte supplémentaire pour 8.
Sortie occasionnelle sans nuitée	2 adultes au moins, dont l'enseignant de la classe. Au-delà de 16 élèves, un adulte supplémentaire pour 8.
Sortie avec nuitée(s)	2 adultes au moins dont l'enseignant de la classe. Au-delà de 16 élèves, un adulte supplémentaire pour 8.

L'autre adulte encadrant peut être :
- un autre enseignant ;
- un aide éducateur ;
- un agent territorial spécialisé des écoles maternelles (ATSEM) ;
- un parent ou un bénévole.

Un chauffeur n'est pas compté comme un encadrant.

D L'assurance

Type de sortie	Assurance
Sortie obligatoire	Assurance non nécessaire.
Sortie facultative	Assurance responsabilité civile et assurance individuelle accidents corporels exigés pour l'enfant (vérification avant le départ que chaque élève est bien couvert par une assurance).

■ **Le plan Vigipirate** peut entraîner **la suspension de certaines sorties** pour assurer la sécurité des enfants. Le Dasen peut, en cas de plan Vigipirate Alerte attentat, décider de suspendre les sorties scolaires facultatives ou parfois même les sorties obligatoires.

13 Produits et matériels d'entretien des locaux et des équipements

L'hygiène permet de garantir la propreté physique (absence de salissures), la propreté chimique (absence de résidus chimiques) et la propreté bactériologique (faible teneur en micro-organismes).

A Les produits

1 Les produits de nettoyage et d'entretien des surfaces

Le **nettoyage** est l'opération qui consiste à débarrasser tous les revêtements des souillures, sans les abîmer.

Type de produit	Exemples	Mode d'action
Agglutinants	Produit pour le sol, les meubles.	Dépoussiérants, parfois antistatiques, ils fixent les poussières non adhérentes.
Détergents	Liquide vaisselle, détergent pour le sol, lessive, savon.	Ils permettent une division des taches et leur disparition dans le bain de lavage (nettoient). Ils dissolvent surtout les taches grasses.
Abrasifs	Papier de verre, pierre ponce, poudre ou crème à récurer, tampons.	Ils usent par frottements et enlèvent les salissures par grattage (récurent).
Détartrants	Liquide ou poudre de détartrage, acide phosphorique, chlorhydrique.	Ils enlèvent le tartre grâce à leur formule acide.
Solvants	Eau, essences, white-spirit, alcools, trichloréthylène.	Ils permettent la dissolution des taches par pénétration du produit.

2 Les produits de décontamination et de désinfection

La **décontamination** élimine ou inactive les micro-organismes.

a) Les produits antiseptiques et désinfectants

Type de produit	Mode d'action
Dérivés phénoliques (phénols)	Lésion de la paroi bactérienne, bactériostatique, bactéricide, fongicide.
Oxydants (eau oxygénée)	Bactériostatique.
Tensio-actifs	Lésion de la paroi, dénaturation de la membrane bactérienne (bactériostatique et bactéricide), fongistatique.
Alcool	Action sur les protéines du cytoplasme bactérien (bactéricide), fongicide.
Aldéhyde	Action sur les protéines du cytoplasme bactérien (bactéricide), fongicide, virucide et parfois sporicide.

b) Les agents antimicrobiens

■ **Les agents chimiques**

– **La désinfection** élimine ou tue les micro-organismes sur la matière inerte contaminée. Un désinfectant agit sur des **supports contaminés inertes** (exemples de désinfectants : eau de Javel, dérivés chlorés, Surfanios).

– **L'antisepsie** est l'opération qui permet de tuer ou d'éliminer les micro-organismes et/ou d'inactiver les virus sur des milieux vivants.

n antiseptique agit sur **des milieux vivants** (exemples d'antiseptiques : eau oxygénée, Bétadine, Mercryl, liqueur de Dakin).

■ **Les agents biochimiques : les antibiotiques**

Ce sont des médicaments (Pénicillines, Céphalosporines, Aminosides, Cyclines).

■ **La stérilisation** est un procédé visant à éliminer ou tuer tous les microorganismes sur des milieux inertes. Un objet **stérile** est un objet sur lequel il n'y a pas de micro-organismes.

> **Définition**
>
> • **Bactéricide** : produit ayant la propriété de tuer les bactéries.
> • **Bactériostatique** : produit ayant la propriété d'empêcher la multiplication des bactéries.
> • **Fongicide** : produit ayant la propriété de tuer les champignons microscopiques (mycètes), y compris leurs spores.
> • **Fongistatique** : produit ayant la propriété d'empêcher la multiplication des mycètes.
> • **Virucide ou virulicide** : produit ayant la propriété de tuer les virus.
> • **Sporicide** : produit ayant la propriété de tuer les spores des micro-organismes.

B Les matériels d'entretien des sols

1 Le matériel d'entretien des locaux et des équipements

■ Le petit matériel

■ Il s'agit des gants, des lavettes, de la serpillière, de la raclette, de la paille de fer, du tampon abrasif, du seau ou de la bassine.

■ Le chariot de ménage

Il permet de transporter en une seule fois le matériel et les produits nécessaires pour effectuer les travaux de ménage, collecter les déchets et constituer un élément de rangement.

2 Les balais

Le balayage humide est conçu pour agglutiner les poussières (balayage humide ; dans certaines collectivités, en particulier avec des enfants, le balayage traditionnel à sec est interdit).

3 Les machines

■ L'aspirateur à poussière : permet de soulever et transporter la poussière.

■ L'aspiro-brosseur : il combine le brossage et l'aspiration.

■ L'aspirateur mixte (eau et poussière) : il est conçu pour aspirer des solutions nettoyantes et les stocker dans une cuve étanche. L'aspirateur doit être poussé pendant son utilisation.

■ La monobrosse : elle peut être utilisée à la fois pour le nettoyage, le ponçage, le décapage, la rénovation et le polissage. Il faut la tirer à reculons, le fils sur l'épaule.

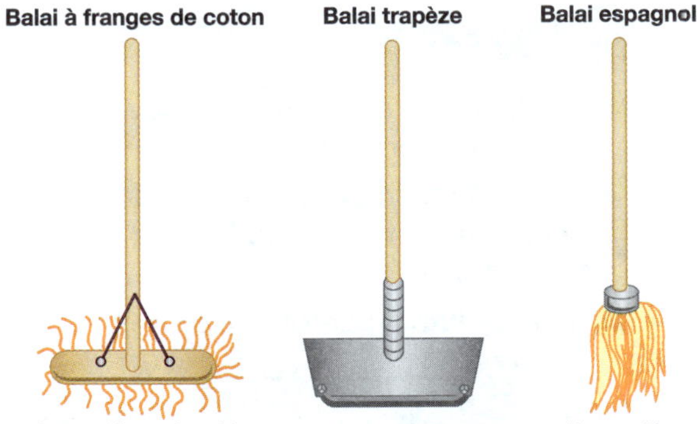

4 Le matériel pour le dépoussiérage humide

■ Pour le mobilier : les gazes imprégnées permettent l'agglutination des poussières.

■ Pour les sols : les balais trapèzes sont recouverts de gazes à usage unique, imprégnées d'un produit agglutinant. Ce type de balayage est appelé un balayage humide (ce n'est pas un nettoyage).

FICHE TECHNIQUE

14 Techniques de dépoussiérage des sols : le balayage humide

→ **OBJECTIFS** récupérer les particules déposées sur les sols et (ou) les parois lorsque les techniques avec balai trapèze ne peuvent être utilisées.

A Le dépoussiérage manuel

■ Pour dépoussiérer, trois techniques sont utilisées : **l'essuyage humide** sur les surfaces, **le balayage humide** sur les sols lisses et secs, **le dépoussiérage par aspiration**. Le balayage humide n'est pas un lavage, les poussières se collent sur le support légèrement humide (gaze pré-imprégnée).

■ Le travail de dépoussiérage s'effectue toujours **du plus propre au plus sale et de haut en bas** : essuyage humide des parties hautes (plafonds, luminaires, encadrement des fenêtres, tringles à rideaux), puis du mobilier.

■ L'aération de la salle se fait avant ou après le dépoussiérage, mais pas pendant l'activité car elle favorise le déplacement des poussières.

MATÉRIELS ET PRODUITS

- un balai trapèze
- une gaze jetable pré-imprégnée d'un agglutinant
- une pelle
- une poubelle

Préparation

1. Porter une tenue adaptée.
2. Se laver les mains.
3. Préparer le lieu, fermer les fenêtres.
4. Préparer le matériel et les produits : fixer la gaze sur le balai.

Organisation

Le chariot reste à l'extérieur de la pièce.

Exécution

1. Le détourage : se mettre devant la porte et balayer en faisant le contour de la pièce, le long des murs.
2. Le balayage : se mettre au fond de la pièce (à l'opposé de la porte) et balayer à reculons en tirant le balai vers soi, en faisant des mouvements en S sur le sol (« à la godille »).
3. Vérifier l'absence de salissures.

Rangement et nettoyage

1. Décrocher la gaze en la pliant pour récupérer les déchets.
2. Jeter la gaze et les déchets à la poubelle.
3. Nettoyer et ranger le matériel.
4. Se laver les mains.

B Le dépoussiérage mécanique avec aspirateur

Préparation

1. **Porter une tenue adaptée.**
2. **Se laver les mains** mettre les gants.
3. **Préparer son poste de travail.**
4. **Préparer le matériel** : aspirateur poussière avec canne et flexible ; suceur(s) adapté(s) aux surfaces à dépoussiérer ; sac récupérateur de poussière.

Exécution

1. Vérifier que la surface est sèche et débarrassée des gros déchets et éléments adhérents.
2. Commencer par l'entrée de la pièce.
3. Aspirer par bandes régulières et parallèles d'avant en arrière.
4. Faire chevaucher les passages.
5. Débrancher immédiatement l'appareil après utilisation ou s'il est nécessaire d'interrompre le travail.

Rangement et nettoyage

1. **Vider le sac** si nécessaire.
2. **Ranger l'aspirateur.**
3. **Vider la poubelle.**
4. **Se laver les mains.**

LES CRITÈRES D'ÉVALUATION

- **L'organisation et l'ergonomie** : mise à disposition du matériel et des produits ; ordre logique des opérations.
- **L'hygiène** : respect du circuit propre/sale ; tenue propre.
- **La sécurité** : respect des consignes d'utilisation des produits et des matériels ; port de gants.
- **L'économie** : pas d'utilisation de matériel ou de produits non indispensables à la tâche ; nombre suffisant de gazes.
- **La communication** : information sur les tâches à effectuer.
- **La qualité du résultat** : absence de poussières, de salissures, de traces.

FICHE TECHNIQUE 15 Techniques de lavage manuel des sols et des surfaces

→ **Objectifs** éliminer les salissures et les micro-organismes (le lavage complète le dépoussiérage).

A Le lavage manuel des surfaces

MATÉRIELS ET PRODUITS

- lavettes bleues
- 2 seaux (pour la solution et pour le rinçage)
- gants
- détergent

Préparation

1. Porter une tenue adaptée.
2. Se laver les mains et mettre les gants.
3. Préparer le lieu et aérer la pièce.
4. Préparer le matériel et les produits : préparer la solution détergente (faire le dosage selon les indications de l'étiquette) et prévoir suffisamment de lavettes.

Organisation

Le chariot reste à l'extérieur de la pièce.

Exécution

1. Mouiller la lavette de produit, la plier : la tremper dans le seau.
2. Faire le détourage de la surface (plan de travail ou mobilier…), puis passer la lavette à l'intérieur de la surface en faisant des bandes.
3. Rincer si nécessaire selon le pro-duit.
4. Vérification du résultat : vérifier l'absence de salissures et de traces.

Rangement et nettoyage

1. Mettre les lavettes au sale (lavage en machine).
2. Nettoyer et ranger le matériel.
3. Se laver les mains.

B Le lavage manuel des sols

MATÉRIELS ET PRODUITS

- un chariot de lavage
- une presse
- un seau bleu (solution de détergent)
- un seau rouge (eau de rinçage)
- un balai de lavage
- un bandeau de lavage
- des gants

Préparation

1 Porter une tenue adaptée.

2 Se laver les mains et mettre les gants.

3 Préparer le lieu en aérant la pièce.

4 Préparer le matériel et les produits :
– verser la solution détergente dans le seau bleu (dosage selon les indications de l'étiquette : 8 litres pour une dose) ;
– remplir le seau rouge d'eau claire ;
– installer les seaux et la presse sur le chariot (il reste à l'extérieur de la pièce).

Exécution

1 Tremper le bandeau de lavage dans la solution détergente et essorer en utilisant la presse.

2 Laver le sol : détourage le long des murs (contour de la pièce) puis laver à reculons en tirant le balai vers soi, en faisant des mouvements en S sur le sol (« à la godille »)

3 Rincer le bandeau dans le seau rouge et essorer (certains produits ne se rincent pas).

4 Vérifier l'absence de salissures.

Rangement et nettoyage

1 Mettre les bandeaux au sale (lavage en machine).

2 Nettoyer et ranger le matériel.

3 Se laver les mains.

LES CRITÈRES D'ÉVALUATION

- **L'organisation et l'ergonomie** : mise à disposition du matériel et des produits ; ordre logique des opérations.
- **L'hygiène** : respect du circuit propre/sale ; tenue propre.
- **La sécurité** : respect des consignes d'utilisation des produits et des matériels ; port de gants.
- **L'économie** : pas d'utilisation de matériel ou de produits non indispensables à la tâche ; respect des doses pour l'utilisation du détergent ; quantité suffisante de détergent en fonction de la surface.
- **La communication** : information sur les tâches à effectuer ; zone de lavage balisée.
- **La qualité du résultat** : absence de poussières, de salissures, de traces.

FICHE TECHNIQUE

16 Techniques de lavage manuel de la vaisselle

→ **Objectifs** Éliminer les salissures et les micro-organismes.

MATÉRIELS ET PRODUITS

- lavette pour la vaisselle
- grattoir
- produit de vaisselle
- bouchon d'évier
- poubelle à pédale et sac
- égouttoir
- gants de vaisselle
- tablier plastique éventuellement
- lavette pour l'entretien de l'évier
- produit dégraissant et désinfectant

Organisation

Se positionner devant l'évier avec le matériel devant soi.

Préparation

1 Porter une tenue adaptée.

2 Se laver les mains, mettre les gants.

3 Préparer son poste de travail : vider le bac de lavage et désinfecter.

4 Préparer le matériel et les produits : remplir d'eau le bac de lavage et préparer les produits (si 2 bacs, préparer un bac d'eau savonneuse et un bac d'eau de rinçage du côté de l'égouttoir).

Éxécution

1 Préparation de la vaisselle :

– **éliminer les déchets alimentaires** de la vaisselle et entreposer la vaisselle sur le plan de travail ;
– **organiser la vaisselle par degré de salissure.**

2 Lavage :

– **respecter le dosage de produit** vaisselle et mettre la vaisselle dans le bac d'eau savonneuse ;
– **commencer par les verres**, les assiettes, et les couverts et **finir par les plats ;**
– changer l'eau (si nécessaire) ;
– **déposer la vaisselle au fur et à mesure** dans le second bac (eau de rinçage) ou sur la tablette de l'évier.

3 Rinçage :
– vider le bac d'eau savonneuse si un sel bac et rincer le bac ou utiliser directement le second bac contenant l'eau de rinçage (si 2 bacs) ;
– remplir le bac d'eau propre (si un bac) ;
– rincer la vaisselle ;
– poser l'égouttoir.

4 **Égouttage et essuyage** :

– retourner la vaisselle creuse et laisser sécher ou essuyer ;
– essuyer la vaisselle avec le torchon propre (changer de torchon s'il est trop mouillé).

5 **Rangement de la vaisselle** : respecter l'ordre de rangement dans les placards.

Rangement et nettoyage

1 **Nettoyer et ranger le matériel utilisé** pour la vaisselle et **essuyer et ranger** l'égouttoir.

2 **Désinfecter l'évier et le plan de travail.**

3 **Vider la poubelle.**

4 **Nettoyer le sol si besoin.**

5 **Oter ses gants et se laver les mains.**

LES CRITÈRES D'ÉVALUATION

- **L'organisation et l'ergonomie** : mise à disposition du matériel et des produits, ordre logique des opérations.
- **L'hygiène** : respect du circuit propre/sale, tenue propre, port de gants, pas d'éclaboussure au sol.
- **La sécurité** : respect des consignes d'utilisation des produits et des matériels, peu d'éclaboussures au sol.
- **l'économie** : pas d'utilisation de matériel ou de produits non indispensables à la tâche, respect des doses pour l'utilisation du produit de vaisselle, du détergent –désinfectant.
- **la communication** : zone de lavage balisée.
- **la qualité du résultat** : absence de poussière, de salissure, de trace ; rangement de la vaisselle en respectant l'ordre de rangement.

FICHE TECHNIQUE

17 Techniques de décontamination des locaux et des équipements

→ **OBJECTIF** réduire le nombre de micro-organismes présents sur les surfaces.

Le **bionettoyage** est obtenu par combinaison d'un nettoyage, d'un rinçage et d'une désinfection. Le rinçage élimine le détergent et les salissures.

Les produits détergents désinfectants (dD) permettent de réaliser le nettoyage et la désinfection en même temps.

A Le bionettoyage des surfaces avec un détergent, puis un désinfectant

MATÉRIELS ET PRODUITS

- un chariot de lavage
- 3 lavettes bleues
- 3 seaux de couleurs différentes (solution de détergent, eau de rinçage, solution de désinfectant)
- un filet de récupération des lavettes sales
- des gants
- 1 dose de détergent
- 1 dose de désinfectant

Préparation

1. Porter une tenue adaptée.
2. Se laver les mains et mettre les gants.
3. Préparer le lieu en aérant. Le chariot reste à l'extérieur de la pièce.
4. Préparer le matériel et les produits :
   – verser la solution détergente (1) dans un seau ;
   – remplir un seau d'eau claire (2) ;
   – préparer la solution désinfectante (3) dans le 3e seau ;
   – installer les seaux et la presse sur le chariot ;
   – tremper les lavettes.

Exécution

1. Laver la surface avec une lavette imprégnée de détergent (1) : effectuer un détourage puis laver toute la surface par bandes et mettre la lavette au sale (filet de récupération).
2. Rincer de la même façon que le lavage (détourage et bandes) avec une lavette imprégnée d'eau (2), puis mettre la lavette au sale.
3. Désinfecter : passer une lavette imprégnée de désinfectant (3), de la même façon que le lavage et le rinçage (détourage et bandes). Un rinçage peut être nécessaire selon les désinfectants, il faut alors attendre un temps d'action avant de rincer le produit désinfectant.
4. Vérification du résultat : vérifier l'absence de salissures et de traces.

Rangement et nettoyage

1. Mettre les lavettes au sale (lavage en machine).
2. Nettoyer et ranger le matériel (laver et désinfecter les seaux).
3. Se laver les mains.

B Bionettoyage avec un détergent/désinfectant

MATÉRIELS ET PRODUITS

- un chariot de lavage
- 1 ou 2 lavettes bleues
- 1 ou 2 seaux de couleurs différentes (solution de détergent/désinfectant et eau de rinçage)
- un filet de récupération des lavettes sales
- des gants
- 1 dose de détergent/désinfectant (dD)

Préparation

1. Porter une tenue adaptée.
2. Se laver les mains et mettre les gants.
3. Préparer le lieu en aérant. Le chariot reste à l'extérieur de la pièce.
4. Préparer le matériel et les produits :
   – préparer la solution détergente désinfectante (1) dans un seau (ou désinfectant prêt à l'emploi à pulvériser) ;
   – remplir un seau d'eau claire (2) ;
   – installer les seaux et la presse sur le chariot ;
   – tremper les lavettes.

Éxécution

1. Faire le bionettoyage de la surface avec une lavette imprégnée d'une solution de détergent/désinfectant (1) : faire un détourage puis le nettoyage de toute la surface par bandes ; mettre la lavette au sale (filet de récupération).
2. Rincer de la même façon que le bionettoyage (détourage et bandes) avec une lavette imprégnée d'eau (2), puis mettre la lavette au sale (selon les dD, il faut alors attendre un temps d'action avant de rincer le produit).
3. Vérifier l'absence de salissures et de traces.

Rangement et nettoyage

1. Mettre les lavettes au sale (lavage en machine).
2. Nettoyer et ranger le matériel (laver et désinfecter les seaux).
3. Se laver les mains.

LES CRITÈRES D'ÉVALUATION

- **L'organisation et l'ergonomie** : mise à disposition du matériel et des produits ; ordre logique des opérations.
- **L'hygiène** : respect du circuit propre/sale, tenue propre, port de gants.
- **La sécurité** : respect des consignes d'utilisation des produits et des matériels.
- **L'économie** : pas d'utilisation de matériel ou de produits non indispensables à la tâche, respect des doses pour l'utilisation du détergent/désinfectant.
- **La communication** : information sur les tâches à effectuer, zone de lavage balisée.
- **La qualité du résultat** : absence de poussières, de salissures, de traces.

FICHE TECHNIQUE

18 Techniques de stérilisation et de désinfection de matériels

→ **Objectif** détruire les micro-organismes.

La stérilisation et la désinfection nécessitent un nettoyage préalable bien soigné.

La **désinfection** permet de tuer les micro-organismes. C'est une opération momentanée : le matériel, une fois désinfecté, est en contact avec l'environnement.

La **stérilisation** permet de détruire les micro-organismes et de maintenir le matériel dans un état stérile avec un conditionnement adapté (à l'abri de zones contaminées : environnement…).

A La désinfection chimique du matériel

MATÉRIELS ET PRODUITS

- du produit désinfectant (pour les biberons souvent des comprimés de stérilisation)
- un bac de désinfection
- une pince
- des gants à usage unique
- un tablier

Organisation

Organiser son plan de travail dans des locaux adaptés (sur un plan de travail avec évier).

Préparation

1. Porter une tenue adaptée.
2. Se laver les mains et mettre les gants.
3. Préparer le lieu.
4. Préparer la solution désinfectante (dosage selon les indications de l'étiquette ou comprimés pour les biberons).

Exécution

1. Nettoyer le matériel avec un détergent : utiliser un écouvillon pour les parties creuses (comme la tétine du biberon).
2. Rincer à l'eau et faire égoutter.
3. Tremper le matériel dans la solution désinfectante (noter la date, l'heure) : immerger 10 à 20 minutes selon les produits.
4. Rincer et sécher le matériel et l'emballer éventuellement dans une protection stérile pour stockage.

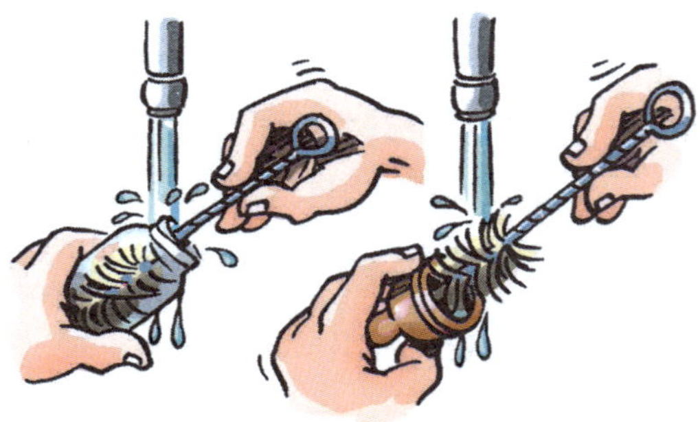

Rangement et nettoyage

1. Nettoyer et désinfecter le bac de désinfection.
2. Désinfecter les écouvillons.
3. Se laver les mains.

B l'exemple des biberons

MATÉRIELS ET PRODUITS

- un tablier
- une pince à biberon
- un panier pour biberons
- une casserole ou un appareil type Soxhlet (ou appareil électrique ou appareil pour four micro-ondes)

Organisation

Organiser son plan de travail dans des locaux adaptés (évier, cuisine).

Préparation

1. Porter une tenue adaptée.
2. Se laver les mains.
3. Préparer le lieu.
4. Préparer l'appareil ou la casserole, le panier à biberons.

Exécution

1. Nettoyer les biberons avec un détergent et utiliser un écouvillon pour les parties creuses (par exemple la tétine du biberon…).
2. Rincer à l'eau et faire égoutter.
3. Mettre les biberons, les bagues, les capuchons et les tétines dans une casserole ou dans l'appareil avec de l'eau.
4. Mettre à chauffer soit sur la plaque à gaz (ou la plaque électrique), soit au micro-onde pour l'appareil à four micro-ondes (attendre 5 minutes après l'ébullition à la casserole ou Soxhlet, ou respecter le temps pour les autres appareils).
5. Sortir les biberons avec la pince, les mettre dans un panier pour biberons.

Rangement et nettoyage

1. Nettoyer et désinfecter.
2. Désinfecter les écouvillons.
3. Se laver les mains.

LES CRITÈRES D'ÉVALUATION

- **L'organisation et l'ergonomie** : mise à disposition du matériel et des produits ; ordre logique des opérations.
- **L'hygiène** : respect du circuit propre/sale, tenue propre, port de gants (désinfection chimique).
- **La sécurité** : respect des consignes d'utilisation des produits et des appareils ; port de gants.
- **L'économie** : pas d'utilisation de matériel ou de produits non indispensables à la tâche, respect des doses pour l'utilisation du désinfectant.
- **La communication** : information sur les tâches à effectuer.
- **La qualité du résultat** : absence de salissures, de traces.

FICHE TECHNIQUE

19 Techniques d'entretien du linge

→ **Objectif** entretenir le linge en fonction de ses propriétés.

A Les mesures à respecter

Il y a trois mesures à respecter pour éviter une contamination :
- respecter les circuits du propre et du sale ;
- respecter le protocole de stérilisation du linge ;
- maintenir le linge stérile avant utilisation.

B Le tri et la classification du linge

Il y a cinq étapes à respecter pour classer le linge :
- Séparer les couleurs vives des couleurs claires et du blanc.
- Regrouper les articles en fonction du type de tissu.
- Suivre les instructions présentes sur l'étiquette (ex : 30°).
- Vider les poches.
- Peser le linge (une surcharge freine les mouvements du tambour et nuit à la performance du lavage).

C Le détachage

Plusieurs étapes sont à respecter pour le détachage du linge.
- Agir rapidement.
- Suivre les instructions de l'étiquette.
- Faire un test.
- Imbiber la tâche par tapotement.
- Éponger la partie détachée avec un chiffon propre.
- Rincer pour éliminer le produit détachant.

D Les textiles et revêtements textiles

On appelle textile toute matière que l'on peut transformer en fils et tissus.
Ils sont utilisés surtout pour le linge, les vêtements, les rideaux, en raison de leur facilité d'entretien lors de ces utilisations.
Dans les bureaux, on peut trouver des textiles pour les revêtements de sols (moquettes) ou de murs.
Il y a deux grandes classifications des matières textiles :
- **Les fibres naturelles** : **végétales** (coton, jute, sisal, coco) ou **animales** (laine, poils d'animaux, soie).
- **Les fibres chimiques** : **artificielles** (viscose, acétate, triacétate) ou **synthétiques** (polyamides : Nylon, Rilsan ; polyesters : Tergal ; polypropylènes : Meraklon ; polyuréthanes : Lycra ; chlorofibres : tissu antifeu…).

E Les codes d'étiquetage pour l'entretien des textiles

Les codes d'entretien figurent sur tous les textiles. Ils sont au nombre de 5 : le lavage, le nettoyage à sec, le repassage, la javellisation et le séchage en tambour.

Le lavage

95	Action mécanique normale, rinçage à température normale, essorage normal.	Température maximale : 95°C
95	Action mécanique réduite, rinçage à température décroissante, essorage modéré.	
60°	Action mécanique normale, rinçage à température normale, essorage normal.	Température maximale : 60 ou 50°C
60°	Action mécanique réduite, rinçage à température décroissante, essorage modéré.	
50	Action mécanique réduite, rinçage à température décroissante, essorage modéré.	
40	Action mécanique normale, rinçage à température normale, essorage normal.	Température maximale : 40 ou 30°C
40	Action mécanique réduite, rinçage à température décroissante, essorage modéré.	
40	Action mécanique très réduite, rinçage à température normale, essorage modéré.	
30	Action mécanique réduite, rinçage à température décroissante, essorage modéré.	
	Lavage à la main seulement	
	Aucun lavage possible.	

Le nettoyage à sec : le détachage

A	Tous les solvants courant de nettoyage à sec sont utilisables, y compris le trichloréthylène, selon les processus normaux.
P	Tous les solvants courant de nettoyage à sec sont utilisables, sauf le trichloréthylène, mais y compris le perchloréthylène, selon les processus normaux.
P	Tous les solvants courant de nettoyage à sec sont utilisables, sauf le trichloréthylène, mais y compris le perchloréthylène. Avec restrictions sévères sur l'addition d'eau ainsi que sur l'action mécanique et (ou) sur la température de séchage.
F	Seuls sont utilisables les essences minérales et le solvant fluoré R113 selon les processus normaux.
F	Seuls sont utilisables les essences minérales et le solvant fluoré R113. Avec restrictions sévères sur l'addition d'eau ainsi que sur l'action mécanique et (ou) sur la température de séchage.
	Aucun nettoyage à sec possible. Attention au séchage.

Le repassage

	Température FORTE 200°C.	Coton, lin.
	Température MOYENNE 150°C.	Laine, soie, polyester, viscose.
	Température FAIBLE 110°C.	Fibres synthétiques, polyacryliques, polyamide, acétate, triacétate.
	Pas de repassage.	

Ne pas repasser à la vapeur les textiles contenant des fibres polyacryliques. Le repassage par le fer (faible température) est possible, mais des modifications de taille peuvent se présenter sous l'action de la vapeur (chaleur humide).

Le chlorage : la javellisation

	Traitement à l'eau de javel. Chlorage dilué et à froid.
	Pas de chlorage.

Le séchage en tambour

	Séchage en tambour possible.
	Pas de séchage en tambour.
	Séchage en tambour DOUX.
	Séchage en tambour FORT.

FICHE TECHNIQUE

20 Le repassage

→ **Objectifs** défroisser, assainir le linge, et faciliter son rangement.

MATÉRIELS ET PRODUITS

- table à repasser
- fer à repasser
- plan de travail pour déposer le linge repassé ou une corbeille à linge

Organisation

Plan de travail ou table à disposition.

Préparation

1 **Porter une tenue adaptée.**

2 **Se laver les mains.**

3 **Préparer le lieu table à repasser** à la bonne hauteur, fer à repasser, le plan de travail ou la corbeille à linge.

4 **Préparer le matériel et les produits** : tri du linge en fonction du textile (position du thermostat) et du type de linge (plat : torchons… ou avec des formes : pantalons…).

Éxécution

1 Disposer le linge sur la planche à repasser.

2 Repasser les détails (cols, poignets, manches) puis les grandes surfaces.

3 Repasser sur l'endroit et sur l'envers et dans le sens du « droit fil ».

4 Déposer le linge sur le plan de travail ou la corbeille et reprendre un linge.

Rangement et nettoyage

1 Arrêter le fer (baisser le thermostat), le débrancher (faire attention à la sécurité : le mettre à l'écart de tout risque de brûlure)

2 Ranger la table à repasser

3 Ranger le linge

LES CRITÈRES D'ÉVALUATION

- **L'organisation et l'ergonomie** : mise à disposition du matériel, ordre logique des opération, table à repasser à la bonne hauteur.
- **L'hygiène** : respect du circuit propre/sale, tenue propre.
- **La sécurité** : respect des consignes d'utilisation du fer à repasser.
- **L'économie** : pas d'utilisation de matériel ou de produits non indispensables à la tâche.
- **La communication** : information sur les tâches à effectuer, zone de repassage balisée.
- **La qualité du résultat** : absence de salissure, de plis, rangement esthétique.

Préparation à l'épreuve EP2

L'épreuve EP2 « Exercer son activité en accueil collectif » est une épreuve écrite d'une **durée d'1 h 30 et de coefficient 4.**

Les activités concernées sont :

– inscrire son action dans le réseau des relations enfant-parents-professionnels ;
– exercer son activité en école maternelle ;
– exercer son activité en EAJE et en ACM.

Les compétences attendues sont :

– Coopérer avec l'ensemble des acteurs concernés dans un but de cohérence, d'adaptation et de continuité de l'accompagnement
– Établir une relation privilégiée et sécurisante avec l'enfant
– Assurer une assistance pédagogique au personnel enseignant
– Assurer des activités de remise en état des matériels et des locaux en école maternelle

Une PFMP d'au moins quatre semaines ou une expérience professionnelle d'au moins 12 semaines en école maternelle ou en EAJE ou en ACM (moins de 6 ans) est exigée pour présenter l'épreuve EP2.

L'épreuve comporte **des questions qui évaluent tout ou partie des compétences et des savoirs** du bloc de compétences « Exercer son activité en accueil collectif ».

1 Entrainement n° 1

Vous travaillez dans une école maternelle: l'école maternelle Y.

Exercice 1

Présentation de l'école maternelle Y

L'école maternelle publique Y se situe au cœur du village. Elle est composée de 6 classes.

L'école accueille, pour l'année scolaire, 148 élèves répartis dans les six classes :
- 43 enfants en 1ère année de maternelle ;
- 52 enfants en 2ème année de maternelle ;
- 54 enfants en 3ème année de maternelle.

L'équipe

Six enseignants aidés par sept ATSEM.

1 Quelle collectivité territoriale a la charge du fonctionnement des écoles maternelles ?

2 Citer les âges des enfants correspondant aux différents niveaux de l'école maternelle.

3 L'école Y est publique, elle participe donc au service public d'éducation. Qu'est-ce que cela signifie ?

Exercice 2

Le restaurant scolaire
Il est composé de trois salles séparées : une salle pour les touts petits (1ère année de maternelle), une salle pour les enfants de moyenne et grande section de maternelle, et une salle pour les enfants de primaire. (...)
Le restaurant scolaire a pour vocation d'assurer le service des repas aux enfants. Tout au long de l'année, plusieurs animateurs et animatrices organisent en fin de repas et pour les enfants qui le souhaitent, différentes animations.
Le restaurant scolaire est ouvert aux enfants des classes de primaire et de maternelle. Il fonctionne les lundis, mardis, jeudis et vendredis, si les élèves sont accueillis en classe.
Les repas sont servis à 11 h 40 pour les enfants de maternelle. Deux services sont organisés pour les enfants de primaire, répartis dans la grande salle collective, le premier à 11 h 45 et le deuxième à 12 h 20.

La garderie périscolaire
La garderie périscolaire a lieu le matin et le soir dans les locaux du restaurant scolaire.
La garderie périscolaire a pour but d'accueillir les enfants en dehors des heures de scolarité. L'objectif n'est pas d'apporter une aide aux devoirs, mais d'assurer la garde des enfants dans l'attente des parents.
La garderie est ouverte aux enfants des classes maternelle et primaire scolarisés à Y.
Elle est ouverte pendant les périodes scolaires les lundis, mardis, jeudis et vendredis aux horaires suivants : de 7 h 30 à 8 h 35 et de 16 h 30 à 18 h 30.

1. Quel est l'intérêt de séparer les enfants en fonction de leurs âges en proposant trois salles séparées pour les accueillir pendant le temps de cantine ?
2. À l'école maternelle, de qui relève la responsabilité de la restauration ?
3. Le service de Restauration Scolaire est-il un service facultatif ou obligatoire ?
4. La responsabilité de la cantine relève de la collectivité locale à partir du moment où elle l'a mise en place. Par qui le service peut-il être assuré ?
5. Les ATSEM peuvent participer aux garderies du soir. Sous la responsabilité de qui travaillent-elles ?

Exercice 3 : le règlement intérieur (extrait)

Sécurité incendie :

Des exercices d'évacuation ont lieu régulièrement pour habituer les élèves et les professeurs des écoles **à réagir rapidement en cas de problème.**

Vie scolaire :
Tous les acteurs de l'école: enseignants, intervenants, ATSEM, personnels de service, élèves, parents d'élèves, se doivent mutuellement le respect. (...)
Pendant la récréation, tout déplacement dans les escaliers et les couloirs doit se faire dans le calme et sans courir. Il est interdit de se déplacer dans le bâtiment sans surveillance ou sans autorisation d'un adulte. (...)
Les papiers et les déchets doivent être jetés dans les poubelles. Les salles de classe, les couloirs, les montées d'escaliers, les préaux et les cours de récréation doivent être maintenus dans un état de propreté correct.
Pour éviter les pertes de vêtements, il est vivement conseillé aux familles de marquer ceux-ci au nom de l'enfant.

Assurance scolaire (responsabilité civile et individuelle accident) : Elle est vivement recommandée pour tout le temps où les enfants restent à l'école.Elle est obligatoire pour toutes les sorties et activités facultatives, c'est à dire :
– celles qui dépassent le temps scolaire ;
– celles qui impliquent une participation financière de la part des familles ;
– celles qui donnent lieu à un déplacement inhabituel.
La garderie, le restaurant scolaire et les activités périscolaires sont des activités facultatives, pour lesquelles l'assurance est obligatoire.

1 Indiquer le nom du document établi par le directeur dans le cadre du conseil des maîtres face aux risques majeurs.

2 En cas d'accident scolaire, qui est chargé à l'école de faire la déclaration d'accident et à qui est-elle transmise ensuite ?

3 Qui est responsable de la conformité des équipements, de leur installation, de leur maintenance et de l'organisation des secours à l›école maternelle ?

4 En l'absence des infirmières et médecins, les soins et les urgences sont assurés par les personnels titulaires soit du SST, soit du PSC1. Définissez ces deux sigles.

5 Les plages horaires réservées à la restauration sont exclues des périodes pendant lesquelles la surveillance des élèves est placée sous la responsabilité de l'État. Qui est alors responsable si un dommage est subi par un élève au cours du service de restauration?

■ **Exercice 4** : le compte rendu du Conseil d'école (extrait)

Ordre du jour :
1° Présentation des membres du Conseil d'école (...)
2° Présentation du Bureau de l'APE (...)
3° Compte-rendu des élections de Parents d'élèves (...)
4° Point sur les effectifs (...)
5° Adoption du Projet d'école (...)
6° Règlement Intérieur : il est distribué à chaque famille lors de nouvelles inscriptions. (...)
Il rappelle les notions d'obligation scolaire, de laïcité et de gratuité de l'enseignement. Le Règlement Intérieur est l'ensemble des règles de vie à l'école.
7° Chartes d'utilisation des TICE à l'école
8° Aide personnalisée

1 Par qui sont élus les représentants des parents d'élèves ? À quel moment de l'année?

2 Citer le Conseil auquel les parents délégués peuvent participer.

3 Combien de fois doit se réunir le conseil d'école dans l'année ?

■ **Exercice 5**

Un atelier carte

C'est la fête des mères et l'enseignante vous a chargé de réaliser avec un groupe de 6 enfants une carte contenant un poème.
Vous êtes chargée de commencer à leur apprendre le poème. Noa fait partie du groupe, c'est un enfant autiste et il a du mal à participer.

1 Citer trois modes d'expression du jeune enfant avant l'acquisition du langage.

2 Citer des actions de l'enfant qui lui permettent de découvrir son schéma corporel.

3 Que veut dire CDA ? Quelle est sa compétence ?

4 Les MDPH assurent la mise en œuvre des décisions prises par la CDA ; ces décisions sont proposées sous forme de plan. Comment s'appelle ce plan ? Que veut dire MDPH ?

2 Entrainement n° 2

Vous travaillez dans une école maternelle : l'école maternelle X.

Exercice1 : le projet d'école

Le projet d'école

Le projet d'école a été élaboré suite a un état des lieux suivi d'une analyse de la situation de l'école. Ce constat est le suivant :
- pauvreté de l'environnement culturel ;
- faible capacité d'éveil ;
- difficulté de compréhension de la langue française ;
- peu d'investissement des familles pour la plupart en difficulté ;
- absence de suivi scolaire ;
- analphabétisme pour certains parents, illettrisme pour d'autres.

Sur la base de ce constat, l'équipe pédagogique a axé son travail sur la maîtrise du langage intitulant son projet « favoriser la maîtrise de la langue grâce au théâtre ». L'objectif étant, quel que soit l'origine de l'élève, de le rendre capable de s'exprimer et de s'approprier les structures de base de la langue. L'équipe prévoit d'atteindre ses objectifs a travers :
- un enrichissement lexical ;
- la pratique d'exercices structuraux ;
- l'apprentissage de phrases affirmatives, négatives, interrogatives à travers des jeux divers ;
- le passage de la phrase simple à la phrase enrichie ;
- des productions **à** partir de situations vécues, des **récits, des histoires inventées.**

Au niveau des actions, des sorties et activités dans l'enceinte de l'école sont prévues.
Sur ce projet d'école se greffent quatre autres projets :
poterie ; danse ; informatique ; théâtre

1. Quelle est la tranche d'âge des enfants concernés par l'instruction obligatoire ?
2. En quoi consiste le projet d'école ?

Exercice 2 : le règlement intérieur (extraits)

Votre enfant est à l'école maternelle, première étape du système éducatif de l'Éducation Nationale. L'école n'est pas une garderie.
Durant ces 3 ou 4 ans, on lui proposera des activités motrices, artistiques, langagières, logiques. Ainsi, il développera sa personnalité et fera l'apprentissage de la vie en groupe. Ces années sont d'une grande importance, car elles préparent votre enfant à l'école élémentaire par l'acquisition de techniques précises. Aussi est-il nécessaire que votre enfant fréquente régulièrement l'école matin et après-midi les jours de classe.

1 Identifier les étapes de l'acquisition du langage en indiquant les âges correspondants.

2 Citer deux exemples de handicaps chez l'enfant.

Exercice 3 : Le règlement intérieur (extrait)

> ENTREE, SORTIE, SURVEILLANCE
> Les portes de l'école sont ouvertes à 8h20 le matin et 13h20 l'après-midi. Les enfants seront conduits et récupérés directement dans leur classe par leurs parents. Il vous est demandé d'être à l'heure.
> Lors du déroulement de la classe, il est désagréable de devoir recommencer une activité pour les retardataires. Après 9h00 et 14h00, aucun enfant ne sera accepté.
> Les horaires de sorties ont lieu à 11h30 et 16h30. Après 16h30 il n'y a pas de garderie. Vous devez venir chercher votre enfant à l'heure, autrement il sera confié aux services de police. Tout retard sera consigné sur un cahier.
> Après chaque retard, un avertissement vous sera adressé ; après trois avertissements votre enfant sera renvoyé. (...)
> Pour récupérer un enfant, les personnes dont le nom ne figure pas sur la fiche devront avoir une autorisation écrite des parents et présenter leur pièce d'identité. (...)

1 À quel moment le service de surveillance à l'accueil et à la sortie des classes et pendant les récréations est-il défini ? Par qui ?

2 Combien y a-t-il d'heures d'enseignement dans la semaine et de semaines d'enseignement par an, en école maternelle ?

3 Qui assure la responsabilité de la surveillance des récréations ?

4 Qui peut autoriser une sortie individuelle d'un élève pendant le temps scolaire pour recevoir à l'extérieur des soins spécialisés ou des enseignements adaptés ?

5 Les garderies du matin se déroulent-elles pendant le temps scolaire ou en dehors du temps scolaire ?

Exercice 4

Un atelier peinture

Le professeur d'école de la section des petits vous confie un groupe de 5 enfants afin de les aider dans l'activité « empreintes des mains ».

1 Quelles règles de sécurité sont à respecter dans le cadre des matériaux et produits utilisés lors des activités socio-éducatives ?

2 Citer deux intérêts d'une activité peinture avec les mains.

3 Entrainement n° 3

Exercice 1

Pour nettoyer une surface alimentaire, vous choisissez le produit dont l'étiquette est la suivante :

LISTAR
Dégraissant Désinfectant
Surface alimentaire

Listar est un nettoyant, dégraissant et désinfectant des surfaces alimentaires.
Listar s'utilise dans les cuisines, restaurants, locaux de stockage, de préparation et de transformation et pour le matériel de transport, de préparation et de transformation des denrées alimentaires et produits d'origine animale.
Listar convient pour éliminer toutes les souillures grasses de sols, murs, plan de travail, chambre froide, équipement, ustensiles, etc.
Listar est un bactéricide selon els normes NFT 72301 à 3%, FN 1040, EN 1276 sur Escherichia coli, Staphylococcus aureus à 0,5% en condition de propreté et de saleté.
Listar est fongicide selon la norme EN 1275 sur Candida albicans.
Homologation par le ministère de l'Agriculture et de la pêche n°9800534 pour le traitement bactéricide à 3%.

MODE D'EMPLOI

Nettoyage
- diluer **Listar** de 1 à 2%
- étendre la solution sur la surface à nettoyer
- laisser agir 5 minute minimum
- brosser puis rincer à l'eau claire

Désinfection (sur surface nettoyée)
- diluer **Listar** de 3 à 5 %
- étendre la solution sur la surface à désinfecter
- laisser agir 5 minute minimum
- brosser si nécessaire, puis rincer à l'eau claire

Précaution d'utilisation
Ne pas utiliser **Listar** en association avec d'autres produits et dans de l'eau supérieure à 40°C, sinon il perdrait de son efficacité désinfectante. Stocker à l'abri du gel et d'une source de chaleur.
Caractéristiques
Emballage : carton de 4 bidons de 5 litres
Sécurité : produit irritant pour les yeux et la peau
Densité : 1.01 pH : 12,8
Listar est biodégradable à plus de 90%. Il est conforme à la réglementation relative aux produits de nettoyage des appareils et récipients destiné à êtres mis au contact de denrées alimentaires.

1 Citer deux propriétés microbiologiques de ce produit et définissez-les brièvement.

2 L'étiquette précise de diluer *Listar* de 1 à 2 % pour un nettoyage optimal. Pour réaliser 5 litres de solution à 2 %, quelle quantité de produit en mL faut-il prélever ? Présenter le résultat et le détail des calculs.

3 Citer deux conditions qui vont permettre une utilisation du produit de façon efficace.

4 Le fabricant précise que le produit a un pH de 12,8 et qu'il est irritant pour la peau et les yeux. Indiquer à quelle catégorie de produit appartient *Listar* : produit acide, produit neutre ou produit alcalin ?

5 Dessiner le pictogramme que l'on trouve sur l'étiquette d'un produit indiquant que celui-ci est irritant.

6 Énumérer deux règles de sécurité à respecter lors de l'utilisation d'un produit irritant.

7 Énumérer deux précautions à respecter lors du stockage de *Listar*.

8 Préciser ce qu'est un produit biodégradable.

Exercice 2

Pour réaliser l'entretien des vitres, il est utilisé le produit dont l'étiquette est la suivante :

JAVA PIN

Détergent neutre parfumé

Caractéristiques :
Liquide vert légèrement onctueux
Parfumé aux concentrés de pin et d'eucalyptus
Densité 1,0
pH neutre
Inflammable
Biodégradable

Mode d'emploi :
Se dilue dans l'eau froide à raison de 2 à % en focntion du degré de salissure.
Application :
– au faubert
– à la serpillère
– à la lavette
– …

Applications :
Convient pour tous les matériaux : plastiques, peintures, carrelages, émail, verre…
Nettoyage et entretien :
– des sols : entretien et brillance
– de toutes les surfaces, en collectivité, comme en industrie

1 Justifier le choix de ce produit.

2 Pour préparer 3 litres de solution détergente à 3 %, quelle est la quantité de *Java Pin* à prélever ? Faire apparaître les calculs.

3 Les produits d'entretien peuvent être classés en fonction de leur pH. Quel est le pH de *Java Pin* ? Positionner la valeur sur l'échelle ci-dessous :

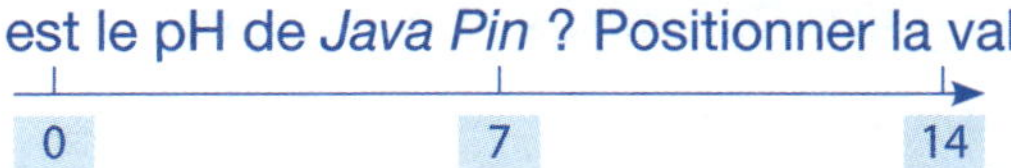

4 Indiquer en face de chaque opération (par un numéro), l'ordre chronologique des différentes étapes à respecter lors de l'entretien d'une surface vitrée.
N°… : Dépoussiérer l'encadrement
N°… : Installer le poste de travail, protéger le sol
N°… : Tremper le mouilleur dans la solution détergente et essorer à la main
N°… : Essuyer à l'aide d'une raclette
N°… : Détourer la surface en insistant dans les angles
N°… : Préparer le matériel nécessaire

N°… : Appliquer la solution sur toute la surface de la vitre en commençant par le bas, frotter en spirales
N°… : Renouveler l'opération de l'autre côté de la surface vitrée
N°… : Nettoyer, ranger et sécher le matériel

Exercice 3

1 L'AT SEM, comme tous les fonctionnaires, est tenu(e) à une obligation de discrétion professionnelle. Expliquer ce que cela signifie concrètement et donner un exemple.

2 Il est 16 h 30, l'enseignante est occupée à échanger avec un parent venu chercher son petit garçon. Il semble que cette conversation soit importante pour ce parent qui souhaite des renseignements précis sur la prochaine sortie scolaire.

La maman de la petite Léa profite de votre présence à la porte de la classe pour vous confier avec un débit très soutenu ses soucis familiaux. Elle s'inquiète de l'incidence que cette situation peut avoir sur sa petite Léa. Que faites-vous ? Pourquoi ?

4 Entrainement n° 4

Exercice 1

Pour décorer sa classe de petite section, et suite à l'histoire qu'elle a racontée, l'enseignante souhaite confectionner un arc-en-ciel.
Pour vous aider, elle vous donne un descriptif du déroulement de l'ensemble de l'activité.

1 Pour préparer cet atelier vous devrez penser à tout le matériel qui va être indispensable pour une bonne réalisation. Proposer une liste.

2 Quelles seront vos tâches avant et après l'activité ?

3 Combien d'enfants pourrez-vous accueillir par groupe ?

4 Y a-t-il une étape dans la confection qui vous demandera plus de vigilance ?

Exercice 2

1 À quoi sert l'accueil du matin ? Comment l'ATSEM peut-elle participer à ce moment ?

2 Citer un des objectifs que l'enseignant et son ATSEM visent à atteindre pour leurs élèves.

3 Qui prépare le travail pédagogique des élèves ? Quelle aide apporte l'ATSEM ?

4 Citer d'autres domaines où l'ATSEM est indispensable.

Exercice 3

Dans l'EAJE où vous êtes stagiaire, une maman amène son fils Théo ; ce sont ses premiers jours en structure collective.

1 Définir la socialisation primaire.

2 Quand apparaît le processus de séparation et d'individuation ?

3 Quelles attitudes de l'adulte sont possibles pour favoriser le développement des habiletés langagières chez l'enfant de 12 à 15 mois ?

Corrigés

Préparation à l'épreuve

1 Entrainement

Exercice 1

1 La commune.

2 De 2 à 4 ans en « petite section » ; de 4 à 5 ans en « moyenne section » ; de 5 à 6 ans en « grande section ».

3 Elle est gratuite et au service de tous (implantée en milieu rural et en milieu urbain).

Exercice 2

1 – avoir des espaces moins grands ce qui permet d'avoir moins de bruits, moins de stress et moins de passage ;
– permettre aux plus petits d'être ensemble et d'être accompagnés par des adultes ;
– permettre aux enfants de manger à leur rythme en fonction de leurs âges ;
– adapter le service en fonction de l'autonomie des enfants...

2 À l'école maternelle, la responsabilité de la restauration relève de la collectivité territoriale (généralement la commune ou la communauté de communes).

3 Le service de Restauration Scolaire est un service facultatif proposé aux familles.

4 Le service peut être assuré par le personnel communal ou peut être délégué à une association (association de parents d'élèves, association familiale...) ou à une société de restauration. Dans ce cas, la mairie passe généralement une convention ou un contrat avec le prestataire associatif ou commercial.

5 Les ATSEM sont sous la responsabilité de la collectivité.

Exercice 3

1 Dans chaque école, le directeur d'école doit élaborer un Plan Particulier de Mise en Sûreté (PPMS) qui est présenté au Conseil d'école.

2 La déclaration d'accident scolaire est faite par le directeur d'école et transmise à l'inspection académique dont relève l'école.

3 Le maire est le responsable de la conformité des équipements, de leur installation, de leur maintenance et de l'organisation des secours sur la commune.

4 SST : certificat de Sauvetage Secourisme du Travail.
PSC1 : Prévention et Secours Civiques de niveau 1.

5 Un dommage subi par un élève au cours du service de restauration engage la responsabilité de la commune.

Exercice 4

1 Ils sont élus par les parents chaque année, au milieu du mois d'octobre.

2 Les représentants des parents peuvent participer au Conseil d'école en nombre égal au nombre de classes.

3 Le conseil d'école se réunit au moins une fois par trimestre, mais il peut également être réuni à la demande du directeur de l'école, du maire ou de la moitié de ses membres.

Exercice 5

1 Le regard ; le sourire ; les pleurs ; les mimiques ; les gestes.

2 Sucer des objets, voir son reflet dans le miroir, marcher, manipuler des objets, faire un parcours psychomoteur, sauter, manger, découper...

3 CDA : Commission des Droits et de l'Autonomie. Elle est compétente pour se prononcer sur l'orientation de la personne handicapée et les mesures à prendre pour assurer son insertion scolaire, professionnelle et sociale.

4 Un plan personnalisé de compensation qui inclut le projet personnalisé de scolarisation (PPS).

MDPH : Maisons départementales des personnes handicapées.

2 Entrainement

Exercice 1

1 L'instruction obligatoire concerne tous les enfants des deux sexes, âgés de 6 à 16 ans, résidant sur le territoire français.

2 Le projet d'école fixe les modalités particulières de mise en œuvre des programmes nationaux : projet pédagogique : sentir, imaginer, créer.

Exercice 2

1

Âge de l'enfant	L'évolution du langage
1 mois	Le nouveau-né fait des sons gutturaux (sons rauques qui sortent de la gorge).
2 mois	Il vocalise (il émet des sons variés en voyelles) .
3-4 mois	Il prononce des consonnes ; fait des gazouillis : a…ree, a…gree.
5-6 mois	Il prend conscience des sons qu'il émet.
7-8 mois	Il émet des monosyllabes : ba, da, pa.
9-10 mois	Il double les syllabes (papa, marna, dada) ; ça n'a pas de signification pour lui. Il comprend ce qu'on lui dit.
11-12 mois	Il dit des mots-phrases (un mot constitue une phrase ; exemple : « pipi »).
15-18 mois	Il associe 2 mots pour faire une phrase (« kiki dodo »).
2-3 ans	Il utilise les verbes et fait des phrases explicites.

2 Les handicaps peuvent prendre plusieurs formes : ce peut être des handicaps moteurs, des handicaps mentaux ou des handicaps sensoriels voire des polyhandicaps (moteurs et mentaux, moteurs et sensoriels ou les trois à la fois).

Exercice 3

1 Le service de surveillance à l'accueil et à la sortie des classes du matin et de l'après-midi et pendant les récréations est défini en conseil des maîtres.

2 Les enseignements se déroulent sur une durée de 24 heures, et il y 36 semaines d'école par an.
Les 24 heures d'enseignement hebdomadaire sont réparties sur neuf demi-journées, incluant le mercredi matin ; une journée de classe est de maximum 5 heures 30 et une demi-journée est de maximum 3 heures 30 ; une pause méridienne de 1 heure 30 au minimum est prévue.

3 Le service de surveillance est de la responsabilité des enseignants. L'ATSEM ne peut assurer seul la surveillance des récréations.

4 C'est le directeur qui autorise la sortie individuelle d'un élève pendant le temps, sous réserve de la présence d'un accompagnateur, selon les dispositions établies avec la famille.

5 Elles se déroulent en dehors du temps scolaire (heures légales).

Exercice 4

1 – Les peintures ne doivent présenter aucun risque pour la santé des enfants :
– la colle blanche est sans solvant et ininflammable, bâton de colle est non toxique ;
– les ciseaux doivent être à bouts ronds ;
– la pâte à modeler non toxique...

2 – La peinture permet à l'enfant d'exprimer ses sentiments, ses émotions, ses humeurs, de découvrir les couleurs;
– l'exploration de la couleur par la main, contact direct avec la matière molle, permet une meilleure connaissance de son schéma corporel par les traces de ses mains et celles de ses camarades ;
– l'activité permet de remarquer les différentes formes.

3 Entrainement

Exercice 1

1 Bactéricide : qui élimine les bactéries. Fongicide : qui élimine les champignons microscopiques.

2 5 litres de solution = 5 000 mL
Pour une solution à 2 %, il faut 2 mL de produit pour 100 mL de solution. J'ai besoin de

5 000 mL de solution (50 x plus que 100 mL), il faut donc 2 mL de produit x50 = 100 mL de produit.

Il faut prélever 100 mL de produit pour 5 L de solution.

3 Ne pas mélanger à d'autres produits ; ne pas diluer dans une eau supérieure à 40°C.

4 C'est un produit alcalin (PH supérieur à 7).

5 Attention, ces produits ont un ou plusieurs des effets suivants : ils empoisonnent à forte dose ; ils sont irritants pour les yeux, la gorge, le nez ou la peau ; ils peuvent provoquer des allergies cutanées (eczémas) ; ils peuvent provoquer une somnolence ou des vertiges.

6 Mettre des gants, ne pas inhaler, bien refermer, ne pas ingérer.

7 Stocker à l'abri du gel et d'une source de chaleur.

8 Un produit est dit biodégradable si, après usage, il peut être décomposé naturellement par des organismes vivants.

Exercice 2

1 Le PH est neutre, il est biodégradable et il convient à tout type de matériau et en utilisant aussi bien le faubert et la serpillière pour les sols que la lavette pour les surfaces d'équipement (cela permet de l'utiliser pour différentes tâches d'entretien).

2 Une solution à 3 % signifie que pour une « quantité de 100 » de solution, il faut la « quantité de 3 » de produit.
Donc pour 100 mL de solution, il faut 3 mL de produit Java Pin.
Donc pour 3 000 mL (= 3 litres), c'est à dire 30 fois plus (100 mL x 30 = 3 000 mL), il faut 30 fois plus de produit Java pin: 3 mL x 30 = 90 mL.
Il faudra donc 90 mL de produit Java Pin soit 9 cL.

3

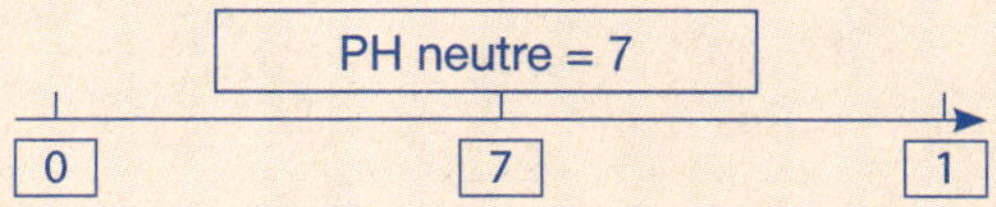

4 n°3 : Dépoussiérer l'encadrement.
n°2. Installer le poste de travail, protéger le sol.
n°4. Tremper le mouilleur dans la solution détergente et essorer à la main.
n°7. Essuyer à l'aide d'une raclette.
n°5. Détourer la surface en insistant dans les angles.
n°1. Préparer le matériel nécessaire.
n°6. Appliquer la solution sur toute la surface de la vitre en commençant par le bas, frotter en spirales.
n°8. Renouveler l'opération de l'autre côté de la surface vitrée.
n°9. Nettoyer, ranger et sécher le matériel.

5

Solution à 2 %	Quantité de produit	
pour 100 mL de solution	2 mL de produit	
pour 5 000 mL de solution	100 mL de produit	X50

Exercice 3

1 L'ATSEM ne doit pas divulguer aux parents des informations concernant les enfants et l'école (informations d'ordre privé) et il ne doit pas juger le comportement et les aptitudes des enfants. Cela signifie qu'il ne doit pas parler de la situation familiale des enfants et de leur parent, de leur problème de santé, des difficultés éventuelles de la famille, des capacités d'un enfant à l'école qui aurait du mal, du comportement difficile d'un enfant, de situation de maltraitance...

2 Vous l'écoutez, mais vous lui signifiez qu'il faudra en parler directement avec l'enseignante, notamment sur les conséquences de cette situation sur Léa. Vous lui suggérez de prendre RDV avec l'enseignante pour qu'elles puissent en parler sans être dérangées et de façon privée, en prenant le temps (l'enseignante sera disponible pour l'écouter et lui répondre)...

4 Entrainement

Exercice 1

1 – des nappes en plastique pour protéger les tables ;
– les tabliers des enfants ;
– des ballons de baudruche ;
– papier journal coupé en bandes ;
– de la colle à la farine (préparée avec de la farine et de l'eau) ;
– de la gouache bleue ;
– de l'encre à l'eau bleue, rose et verte ;
– des paillettes ;
– les écailles et la tête (déjà préparés avec

les matériaux choisis par l'enseignante : canson...) ;
– des assiettes ou pots en plastique pour la peinture et la colle ;
– des pinceaux ;
– des torchons.

2 **Avant l'activité:**
– organisation de l'espace (des tables ...) ;
– la protection des tables… ;
– préparation du matériel et des produits: préparer les écailles et la tête, préparer la colle à la farine (avec de la farine et de l'eau) et la disposer dans des assiettes ou pots, prévoir le nombre de ballons de baudruche, découper le papier journal en bandes, prévoir les pots ou assiettes de gouache bleue, l'encre à l'eau bleue, rose et verte, prévoir les pinceaux ;
– préparation des torchons ;
– préparation des tabliers des enfants.

Après l'activité:
– accompagner les enfants pour se laver les mains ;
– rangement et nettoyage des produits (peinture, paillettes, colle, encre, assiettes, pinceaux...) ;
– ranger et nettoyer les tables ; faire participer les enfants au rangement ;
– mettre à laver les torchons ;
– nettoyer et ranger les protections (nappes) ;
– nettoyer et ranger les tables et mise en ordre des tables et des chaises.

3 Un groupe de 4 à 6 enfants semble adapté à l'activité.

4 Coller les écailles et la tête sera plus difficile.

Exercice 2

1 L'accueil du matin est un temps d'éducation et d'échanges avec les enfants, les parents, l'enseignant et l'ATSEM.
Il a une importance particulière ; l'accueil est un temps privilégié d'écoute et d'attention portées à chaque enfant et à l'adulte qui l'accompagne. Il favorise la séparation dans la sérénité. C'est un sas entre le monde de la famille et celui de l'école.
L'ATSEM va aider les enfants, l'enseignante à gérer les aspects matériels, préparer et installer les coins, les jeux, aider les enfants à s'installer...

2 Un des objectifs est d'aider l'enfant à grandir, à devenir autonome.
L'ATSEM va laisser l'enfant faire seul, même si c'est plus long, même si c'est imparfait.

3 Tous les ateliers qui relèvent d'un apprentissage sont à la charge de l'enseignant.
L'ATSEM aide au bon fonctionnement matériel, à l'encadrement des élèves sous la responsabilité de l'enseignant (préparation des activités scolaires, aide à l'encadrement d'activités, rangement et entretien du matériel pédagogique) elle peut assurer la surveillance d'un atelier autonome; elle peut également rappeler des consignes aux enfants si celles-ci lui ont été précisées clairement avant.
Les ATSEM apportent, à la demande de l'enseignant, leur compétence professionnelle et leur assistance éducative.

4 – les soins corporels : le passage aux toilettes, l'aide à l'habillage et au déshabillage. Les ATSEM assistent les enseignants pour vêtir et dévêtir les enfants. Ils assurent les soins corporels d'hygiène, l'accompagnent aux toilettes si besoin ;
– l'aide à la cantine : conduite et accompagnement au restaurant scolaire avec installation des enfants à table, accompagnement des enfants pendant le repas ;
– l'entretien de la classe : rangement, nettoyage et entretien des locaux scolaires, nettoyage et entretien des équipements mobiliers, nettoyage et entretien des sanitaires ;
– l'aide à la gestion des produits, du matériel, au rangement...

Exercice 3

1 La socialisation primaire se réfère à la socialisation de l'enfance à l'adolescence et correspond à la construction de la personnalité et de l'identité de l'enfant. Elle se fait principalement avec la famille, l'assistante maternelle, à la crèche, à l'école, avec les amis…

2 Il apparaît aux alentours de 4-5 mois, c'est-à-dire au moment de l'émergence progressive du « soi ».

3 – répéter ce que dit l'enfant et lui montrer ou lui donner l'objet qu'il nomme ;
– compléter les mots ou les phrases de l'enfant en ajoutant un élément ;
– lire des histoires courtes composées de phrases rythmées ou regarder des livres.

EP3

Exercer son activité en accueil individuel

1 Les outils de planification

A La planification

La planification correspond à **l'organisation dans le temps de la réalisation d'objectifs** :
- dans un domaine précis ;
- avec différents moyens ;
- sur une durée et avec des étapes précises.

La notion de planification est indissociable de la notion de temps.

■ Elle correspond à un **liste de choses à faire** et se concrétise par un plan qui répond aux principaux aspects opérationnels du type **QQOQCCP** : qui, quoi, où, quand, comment, combien, pourquoi.

■ Le plan indique les **directions à suivre pour atteindre le but escompté**. La planification permet de garantir que les éléments favorisant les nouvelles acquisitions chez les enfants, les interventions des professionnels, sont bien présents et vont dans le sens des intentions éducatives.

■ La planification doit contenir **les grandes lignes du programme de la journée, de la semaine ou du mois, sans pour autant être trop rigide**. Elle doit laisser un place à la spontanéité, aux imprévus et doit permettre de faire face aux situations d'urgence en hiérarchisant et en prenant en compte les nouvelles priorités.

■ La planification doit être écrite pour servir d'aide-mémoire et pour laisser une trace du travail effectué auprès des enfants.

■ La planification est essentielle au bon déroulement d'une journée avec les enfants. Elle permet : **d'éviter l'insécurité** liée à l'improvisation en prévoyant à l'avance tout le matériel nécessaire ; **d'éviter les temps morts** propices à la **désorganisation du groupe**.

B La formalisation de la planification

Elle peut être formalisée de façon simple **sur un agenda par jour et par horaire type**, avec l'annotation des différents moments de la journée, ce qui sera proposé aux enfants et le matériel nécessaire, ou ce que le professionnel a à faire (tâches d'entretien, préparation d'un pique nique…).

Il est nécessaire de visualiser les tâches à faire, de les préparer.

L'horaire type permet d'établir le déroulement de sa journée en situant dans le temps les moments de routine (collations, repas, sieste) ; il offre une vue d'ensemble d'une journée type.

Exemple d'horaires types :

	Lundi		Mardi		Mercredi		Jeudi		Vendredi		
	Loïs	Leyla	Loïs	Leyla	Loïs	Leyla	Loïs	Leyla	Loïs	Leyla	
8h	arrivée avec la maman/ ou le papa		arrivée avec la maman/ ou le papa		arrivée avec la maman/ ou le papa		arrivée avec la maman/ ou le papa		arrivée avec la maman/ ou le papa		8h
8h30 / 9h / 9h30	(LIBRE)	(LIBRE)	(LIBRE)	(LIBRE)	(LIBRE) *Lecture	(LIBRE)	(LIBRE)	(LIBRE)	(LIBRE)	(LIBRE)	8h30 / 9h / 9h30
10h	*Lecture *Jeux de balles		*Lecture *Musique		(SIESTE)	(LIBRE)	*Lecture *Puzzle		*Lecture *Jeux		10h
10h30 / 11h / 11h30	(SIESTE)	Apprentissage Peinture	(SIESTE)	Apprentissage Peinture		Gomettes	(SIÈSTE)	Apprentissage	(SIÈSTE)	Apprentissage DESSIN	10h30 / 11h / 11h30
12h	(LIBRE)		(LIBRE)		(DÉPLACEMENT RESTAU)		(DVD)		(LIBRE)		12h
12h30 / 13h	(REPAS)		(REPAS)		(REPAS RESTAU)		(REPAS)		(REPAS)		12h30 / 13h
13h30	(LIBRE)	(LIBRE)	(LIBRE)	(LIBRE)	(MARCHE CENTRE-VILLE)		(LIBRE)	(LIBRE)	(LIBRE)	(LIBRE)	13h30
14h / 14h30 / 15h / 15h30 / 16h	(SIESTE)		(SIESTE)		RETOUR (SIESTE)		(SIESTE)		(SIESTE)		14h / 14h30 / 15h / 15h30 / 16h
16h30	(GOÛTER)		(GOÛTER)				(GOÛTER)				16h30
17h / 17h30	*Activité libre *Promenade		*Activité libre *Promenade		(GOÛTER) *Activité libre *Promenade		*Activité libre *Promenade		(SORTIE PARC DE JEUX)		17h / 17h30
18h / 18h30	(LIBRE)	Cahier de vie (LIBRE)	(LIBRE)	Cahier de vie (LIBRE)	(LIBRE)	Cahier de vie	(LIBRE)	Cahier de vie (LIBRE)		Cahier de vie (LIBRE)	18h / 18h30
	départ avec papa/maman		départ avec papa/maman		départ avec papa/maman		départ avec papa/maman		départ avec papa/maman		

C Des exemples d'outils de planification

■ **La méthode QQOQCCP** (Quoi, Qui, Où, Quand, Comment, Combien, Pourquoi) : c'est un outil d'aide à la résolution de problèmes et permettant la récolte d'informations précises et exhaustives d'une situation.

■ **L'échéancier** : il identifie les grandes lignes de la réalisation du projet et les situe dans le temps (généralement il est élaboré en commençant par la date de l'événement et en reculant dans le temps).

■ **La liste des tâches** : contrairement à l'échéancier, elle inclut chacune des étapes de réalisation à accomplir dans le détail et les délais précis pour les réaliser.

■ **Le scénario** : c'est le déroulement de la journée, du début à la fin.

■ **Les solutions alternatives ou de repli** : elles correspondent à des possibilités de tâches ou d'activité en cas d'empêchement de ce qui était prévu (par exemple en cas de mauvais temps…).

■ **Le diagramme de Gantt** : il permet de visualiser dans le temps les différentes tâches d'un projet. Il s'agit d'une représentation graphique permettant de voir l'avancement du projet.

Période	Grandes lignes
De janvier à mars	Diagnostic et écriture du projet.
D'avril à mai	Recherche de partenaires et constitution du groupe projet. Validation du projet.
Tout le mois de juin	Communication auprès du public ciblé : information par tracts, bouche à oreilles, mails… ; rencontres collectives pour fixer les dates, le lieu, la durée, les étapes… ; mise en place d'une Charte ou de règles, ou de principes.
Tout le mois de juillet	Mise en œuvre du projet : ateliers parents-enfants ; journées parents-enfants et groupe de parole ; rencontres parents.
En août	Évaluation du projet et perspectives Bilan du projet (pistes d'amélioration) et diffusion du bilan aux partenaires.

EP3

2 Les outils de gestion des stocks

A Notion de stock

■ Dans une structure, les stocks sont composés **des biens** :
- achetés ;
- fabriqués ;
- destinés à la consommation ;
- défectueux, destinés à être réparés.

■ **Le stockage** est le lieu permettant de retrouver facilement des produits précis. Il est aussi **appelé entreposage**. Ce stockage répond à certaines règles pour :
- maintenir la marchandise en bon état ;
- optimiser l'espace ;
- assurer la sécurité des personnes.

■ Un bon stockage permet de connaître à tout moment la quantité de marchandises disponible.

B La gestion des stocks

■ **Définition**

Il s'agit de la **tenue et du suivi d'une quantité** de marchandises. C'est une activité présentant deux volets :
- la gestion des mouvements de marchandises (entrées et sorties) ;
- la gestion des réapprovisionnements.

■ **Les méthodes de gestion des stocks**

Les deux paramètres pris en compte sont la date et la quantité commandée. Il est donc possible de commander à date fixe ou variable et à quantité fixe ou variable.

C La fonction et l'utilisation des différents outils de gestion

■ La **gestion économique des stocks**

Des méthodes qui permettent d'évaluer les quantités optimales à stocker en fonction de différents paramètres comme le nombre de commandes, les délais d'approvisionnement… Pour cela elles s'intéressent au ratio de rotation des stocks pour éviter certains risques.

■ **Le surstockage**

C'est maintenir un niveau de marchandises trop élevé, ce qui entraine des coûts très importants et certains produits stockés risquent de se périmer, de mal vieillir.

■ **Le sous-stockage**

C'est dans ce cas la fonction qui n'est pas remplie et qui entraine certaines conséquences comme l'arrêt de production, des produits non disponibles…

D Les quantités et la rotation d'un stock

Il existe différents outils permettant d'éviter la rupture de stock :

- **Le stock d'alerte** : il correspond au niveau du stock qui déclenche la commande. Il est égal au stock de sécurité auquel est ajouté le stock consommé pendant le délai de livraison.
- **Le stock de sécurité** : c'est le seuil fixé pour diminuer le risque de rupture.
- **Le taux de rotation de stock** : c'est le nombre de renouvellements par période.

E La fiche de stocks

La fiche de stocks permet d'avoir des informations sur chaque produit, de suivre les entrées et les sorties de stock et de connaître le stock final à une date donnée (en fin de mois), en quantité et en valeur.

- **Le stock initial** est le stock au début de période (de semaine, du mois…).
- **Le stock final** est le stock restant à la fin de la période.
- **Le stock minimum** est le stock qui correspond aux consommations pendant les délais de livraisons.

FICHE DE SUIVI DE STOCK : Matière OMEGA

Article : XXXXXXX | **Cout à l'unité : XX** | **Référence : 7Y9564**

Stock minimum	100
Stock maximum	600

Fournisseur	Entreprise Gamma
Livraison moyenne	24 h

Date	Quantité à commander	Coût total	Sorties	Stock existant
2/05/2017	200	XXX euros	170	30
12/05/2017	170	XXX euros	180	20
16/05/2017	150	XXX euros	150	50
1/06/2017	300	XXX euros	170	30
2/08/2017	120	XXX euros	170	30
13/09/2017	166	XXX euros	170	30
26/10/2017	193	XXX euros	170	30
12/11/2017	300	XXX euros	170	30
25/11/2017	400	XXX euros	170	30

FICHE SAVOIR

3 Le projet d'accueil

A Définition du projet d'accueil

■ **Le projet d'accueil est un document écrit** sur lequel figurent tous les éléments précisant la façon de travailler de l'assistant maternel. Ce document explique aux familles comment l'enfant va être accueilli, ce qu'il va faire chez son assistant maternel et quelles relations seront mises en place entre l'assistant maternel et les parents.

■ Il permet aux **parents de mieux connaître l'assistant maternel** à qui ils ont confié leur enfant. Il montre que les éléments proposés et l'organisation sont réfléchis, que l'assistant maternel a réfléchi à sa pratique.

■ Le projet d'accueil sert de **lien entre les parents et l'assistant maternel** en ce qui concerne les habitudes, la santé, les rythmes et l'éducation de l'enfant accueilli.

■ Il vise à exprimer **les souhaits éducatifs des parents** pour assurer une continuité et une cohérence dans l'accueil de l'enfant chez l'assistant maternel. Il facilite le dialogue et les échanges autour d'un projet d'accueil éducatif et **favorise une relation de confiance**.

■ L'assistant maternel est soumis à l'obligation de discrétion professionnelle, les parents s'engagent à respecter sa vie privée.

■ Ce projet est **centré sur l'accueil de l'enfant** et il est évolutif. Il est actualisé à chaque **changement dans les conditions d'accueil et en fonction des besoins de l'enfant** (aux grandes étapes de son développement ou à la date anniversaire de son élaboration).

■ La réflexion sur le projet d'accueil est mise en place **avant l'accueil de l'enfant**. Son objectif est de présenter l'assistant maternel, de donner des pistes de discussion lors du premier entretien.
Il présente la façon de travailler et il peut rassurer les parents. Il est la preuve que le travail de l'assistant maternel est réfléchi, qu'il s'agit d'un professionnel et il permet au professionnel lui-même de se sentir plus à l'aise en étant au point avec ce qu'il propose.

B Le contenu du projet d'accueil

Il peut présenter :
– une journée type,
– le rythme de sommeil,
– la période d'acquisition de la propreté,
– le respect de la culture de l'enfant.

Il exprime les règles avec des points négociables et d'autres non négociables.

Des guides et des aides à la construction du projet d'accueil sont proposés par les départements à destination des assistants maternels pour leur permettre d'élaborer leur projet d'accueil avec les parents.

Les thématiques	Les questionnements possibles
L'embauche	Une visite du logement est-elle prévue dès le premier entretien ? Quels documents seront fournis ? Quels seront les thèmes à aborder ? Quelles informations seront données ? Quelles pièces du logement seront montrées ?
Les relations parents et assistant maternel	Quel est le rôle de l'assistant maternel auprès des parents ? Comment l'assistant maternel envisage-t-il la relation avec eux (vouvoiement/tutoiement) ?
Le repas	Quels menus peuvent être proposés ? Quel est le déroulement du repas ? L'ambiance ?
Le sommeil	La sieste est-elle obligatoire ? Comment se passe l'endormissement ? Quel est le lieu de repos, le déroulement, l'ambiance, la position, le matériel utilisé... ?
La période d'adaptation	Quel est son déroulement, son objectif ? Comment est-elle envisagée ? Quel est le moment de la journée le plus propice ? Faut-il donner le premier biberon en présence des parents ?... → *Cette période est utile pour l'enfant, pour sa famille, pour l'assistant maternel qui apprend à connaître l'enfant, pour les autres enfants accueillis et pour les enfants du professionnel.*
L'accueil	Quels sont les horaires le matin à l'arrivée et le soir au départ ? Qui gère l'enfant ? Quelle attitude adopter ? Faut-il intervenir lorsque les parents sont présents ? A quel moment ? De quelle façon ? ...
L'acquisition de la propreté	Quelle sera l'attitude de l'assistant maternel ? Quand ? Comment ?
Le moment du change	Comment se déroule-t-il ? Quand ? Quelle est l'ambiance ? Le lieu ?...
L'hygiène	Quand et comment se feront le lavage des mains et le brossage des dents ? Pourquoi ? Qu'est-il prévu si l'enfant se salit ?
Le développement moteur	Quelle est l'attitude du professionnel pour favoriser le développement ?
L'éveil et les jeux	Qu'est-il prévu ? Quand et comment ? Des sorties à un Relais Assistants Maternels sont-elles envisagées ? Quels sont les jeux, promenades, sorties prévus ? L'usage de la télévision est-il envisagé et comment ? Des jeux vidéo ?
L'autonomie, les règles et l'autorité	Quelle est la place de l'assistant maternel ? Quelles sont les règles chez l'assistant maternel ? (l'enfant à le droit de.., n'a pas le droit de...) Qu'est ce qui est négociable ou non ? Selon l'âge ? Quelle est la conception de la punition ? de la politesse ? ...
Le nom choisi par l'assistant maternel	Comment les enfants vont-ils appeler l'assistant maternel ? Comment les parents vont-ils l'appeler (par un surnom ? par son prénom ?) ?
Les outils utilisés	La tenue d'un journal est-elle prévue ? Un cahier, un blog ? Des photos sont-elles prises ?
Les objectifs	Quels sont les objectifs de l'assistant maternel ? Qu'apportera-t-il à l'enfant ? Quelles sont ses valeurs éducatives ?
Une journée type	Sa description avec les étapes importantes de la journée et des indications horaires.
Le parcours de l'assistant maternel	Quelles sont ses formations ? ses expériences ? ses activités ? ce qu'il aime...
La famille de l'assistant maternel	Quelle est sa place ? Qu'est-ce qui sera partagé ?
Les animaux	Quelle est leur place ? Comment seront-ils gérés ?
Les matériels et jeux utilisés	Quels sont les matériels et les jeux utilisés ?
Le doudou et la tétine	Comment sont-ils utilisés ? Quand ? Pourquoi ? Quelle est leur place ?
Les sorties et les habitudes	Quels sont les types de sorties ? Relais Assistants Maternels, bibliothèque, promenades, forêt, marché, ferme...
L'alimentation	De quoi se composent les repas ? lait maternel, biberon...

FICHE SAVOIR

4 La procédure d'agrément

A Les particularités du métier d'assistant(e) maternel(le)

- L'assistante maternelle est une **professionnelle de la petite enfance** qui peut accueillir à son domicile**, ou dans une maison d'assistantes maternelles, jusqu'à 4 enfants mineurs âgés de moins de 6 ans**.
- L'assistante maternelle agréée accueille des enfants confiés par leurs parents, de **manière habituelle et non permanente, moyennant rémunération**.
- Pour accueillir un enfant, elle **doit obligatoirement avoir été agréée par le Président du conseil départemental**.
- L'agrément a une durée de **5 ans renouvelable**. Les services du département assurent le contrôle des conditions d'accueil.
- L'assistante maternelle doit **suivre une formation**, une fois son agrément obtenu. La formation est de **66 h** avant d'accueillir les enfants au domicile et 60 h de formation dans les 2 ans qui suivent.
- La formation est **mise en œuvre directement par le conseil départemental** ou par un établissement de formation avec lequel le conseil départemental passe convention.
- Les titulaires du diplôme professionnel **d'auxiliaire de puériculture**, du **certificat d'aptitude professionnelle accompagnant éducatif petite enfance**, ou de tout **diplôme dans le domaine de la petite enfance homologué** ou inscrit au répertoire national des certifications professionnelles au moins au niveau III, **sont dispensés** de formation.
- **Une initiation aux gestes de secourisme** ainsi qu'aux spécificités de l'organisation de l'accueil collectif des mineurs est obligatoire pour exercer la profession.

B Les éléments du dossier

Le dossier de la demande d'agrément comporte des éléments relatifs à la situation familiale de l'assistante maternelle, ses formations et ses expériences, ses motivations, les conditions matérielles d'accueil…

Un certificat médical ainsi qu'un extrait de casier judiciaire (concernant chaque personne majeure du foyer) sont fournis.

Le dossier est mis en ligne sur le site :
https://www.formulaires.modernisation.gouv.fr/gf/cerfa_13394.do

C Les étapes de l'agrémenttante maternelle

Le service de PMI va vérifier que les conditions d'accueil garantissent la sécurité, la santé et l'épanouissement des enfants.

La délivrance	L'agrément est donné par les services du département.
Les types d'agrément	Il existe deux types d'agrément selon le lieu d'exercice de l'assistante maternelle : à domicile ou dans une maison d'assistantes maternelles.
Les conditions	– Avoir la nationalité française, être citoyen de l'Espace économique européen (EEE) ou titulaire d'un titre de séjour en cours de validité autorisant l'exercice d'une activité professionnelle. – Ne pas avoir fait l'objet de condamnation pénale incompatible avec l'exercice de la profession. – Passer un examen médical assurant que l'état de santé de la personne permet d'accueillir des enfants. – Présenter des conditions d'accueil garantissant la sécurité, la santé et l'épanouissement (physique, intellectuel et affectif) des enfants.
L'interlocuteur	Centre de protection maternelle et infantile (PMI).
L'instruction de la demande	Le service de PMI du département a 3 mois pour instruire la demande. L'instruction comporte trois étapes : – l'étude du dossier de demande ; – un ou plusieurs entretiens ; – une ou plusieurs visites du domicile ou de la maison d'assistantes maternelles.
La décision d'agrément	Elle est donnée dans les 3 mois suivant la réception du dossier (en cas de refus, les motifs sont indiqués). Une attestation d'agrément est délivrée mentionnant : – le nombre et l'âge des enfants qui peuvent être accueillis en même temps (jusqu'à 4 enfants en même temps dans la limite de 6 au total incluant les enfants de l'assistante maternelle de moins de 3 ans présents au domicile ; toutefois, des dérogations sont possibles) ; – les horaires d'accueil. L'agrément est accordé pour 5 ans.
Le contrôle de l'activité	Si les conditions d'agrément ne sont plus remplies, les services du département peuvent modifier le contenu de l'agrément ou le retirer. En cas d'urgence, l'agrément peut être suspendu et aucun enfant ne peut être confié.
Le renouvellement	La demande de renouvellement doit se faire 3 mois avant son échéance.
La modification d'agrément	Pour exercer dans une maison d'assistantes maternelles si la personne exerce à son domicile, une demande doit être faite aux services du département dans lequel la maison d'assistantes maternelles est située.

FICHE SAVOIR

5 Le contrat de travail et ses annexes

Le particulier employant une assistante maternelle agréée doit **établir un contrat écrit pour chaque enfant** confié. Ce contrat est **signé lors de l'embauche.**

A L'accord d'engagement ou l'avant-contrat

Le particulier (employeur) et l'assistante maternelle peuvent se mettre d'accord sur le principe d'une embauche avant la signature du contrat. Cet accord d'engagement vaut promesse d'embauche.
Si l'une des deux parties ne donne pas de suite, elle doit alors verser à l'autre une indemnité forfaitaire compensatrice.
La convention collective nationale des assistants maternels propose un modèle d'accord d'engagement.

B La période d'essai

Si l'employeur souhaite qu'il y ait une période d'essai, il doit la prévoir dans le contrat. La durée de la période d'essai varie selon la nature du contrat.

■ **Pour un contrat à durée indéterminée (CDI)**
La durée maximale de la période d'essai est de :
– 3 mois si l'accueil de l'enfant s'effectue sur 1, 2 ou 3 jours par semaine ;
– 2 mois si l'accueil de l'enfant s'effectue sur 4 jours ou plus.

■ **Pour un contrat à durée déterminée (CDD)**
La durée maximale de la période d'essai est la même que pour tout autre salarié (pour les CDD de 6 mois elle est de 2 semaines maximum).

C Les formalités d'embauche

■ **La convention collective nationale des assistants maternels propose un modèle de contrat.**

■ Le **particulier employeur** peut bénéficier du **complément de libre choix du mode de garde de la Paje** (la Prestation d'accueil du jeune enfant, aide financière qui est fonction de la situation des parents).

■ **Le centre Pajemploi** est l'interlocuteur du particulier employeur pour les formalités d'embauche de l'assistante maternelle. Le particulier employeur déclare l'assistante maternelle sur le site internet de Pajemploi. C'est le Centre Pajemploi qui calcule les cotisations sociales que le particulier doit payer et ce montant est prélevé directement sur le compte bancaire de l'employeur.

D Le modèle de contrat de travail et ses annexes de Pajemploi

Il est disponible sur le site de pajeemploi :
http://www.pajemploi.urssaf.fr/files/live/sites/pajewebinfo/files/contributed/pdf/employeur_ama/2377-PAJE-CDI-AMA.pdf

Pajemploi
Un service des Urssaf

Contrat de travail
à durée indéterminée
Assistant(e) maternel(le) agréé(e)

www.pajemploi.urssaf.fr

Entre l'employeur :

1 Nom de naissance : .... Nom d'usage : .... Prénom : ....
Adresse : ....
.... Ville : .... Code postal : ....
En qualité de : ☐ père ☐ mère ☐ tuteur ☐ autre N° de téléphone : ....

2 N° Urssaf ou Pajemploi : Y..............................

et le ou la salarié(e) :

3 Nom de naissance : ....
Adresse : ....
....
4 N° de Sécurité sociale :
5 Référence de l'agrément
Date de délivrance de l'
6 Assurance « Resp
....
N° de polic
7 Assura
...

Heure d'a
Heure de départ

> Jour de repos hebdomadaire : ...
> Planning mensuel s'il y a lieu : ....

Modèle de contrat de travail issu de la Convention collective nationale de travail des assistants maternels du particulier employeur.

Les termes du contrat

8 Il est conclu un contrat de travail régi par les dispositions de la convention collective nationale de travail des assistants maternels du particulier employeur. L'employeur remet un exemplaire de cette convention au salarié ou s'assure que celui-ci en possède un à jour.

9 **Un contrat de travail écrit doit être établi pour chaque enfant gardé.**

Nom : .... Prénom : .... Né(e) le : / /

10 **DATE D'EFFET DU CONTRAT** (à compter du premier jour de la période d'essai) : .... / /

11 **Période d'essai**

Durée : ....

Modalités de la période d'adaptation : ....

12 **Durée et horaire d'accueil**

> Horaire hebdomadaire - nombre d'heures : .... / semaine, **selon le planning suivant :**

Jour	Lundi	Mardi	Mercredi	Jeudi	Vendredi	Samedi	Dimanche
Heure d'arrivée	.... h	.... h	.... h	.... h	.... h	.... h	.... h ....
Heure de départ	.... h	.... h	.... h	.... h	.... h	.... h	.... h ....

> Jour de repos hebdomadaire : ....

> Planning mensuel s'il y a lieu : ....

Modèle de contrat de travail issu de la Convention collective nationale de travail des assistants maternels du particulier employeur.

> Accueil annuel :

Nombre de semaines d'accueil (planning annuel) : ....

Préciser le délai de prévenance en cas de modification de planning : ....

13 **Rémunération**

> Salaire horaire de base :

Salaire horaire brut de base : Salaire horaire net de base :

Salaire brut : montant du salaire avant déduction des cotisations salariales - Salaire net : montant du salaire après déduction des cotisations salariales

> Salaire mensuel de base : le salaire est mensualisé soit en année complète, soit en année incomplète :

a) Si l'accueil s'effectue sur une année complète :

Salaire mensuel brut*	Salaire mensuel net
€	€

* (salaire horaire brut x nbre d'heures d'accueil par semaine x 52 semaines) ÷ 12

b) Si l'accueil s'effectue sur une année incomplète :

Salaire mensuel brut*	Salaire mensuel net
€	€

* (salaire horaire brut x nbre d'heures d'accueil par semaine x nbre de semaines programmées) ÷ 12

c) Si l'accueil est occasionnel : Salaire mensuel brut* : € Salaire mensuel net : €

* (salaire horaire brut x nombre d'heures d'accueil dans le mois)

> Salaire majoré (à partir de la 46e heure hebdomadaire) : Montant de la majoration : € Salaire horaire majoré : €

> Date de paiement du salaire :

14 **Congés payés**

1/ Les droits sont définis dans le cadre de l'année dite de référence (du 1er juin de l'année précédente au 31 mai de l'année en cours).
2/ Le 31 mai, faire le point sur le nombre de jours de congés payés acquis et le salaire versé au cours de l'année de référence (y compris celui versé au titre des congés payés de l'année précédente), hors indemnités (entretien, nourriture...). Définir, compte tenu de la date d'embauche et s'il y a lieu, les dispositions particulières pour la première année de référence.
3/ S'informer mutuellement et annuellement sur les habitudes de prises de congés.

- Préciser le délai de prévenance de fixation des dates de congés : ....
- Modalités de paiement des congés en cas d'année incomplète :
  ☐ soit en une seule fois au mois de juin
  ☐ soit lors de la prise principale des congés
  ☐ soit au fur et à mesure de la prise des congés
  ☐ soit par 12e chaque mois

15 **Jours fériés**

Jours fériés travaillés : ☐ 1er janvier ☐ Lundi de Pâques ☐ 8 mai ☐ Jeudi de l'Ascension ☐ Lundi de Pentecôte ☐ 14 juillet ☐ 15 août ☐ 1er novembre ☐ 11 novembre ☐ 25 décembre

16 **Indemnites d'entretien et de frais de repas**

- Indemnités d'entretien, montant journalier : €
- Repas fournis par : ☐ l'employeur ☐ l'assistant(e) maternel(le), montant : € / repas

...(le), montant : € / repas

- Frais de déplacement : € / Km
- Autres : €

17 **Conditions particulières à definir s'il y a lieu :**

- Contraintes de l'employeur : ....
- Modalités de l'accueil péri scolaire : ....
- Enfant présentant des difficultés particulières : ....
- Acceptation de la présence d'animaux domestiques chez le salarié : ☐ oui ☐ non
- Conditions et limites des sorties de l'enfant en dehors du domicile du salarié :
- Autres

18 **Signature de l'employeur** (précédée de « Lu et approuvé ») **Signature du salarié** (précédée de « Lu et approuvé »)

À.............................., le / / À.............................., le / /

Modèle de contrat de travail issu de la Convention collective nationale de travail des assistants maternels du particulier employeur.

Réalisation : Acoss/Urssaf - MAT/2477/sept. 2013/PAJE - Contrat de travail - CDI AMa

FICHE SAVOIR

6 Les conventions collectives et l'assurance responsabilité civile

A Les conventions collectives des assistants maternels

1 Définition

Lors de l'emploi d'une assistante maternelle agréée, c'est la convention collective nationale des assistants maternels du 1er juillet 2004 qui s'applique :

- elle détermine les conditions d'emploi de l'assistante maternelle agréée et d'accueil de l'enfant ;
- elle fixe un cadre juridique adapté aux spécificités de la profession d'assistante maternelle agréée et détermine les droits et obligations de chacun ;
- elle prévoit également la mise en place de la formation professionnelle continue et instaure un régime de prévoyance obligatoire.

2 Les principales dispositions de la convention collective

L'assistante maternelle doit :
– être titulaire d'un agrément du Conseil départemental ;
– exercer sa profession à son domicile ou au sein d'une maison d'assistantes maternelles ;
– avoir souscrit une assurance responsabilité civile professionnelle.

Le contrat de travail

Il doit être établi pour chaque enfant gardé et il précise notamment la durée de la période d'essai, les périodes d'accueil de l'enfant, la rémunération de l'assistante maternelle agréée, les indemnités d'entretien, les jours fériés travaillés.
Les périodes d'accueil programmées dans l'année doivent être définies : les semaines d'accueil, le nombre de jours par semaine et les horaires d'accueil journalier.
La durée de l'accueil ainsi prédéterminée est un des éléments essentiels qui permet de calculer le salaire mensuel de base.

La rémunération

Le salaire de base est mensualisé et ce, quelque que soit la durée de l'accueil hebdomadaire et sa répartition dans l'année ; la rémunération est identique et répartie sur 12 mois.

Les indemnités d'entretien

Des indemnités d'entretien sont prévues, auxquelles s'ajoutent d'éventuels frais de repas ou de goûter, si le parent employeur ne fournit pas son repas à l'enfant, et les indemnités de déplacement lorsque la salariée transporte l'enfant dans son véhicule.
Ces indemnités ne sont pas soumises à cotisations.

Majoration possible

Si l'enfant présente un handicap ou s'il a momentanément des difficultés de santé réclamant une attention accrue, une majoration horaire peut s'appliquer.

Les congés payés

Ils sont de 2,5 jours par mois d'accueil effectué.

3 L'accord de prévoyance

Cet accord prévoit, sous certaines conditions, une garantie complémentaire en cas d'incapacité de travail ou d'invalidité. Pour le parent employeur, il prévoit une simplification des formalités.

B L'assurance responsabilité civile professionnelle

La profession d'assistante maternelle comporte des **risques qui sont inhérents à cette fonction : la garde d'enfants en bas âge.** Le plus souvent, les accidents de la vie quotidienne ont des conséquences mineures, mais parfois les cas peuvent être plus graves. C'est pourquoi **l'assurance professionnelle est obligatoire**.

1 La responsabilité de l'assistante maternelle

La responsabilité de l'assistante maternelle peut-être retenue dans différentes situations :

■ L'enfant victime d'un accident

En raison du très jeune âge des enfants confiés, les tribunaux estiment que l'assistante a l'obligation d'exercer une attention et une surveillance constantes. L'assistante maternelle est donc responsable des blessures d'un enfant qui seraient dues à un défaut d'attention. Toutefois si l'enfant est plus âgé et capable de discernement, les parents sont parfois tenus de prouver que l'assistante maternelle a réellement commis une faute.

■ L'enfant provoquant un accident

La personne qui garde l'enfant porte la responsabilité de l'accident.

2 L'obligation d'assurance

Les assistantes maternelles **sont obligées d'avoir une assurance couvrant leur responsabilité professionnelle** pour les **dommages subis et causés par les enfants.**
Les assistantes maternelles employées par des particuliers doivent souscrire elles-mêmes cette assurance (les parents ont le devoir de vérifier leur souscription à une assurance).
Les assistantes maternelles employées par une structure (crèche familiale ou Service de l'Aide sociale à l'Enfance, ou Placement familial) sont automatiquement assurées par leur employeur.
Il n'est pas prévu par la loi de sanction pénale pour défaut d'assurance.

3 Les possibilités d'assurance

Il existe trois possibilités de s'assurer pour les assistantes maternelles :
- demande d'une extension de garantie de responsabilité familiale ;
- souscription d'un contrat spécial ;
- adhésion à un contrat collectif (dans le cas d'une adhésion à une association professionnelle qui a souscrit un assureur en faveur de ses membres).

■ Les dommages matériels

Les dommages tels que vaisselle brisée, papier peint déchiré, literie souillée... ne sont généralement pas assurables. Aucun remboursement ne peut être demandé aux parents.

■ L'utilisation de la voiture pour transporter un enfant

Pour être couverte, l'assistante maternelle doit préalablement adresser une déclaration spéciale à son assureur auto en lui indiquant qu'elle utilise sa voiture dans le cadre de son activité professionnelle pour transporter des enfants qui lui sont confiés.
Cette précision figure dans les « conditions particulières » du contrat d'assurance ou est indiqué dans une lettre de la compagnie d'assurance pour « donner acte » de sa déclaration à l'assistante maternelle.

7 Les symboles de danger des produits d'entretien

A Savoir décrypter l'étiquette d'un produit d'entretien

B Les symboles de danger

Ces produits empoisonnent rapidement.

Ces produits comburants peuvent provoquer ou aggraver un incendie ou provoquer une explosion.

Ces produits peuvent exploser.

Ces produits sont corrosifs.

Ces produits provoquent des effets néfastes sur les organismes du milieu aquatique.

Gaz sous pression pouvant exploser ou être responsable de brûlures ou de blessures cryogéniques

Ces produits peuvent s'enflammer

Ces produits :
- empoisonnent ;
- irritent ;
- provoquent des allergies ;
- peuvent provoquer somnolence ou vertiges.

Ces produits peuvent :
- être cancérogènes ;
- être mutagènes ;
- être toxiques pour la reproduction ;
- modifier le fonctionnement de certains organes ;
- entraîner des effets sur les poumons ;
- provoquer des allergies respiratoires.

FICHE SAVOIR

8 Les appareils et équipements au domicile

A Le four

Un four est un appareil qui produit de la chaleur. Il permet de faire cuire les aliments. Il peut fonctionner au gaz ou à l'électricité. L'aliment doit être déposé dans l'enceinte du four pour être soumis à la chaleur.

B Le four micro-ondes

Un four à micro-ondes est un appareil utilisé pour chauffer des aliments plus rapidement. Le rayonnement micro-onde agit sur les molécules d'eau entraînant une production de chaleur : c'est grâce à cette énergie que l'aliment chauffe.

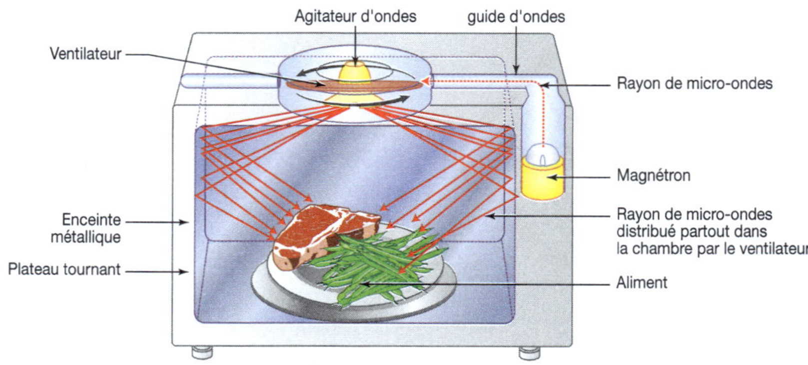

C Le mixeur

C'est un appareil ménager électrique, un robot de cuisine, qui permet de broyer, hacher et mélanger les aliments ; il existe différents modèles de mixeur et leur utilisation est variée : mixer et hacher des fruits, réduire en purée une soupe de légumes, homogénéiser des sauces, préparer des jus de fruit, broyer des viandes (réalisation de farces)...

D Le lave-linge

Un lave-linge ou machine à laver est un appareil électroménager qui permet de nettoyer le linge (les vêtements, les draps, les serviettes...). C'est un appareil électrique qui utilise de l'eau et de la lessive.

Le linge est placé dans le tambour métallique de la machine qui tourne de façon automatique dès que le programme de lavage est sélectionné.

La plupart des machines à laver fonctionnent de la même façon.

Elles contiennent :

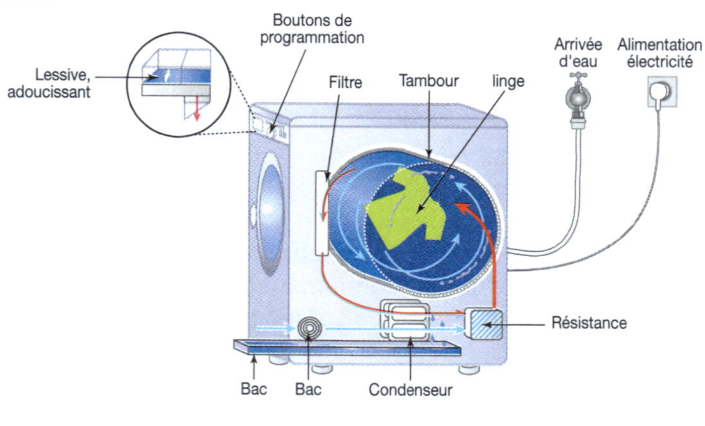

– **un cycle de lavage** (avec un prélavage éventuellement) nécessitant de l'eau et une dose de lessive ; il existe un choix pour la température de l'eau en fonction du linge à laver : à froid ou à chaud (avec une température pouvant aller de 30 °C à 90 °C).
– **un cycle de rinçage** qui permet d'éliminer la lessive et les salissures
– **un cycle d'essorage** qui permet d'essorer le linge, de réduire la quantité d'eau.

E Le matériel de préparation des repas du nourrisson

Les biberons

Ils sont en verre Pyrex (supportant une température élevée) ou en plastique (légers, ils supportent l'ébullition). Ils sont équipés d'une **tétine, d'une bague et d'un capuchon.** Les tétines présentent de perçages différents permettant de réguler le débit : 1 (lent), 2 (moyen), 3 (rapide).

Biberon

Le chauffe-biberon

Il est en plastique ; il permet de chauffer les biberons et les petits pots. Un thermostat permet d'obtenir la bonne température (c'est l'eau contenue dedans qui chauffe).

Chauffe-biberon

Le matériel de stérilisation des biberons

Pour stériliser les biberons on utilise la **stérilisation à froid** (procédé chimique : bac avec de l'eau et un produit dissout) ou la **stérilisation à chaud** (par vapeur).

Stérilisation à froid

Stérilisation à chaud

F L'aspirateur

Une brosse redresse les fibres et retient les poussières. Le moteur crée une dépression qui aspire la saleté et l'entraîne à l'intérieur de l'appareil. Ces déchets sont collectés dans un sac (quand il y a un sac), qui récupère les poussières. Plusieurs critères sont pris en compte dans le choix d'un aspirateur : sa puissance, sa capacité de réservoir, le bruit et le rayon d'action.

FICHE TECHNIQUE

9 Techniques d'entretien des appareils ménagers

Pour préserver et prolonger la durée de vie des appareils ménagers, certaines mesures sont à prendre.

A Le réfrigérateur

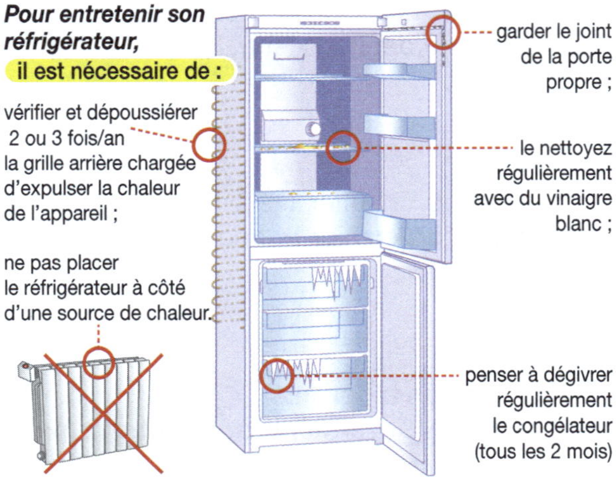

B Le congélateur

Pour éviter une surconsommation électrique, il est nécessaire de dégivrer l'appareil régulièrement. Il ne faut pas pour cela utiliser d'objet pointu qui pourrait endommager la paroi ou le circuit de refroidissement. Il faut également dépoussiérer (2 fois par an) la grille du condenseur qui se trouve à l'arrière de l'appareil.

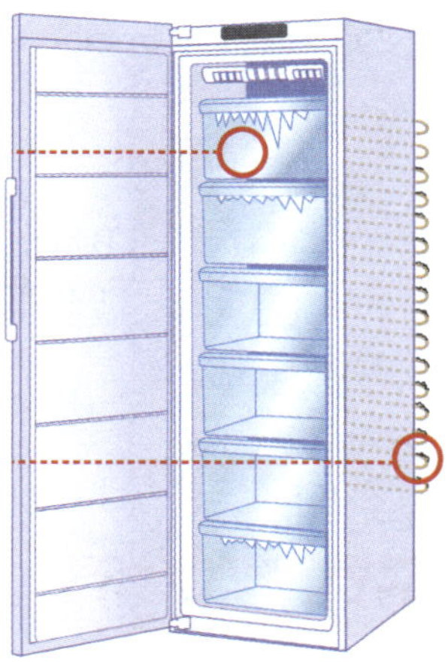

C Le lave-linge

Les appareils utilisant de l'eau sont confrontés au calcaire. Il est important de détartrer régulièrement le lave-linge (au moins 1/ mois).
Pour éviter d'endommager la pompe, il est nécessaire de nettoyer le filtre (souvent très facile d'accès) ; si le filtre est sale, l'appareil est alors moins efficace.
Il ne faut pas trop remplir le tambour, plus il est lourd et plus les mécanismes forcent.
Il est possible d'utiliser régulièrement le vinaigre blanc : c'est un excellent détartrant, un bon assouplissant et un désinfectant.

D Le lave-vaisselle

Si les filtres sont sales les appareils sont alors moins efficaces ; il faut donc nettoyer souvent les filtres.
Comme il utilise aussi de l'eau, le lave-vaisselle craint le calcaire. Il faut donc le détartrer régulièrement.
Pour faire un nettoyage en profondeur, il est possible de faire un lavage à vide en utilisant un programme intensif avec un produit détartrant et dégraissant.
Il est préférable avant chaque lavage, de rincer la vaisselle à l'eau et d'enlever les aliments restants.
Le filtre de la cuve et le joint de la porte doivent être nettoyés de façon régulière.
Il est également possible d'utiliser régulièrement le vinaigre blanc : faire tourner à vide avec la moitié d'un litre de vinaigre blanc dans le lave vaisselle.

E L'aspirateur

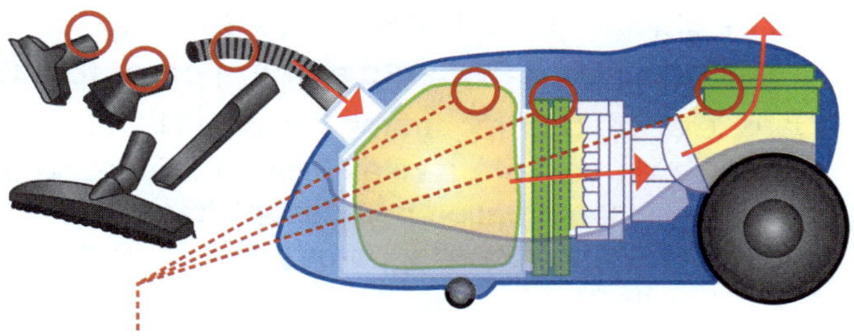

L'entretien des éléments de l'aspirateur est indispensable pour prolonger sa durée de vie et son efficacité :
– les accessoires (flexible, brosses, les embouts et tube) doivent être régulièrement nettoyés pour éviter tout risque de colmatage. Il faut démonter ces composants hors-tension avant de les nettoyer.
– les filtres doivent être entretenus régulière-ment. S'il y a trop de poussières dans le filtre, il risque de se colmater et l'appareil sera moins performant.
Pour les aspirateurs sans sac, l'entretien du filtre de sortie d'air doit être réalisé au minimum une fois par an.

Pour les aspirateurs avec sac, un filtre moteur empêche les particules de poussières de l'atteindre et de l'abîmer ; ce filtre doit être changé tous les cinq sacs, soit au minimum 1/an.
Les filtres lavables se démontent et se lavent à l'eau tiède et sèchent à l'air libre. Les filtres non-lavables doivent être remplacés.
Le filtre du bac à poussières doit être nettoyé lorsqu'il est sale.

FICHE SAVOIR

10 Les aliments

Un aliment est une substance qui est consommée soit à l'état naturel, soit après une cuisson. Le rôle principal de l'alimentation et des aliments est de fournir les éléments essentiels à l'organisme.

A La classification des aliments

Les unités de mesure

Les besoins sont exprimés selon deux unités : la kilocalorie (kcal) et le kilojoule (kJ).
1 kilocalorie (kcal ou Cal) = 4,18 kilojoules (kJ)
1 kilojoule (kJ) = 0,239 kilocalorie (kcal ou Cal)

Les nutriments énergétiques

L'énergie provient de la dégradation des nutriments. Les nutriments qui contribuent à la couverture du besoin énergétique sont : les protéines, les lipides et les glucides.
1 g de protéine libère **4 kilocalories ou 17 kJ**
1 g de lipide libère **9 kilocalories ou 38 kJ**
1 g de glucide libère **4 kilocalories ou 17 kJ**

Les groupes d'aliments et leurs caractéristiques nutritionnelles

Dans le cadre du Programme National Nutrition Santé (PNNS) 2016-2020, l'agence nationale de sécurité sanitaire de l'alimentation (Anses) propose de nouveaux repères de consommation pour les adultes :
– les légumineuses sont séparées des féculents pour leur richesse en protéines et en fibres ;
– l'eau est séparée du groupe des boissons ;
– les jus de fruits sont mis dans le groupe des boissons sucrées.

De nouvelles catégories d'aliments sont définies en 9 groupes d'aliments :

Groupes actualisés	Sous-groupes	Exemples d'aliments
Fruits et légumes	Fruits frais	Pommes, bananes, oranges
	Fruits secs	Abricots secs, pruneaux
	Fruits transformés	Compotes, fruits au sirop
	Légumes	Courgettes, carottes, tomates, haricots, verts, maïs doux, petit-pois
	Oléagineux	Noix, amandes
Féculents	Pain et produits de panification complets	Pain et biscottes complets
	Pain et produits de panification raffinés	Pain et biscottes blancs
	Produits à base d'amidon, transformés sucrés/gras	Céréales de petit-déjeuners
	Produits à base d'amidon, transformés salés/gras	Frites, biscuits apéritifs
	Autres féculents complets	Riz complet, blé complet
	Autres féculents raffinés	Riz, pâtes, pomme de terre bouillies
Légumineuses	Légumineuses	Lentilles, pois chiches, fèves
Viandes et charcuteries, produits de la pêche, œufs (VPO)	Charcuteries	Saucisse, jambon, pâtés
	Œufs	Œufs
	Poissons gras	Saumon, maquereau, sardine, hareng
	Autres poissons, mollusques et crustacés	Cabillaud, bar, dorade, moules, crevettes
	Viande hors volaille	Bœuf, veau, porc, mouton, agneau, cheval, abats, gibier
	Volaille	Poulet, canard

Lait et produits laitiers	Desserts sucrés lactés	Crèmes dessert, crèmes glacées
	Fromages	Fromages à pâte molle, pressée
	Lait	Lait demi-écrémé, lait entier
	Produits laitiers frais nature	Yaourts nature, fromages blancs
	Produits laitiers frais sucrés	Yaourts sucrés
Matières grasses ajoutées	Beurre et beurres allégés	Beurre
	Huiles végétales riches ALA	Huile de colza, de noix
	Huiles végétales pauvres en ALA et margarines	Huile de tournesol, huile d'olive
	Sauces, crèmes fraîches et condiments	Mayonnaise, ketchup, crème fraîche
Produits sucrés ou sucrés et gras	Produits sucrés ou sucrés et gras	Confiture, viennoiseries, biscuits, pâtisseries
Eau	Eau de boisson	Eau
Boissons sucrées	Boissons sucrées de type soda	Sodas, limonade
	Jus de fruits	Jus d'orange
Sel	Sel	Sel

Source : ANSES

B Les constituants alimentaires

Les aliments sont composés de substances appelées **constituants alimentaires.**

- **les glucides** : soit simples (les oses : lactose, fructose et saccharose), soit complexes (les polyholosides : amidon) ;
- **les lipides** : composés d'acides gras saturés et d'acide gras insaturés ;
- **les protides (ou protéines)** : des chaînes d'acides aminés ;
- **les éléments minéraux** : le sodium, le calcium, le potassium, le zinc… ;
- **les vitamines** : soit hydrosolubles (solubles dans l'eau : B et C), soit liposolubles (solubles dans les lipides : A, D, E et K). Nécessaires à la vie ; agissent à faibles doses ;
- **l'eau** ;
- **la cellulose** (ce sont les fibres alimentaires).

1 Les propriétés des constituants alimentaires

La matière se présente sous 3 formes : l'état solide, l'état liquide et l'état gazeux.

Cette matière peut présenter certaines propriétés :

- **la solubilité (dans de l'eau) :** la matière se solubilise dans l'eau et l'on obtient une solution (ex. du sirop dans de l'eau) ;
- **la diffusion :** c'est le passage de molécules à travers une membrane poreuse (ex. la cuisson d'un aliment dans un liquide : il y a diffusion des substances nutritives et gustatives et le bouillon devient riche et aromatisé) ;
- **la suspension :** certaines molécules insolubles dans l'eau se dispersent sans se dissoudre (ex. la vinaigrette) ;
- **l'émulsion :** certaines protéines se lient à l'air et à l'eau (ex. la mayonnaise).

2 Les modifications lors des préparations culinaires

Des modifications physico-chimiques des constituants alimentaires ont lieu sous l'action de l'air, de la chaleur, de la lumière…

La chaleur :

→ elle modifie la consistance, la couleur, le goût des glucides (ex. sucre devient caramel) ;
→ elle fait coaguler les protides (le blanc d'œuf, la viande) ;
→ elle liquéfie les lipides (ex. le beurre fond sur la poêle chaude) ;
→ elle détruit les vitamines : légumes crus plus riches en vitamines que cuits.

L'air :

→ il oxyde certains aliments ;
→ il rancit les lipides ;
→ il noircit les fruits et légumes (ex. pommes de Terre, bananes, pommes, avocats…) ;
→ il détruit les vitamines.

Les acides et la lumière

Les acides coagulent les protéines (ex. le citron sur les sauces à base d'œuf).
La lumière accélère les modifications des lipides.

11 Les besoins nutritionnels et l'équilibre alimentaire

Le corps d'un homme de 70 kg contient en moyenne :
65 % d'eau, 14,7 %, de protides, 15 % de lipides, 0,3 % de glucides et 5 % d'éléments minéraux.

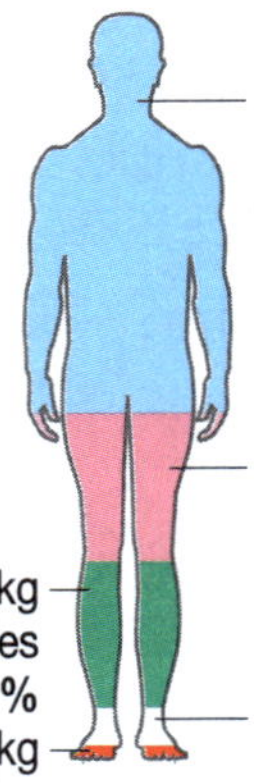

A Les besoins nutritionnels

Un besoin est une nécessité vitale. Pour tous les organismes vivants, la vie se manifeste par des dépenses d'énergie (les pertes). Les dépenses énergétiques de base (ou métabolisme de base) correspondent à la quantité d'énergie utilisée pour assurer les fonctions vitales de l'organisme.
L'organisme demande pour son fonctionnement de satisfaire trois types de besoins : **énergétiques, structuraux et fonctionnels.**

Types de besoins	Nutriments	Rôles dans l'organisme
Énergétiques	Protéines Lipides Glucides	→ correspondent aux dépenses d'énergie dont a besoin l'organisme même au repos (pour son fonctionnement, pour maintenir la température corporelle à 37 °C, et pour permettre l'activité physique et la croissance de l'enfant).
Structuraux (pour fabriquer ou réparer des cellules lors de la croissance)	Eau	→ représente 75 % du poids du nourrisson et 60 à 70 % du poids de l'enfant au cours de la première année. Les besoins en eau sont plus élevés chez l'enfant.
	Minéraux	Le calcium et le phosphore → formation et minéralisation osseuse. Le fer → constitution de l'hémoglobine (pigment du sang).
	Protéines	→ elles ont un rôle bâtisseur (les protéines entrent dans la structure des tissus et permettent donc la croissance).
Fonctionnels (pour faire communiquer les cellules entre elles)	Eau	→ transporte tous les matériaux dans le corps. → intervient dans la régulation de la température du corps (important de faire boire l'enfant quand il a de la fièvre).
	Minéraux	Le calcium → excitabilité neuromusculaire, maintien de l'intégrité des membranes cellulaires et coagulation sanguine. Le fer → transport de l'oxygène des poumons aux organes (avec l'hémoglobine).
	Vitamines	La vitamine A → participe au développement de la vision du nourrisson (sa carence entraîne des lésions oculaires pouvant aboutir à la cécité). La vitamine D → nécessaire à l'absorption intestinale du calcium et à la fixation sur l'os. Elle est capitale dans l'alimentation de l'enfant. La vitamine C → indispensable car l'homme ne sait pas la fabriquer.
	Glucides	→ interviennent dans le fonctionnement cérébral. Le nouveau-né a un besoin en galactose (sucre provenant de la digestion du lactose contenu dans le lait).
	Lipides	→permettent l'absorption des vitamines liposolubles et la croissance cérébrale (avec l'apport en acide linoléique).

Si les pertes ne sont pas remplacées, il apparaît des carences (des manques). Les plus courantes sont :
– **le rachitisme** : déficience en calcium (fragilité osseuse, problème de croissance) ;
– **l'anémie** : déficience en fer (diminution du nombre des globules rouges) ;
– **le goitre** : déficience en iode.

B Les apports conseillés en nutriments

1 Les besoins énergétiques quotidiens

Également appelés apports nutritionnels conseillés (ANC 2000), ils correspondent à la quantité moyenne de chaque nutriment à fournir par personne et par jour. Ils varient selon l'âge, le sexe, l'activité physique et l'état de santé.

Chez l'enfant, les apports doivent compenser l'activité métabolique et l'activité physique, mais aussi l'énergie nécessaire à la croissance. Le poids de naissance double durant les 4-5 premiers mois et triple à la fin de la première année. Parallèlement, la taille augmente de 50 % la première année.

Les besoins énergétiques s'expriment en fonction du poids corporel.

Âge	Apports énergétiques conseillés (kJ/kg/jour)
0 – 3 mois	410
3 – 9 mois	370
9 – 12 mois	400
1 à 3 ans	4 800 kJ (1 150 kcal)
4 à 6 ans	6 100 kJ (1 460 kcal)
7 à 9 ans	8 000 kJ (1 900 kcal)

■ **Chez le nouveau-né**, la régulation thermique est immature et demande des besoins supplémentaires. **Après 6 mois**, quand l'enfant commence à se déplacer, les besoins énergétiques sont liés à son activité physique.

2 Les apports nutritionnels conseillés

Ils sont répartis en pourcentages de l'apport énergétique total (= AET).

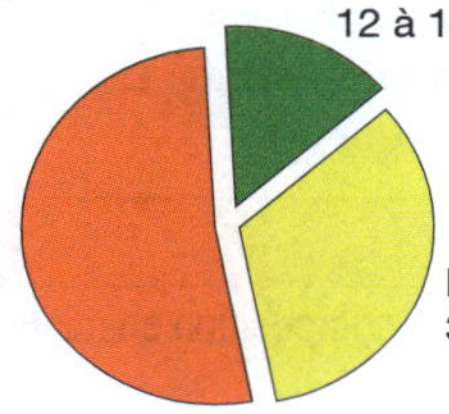

3 Les apports recommandés en minéraux

Les pertes minérales sont de l'ordre de 25 à 30 g/jour. Elles s'effectuent par la sueur, les urines et les matières fécales. Il faut compenser ces pertes par des apports en minéraux provenant des aliments, de l'eau de boisson et du sel marin.

Pour le calcium	Pour le fer
Avant 1 an : environ 400 mg/jour	De 3 à 12 mois : 7 à 9 mg/jour
De 1 à 3 ans : 600 mg/jour	De 1 à 12 ans : 10 mg/jour
De 4 à 9 ans : 700 mg/jour	

4 L'apport en eau

Les **apports quotidiens** proviennent de l'eau de boisson et de l'eau contenue dans les aliments (2,5 litres). Ces apports en eau doivent couvrir **les pertes quotidiennes** : l'urine, la transpiration, la respiration, les matières fécales (2 litres).

On estime que l'enfant a besoin de 100 à 150 ml/kg/jour pendant sa première année. Ensuite, on conseille de boire 35 à 45 ml/kg/jour.

Les besoins sont augmentés en cas de diarrhées, de vomissements ou de transpiration importante.

Pour les nourrissons, il est important de choisir une eau peu minéralisée pour la préparation des biberons.

C L'équilibre alimentaire

L'équilibre alimentaire est un équilibre entre les **besoins de l'organisme** et **les apports en nutriments** nécessaires dans une journée. Cette notion d'équilibre peut s'entendre par repas, mais elle s'applique surtout sur la journée ou la semaine.

Le **Programme National Nutrition santé (PNNS)** est un plan de santé publique visant à améliorer l'état de santé de la population en agissant sur la nutrition. Pour le PNNS, la nutrition s'entend comme **l'équilibre entre les apports liés à l'alimentation et les dépenses occasionnées par l'activité physique.**

FICHE SAVOIR

12 L'alimentation de l'enfant de 0 à 6 ans

L'alimentation de l'enfant peut être divisée en trois périodes :
– l'alimentation **exclusivement lactée jusqu'à 4 mois** ;
– la diversification de l'alimentation, qui se fait entre 4 mois et 6 mois ;
– l'alimentation au-delà de 1 an.

A L'alimentation lactée

1 Le lait maternel et les aliments lactés diététiques (ALD)

L'allaitement maternel

Le lait maternel reste la meilleure alimentation pour le nourrisson, car il couvre à lui seul les besoins nutritionnels de l'enfant jusqu'à 6 mois, et peut ensuite représenter l'apport lacté de la diversification. Le sevrage se fait progressivement, sur plusieurs semaines.

Les avantages du lait maternel et de l'allaitement	
La composition chimique	– Il y a 3 fois plus de protéines (allergisantes) dans le lait de vache que dans le lait maternel. – La concentration en lipides est identique dans les deux laits, mais leur qualité est meilleure dans le lait maternel. – Le lait maternel est plus riche en glucides, surtout en lactose.
L'adaptation de la composition du lait maternel	– Les premiers jours de l'allaitement, il s'agit du colostrum, sécrétion jaune et épaisse, qui est très riche en protides et immunoglobulines (leur rôle anti-infectieux est d'un grand intérêt). – La concentration en lipides varie au cours de la tétée et dans la journée.
Le pouvoir de protection anti-infectieuse	Le lait maternel apporte des cellules comme les leucocytes (surtout dans le colostrum) et des lymphocytes qui protègent l'enfant contre certains germes.
Les avantages psychologiques	Il permet une relation privilégiée entre la mère et l'enfant.
Les inconvénients de l'allaitement maternel	
La transmission de produits toxiques	Certains médicaments ou produits toxiques (tabac, alcool, café) passent dans le lait maternel et peuvent obliger à contre-indiquer l'allaitement.

L'allaitement artificiel

Les **laits infantiles** sont utilisés en l'absence d'allaitement maternel, ou en complément de celui-ci. Il existe différents laits en fonction de l'âge :
– de la naissance jusqu'à 4 à 6 mois : **laits 1er âge**, laits ou préparations pour nourrissons ;
– à l'âge de 4-6 mois et jusqu'à 12 mois : **laits 2e âge**, laits ou préparations de suite (enrichis en fer et en calcium) ;
– à l'âge de 10-12 mois et jusqu'à 3 ans : **laits de croissance**, préparations pour enfants en bas âge.

Les laits industriels en poudre sont tous dérivés du lait de vache. Les modifications qui leur sont apportées ont pour objectifs :
- une meilleure tolérance ;
- une meilleure digestion des protéines (acidification du lait) ;
- un bon développement du cerveau (adjonction de lipides végétaux) ;
- la prévention des caries et de l'obésité (sélection des glucides) ;
- la prévention des anémies (adjonction de fer) ;
- la prévention des infections (adjonction de vitamine C) ;
- la prévention du rachitisme (adjonction de vitamine D).

L'allaitement artificiel doit se faire en respectant des mesures d'hygiène (stérilisation des biberons) et le respect des dosages (30 mL d'eau pour 1 mesure de poudre).

2 La ration lactée

Elle évolue en fonction des besoins et de l'âge de l'enfant.

■ Pour un nourrisson de moins de 5 mois (ou 6 kg)

La règle d'Appert s'applique pour calculer la ration de lait sur 24 heures :

$$\frac{\text{Poids de l'enfant (en grammes)}}{10} + 250 \text{ ml} = \text{ration de lait par 24 heures.}$$

■ Pour un nourrisson de plus de 5 mois :

Le nourrisson prend 2 biberons de lait et un produit laitier en complément dans la journée. La quantité d'un biberon est fixée à : 210 mL d'eau + 7 mesures de lait 2e âge.

B L'alimentation diversifiée

1 L'alimentation à partir de 4-5 mois et jusqu'à 1 an

■ Les yaourts non sucrés, les fromages frais

Ces produits laitiers permettent d'introduire la petite cuillère.

■ La farine

Elle est souvent l'aliment introduit en premier. Les farines de céréales sont riches en amidon, substance de réserve glucidique, mais aussi en gluten, substance très allergisante entraînant quelquefois des intolérances définitives.

■ Les légumes et fruits

Ils sont riches en sels minéraux, en vitamines, en glucides et en cellulose. Ils sont proposés sous forme de soupes, de purées, ou de compotes.

■ La viande, le poisson, les œufs

Toutes les viandes peuvent être données, qu'elles soient rouges ou blanches, ainsi que les poissons (moins riches en graisses). L'œuf est très riche en protéines ; cependant, le blanc d'œuf est une substance très allergisante que l'on n'introduit que vers l'âge de 9-10 mois.

2 L'alimentation au-delà de 1 an

À partir de l'âge de 1 an, l'alimentation est calquée progressivement sur celle de l'adulte, et l'enfant s'adapte aux habitudes alimentaires de sa famille. Il en a les moyens anatomiques (il a des dents) et physiologiques (les enzymes digestives sont au complet).

FICHE SAVOIR

13 Comportements et habitudes alimentaires

Les habitudes alimentaires s'acquièrent très jeune. Pour cela, il est nécessaire d'éduquer les enfants dès le plus jeune âge. Il n'existe pas de règles, il faut simplement s'assurer que les repas sont **variés** et **équilibrés**.
L'éducation alimentaire de l'enfant doit à long terme orienter vers une hygiène alimentaire afin de prévenir certaines maladies de l'âge adulte (obésité, hypertension artérielle…).

A Les perceptions sensorielles et gustatives de l'enfant

Au début d'un repas, les aliments stimulent l'appétit. Tous les sens participent à cette stimulation : le goût et l'odorat en premier, mais aussi la vue, l'ouïe et le toucher.
La **perception des aliments** est définie par : l'arôme et le goût, la texture, la température, l'aspect visuel, la stimulation auditive (le croquant, le croustillant)…
D'autres facteurs sensoriels, comme la perception de la taille de la portion, influencent notre appétit.

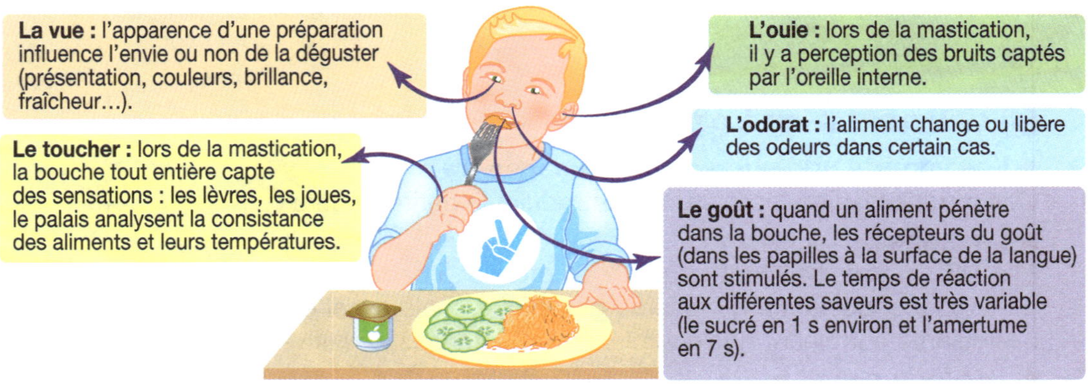

Les 5 sens.

■ L'enfance : point de départ des variations individuelles

La perception des quatre saveurs (sucré, salé, acide, amère) apparaît très tôt. Dès le 4e mois de la vie intra-utérine, l'embryon absorbe le liquide amniotique suivant le goût qu'il lui trouve. Dès les premières heures de la vie, le nourrisson éprouve une nette préférence pour la saveur sucrée.

■ Les qualités sensorielles des aliments

Lors de l'ingestion d'un repas, le caractère agréable d'un aliment diminue à mesure qu'il est consommé : si l'aliment est consommé jusqu'au rassasiement, le plaisir à manger devient nul. Cependant, un aliment aux caractéristiques sensorielles différentes peut relancer l'appétit.

■ L'aspect affectif

Ce que l'on goûte peut être associé à un souvenir précis, un événement, une personne (par exemple l'odeur ou le goût bien précis d'un plat préparé plus petit).

■ Les préférences alimentaires

Si l'on retrouve de manière universelle chez les nouveau-nés une acceptation du sucré et un rejet de l'amer, à l'âge adulte la diversité des goûts est immense.

Les préférences, goûts et dégoûts alimentaires sont acquis grâce à un mécanisme d'apprentissage qui permet à chacun d'associer les qualités sensorielles d'un aliment aux conséquences métaboliques qui suivent l'ingestion (un malaise digestif instaure une aversion pour l'aliment).

■ **Les habitudes alimentaires**

Les habitudes créent une accoutumance. C'est ce qui explique les différences de comportement alimentaire et de jugement entre les individus : quelqu'un qui n'a pas l'habitude de l'amer va essayer de masquer cette saveur lorsqu'il la rencontre (ex. : il sucre beaucoup son café pour obtenir la saveur désirée). Plus une personne mange de sucre, plus il lui en faut pour sentir le goût du sucré ; c'est la même chose pour le sel et les autres saveurs.

■ **La culture**

Chacun a un modèle culturel dont l'emprise est très forte (dans la société occidentale les insectes et les vers de terre ne sont pas considérés comme des aliments alors qu'ils le sont dans d'autres pays ; la religion interdit le porc chez les musulmans et le bœuf chez les hindous…).

Les modes de préparation ou de cuisson, l'utilisation de certains aromates selon les régions et les pays, influencent également la perception du goût.

B L'apprentissage des saveurs et des textures

L'apprentissage du goût chez l'enfant a une très grande importance. Pour lui permettre d'apprécier une grande variété d'aliments, il faut lui faire connaître les différentes saveurs. Former le goût veut aussi dire faire découvrir le goût initial des aliments.

C Les prises alimentaires

1 Le rythme des repas

Le repas est le moment privilégié de la journée où les échanges entre l'enfant et sa famille sont les plus bénéfiques. Ils doivent être pris à des **heures régulières** dans la journée (repères pour l'enfant), dans un espace approprié et au calme. Il faut respecter le rythme et l'appétit de l'enfant : prendre le temps de manger, avoir du plaisir à manger (lui laisser le temps de mastiquer…).

Cependant, le plaisir de manger peut compromettre parfois la régulation énergétique et le contrôle pondéral (les habitudes alimentaires sont responsables d'un déséquilibre d'apport avec excès de sucre, de lipides et souvent de sel).

2 Les troubles alimentaires

■ **L'anorexie mentale** répond à une volonté active de restreindre son alimentation et de perdre du poids (anorexie veut dire perte de l'appétit, mais en fait l'anorexie est une restriction volontaire de l'alimentation avec un amaigrissement massif).

■ **La boulimie** est plus répandue que l'anorexie. Les boulimiques consomment en général une grande quantité de nourriture, puis éliminent l'excès de calories (en vomissant ou en absorbant des laxatifs ou des diurétiques).

■ **Le grignotage** est un comportement alimentaire anarchique constitué de prises alimentaires par petites quantités et à intervalles réguliers. Il se produit en dehors des repas et peut s'étendre sur toute la journée (la sensation de faim n'est généralement pas présente).

FICHE SAVOIR

14 Prévention des risques microbiologiques et toxicologiques

A L'altération des aliments : le premier signe de toxicité

Les microorganismes peuvent être responsables d'altérations des aliments de différentes natures :
- **une altération de l'aspect** : changement de couleur, présence de moisissures ;
- **une altération de la texture** : ramollissement, viscosité de surface ;
- **une altération du goût** et de **l'odeur** : acidification, altération de la saveur (rance, piquant, pétillant), relent nauséabond, odeur d'œufs pourris, relent d'ammoniac ;
- **une altération des qualités nutritives** : perte des vitamines, des sels minéraux, apparition de substances toxiques.

B Les intoxications et les toxi-infections

	La listériose	Les salmonelloses	Le botulisme	La fièvre aphteuse
Agent	La bactérie *Listeria* présente dans l'air, l'eau, le sol, les plantes, chez les animaux domestiques.	Les salmonelles (bactéries) présentes dans l'intestin des animaux et des hommes.	Une toxine présente dans les charcuteries.	Un virus.
Contamination	– Essentiellement par voie digestive. – Elle est possible à tous les stades de la manipulation des aliments.	– Consommation d'aliments contaminés d'origine animale crus ou peu cuits : viandes, œufs… – Contamination par des matières fécales animales, humaines.	Charcuteries mal préparées ou conserves mal stérilisées.	– Maladie très contagieuse. – Contamination par simple contact avec un animal, de l'eau, des excréments ou du lait infecté.
Symptômes	– Crampes, maux de tête et fièvre. – Nausées, vomissements, diarrhée, constipation. – Septicémies, méningo-encéphalites et avortements.	Douleurs abdominales, diarrhées, nausées, vomissements, fièvre le plus souvent élevée, et parfois céphalées.	Troubles oculaires et neurologiques, voire accidents cardiaques et respiratoires.	– Cloques aux mains, aphtes, maux de gorge et fièvre modérée. – Ces symptômes disparaissent au bout de quelques jours.
Prévention/ règles d'hygiène	– Respect des conditions de conservation et des règles d'hygiène. – Éviter le lait cru, les fromages à pâte molle et bien cuire les aliments d'origine animale.	– Température de stockage des aliments < 3 °C ou > 65 °C. – Désinfection des mains indispensable.	Respect des règles d'hygiène lors de la conservation des aliments à la maison.	– Contrôle et surveillance des déplacements d'animaux. – Application stricte des mesures sanitaires. – Pasteurisation des produits laitiers.

La **toxi-infection alimentaire (TIA)** est une infection d'origine alimentaire. Elle est toujours due à une bactérie ou à un virus (grippe parfois) ou à un parasite qui se trouve sur un aliment mangé.
L'intoxication résulte de l'absorption d'une toxine.

C Les maladies parasitaires

Il s'agit essentiellement de l'oxyurose, de l'ascaridiose (ver qui se développe dans l'intestin) et du taeniasis (provoqué par un ver plat, le taenia).

D La prévention des toxi-infections alimentaires

Lors de la fabrication des aliments

Une réglementation est fixée sur la température des différentes étapes de fabrication des préparations culinaires élaborées à l'avance :
– pour la liaison chaude : les préparations culinaires élaborées à l'avance doivent être maintenues à + 63 °C jusqu'à la distribution au consommateur ;
– pour la liaison froide : refroidissement rapide de **+ 63 °C** à + 10 °C pour éviter le développement des micro-organismes ; stockage des préparations culinaires à **+ 3 °C**.

Lors de la préparation des aliments, il faut :

– vérifier les dates de péremption des aliments ;
– cuire suffisamment les aliments ;
– stocker à +3 °C les préparations culinaires ;
– bien laver et désinfecter le matériel et les locaux ;
– respecter une hygiène du personnel rigoureuse : tenue vestimentaire, hygiène des mains, visite médicale annuelle ;
– éloigner le personnel porteur sain, malade ou blessé (ex. : panaris) ;
– respecter le temps nécessaire au refroidissement rapide et le temps de remise en température des préparations culinaires ;
– respecter la réglementation en vigueur (du 29.09.1997) fixant les conditions d'hygiène applicables dans les établissements de restauration collective ;
– ne pas recongeler un produit décongelé et respecter la chaîne du froid.

E Les bactéries présentes selon la température

On définit plusieurs classes de bactéries suivant la gamme de température dans laquelle elles se développent :
– les bactéries **cryophiles**, qui se développent à des températures inférieures à 10 °C ;
– les bactéries **psychrophiles**, qui se développent jusqu'à une température inférieure à 20 °C ;
– les bactéries **mésophiles**, qui se développent dans une gamme de température comprise entre 10 °C et 45 °C ;
– les bactéries **thermophiles**, qui se développent à une température supérieure à 45 °C.
La plupart des bactéries se développent dans une gamme de température recouvrant 30 °C à 40 °C.

15 Les produits alimentaires

A La commercialisation des produits alimentaires

1 Les différentes formes de commercialisations

Dans le cadre de leur commercialisation, les aliments sont répartis en 5 gammes :
- 1re gamme : les produits frais du marché ;
- 2e gamme : les produits pasteurisés, stérilisés ou appertisés (en conserve) ;
- 3e gamme : les produits surgelés ;
- 4e gamme : les produits frais qui sont prêts à l'emploi ;
- 5e gamme : les produits frais ou cuisinés conservés sous vide.

2 L'étiquetage des produits

Il existe une réglementation pour protéger le consommateur. L'étiquetage doit comporter certaines mentions :

B La conservation des aliments et les préparations culinaires

Le maintien de la qualité des aliments est important pour la santé des individus. C'est pourquoi une réglementation liée à la mise en œuvre des produits alimentaires et au service des repas (dans les collectivités et en milieu familial) est mise en place.

1 La conservation des aliments

Il faut respecter le groupement des aliments par zones de froid, à savoir :
- les viandes et les poissons vers le haut du réfrigérateur (zone froide) ;
- les végétaux vers le bas (zone humide) ;
- les produits laitiers et les boissons sur le côté (à 3 niveaux différents).

■ **Les produits réfrigérés**

Ce sont les produits alimentaires conservés en chambre froide (0 à 8 °C).

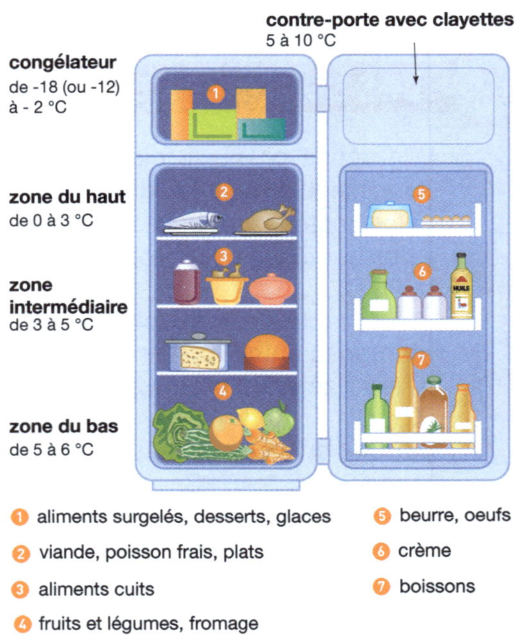

■ **Les produits surgelés**

Ce sont les produits alimentaires refroidis rapidement pour atteindre une température de -18 °C. Il ne faut pas recongeler un produit décongelé. Ces produits ne supportent **aucune rupture de la chaîne du froid**.
Les produits congelés ou surgelés doivent êtres maintenus à une température de stockage de -18 °C.

Définitions

- La **surgélation** est une technique industrielle qui consiste à refroidir brutalement (de quelques minutes à une heure) des aliments en les exposant intensément à des températures allant de -35 °C à -196 °C.
- La **congélation** consiste à abaisser la température d'un aliment à -18 °C, mais de façon plus lente.

2 Les préparations élaborées à l'avance

Les plats cuisinés à l'avance font l'objet d'une réglementation particulière pour lutter contre leur contamination.

■ **Pour la liaison chaude** : les préparations culinaires élaborées à l'avance doivent être maintenues à **+ 63 °C** jusqu'à la distribution au consommateur, afin d'éviter le développement des micro-organismes mésophiles et thermophiles.

■ **Pour la liaison froide** : le refroidissement rapide de **+ 63 °C à + 10 °C** immédiatement après sa fabrication évite le développement des micro-organismes mésophiles et thermophiles. On évite ainsi une contamination des préparations culinaires ensuite conservées au froid (entre 0 °C et +2 °C) puis remises à température chaude juste avant leur consommation.

3 La conservation des préparations culinaires

Le stockage des préparations culinaires à + 3 °C évite le développement des micro-organismes, exceptés des micro-organismes cryophiles (qui se développent à basse température).
La remise en température de + 3 °C à + 63 °C en moins d'une heure permet d'éliminer les micro organismes cryophiles et/ou les micro-organismes sporulants qui auraient pu résister à + 3 °C, car le froid ne tue pas les germes, il les inhibe.
Cette température permet également de tuer les micro-organismes mésophiles et thermophiles qui auraient pu contaminer la préparation.

C La mise en place de circuits

La mise en place de circuits permet d'éviter le croisement du propre et du sale pour éviter ainsi toute contamination du matériel ou produit propre.

La marche en avant

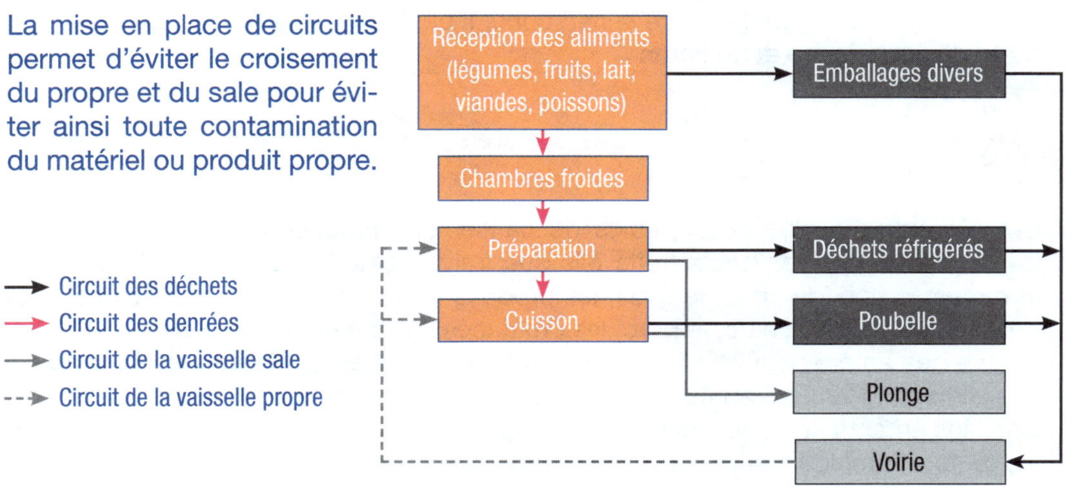

16 Les allergies et intolérances alimentaires

A La distinction entre allergie et intolérance

Il faut distinguer l'allergie de l'intolérance. **L'allergie est une réaction excessive du système immunitaire**, alors que **l'intolérance est principalement causée par une immaturité du système digestif**. Par conséquent, le risque est plus élevé au tout début de la vie, avant que les mécanismes de maturation et d'adaptation n'agissent sur la barrière intestinale.

Les intolérances alimentaires sont plus répandues, mais moins spectaculaires que les allergies alimentaires.

B Les manifestations d'une allergie alimentaire

Les allergies alimentaires entraînent généralement une réaction immédiate, parfois intense, comme :

- un gonflement des lèvres, de la langue ou de la luette ;
- des rougeurs et des démangeaisons au niveau de la bouche ;
- des manifestations de la peau : démangeaisons, boutons, éruptions cutanées, eczéma, urticaire ;
- des nausées ou des vomissements ;
- des coliques et des diarrhées ;
- des maux de tête ;
- des symptômes ressemblant à ceux de l'asthme ;
- un gonflement des paupières (œdème), des mains, des pieds, ou du visage et de la gorge.

Les diarrhées, vomissements, dermatites, ou perte de poids du nourrisson peuvent donc être les symptômes de l'allergie alimentaire.

Dans certains cas très graves, un œdème de la gorge peut bloquer la respiration et donc mettre en danger la vie de la personne. Il peut arriver également qu'il y ait une perte de conscience et un coma.

C Les aliments les plus concernés

Les aliments les plus susceptibles de causer des réactions allergiques sont les baies (c'est-à-dire les petits fruits tels que framboises, bleuets…), le chocolat, les agrumes, la noix de coco, le maïs, les produits laitiers, le blanc d'œuf, les noix, les pois, le beurre d'arachide, le porc, les crustacés, le soja et les tomates.

S'il y a des antécédents d'allergie dans une famille, il est préférable de faire goûter ces aliments à l'enfant après qu'il ait atteint l'âge de 1 an.

Chez les enfants, les trois quarts des allergies sont dues à cinq familles d'aliments : les œufs, l'arachide (cacahuète), le lait de vache, les céréales et le poisson.

De simples traces de ces aliments peuvent suffire à déclencher une crise chez les enfants allergiques.

D Les allergies et les intolérances et les plus fréquentes

1 L'intolérance au lactose

L'intolérance au lait est liée à une diminution de l'activité de la lactase, l'enzyme permettant de digérer le sucre du lait (le lactose).

2 L'allergie au lait de vache

Les nourrissons peuvent être touchés par l'allergie aux protéines de lait de vache. Elle apparaît dans les trois premiers mois de vie. C'est une allergie assez rare (il ne faut pas la confondre avec l'intolérance au lactose, qui empêche la bonne digestion du lait).

Les mesures diététiques en cas d'allergie au lait de vache ou d'intolérance au lactose nécessitent de recourir à des laits de remplacement.

3 L'intolérance au gluten ou maladie cœliaque

Les farines de céréales sont riches en amidon (substance de réserve glucidique), mais aussi en gluten, substance très allergisante entraînant quelquefois des intolérances définitives.

La maladie cœliaque est une malabsorption par l'intestin grêle liée au gluten (à l'un des composants du gluten). Cette protéine de réserve est contenue dans certaines céréales : le blé, le froment, l'avoine, l'orge, le seigle, l'épeautre…

4 L'allergie au blanc d'œuf

Le blanc d'œuf est une substance très allergisante qui n'est introduite dans l'alimentation que vers l'âge de 9-10 mois.

5 L'allergie à l'arachide : une allergie croisée

Souvent la réaction allergique se produit en associant l'arachide à une allergie aux oléagineux (noisette, amande, noix, pistache, pignon, noix de cajou…).

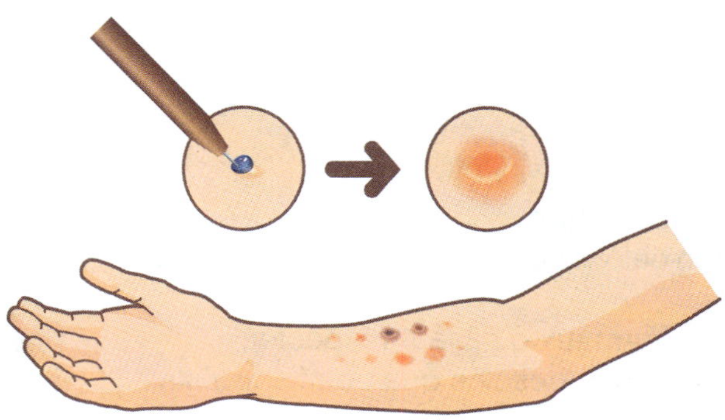

Test cutané pour déterminer la sensibilisation allergique à des substances données.

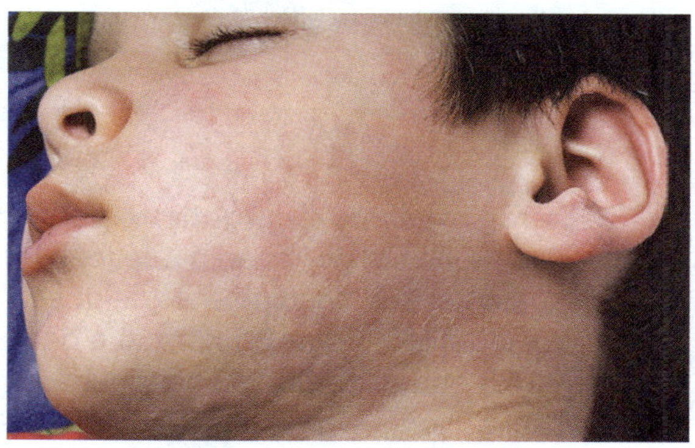

EP 3

FICHE SAVOIR

17 Les régimes alimentaires

A Définition des régimes prescrits

■ **Certains régimes alimentaires relèvent de choix familiaux** qui peuvent être **religieux, idéologiques, spirituels** (végétarien, végétalien, sans porc, hallal, casher...). Ces régimes ne présentent pas de caractère médical ; ils ne sont pas mis en place et proposés à la personne pour des raisons de santé.
Ces régimes s'ils sont **indiqués par les parents doivent être respectés** s'ils ont fait l'objet d'une discussion.

■ **D'autres régimes**, en revanche, **sont mis en place pour des raisons de santé** ; ils ont un caractère médical et **sont prescrits par un médecin**. Ces régimes peuvent être liés à un aliment en particulier, à une maladie ou un examen : les régimes sans sel, les régimes sans fibres et sans résidus, les régimes hypotriglycéridémiants et hypocholestérolémiants, les régimes hypocaloriques, les régimes sans gluten.

■ **La prescription médicale doit être respectée en cas de mesure médicale notifiant un régime alimentaire.**

B Les mesures en cas d'allergie

Les mesures prises en cas d'allergie sont la **suppression des aliments responsables** de l'allergie alimentaire dans l'alimentation de l'enfant.
Ce peut être **compliqué**, car certaines substances sont présentes dans de très nombreux produits ou préparations comme **l'arachide**. Il est essentiel de lire les étiquettes et de vérifier la présence de trace.
À l'école, des mesures particulières sont prises pour accueillir les enfants qui souffrent d'allergie alimentaire.

C Les différents régimes

■ **Le régime hypo-énergétique pour enfant diabétique**
Le régime doit apporter au diabétique une ration calorique suffisante en rapport avec son poids et ses besoins énergétiques.
– Un diabétique de poids normal a des besoins normaux qu'il faut respecter.
– Un diabétique de poids supérieur à la normale a des besoins quantitatifs réduits.

Un régime adapté à chaque malade (selon son âge, son activité physique, son poids et la forme de son diabète), est prescrit par le médecin.

■ **Le régime sans sel**

Aliments à **diminuer** de l'alimentation →

Confiseries
Bonbons
Pâtisseries
Sucreries
Fromage
Beurre
Viande de bœuf
Sirops

Aliments à **supprimer** de l'alimentation →	Sel et salaisons Charcuterie Viande de porc Viande de cheval Sardines Anchois Pain salé Conserves et boîtes de conserves Viandes fumées Confiseries salées en paquets Noix Noisettes Cacahuètes Viandes farcies Fromages très salés

Le sel ordinaire de table ou de cuisine peut être remplacé par du sel de régime.

Le régime alimentaire contre l'obésité

L'obésité est une maladie nutritionnelle grave chez l'enfant. La définition du surpoids ou de l'obésité de l'enfant repose, comme chez l'adulte, sur un indice qui prend en compte le poids et la taille. Cet indice s'appelle l'IMC (indice de masse corporelle).
L'obésité se développe de façon privilégiée durant les périodes de croissance du tissu adipeux (à 1 an et à la puberté).
Le régime de l'enfant obèse doit comporter une diminution des graisses tout en conservant des apports en acides gras essentiels par le biais des matières grasses végétales (margarine, huile de tournesol, colza, pépins de raisin).

Le régime contre la constipation

La constipation est souvent liée à des causes dites fonctionnelles : stress, mauvaise alimentation, manque de temps, exercice physique insuffisant.
Il faut diminuer les apports en aliments qui ralentissent le transit (riz..) et augmenter les aliments accélérant le transit (légumes et fruits riches en fibres) et l'apport en eau.

Le régime contre la diarrhée

Dans le cas de diarrhées, il est nécessaire de supprimer les aliments accélérant le transit intestinal (légumes et fruits riches en fibres), favoriser les aliments riches en pectine, et apporter suffisamment d'eau (pour compenser les pertes et éviter la déshydratation).

L'importance d'une alimentation saine et équilibrée dans le cancer

Une alimentation saine et équilibrée permettrait de réduire le nombre de nouveaux cas de (certains) cancers.

FICHE SAVOIR

18 Des outils pour les techniques culinaires

A Les critères d'évaluation et de réussite

Pour évaluer votre technique, voici des exemples génériques de critères d'évaluation :

- **L'organisation et l'ergonomie** : respect de la marche en avant : progression de travail dans le même sens pour les opérations d'épluchage, de lavage, de taillage (ne pas mélanger le propre et le sale).
- **L'hygiène** : respect du circuit propre/sale, tenue propre, lavage des mains dès que nécessaire, plan de travail maintenu propre pour éviter de contaminer les denrées.
- **La sécurité** : utilisation correcte et adaptée du matériel : planche à découper, couteau (pointe à ne pas diriger vers le haut).
- **L'économie** : pas d'utilisation de matériels ou de produits non indispensables à la tâche, utilisation d'un économe ou grattage des légumes.
- **La qualité du résultat** : évaluation visuelle sur l'absence de parties non comestibles, l'absence de salissure après lavage des légumes, l'esthétique…

Ces critères vous permettent de dire que vous avez accompli correctement votre tâche :

- **Préparation** correcte des produits, du matériel, des denrées.
- **Maîtrise des techniques** mises en œuvre (respect des procédures, des recettes, ordre logique des opérations, utilisation correcte des produits et du matériel, respect du temps imparti).
- **Respect des règles** d'hygiène et de sécurité, d'ergonomie.

B Quelques remarques

1 La préparation des denrées

Elle facilite la cuisson, améliore la présentation et les qualités organoleptiques de l'aliment. Elle concerne principalement les fruits et les légumes.

- **L'épluchage** consiste à enlever les parties non comestibles d'une denrée : peau, tige, feuilles, racines… C'est la première action à effectuer, souvent il s'effectue après le lavage ou après la cuisson.
- **Le lavage** consiste à éliminer les impuretés : terre, insectes, poussières… il se fait par immersion de l'aliment dans l'eau froide. Les aliments fragiles peuvent être lavés à l'eau courante.
- **Le taillage** consiste à couper les denrées en tranches, rondelle, cubes… pour une meilleure cuisson et une meilleure présentation.

2 La mise en tenue professionnelle

Même si à domicile il n'est pas exigé de tenue particulière, il est nécessaire d'avoir une tenue adaptée à la situation de préparation de techniques culinaires.

L'utilisation d'un tablier sur sa tenue pourra donc être nécessaire ainsi que le port d'une charlotte ou d'un foulard.

3 Le circuit propre sale

La mise en place de circuits permet d'éviter le croisement du propre et du sale pour éviter ainsi toute contamination du matériel ou produit propre : **la marche en avant**.

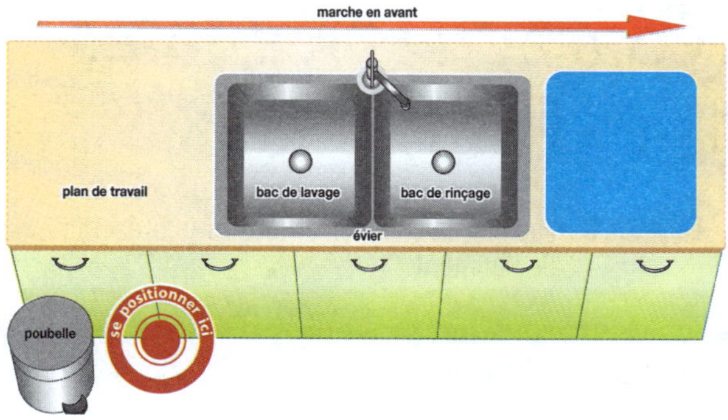

C L'utilisation de produits prêts à l'emploi

Un produit prêt à l'emploi est un produit intermédiaire de mélanges issus de l'industrie alimentaire qui ont subi un traitement ou une transformation, un début de préparation (épluchage, taille, pré-cuisson…) avant d'être commercialisés.

produits semi-élaborés	Prêts à l'emploi (bases terminées prêtes à être utilisées)	plats cuisinés
– le poulet Prêt à Cuire (PAC) entier ou en morceaux (sous-vide et réfrigéré) ; – les morceaux de volaille panés et pré-cuits (surgelés) ; – les abaisses de feuilletage (surgelées ou sous gaz inerte) ; – les légumes de 4ème gamme (sous-vide) ; – les ovo-produits (œufs mélangés, les blancs d'œufs en poudre).	– les appareils à crèmes brûlées, les crèmes pâtissières (déshydratées, appertisées ou pasteurisées) ; – les sauces, fonds, fumets (déshydratés, pasteurisés ou surgelés).	les plats entièrement cuisinés prêts à être remis en température ou prêts à être consommés en l'état.

■ **Leur mode d'emploi** : ces produits doivent être **utilisés en respectant les indications** du fabricant, les quantités et dosages indiqués et en respectant les conditions de conservation (température, DLC, DLUO).

■ **Les avantages d'un produit alimentaire intermédiaire** : facilité d'utilisation, gain de temps, régularité des produits et souvent conservation plus longue, rapidité d'utilisation, risque bactériologique diminué, longue DLC (date limite de consommation), DLUO (date limite d'utilisation optimale).

■ **Les inconvénients d'un produit alimentaire intermédiaire** : standardisation du goût, coût d'achat élevé, saveurs peu naturelles.

D Les qualités organoleptiques des préparations

C'est **l'ensemble des caractéristiques physiques et chimiques perçues par les organes des sens** et provoquant chez la personne des réactions émotionnelles ; c'est-à-dire tout ce qui est susceptible d'exciter un récepteur sensoriel.
L'apparence, l'odeur, le goût, la texture ou encore la consistance constituent les qualités organoleptiques d'un aliment ou d'une boisson. Il existe trois grandes propriétés.

Propriétés	Caractéristiques
L'apparence	la forme, la taille, la couleur, la texture et l'état à première vue (lisse au toucher, frais au nez…).
Les caractéristiques chimiques	l'odeur et le goût.
Les caractéristiques mécaniques	la texture, l'uniformité, la netteté… (perçues par le toucher).

Il est important de penser à toutes ces propriétés lors de la présentation d'un plat ou d'une préparation ; elles sont à l'origine de l'envie et de la mise en appétit.

19 Préparer des légumes et des fruits frais

→ **Objectifs** Faciliter la cuisson, améliorer la présentation et les qualités organoleptiques de l'aliment.

Bien préparer les denrées, c'est prévenir les risques d'infections alimentaires.

MATÉRIELS ET PRODUITS

- un couteau économe
- un couteau d'office
- une planche à découper
- un saladier
- une passoire
- un bac de lavage ou une bassine
- une assiette
- une assiette ou plaque pour la poubelle
- du vinaigre

Préparation

1 Porter une tenue adaptée : blouse et charlotte.

2 Se laver les mains.

3 Préparer le lieu.

4 Préparer les denrées et le poste d'épluchage.

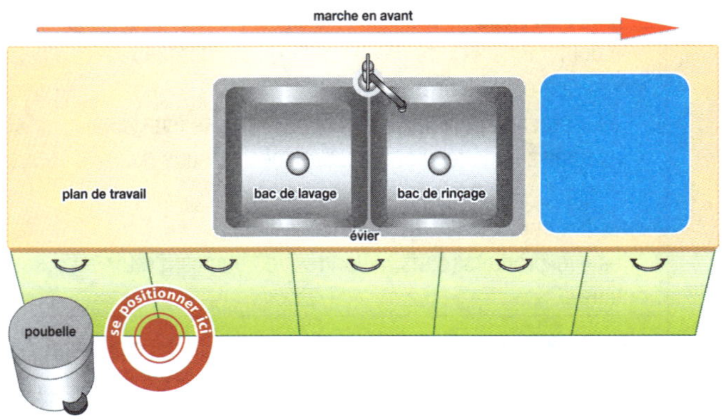

Organisation du plan de travail

Le préparateur travaille en ligne, selon le principe de la « marche en avant » des denrées.

Exécution

1 Éplucher les denrées : enlever les tiges, les racines, les feuilles et éplucher la peau. Retirer les parties abîmées avec la pointe du couteau.

2 Éliminer les déchets : vider les déchets et les épluchures à la poubelle et laver la planche à découper.

3 Laver les légumes ou les fruits : remplir le bac d'eau (avec du vinaigre pour certains légumes) et laver les fruits ou légumes.

4 Découper les légumes ou fruits : couper à la main (à l'aide d'un couteau) ou mécaniquement (à l'aide d'un coupe-légumes) sous différentes formes : le ciselage (fines lamelles), le taillage (morceaux réguliers), le tournage (formes particulières).

Rangement et nettoyage

1 Laver et ranger le matériel.

2 Nettoyer le plan de travail.

3 Se laver les mains.

Évaluation de son travail

- **L'organisation et l'ergonomie** : mise à disposition du matériel, des produits sur le plan de travail ; respect de la marche en avant, (progression de travail dans le même sens pour les opérations d'épluchage, de lavage et de taillage).

- **L'hygiène** : respect du circuit propre/sale ; tenue propre ; lavage des mains dès que nécessaire ; plan de travail propre.

- **La sécurité** : utilisation correcte et adaptée de la planche à découper, du couteau (sans pointe vers le haut).

- **L'économie** : utilisation d'un économe, ou grattage des légumes.

- **La qualité du résultat** : absence de parties non comestibles ; absence de salissure après le lavage des légumes, présentation esthétique de la préparation.

Exemple de recette : *carottes vinaigrette*

Ingrédients :

– Carottes : 0,200 kg
– Persil : 2 branches
– Menthe ciselée : 5 feuilles
– Sel
– Poivre
– Huile d'olive
– Vinaigre de cidre

Les étapes de la préparation

– Peler les carottes.
– Éliminer les déchets : vider les déchets et les épluchures à la poubelle et laver la planche à découper.
– Laver les carottes.
– Les râper au robot ou avec une râpe dans une assiette.
– Verser le vinaigre de cidre et l'huile d'olive dans un grand saladier ; fouetter à la main et ajouter les feuilles de menthe, saler et poivrer.
– Goûter et ajuster au goût.
– Ajouter les carottes râpées, bien mélanger et servir bien frais.

Présentation

Ces carottes peuvent être présentées dans un saladier, une assiette ou des ramequins.
Vous pouvez rajouter quelques feuilles de menthe pour décorer.
Cette salade peut accompagner une viande, un poisson ou une volaille et peut faire partie d'une salade mixte.

FICHE TECHNIQUE

20 La cuisson dans un liquide

→ **OBJECTIFS** Faciliter la cuisson, améliorer la présentation et les qualités organoleptiques de l'aliment.

Cette cuisson consiste à immerger un aliment dans un liquide (eau) bouillant : pour les potages, les courts-bouillons, les viandes pour potages, les légumes.
La fabrication de certaines collations exige la connaissance de « recettes ».

MATÉRIELS ET PRODUITS

- un autocuiseur ou une marmite
- une casserole
- une louche
- un bol
- une planche à découper
- un couteau
- un saladier ou plat
- un mixeur ou moulin à légumes pour les potages éventuellement
- les légumes, l'eau, les aromates, le sel…

Préparation

1 Porter une tenue adaptée : blouse et charlotte.

2 Se laver les mains.

3 Préparer le lieu.

4 Préparer les denrées et sortir le matériel nécessaire.

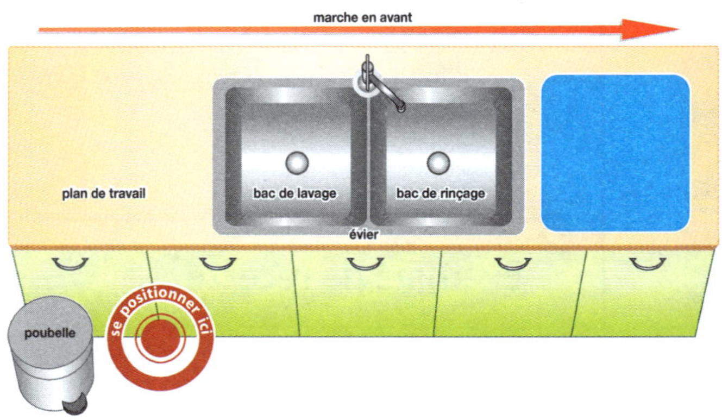

Organisation du plan de travail

Le préparateur travaille en ligne, selon le principe de la « marche en avant » des denrées.

Exécution

1 Éplucher et couper les légumes.

2 Mettre l'eau dans l'autocuiseur et y ajouter les légumes, les aromates…

3 Faire chauffer jusqu'à cuisson totale des légumes (laisser cuire 15 minutes environ après le sifflement de la soupape pour l'autocuiseur).

4 Sortir les légumes et les égoutter. Garder le liquide de cuisson pour les potages et, en fonction de la préparation, mixer ou présenter directement dans un saladier ou un plat.

Rangement et nettoyage

1 Nettoyer et ranger le plan de travail.

2 Laver et essuyer la vaisselle.

3 Ranger le matériel.

4 Se laver les mains.

Évaluation de son travail

- **L'organisation et l'ergonomie** : mise à disposition du matériel et des produits sur le plan de travail ; respect de la marche en avant, c'est-à-dire progression de travail dans le même sens pour les opérations d'épluchage, de lavage et de taillage.
- **L'hygiène** : respect du circuit propre/sale ; tenue propre ; lavage des mains dès que nécessaire ; plan de travail propre.
- **La sécurité** : utilisation correcte et adaptée de la planche à découper, du couteau (jamais pointe vers le haut), de l'autocuiseur.
- **L'économie** : utilisation d'un économe, ou grattage des légumes.
- **La qualité du résultat** : absence de parties non comestibles ; absence de salissure après le lavage des légumes ; présentation de la préparation esthétique ; cuisson correcte des légumes.

Exemple de recette : *potage de pommes de terre et poireaux*

Ingrédients :

– Poireaux : 150 g
– Pommes de Terre : 200 g
– Lait : 2 dl
– Eau : 1/2 litre
– Noix de muscade
– Sel

Les étapes de la préparation

– Éplucher les poireaux et peler les pommes de Terre.
– Émincer les poireaux et couper les pommes de Terre en lamelles.
– Mettre l'eau et le lait dans l'autocuiseur ; ajouter les pommes de terre et les poireaux ; assaisonner de sel, de poivre et de noix de muscade.
– Faire chauffer jusqu'à la cuisson des légumes.
– Sortir les légumes et les égoutter.
– Mixer le potage en fin de cuisson.

Présentation

Servir dans une soupière ou dans des petits bols.

FICHE TECHNIQUE

21 La cuisson à la vapeur

→ **OBJECTIFS** Faciliter la digestion, préserver la texture de l'aliment, son goût, ses qualités nutritionnelles.

Cette cuisson consiste à cuire un aliment sans l'immerger dans l'eau (le poser au-dessus de l'eau, par exemple) pour préserver ses qualités nutritionnelles. Elle est utilisée pour cuire les poissons, les légumes, les fruits.

MATÉRIELS ET PRODUITS

- un autocuiseur ou une marmite avec panier
- une casserole
- une louche
- un bol
- une planche à découper
- un couteau
- une assiette
- un plat
- les légumes, l'eau, les aromates, le sel...

Préparation

1. Porter une tenue adaptée : blouse et charlotte
2. Se laver les mains.
3. Préparer le lieu.
4. Préparer les denrées et sortir le matériel.

Organisation du plan de travail

Le préparateur travaille en ligne, selon le principe de la « marche en avant » des denrées.

Exécution

1. Éplucher et couper les légumes.
2. Mettre l'eau dans le fond de l'autocuiseur et poser les légumes dans le panier métallique, puis fermer l'appareil.
3. Faire chauffer jusqu'à cuisson des légumes (vérifier la cuisson avec le couteau).
4. Sortir le panier de légumes et poser sur une assiette puis présenter dans un plat.

Rangement et nettoyage

1 Nettoyer et ranger le plan de travail.

2 Laver et essuyer la vaisselle.

3 Ranger le matériel.

4 Se laver les mains.

Évaluation de son travail

- **L'organisation et l'ergonomie** : mise à disposition du matériel, des produits sur le plan de travail ; respect de la marche en avant : progression de travail dans le même sens pour les opérations d'épluchage, de lavage, de taillage.
- **L'hygiène** : respect du circuit propre/sale ; tenue propre, lavage des mains dès que nécessaire, plan de travail propre.
- **La sécurité** : utilisation correcte et adaptée de la planche à découper, du couteau (jamais pointe vers le haut), de l'autocuiseur.
- **L'économie** : utilisation d'un économe, ou grattage des légumes.
- **La qualité du résultat** : absence de parties non comestibles, absence de salissure après lavage des légumes, présentation de la préparation esthétique, cuisson correcte des légumes.

Exemple de recette : *carottes Vichy*

Ingrédients :

– Carottes : 500 g
– Beurre : 30 g
– Sel
– Poivre
– Persil : quelques brins

Les étapes de la préparation

– Laver, gratter et couper les carottes en fines rondelles.
– Mettre l'eau dans le fond de l'autocuiseur et poser les légumes dans le panier métallique puis fermer l'appareil ; laisser cuire 35 minutes environ.
– Sortir le panier de légumes.
– Mettre les rondelles de carottes dans un plat.
– Ajouter des noisettes de beurre, du persil haché et servir tout de suite.

Présentation

Le beurre peut être remplacé par 2 à 3 cuillères de crème liquide.
Il est possible de poser d'abord sur une assiette puis de présenter dans un plat.

22 Les grillades, rôtis, sautés

→ **Objectif** Éviter les pertes d'éléments nutritifs.

Sauter un aliment, c'est le faire revenir rapidement sur feu vif. Il y a alors la coagulation rapide des protéines : pour les viandes blanches, les crêpes…
Cette cuisson consiste à :
– mettre la poêle ou la sauteuse sur le feu avec le corps gras (huile ou margarine) ;
– mettre l'aliment dans la poêle et faire dorer les 2 faces ;
– continuer la cuisson sur feu doux jusqu'à la cuisson désirée.

A La cuisson à la poêle ou à la sauteuse

MATÉRIELS ET PRODUITS

- une plaque à rôtir
- des cuillères
- une écumoire
- des gants isolants
- la viande à rôtir
- des aromates

Préparation

1. Porter une tenue adaptée : une blouse et une charlotte.
2. Se laver les mains.
3. Préparer le lieu.
4. Préparer le matériel et les produits : préchauffer le four à la température demandée, préparer les denrées et sortir le matériel.

Organisation du plan de travail

Le préparateur travaille en ligne, selon le principe de la « marche en avant » des denrées.

B La cuisson au four

Cette cuisson consiste à faire coaguler l'aliment sous l'action de la chaleur sèche.

MATÉRIELS ET PRODUITS

- un four
- une plaque à rôtir
- des cuillères
- une écumoire
- des gants isolants
- la viande à rôtir
- des aromates

Exécution

1. Disposer le rôti sur la plaque et mettre les aromates.
2. Enfourner dans le four (suffisamment chaud) à la bonne hauteur et le laisser cuire.
3. Apprécier régulièrement la cuisson du rôti en le sortant du four et l'humecter avec le jus de cuisson.
4. Sortir le rôti, le couper en tranches et le servir dans un plat.

Rangement et nettoyage

1. Nettoyer et ranger le plan de travail.
2. Laver et essuyer la vaisselle.
3. Ranger le matériel.
4. Se laver les mains.

Évaluation de son travail

- L'organisation et l'ergonomie : mise à disposition du matériel et des produits sur le plan de travail ; respect de la marche en avant (progression de travail dans le même sens).
- L'hygiène : respect du circuit propre/sale ; tenue propre ; lavage des mains dès que nécessaire ; plan de travail propre.
- La sécurité : utilisation correcte et adaptée de la planche à découper, du couteau (jamais pointe vers le haut), du four.
- La qualité du résultat : absence de salissure sur le plan de travail, présentation de la préparation de manière esthétique, cuisson correcte du rôti.

Exemple de recette : *escalopes de poulet*

Ingrédients :

– Poulet : 4 escalopes
– Huile d'olive : 2 cuillères
– Gousse d'ail : 1
– Sel
– Poivre
– Salade mesclun
– Tomates-cerise coupées en deux
– Noix de Grenoble

Les étapes de la préparation

– Tremper les escalopes de poulet dans 2 cuillères à café d'huile et ajouter de l'ail.
– Faire sauter les escalopes dans une poêle chaude pendant 2 à 3 minutes de chaque côté.
– Dresser la salade dans une assiette et garnir des tomates.
– Déposer les escalopes dans l'assiette une fois cuites et parsemer de noix de Grenoble.
– Servir aussitôt.

FICHE TECHNIQUE

23 La pâte à crêpe

→ OBJECTIF réaliser une pâte simple cuite à la poêle.

MATÉRIELS ET PRODUITS

- 1 poêle à crêpes
- un saladier
- une louche
- un verre mesureur
- un fouet
- une spatule
- une assiette
- 250 g de farine
- 3 œufs
- 2 cuillères à soupe d'huile
- ½ litre de lait

Préparation

1. Porter une tenue adaptée : blouse et charlotte.
2. Se laver les mains.
3. Préparer le lieu.
4. Préparer les denrées et sortir le matériel, puis tamiser la farine.

Organisation du plan de travail

Le préparateur travaille en ligne, selon le principe de la « marche en avant » des denrées.

Éxécution

1. Verser la farine dans le saladier et faire une fontaine au milieu ; mettre l'huile, les œufs, le sel au milieu de la fontaine.
2. Mélanger en commençant par le centre à l'aide du fouet. Ajouter progressivement le lait en incorporant petit à petit la farine, sans faire de grumeaux.
3. Laisser reposer la pâte.
4. Cuire les crêpes :
   - huiler la poêle et la faire chauffer ;
   - verser une louche de pâte à répartir dans la poêle ;
   - laisser cuire et retourner la pâte à l'aide de la spatule ;
   - mettre la crêpe dans l'assiette et recommencer l'opération.

Rangement et nettoyage

1. Nettoyer et ranger le plan de travail.
2. Laver et essuyer la vaisselle.
3. Ranger le matériel.
4. Se laver les mains.

Évaluation de son travail

- **L'organisation et l'ergonomie** : mise à disposition du matériel, des produits sur le plan de travail ; respect de la marche en avant (progression de travail dans le même sens pour les opérations de préparation de la pâte).
- **L'hygiène** : respect du circuit propre/sale ; tenue propre, lavage des mains dès que nécessaire, plan de travail propre.
- **La sécurité** : utilisation correcte et adaptée de la poêle.
- **L'économie** : utilisation d'un verre mesureur.
- **La qualité du résultat** : absence de parties non comestibles ; absence de grumeaux dans la pâte ; cuisson correcte des crêpes ; présentation esthétique de la préparation.

Exemple de recette : *les crêpes*

Ingrédients :

- Farine : 250 g
- Œufs : 4
- Lait : 1/2 litre
- Huile : 1 cuillerée à soupe
- Sel : 1 pincée
- Beurre : 60 g

Les étapes de la préparation

– Dans une terrine : mettre la farine tamisée, le sel, les œufs. Délayer en ajoutant le lait petit à petit pour obtenir une pâte sans grumeaux. Ajouter l'huile et laisser reposer 2 heures.
Au moment de faire les crêpes, la pâte doit être assez fluide pour recouvrir rapidement le fond de la poêle. Ajouter de l'eau si besoin, après la liqueur.
– Graisser la poêle avec une noisette de beurre à chaque crêpe. Les faire très fines, les retourner à la spatule (les crêpes fines ne sautent pas, les entasser sans les sucrer et laisser en attente).

– Dans un bol, mélanger les 125 g de beurre avec le zeste de l'orange râpé en l'écrasant avec le dos de la fourchette.
– Pour flamber les crêpes, mettre une noix de beurre orangé dans la poêle sur feu moyen, poser une crêpe, la retourner aussitôt, la sucrer légèrement, la plier en quatre, la déposer sur une assiette chaude. Faire de même avec toutes les crêpes.

FICHE TECHNIQUE

24 La pâte brisée

→ OBJECTIF Être capable de réaliser un fond de tarte sucré ou salé.

MATÉRIELS ET PRODUITS

- un saladier
- un verre mesureur
- un couteau d'office
- un plat à tarte
- un rouleau à pâtisserie
- une fourchette
- 200 g de farine
- 100 g de margarine ou de beurre
- de l'eau (environ 1 dl)
- 1 pincée de sel

Préparation

1 Porter une tenue adaptée : une blouse et une charlotte.

2 Se laver les mains.

3 Préparer le lieu.

4 Préparer les denrées et sortir le matériel.

Organisation du plan de travail

Le préparateur travaille en ligne, selon le principe de la « marche en avant » des denrées.

Exécution

1 Verser la farine dans le saladier et ajouter la margarine en petits morceaux en l'écrasant avec les doigts (obtention de petits grains).

2 Faire une fontaine et verser l'eau progressivement ; pétrir la pâte 3 minutes pour obtenir une boule homogène.

3 Fariner la pâte et la couvrir puis la laisser reposer en la mettant au réfrigérateur (1 heure) ; préchauffer le four (15 à 30 minutes avant la cuisson).

4 Sortir la pâte et l'étaler au rouleau sur le plan de travail légèrement fariné. Disposer la pâte dans le plat à tarte (retourner les débords ou les couper).

5 Garnir la pâte de fruits (ou de légumes).

6 Faire cuire au four : thermostat 7 (ou 210 °C) pendant 20 minutes environ.

Rangement et nettoyage

1 Nettoyer et ranger le plan de travail.

2 Laver et essuyer la vaisselle.

3 Ranger le matériel.

4 Se laver les mains.

Évaluation de son travail

- **L'organisation et l'ergonomie** : mise à disposition du matériel et des produits sur le plan de travail ; respect de la marche en avant (progression de travail dans le même sens pour les opérations).
- **L'hygiène** : respect du circuit propre/sale ; tenue propre ; lavage des mains dès que nécessaire ; plan de travail propre.
- **La sécurité** : utilisation correcte et adaptée du couteau (jamais pointe vers le haut), du rouleau, du four.
- **L'économie** : utilisation d'un verre mesureur.
- **La qualité du résultat** : absence de parties non comestibles ; absence de salissures ; présentation de la préparation esthétique ; cuisson correcte.

Exemple de recette : *tarte à la tomate*

Ingrédients :

– Pâte brisée : 1
– Tomates : 4/5
– Herbes de Provence
– Moutarde de Dijon
– Sel
– Huile d'olive
– Mozzarella ou gruyère

Les étapes de la préparation

– Faire préchauffer le four à 200 °C.
– Mettre la pâte brisée dans un plat à tarte et la piquer avec une fourchette.
– Mettre de la moutarde dans le fond.
– Couper en morceaux le fromage (mozzarella ou gruyère) et le placer sur la moutarde comme pour une tarte aux fruits.
– Couper les tomates en rondelles et les mettre sur le fromage.
– Saupoudrer d'herbes de Provence, de sel et d'une cuillère à soupe d'huile d'olive.
– Enfourner pour 30 minutes à 200 °C.

FICHE TECHNIQUE

25 La pâte levée à la levure chimique

→ OBJECTIF Obtenir des gâteaux plus légers.

MATÉRIELS ET PRODUITS

- un saladier
- un verre mesureur
- un moule
- œufs : 3
- farine : 240 g
- margarine ou beurre : 120 g
- sucre : 120 g
- levure chimique

Préparation

1 Porter une tenue adaptée : blouse et charlotte.

2 Se laver les mains.

3 Préparer le lieu.

4 Préparer les denrées et sortir le matériel, puis tamiser la farine.

Organisation du plan de travail

Le préparateur travaille en ligne, selon le principe de la « marche en avant » des denrées.

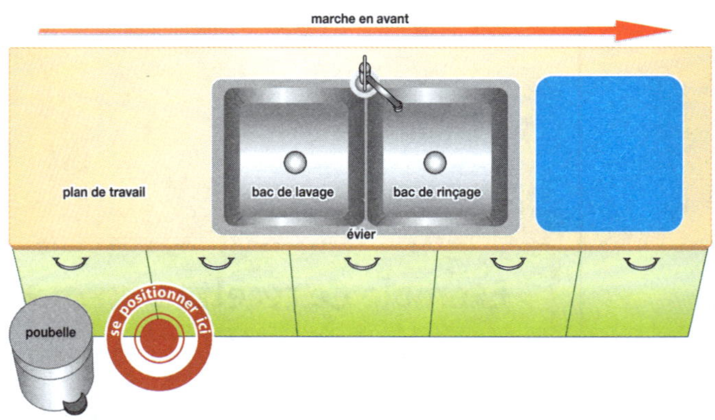

Éxécution

1 Mélanger dans le saladier les œufs, le sucre et la margarine (ou le beurre).

2 Ajouter la farine puis la levure en dernier.

3 Faire cuire au four : thermostat 5 (ou 150 °C) pendant 30 minutes environ.

4 Ne pas ouvrir la porte du four en début de cuisson.

Rangement et nettoyage

1 Nettoyer et ranger le plan de travail.

2 Laver et essuyer la vaisselle.

3 Ranger le matériel.

4 Se laver les mains.

Évaluation de son travail

- **L'organisation et l'ergonomie** : mise à disposition du matériel et des produits sur le plan de travail ; respect de la marche en avant (progression de travail dans le même sens pour les opérations).
- **L'hygiène** : respect du circuit propre/sale ; tenue propre ; lavage des mains dès que nécessaire ; plan de travail propre.
- **La sécurité** : utilisation correcte et adaptée du four.
- **L'économie** : utilisation d'un verre mesureur.
- **La qualité du résultat** : absence de parties non comestibles ; absence de salissures ; présentation de la préparation esthétique ; cuisson correcte du gâteau.

Exemple de recette : *gâteau au yaourt*

Ingrédients :

- *yaourt : 1 pot*
- *sucre : 2 pots*
- *farine : 3 pots*
- *œufs : 2*
- *huile : 1 cuillère à soupe*
- *levure : 1 paquet*
- *parfum vanille ou citron : 1 cuillère à soupe*

Les étapes de la préparation

- *Préchauffer le four pendant 15 minutes.*
- *Vider le yaourt dans un saladier, nettoyer le pot à l'eau et bien l'essuyer.*
- *Ajouter les 2 œufs et l'huile.*
- *Remplir 2 fois le pot de yaourt de sucre et mélanger le tout.*
- *Ajouter 3 pots de farine, la levure et le parfum.*
- *Bien remuer avec la cuillère jusqu'à obtenir une belle pâte.*
- *Huiler le moule et verser la pâte.*
- *Mettre au four et laisser cuire 35 à 40 minutes, à chaleur moyenne.*
- *Vérifier la cuisson avec une lame de couteau qui doit ressortir propre.*

26 Fonction sociale des repas et conditions de prise des repas

Les repas tiennent une **place importante dans le déroulement de la journée** d'une personne. **Le repas est un acte social.**

A L'appétit

Pour entretenir l'appétit, il existe des gestes simples :
- partager le repas ;
- prendre une collation ;
- prendre un goûter…

B La convivialité et le partage

■ **Le repas doit** être **un moment de convivialité** et **de partage** où l'enfant se retrouve autour de bons petits plats, **en compagnie** de son entourage, d'autres enfants...

■ **La participation de l'enfant**

Encourager l'enfant à avoir envie de passer à table et manger peut se faire : en mettant une jolie nappe, en préparant la vaisselle, en décorant la table...
Faire participer l'enfant à cette préparation est important pour marquer ce rituel en participant aux tâches du quotidien et aussi pour lui permettre de développer son autonomie.

■ **Le rythme des repas**

Le repas est le moment privilégié de la journée ou les échanges sont les plus bénéfiques. Ils doivent être pris à des **heures régulières** dans la journée (repères), dans un espace approprié et au calme. Il faut respecter le rythme et l'appétit de l'enfant : prendre le temps de manger, avoir du plaisir à manger (lui laisser le temps de mastiquer…).

■ **La durée des repas**

Dans ce moment de partage, la durée du repas est importante : il est conseillé de passer autour de 30 minutes à table (c'est le temps nécessaire à l'appareil digestif pour bien fonctionner et pour que l'impression de satiété apparaisse).

C Le choix des aliments

Le choix des aliments est **fonction des menus envisagés et de l'âge des enfants**. Les menus sont établis pour **répondre aux besoins nutritionnels des enfants et visent un équilibre alimentaire.** Certains aliments seront transformés pour être adaptés aux capacités de mastication de l'enfant.
Le plaisir doit aussi guider les choix alimentaires. Il est inutile d'interdire ou de limiter certains aliments ou condiments (le sel, les sucreries, les pâtisseries ou les graisses...) si le médecin ne l'a pas spécifiquement demandé. En effet, les conséquences de restrictions alimentaires peuvent parfois engendrer des problèmes nutritionnels plus graves que les bénéfices médicaux.
Il faut cependant veiller à ce qu'il n'y ait pas d'excès.

D La texture des aliments

Il est préférable de **préserver les goûts, les couleurs et l'aspect des aliments** en les disposant **séparément dans l'assiette.**
Il faut éviter de mixer, haché ou mouliner des aliments qui ne donneront si ce n'est pas nécessaire (viande et légumes mixés ensemble par exemple).
En revanche, il est important de proposer des plats plus faciles à manger pour les enfants en bas âges : les hachis, les légumes farcis, les quiches...

E La variété lors du repas

Pour éviter la monotonie et stimuler l'appétit, il faut jouer **sur la variété des plats et des menus.**
Les épices, les herbes et les aromates permettent d'augmenter le goût des aliments de manière différente que le sel ou le sucre.
Certaines préparations industrielles comme les légumes surgelés ou les potages en doses individuelles simplifient la cuisine et permettent une plus grande variété.

F L'envie de faire

Il faut **suggérer et faire participer l'enfant** quand c'est possible pour :
– **proposer des idées de plats** : cela peut se faire à partir des recettes de cuisine, en allant faire les courses... il peut être judicieux de proposer des repas spéciaux pour des moments particuliers (anniversaires, fêtes...) ;
– **préparer des gâteaux ensemble** : la manipulation, le toucher, les textures, les odeurs, le temps consacré peuvent procurer beaucoup de plaisir ;
– **mettre le couvert, se servir à boire, mettre sa serviette** ;
– **couper les aliments** en petits morceaux.

La vaisselle et les couverts doivent être adaptés aux différents âges : quand l'enfant ne peut pas boire au verre, il faut lui proposer un verre verseur pour **développer sa motricité et son autonomie.**

FICHE SAVOIR

27 Maintien, remise en température et gestion des restes

A Le maintien au chaud

Il est possible de maintenir au chaud un plat suite à sa cuisson. La température de 70°C est idéale pour garder chaud sans recuire et sans déshydrater les aliments. Selon les plats à garder au chaud (humides, ou secs), il est nécessaire de protéger ou non la surface (avec de l'aluminium, des couvercles...).

B Le réchauffage

Il est possible de **réchauffer un plat quand il a été cuit à l'avance et conservé au froid**. Dans ce cas-là, il est important de **respecter la liaison chaude** (plats cuisinés chauds maintenus à + 63°C à cœur soit au four soit au bain-marie) et **la liaison froide** (plats cuisinés à l'avance refroidis de leur température de cuisson à + 10°C en moins de deux heures et à cœur).

La **remise en température doit se faire très rapidement pour atteindre les 63°C** à cœur en moins **d'une heure**, pour servir aussitôt. Les variations de températures sont des vecteurs d'intoxications ou toxi-infections alimentaires familiales.

Il faut éviter de faire réchauffer les restes réchauffés. Les produits réchauffés ou maintenus en température doivent être destinés à être consommés entièrement ou détruits.

C Des exemples de techniques pour maintenir au chaud

Aliments	Techniques
Le riz	– Rafraîchir le riz à l'eau froide après l'avoir cuit pour stopper sa cuisson. – Poser la passoire fermée d'un couvercle sur la casserole dans laquelle est versé un fond d'eau maintenu à très faible ébullition (pour maintenir la vaporisation).
Les pommes de terre cuites à l'eau	– Vider la moitié de l'eau de cuisson une fois la cuisson atteinte (encore un peu ferme, mais juste cuit). – Compléter avec de l'eau froide. – Terminer la cuisson à petite ébullition quelques minutes avant de servir.
Les légumes verts	Juste blanchis et refroidis, ils seront ensuite replongés dans l'eau frémissante quelques petites minutes et servis aussitôt.
Les préparations en sauce : les blanquettes, ragoûts, fricassées de viandes, fricassées de volailles	– Séparer la viande de la sauce et conserver au froid, si préparés à l'avance. – Chauffer la sauce au bain-marie et placer la viande dans la sauce chaude. – Augmenter le réchauffage au moment de servir.

Aliments	Techniques
Le poulet, le chapon, le canard, le filet de porc, le rôti de bœuf, le gigot d'agneau (pièces rôties ou sautées)	– Placer la pièce cuite dans un plat allant au four. – Couvrir d'aluminium et placer dans le four réglé à 70°C maximum. – Laisser une demi-heure au moins tranquillement pour les viandes rouges (pour les volailles et autre viandes blanches le temps peut être prolongé avec un peu de liquide dans le récipient).
Les sauces, poulardes, pot-au-feu, soupes et potages	– Reporter le liquide à petite ébullition et plonger ensuite la viande ou la volaille. – Détendre la sauce avec un peu de liquide adéquat pour les sauces liées (fond clair, eau, lait,..) et mettre au bain-marie.
Les feuilletés garnis, friands, les brioches chaudes, les gougères, les crêpes fourrées	– Mettre au four à 60°C/70°C et recouvrir d'une feuille d'aluminium. – Enlever la protection quelques minutes avant de servir et monter la température si nécessaire d'une dizaine de degrés.
Les galettes, tartes, quiches, pizzas	– Maintenir au four réglé à 70°C sans protection.

Certains plats supportent mal le réchauffage. C'est le cas de la purée de pommes de terre, des œufs au plat, des omelettes, des œufs brouillés, des légumes sautés, des frites…

D La gestion des restes

La **mauvaise conservation des restes** est la **cause la plus fréquente d'intoxication alimentaire** domestique.

Des règles d'hygiène sont à respecter pour les consommer les restes en sécurité :
– ne pas recongeler un aliment ou un plat décongelé ;
– consommer, réfrigérer ou congeler un aliment dans les 2 heures qui suivent sa préparation (1 heure en été) ;
– Jeter les aliments au-delà de 2 heures ;
ne pas garder les restes pour un nourrisson (les aliments pour bébé doivent être jetés à la fin du repas) ;
– placer au réfrigérateur tous les restes (laisser refroidir le plus rapidement possible les restes après le repas, les placer dans des récipients propres et recouvrir) ;
ne pas laisser les restes à température ambiante ;
– consommer les restes le plus rapidement possible (au maximum dans les deux jours qui suivent leur préparation) ;
– jeter les restes conservés trop longtemps ;
– servir les restes chauds ;
– ne pas réchauffer plus d'une fois un aliment ou un plat cuisiné ;
– ne pas mélanger des restes à un plat frais ;
– jeter les restes qui ont une odeur ou un aspect suspects ;
– congeler les restes qu'il n'est pas possible de manger immédiatement (commencer par les réfrigérer pour préserver leur structure, puis les placer dans des récipients propres et adaptés à la congélation avec l'inscription de la date ; à consommer dans les 2 mois) ;
– décongeler correctement (décongélation lente au réfrigérateur ou rapidement au four à micro-ondes) ;
– ne pas décongeler à l'air libre ou sous l'eau chaude.

Testez-vous !

1 La planification correspond à l'organisation :

A. dans le temps
B. dans l'espace
C. économique

2 La planification permet :

A. d'improviser
B. d'éviter l'insécurité
C. d'éviter les temps morts

3 La méthode QQOQCCP signifie :

A. Quoi, Qui, Où, Quel, Car, Coût, Part
B. Quoi, Qui, Où, Quand, Comment, Combien, Pourquoi
C. Questions, Quantité, Ouvertures, Quand, Choix, Combien, Pourquoi

4 Parmi les paramètres pris en compte dans la gestion des stocks, il existe :

A. la date
B. la quantité commandée
C. la qualité

5 Le taux de rotation de stock est :

A. le nombre de rangées de stocks
B. le nombre de renouvellements par période
C. le nombre de rangement par période

6 Le projet d'accueil est un document :

A. écrit
B. informel
C. non formalisé et présenté à l'oral

7 Le projet d'accueil peut présenter :

A. une journée-type
B. les vacances de la famille
C. le rythme de sommeil

8 L'assistante maternelle peut accueillir :

A. jusqu'à 3 enfants mineurs âgés de moins de 6 ans
B. jusqu'à 4 enfants mineurs âgés de moins de 6 ans
C. jusqu'à 4 enfants mineurs âgés de moins de 3 ans

9 L'assistante maternelle doit obligatoirement avoir été agréée :

A. par le maire
B. par le Président du conseil départemental
C. par le Président du conseil régional

10 L'agrément de l'assistante maternelle a une durée de :

A. 5 ans, renouvelable
B. 6 ans, renouvelable
C. 8 ans, renouvelable

11 Le dossier de demande d'agrément de l'assistante maternelle comporte :

A. un certificat médical
B. un extrait de casier judiciaire
C. un avis de l'Éducation nationale

12 Le particulier employant une assistante maternelle agréée doit établir un contrat écrit :

A. pour chaque enfant confié
B. pour l'ensemble des enfants confiés
C. pour chaque semaine

13 Le particulier employeur peut bénéficier du complément de libre choix du mode de garde qui est :

A. une aide financière qui est fonction de la situation des parents
B. une aide matérielle qui est fonction de la situation des parents
C. une aide humaine qui est fonction de la situation des parents

14 Le centre Pajemploi est l'interlocuteur du particulier employeur :

A. pour les formalités d'accompagnement de l'assistante maternelle
B. pour les formalités d'agrément de l'assistante maternelle
C. pour les formalités d'embauche de l'assistante maternelle

15 La convention collective nationale des assistants maternels du particulier employeur est :

A. celle du 1er juillet 2004
B. celle du 1er juillet 2006
C. celle du 1er juillet 2008

16 **La convention collective des assistants maternels du particulier employeur :**

A. détermine les conditions d'emploi et d'accueil de l'enfant
B. prévoit la formation professionnelle continue et instaure un régime de prévoyance obligatoire
C. prévoit l'âge maximum de recrutement

17 **L'assurance professionnelle des assistants maternels est :**

A. facultative
B. conseillée
C. obligatoire

18 **Quel(s) produit(s) d'entretien faut-il ranger dans une armoire fermée à clef ?**

A. le détergent-désinfectant
B. l'eau de javel
C. le savon de Marseille

19 **Le symbole figurant sur le produit d'entretien que vous utilisez est une tête de mort. Cela signifie qu'il s'agit d'un produit :**

A. explosif
B. corrosif
C. toxique
D. irritant

20 **L'aspirateur :**

A. aspire la saleté
B. brosse les tapis
C. lubrifie les sols

21 **Il est conseillé de nettoyer le réfrigérateur avec du vinaigre blanc :**

A. au minimum une fois par an
B. au minimum une fois tous les 2 ans
C. au minimum une fois tous les 3 ans

22 **Il est déconseillé de placer le réfrigérateur :**

A. à côté d'un évier
B. à côté d'un téléviseur
C. à côté d'une source de chaleur

23 **Pour conserver les vitamines, il faut stocker les aliments :**

A. à la lumière
B. à l'abri de l'air
C. à l'abri de la chaleur

24 **On trouve des protéines dans :**

A. la viande
B. la salade
C. le beurre
D. les lentilles

25 **On appelle vitamines hydrosolubles, les vitamines solubles :**

A. dans les lipides
B. dans l'eau
C. dans les glucides

26 **Les corps gras sont essentiellement composés de :**

A. glucides
B. lipides
C. protides

27 **Les carences alimentaires sont :**

A. les quantités d'aliments apportées à l'organisme
B. les apports en sels minéraux
C. les manques nutritifs de l'organisme

28 **La vitamine D a un rôle :**

A. antianémique
B. antirachitique
C. antispasmodique

29 **Une carence en fer entraîne :**

A. une surdité
B. une anémie
C. la phénylcétonurie

30 **L'alimentation de l'enfant est exclusivement lactée jusqu'à :**

A. 2 mois
B. 3 mois
C. 4 mois

31 **La boulimie alimentaire est :**

A. un refus de se nourrir
B. une maladie héréditaire
C. une consommation excessive d'aliments

32 **Vous distribuez des yaourts aux enfants pour le goûter, vous vérifiez :**

A. la marque du produit
B. s'il porte la norme européenne
C. la date de péremption
D. s'il s'agit d'un produit biologique

33 **Une décongélation mal réalisée, entraîne :**

A. un accroissement du développement microbien
B. un arrêt de la multiplication microbienne
C. un changement de couleur de l'aliment

34 **Vous rangez des végétaux dans le réfrigérateur, ils doivent être mis à :**

A. -2°C
B. 0 à 2°C
C. 3 à 5°C
D. 5 à 6°C

35 **Une petite fille ne tolère pas le gluten ; vous pouvez lui proposer de manger :**

A. des pâtes
B. des fruits
C. du pain
D. de la viande

36 **Un enfant diabétique ne doit pas manger de :**

A. poisson
B. riz
C. confiseries
D. légumes

37 **Un enfant a la diarrhée. Il doit manger :**

A. des laitages
B. du riz
C. des légumes cuits à l'eau
D. des carottes

38 **La marche en avant consiste à :**

A. avancer en préparant le repas
B. faire avancer les aliments sur le plan de travail
C. éviter toute contamination du matériel ou produit propre

39 **L'épluchage consiste à :**

A. enlever les parties non comestibles d'une denrée
B. enlever les parties abimées d'une denrée
C. enlever les graines de certaines denrées

40 **La cuisson dans un liquide consiste à :**

A. cuire un aliment avec peu de liquide au four
B. immerger un aliment dans un liquide frais
C. immerger un aliment dans un liquide bouillant

41 **La cuisson à la vapeur consiste à :**

A. cuire un aliment avec peu de liquide au four
B. cuire un aliment sans l'immerger dans l'eau
C. immerger un aliment dans un liquide bouillant

42 **Lors d'une cuisson sautée, il y a :**

A. coagulation rapide des protéines
B. coagulation rapide des lipides
C. coagulation rapide des glucides

43 **Dans la pâte à crêpe basique, il y a :**

A. de la farine
B. des œufs
C. de la poudre d'amande

44 **Dans la pâte brisée, il y a :**

A. de la farine
B. des œufs
C. de la poudre d'amande

45 **Le gâteau au yaourt est une pâte levée :**

A. aux blancs en neige
B. à la levure chimique
C. à la levure de boulanger

46 **Les repas doivent être pris :**

A. à des heures régulières dans la journée
B. à des heures irrégulières dans la journée
C. à des heures régulières et irrégulières dans la journée

47 **Pour garder au chaud des aliments sans les recuire et sans les déshydrater, la température idéale est :**

A. de 50°C
B. de 60°C
C. de 70°C

Préparation à l'épreuve EP3

Cette partie vise à vous aider à élaborer votre projet d'accueil qui sera à présenter lors de **l'épreuve EP3 « Exercer son activité en accueil individuel »**. Vous aurez pour cela un temps de préparation d'1 h30 à partir d'un ensemble documentaire (à moins que vous n'ayez choisi de présenter votre propre projet en tant qu'AMA). Le coefficient de l'épreuve est de 4.

1 Rappels des textes officiels

Les activités concernées sont :
– exercer son activité a son domicile, celui des parents ou en maison d'assistants maternels.

Les compétences attendues sont :
– organiser son action, négocier le cadre de l'accueil ;
– assurer les opérations d'entretien du logement et des espaces réservés à l'enfant ;
– élaborer des repas.

C'est une **épreuve orale** qui repose sur exposé du candidat suivi d'un entretien d'une durée totale de 25 minutes.

Le candidat présente un projet d'accueil élaboré à partir d'un ensemble documentaire.

Si vous êtes assistante maternelle agréée ou employé à domicile :

Vous avez la possibilité de présenter votre propre projet d'accueil en tant qu'assistance maternelle agrée qui prend appui sur le contexte d'intervention professionnel du domicile.
Si vous faites ce choix au moment de l'inscription au diplôme, il faut **déposer un dossier présentant le projet d'accueil à la date fixée par le Recteur** (5 pages au maximum).
En l'absence du dépôt du projet d'accueil à la date fixée par le Recteur, le candidat n'est pas autorisé à passer l'épreuve.

Si vous n'êtes pas AMA :

Vous préparerez dans ce cas un projet d'accueil à partir des éléments qui vous seront donnés dans les documents lors de l'examen.
Vous disposerez **alors de 1 h30** de préparation.

Dans les deux cas **votre projet doit** être structuré et présenter aux parents les grandes lignes de votre projet : vos valeurs, votre fonctionnement, votre organisation…

Si vous préparez un projet d'accueil à partir des éléments qui vous sont donnés lors des épreuves d'examen alors il **faudra construire votre projet selon un plan et préparer votre exposé oral** pendant le temps qui vous est proposé. Gardez au moins 15 minutes pour préparer l'oral.

Le projet d'accueil précise les modalités d'accueil, notamment la prise en compte des habitudes et des besoins de l'enfant.

L'assistante maternelle doit pouvoir garantir la santé, la sécurité, l'épanouissement, l'éveil de l'enfant dans le cadre d'un projet éducatif concerté qui définit les engagements réciproques de l'assistante maternelle et des parents.

2 Proposition de plan de projet d'accueil

Le projet d'accueil doit être agréable à lire et à voir ; il doit être attrayant pour les parents. Il est possible de mettre des couleurs, des dessins, des photos… qui complètent ce qui est écrit.

Il faut veiller aux fautes d'orthographe.

Il ne doit pas dépasser les 5 pages et comporter :

– la présentation du cadre d'accueil ;
– l'accueil et les pratiques éducatives ;
– l'engagement éthique et les obligations de l'assistante maternelle

Proposition de plan de projet d'accueil :

1. Présentation du cadre d'accueil

1.1. Présentation personnelle
- identité et âge ;
- parcours personnel et professionnel ;
- agrément : date de validité, le nombre d'enfants autorisés par le Département, la dérogation éventuelle ;
- nom du conseil départemental ayant délivré l'agrément ;
- motivations.

1.2. Présentation de la famille
- conjoint
- enfants : nombre et âges (photos)... ;
- animaux ou pas : nom et photos

1.3. Présentation du lieu d'accueil
- secteur géographique ;
- type de logement : appartement ou maison : bacon, terrasse, jardin... aménagements de mise en sécurité ;
- nombre de pièces et agencement (plan ou description des différentes pièces) ;
- espaces prévus et attributions : espace de repos, espace de jeu, espace de jeu extérieur (balançoire, bac à sable...) ou parc public... ;
- coins des touts petits, des grands...

1.4. Présentation de l'assurance responsabilité civile professionnelle
- nom de l'assureur ;
- champ de la prise en charge

1.5. Présentation des formations
- formation assistante maternelle : date ;
- formations autres que petite enfance : secourisme, stages...

1.6. Présentation du rôle d'assistante maternelle
- identifier les besoins de l'enfant ;
- respecter le rythme de l'enfant ;
- veiller au confort et à la sécurité physique et psychique ;
- accompagner...

1.7. Présentation des collaborateurs
- la PMI (Protection Maternelle et Infantile) : la nommer et préciser son rôle ;
- la puéricultrice ;
- un relais d'assistante maternelle ?

1.8. Présentation des valeurs éducatives
- place laissée à la découverte, à l'épanouissement, à la socialisation, au développent de l'autonomie, l'hygiène, la sécurité ;
- mise en place de règles et de limites ;
- place des parents ;
- place de l'assistante maternelle...

2.L'accueil et les pratiques éducatives

2.1. Organisation dans le temps
- horaires d'accueil, planning d'accueil ;
- adaptation : modalités de progressivité... ;
- planning prévisionnel.

2.2. Soins et accompagnement de l'enfant
- matériel de puériculture : lesquels et pour qui ;
- repos-sommeil : modalités du coucher (sur le dos, gigoteuse, température de la chambre, horaire...), surveillance de la sieste... ;
- doudou : sa place dans la journée et selon les moments ;
- jeux - activités - sorties : lesquels, quand et comment ;
- alimentation : alimentation lactée, diversifiée ; préparation par l'assistante maternelle, par les parents ; conservation de repas, place éducative des repas, alimentation sans viande, biologique, végétarienne... ;
- changes : organisation pour les changes, les produits utilisés, le matériel ;
- acquisition de la propreté : positionnement et place laissé à l'enfant.

2.3. Sécurité et santé de l'enfant
- les mesures prise lors des différentes activités ;
- contact avec les animaux : organisés ou non et comment ;
- accueil en cas de maladie, d'accident : les modalités d'alerte (personnes à prévenir, médecin traitant...) ;
- accueil de l'enfant fébrile : administration d'un médicament effectuée qu'avec l'accord écrit des parents, sur présentation de l'ordonnance datée et récente de moins de 3 mois précisant parfaitement la posologie (*administration de médicaments est précisé dans la circulaire du 27 septembre 2011 : circulaire n°2011-331*) ;
- prescriptions biquotidiennes : médicaments administrés par les parents eux-mêmes.

3. Engagement éthique et obligations de l'assistante maternelle

Pour conclure vous pouvez préciser vos engagements et rappeler vos obligations en tant qu'assistante maternelle :
- engagement à apporter les soins appropriés à l'âge de l'enfant ;
- engagement à favoriser le développement de l'enfant dans le respect des choix éducatifs des parents ;
- respect du secret professionnel ;
- mise en place d'une relation de confiance ;
- obligation de signalement des mauvais traitements de l'enfant ;
- ...

3 Quelques conseils pour l'exposé oral

Votre exposé doit suivre **le plan** (introduction, présentation du projet, conclusion) ; les phrases doivent être correctes, il vaut mieux éviter les longues phrases et les longs paragraphes.

Votre exposé peut se faire en suivant le plan de votre projet d'accueil.

■ L'introduction = présentation du cadre d'accueil

Cette introduction vous permet **de vous présenter**, de **présenter votre parcours professionnel**, vos **projets professionnels** dans le cadre l'exercice du métier d'assistante maternelle.

Vous présenterez soit votre lieu d'exercice s'il s'agit de votre propre projet d'accueil **soit le lieu d'exercice qui vous est proposé par les documents** lors de l'épreuve.

■ La mise en œuvre du projet = l'accueil et les pratiques éducatives

Vous présenterez l'ensemble des éléments qui participent à l'accueil de l'enfant : l'organisation dans le temps, les soins et l'accompagnement, la sécurité et la santé de l'enfant.

■ La conclusion = engagement éthique et obligations de l'assistante maternelle

Pour conclure vous pourrez insister sur votre posture éthique et professionnelle en précisant vos engagements et en rappelant vos obligations.

4 Quelques conseils pour l'entretien à la suite de l'exposé

Cet entretien permet au jury de vous questionner sur le contexte d'intervention professionnel du domicile.

Lors de l'entretien :

– utilisez un langage simple et précis ;
– parlez clairement : ni trop vite ni trop lentement ;
– adoptez une attitude professionnelle ;
– montrez vos capacités d'analyse des documents donnés ;
– soyez attentif aux questions du jury, essayez d'y répondre en vous appuyant sur votre expérience et sur les informations données dans les documents ;
– justifiez vos choix.

Corrigés

Testez-vous

1 La planification correspond à l'organisation : A. dans le temps → *Fiche 1*

2 La planification permet : B. d'éviter l'insécurité et C. d'éviter les temps morts → *Fiche 1*

3 La méthode QQOQCCP signifie : B. Quoi, Qui, Où, Quand, Comment, Combien, Pourquoi → *Fiche 1*

4 Parmi les paramètres pris en compte dans la gestion des stocks, il existe : A. la date et B. la quantité commandée → *Fiche 2*

5 Le taux de rotation de stock est : B. le nombre de renouvellements par période → *Fiche 2*

6 Le projet d'accueil est un document : A. écrit → *Fiche 3*

7 Le projet d'accueil peut présenter : A. une journée-type et/ou C. le rythme de sommeil → *Fiche 3*

8 L'assistante maternelle peut accueillir : B. jusqu'à 4 enfants mineurs âgés de moins de 6 ans → *Fiche 4*

9 L'assistante maternelle doit obligatoirement avoir été agréée : B. par le Président du conseil départemental → *Fiche 4*

10 L'agrément de l'assistante maternelle a une durée de : A. 5 ans, renouvelable → *Fiche 4*

11 le dossier de demande d'agrément de l'assistante maternelle comporte : A. un certificat médical et B. un extrait de casier judiciaire → *Fiche 4*

12 Le particulier employant une assistante maternelle agréée doit établir un contrat écrit : A. pour chaque enfant confié → *Fiche 5*

13 Le particulier employeur peut bénéficier du complément de libre choix du mode de garde qui est : A. une aide financière qui est fonction de la situation des parents → *Fiche 5*

14 Le centre Pajemploi est l'interlocuteur du particulier employeur : C. pour les formalités d'embauche de l'assistante maternelle → *Fiche 5*

15 La convention collective nationale des assistants maternels du particulier employeur est : A. celle du 1er juillet 2004 → *Fiche 6*

16 La convention collective des assistants maternels du particulier employeur détermine : A. détermine les conditions d'emploi et d'accueil de l'enfant et B. prévoit la formation professionnelle continue et instaure un régime de prévoyance obligatoire → *Fiche 6*

17 L'assurance professionnelle des assistants maternels est : C. → *Fiche 6*

18 Il faut ranger dans une armoire fermée à clef : A. le détergent-désinfectant et B. l'eau de javel → *Fiche 7*

19 Le symbole signifie qu'il s'agit d'un produit : C. toxique → *Fiche 7*

20 L'aspirateur : A. aspire la saleté → *Fiche 8*

21 Il est conseillé de nettoyer le réfrigérateur avec du vinaigre blanc : A. au minimum une fois par an → *Fiche 9*

22 Il est déconseillé de placer le réfrigérateur : C. à côté d'une source de chaleur → *Fiche 9*

23 Pour conserver les vitamines, il faut stocker les aliments : B. à l'abri de l'air et C. à l'abri de la chaleur → *Fiche 10*

24 On trouve des protéines dans : A. la viande et D. les lentilles → *Fiche 10*

25 On appelle vitamines hydrosolubles, les vitamines solubles : B. dans l'eau → *Fiche 10*

26 Les corps gras sont essentiellement composés de : B. lipides → *Fiche 10*

27 Les carences alimentaires sont : C. les manques nutritifs de l'organisme → *Fiche 11*

28 La vitamine D a un rôle : B. antirachitique → *Fiche 11*

29 Une carence en fer entraîne : B. une anémie → *Fiche 11*

30 L'alimentation de l'enfant est exclusivement lactée jusqu'à : C. 4 mois → *Fiche 12*

31 La boulimie alimentaire est : C. une consommation excessive d'aliments → *Fiche 13*

32 Vous distribuez des yaourts aux enfants pour le goûter, vous vérifiez : C. la date de péremption → *Fiche 14*

33 Une décongélation mal réalisée, entraîne : A. un accroissement du développement microbien → *Fiche 14*

34 Vous rangez des végétaux dans le réfrigérateur, ils doivent être mis à : D. 5 à 6°C → *Fiche 15*

35 Vous pouvez lui proposer de manger : B. des fruits ou D. de la viande → *Fiche 16*

36 Un enfant diabétique ne doit pas manger de : C. confiseries → *Fiche 17*

37 Un enfant a la diarrhée. Il doit manger : B. du riz D. des carottes → *Fiche 17*

38 La marche en avant consiste à : C. éviter toute contamination du matériel ou produit propre → *Fiche 18*

39 L'épluchage consiste à : A. enlever les parties non comestibles d'une denrée → *Fiche 19*

40 La cuisson dans un liquide consiste à : C. immerger un aliment dans un liquide bouillant → *Fiche 20*

41 La cuisson à la vapeur consiste à : B. cuire un aliment sans l'immerger dans l'eau → *Fiche 21*

42 Lors d'une cuisson sautée, il y a : A. coagulation rapide des protéines → *Fiche 22*

43 Dans la pâte à crêpe basique, il y a : A. de la farine et B. des œufs → *Fiche 23*

44 Dans la pâte brisée, il y a : A. de la farine → *Fiche 24*

45 Le gâteau au yaourt est une pâte levée : B. à la levure chimique → *Fiche 25*

46 Les repas doivent être pris : A. à des heures régulières dans la journée → Fiche 26

47 La température idéale est : C. de 70°C → Fiche 27

PSE

Épreuve de Prévention Santé Environnement

1 Le système de santé

→ OBJECTIFS
- Identifier dans les plans santé les thématiques du programme de PSE.
- Expliquer les effets des facteurs internes et externes sur la santé.
- Expliquer le principe de solidarité nationale de la sécurité sociale.
- Présenter l'intérêt du parcours de soins coordonné, de la carte vitale et du dossier médical partagé.

A Le pilotage du système de santé

Au niveau national : les ministères chargés des Solidarités et de la santé, de l'action et des comptes publics pilotent l'offre sanitaire et médico-sociale.

Au niveau régional : les agences régionales de santé (ARS) assurent la coordination de la prévention, des soins et de l'accompagnement.

→ **En matière de prévention : mise en œuvre de la politique de santé dans les domaines :**
- **de la santé au travail ;**
- **de la santé scolaire et universitaire ;**
- **et de la protection maternelle et infantile.**

Selon l'OMS, la santé se définit comme « un état de complet bien-être physique, mental et social, et ne consiste pas seulement en une absence de maladie ou d'infirmité ».

Le capital santé désigne les capacités physiques et mentales de l'individu et sa satisfaction vis-à-vis de son travail.

B La stratégie de santé nationale

1 Les engagements du Plan « Ma Santé 2022 »

1. Financements pour la prise en charge à l'hôpital des pathologies chroniques	2. Déploiement de Communautés professionnelles territoriales de santé (CPTS)	3. Soutien au développement des assistants médicaux auprès des médecins libéraux dans le but de libérer du temps médical et de permettre aux médecins de se concentrer sur les soins.	4. Labellisation des « Hôpitaux de proximité » (= médecine polyvalente, soins aux personnes-âgées...)	5. Réforme des autorisations des activités de soins
6. Création d'un statut unique de praticien hospitalier et suppression du concours	7. Création d'un dispositif d'intéressement lié aux projets d'amélioration de la qualité	8. Renforcer la participation des médecins au pilotage des hôpitaux	9. Suppression du Numerus clausus et modification des études en santé	10. Réforme des études médicales et suppression des épreuves classantes nationales

2 La promotion de la santé et la prévention

La prévention désigne l'ensemble des actions pour éviter ou réduire le nombre et la gravité des maladies ou des accidents. →

3 méthodes utilisées
- L'information
- La formation
- L'éducation pour la santé

C Le financement du système de soins

Les régimes d'assurance maladie obligatoire	Les régimes complémentaires	Les financeurs publics (État)	Les ménages
(exemple : Sécurité Sociales) > Obligation d'adhésion et de cotisation (**solidarité large**), basée sur revenus	(mutuelles, sociétés d'assurances, institutions de prévoyance) > Ils sont ouverts aux adhérents (**solidarité restreinte**) ; prise en charge des dépenses de soins non pris en charge par le régime de base obligatoire (tickets modérateurs, franchises...)	> Les dépenses de prévention, de recherche médicale et pharmaceutique, de formation des professionnels de santé, de couverture maladie universelle complémentaire (CMU-C)	> Pour les dépenses à la charge des bénéficiaires de soin

Le parcours de soins coordonnés impose à chaque assuré social de plus de 16 ans de désigner un médecin traitant de son choix avant de consulter un spécialiste pour bénéficier d'un remboursement à taux plein.

D Les déterminants de la santé

Le Modèle Dahlgren et Whitehead présente les déterminants de la santé en 4 niveaux. Ces niveaux ne sont pas indépendants les uns des autres, ils interagissent.

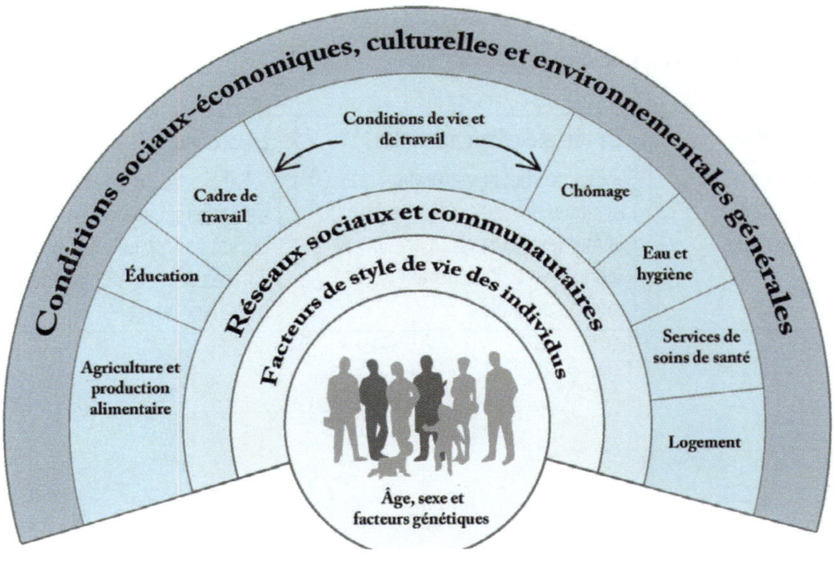

PSE

2 Le sommeil, un rythme biologique

OBJECTIFS
- Identifier les caractéristiques de la fonction physiologique « sommeil ».
- Présenter les rôles du sommeil.
- Identifier les effets et les conséquences professionnelles et sociales du manque de sommeil.
- Proposer des mesures pour favoriser un sommeil récupérateur.

A Le rythme circadien et le sommeil

Le fonctionnement de l'organisme est influencé par une **alternance de temps de veille et de temps de sommeil** sur une durée **de 24 heures** : on appelle ce phénomène le **rythme circadien**. Une nuit de sommeil est constituée de plusieurs cycles de sommeil, qui durent chacun en moyenne 1 heure 30 à 2 heures. **La nuit est une succession de 4 à 5 cycles de sommeil** (environ 8h/nuit ; pour certains 5h/nuit). En vieillissant, le temps de sommeil baisse et le réveil intervient plus tôt.

B Les 5 phases d'un cycle de sommeil

Le sommeil est une diminution de l'état de conscience qui sépare deux périodes d'éveil. Il se caractérise par une perte de la vigilance, une diminution du tonus musculaire et une baisse de la perception sensitive.

① ENDORMISSEMENT	SOMMEIL LENT			⑤ SOMMEIL PARADOXAL
	② lent très léger	③ lent léger	④ profond	

C Les fonctions du sommeil

La récupération physique	La récupération mentale	La croissance
> Elle s'effectue au cours du sommeil lent et sa durée augmente selon le degré de fatigue	> Elle permet la maturation du système nerveux, l'élaboration de la mémoire et la récupération de la fatigue psychique durant le sommeil paradoxal.	> Fabrication d'une hormone de croissance pour les enfants durant le sommeil lent profond (l'hormone somatotrope fabriquée par l'hypophyse)

D Les troubles du sommeil

La population française et les troubles.

Troubles du sommeil en France	Insomnie chronique	Apnées du sommeil	Syndrome des jambes lourdes sans repos
1 personne sur 3	16 % de la population concernée	5 % des adultes	8 % de la population

Les insomnies (manque de sommeil)	**Les hypersomnies** (excès de sommeil)	**Les parasomnies** (manifestations inhabituelles pendant le sommeil, dont les troubles respiratoires du sommeil)	**Les troubles du rythme circadien** (dysfonctionnements de l'horloge interne).

Les causes sont : **psychologique** (stress, anxiété, dépression, choc émotionnel…), **physiologique** (repas trop riche, prise de médicaments, activité physique intense le soir, excès de caféine ou d'alcool…), **environnemental** (bruit, luminosité, chaleur, mauvaise literie, travail de nuit…).

Les conséquences d'une insuffisance de sommeil sont : la fatigue, un déséquilibre nerveux avec des troubles du comportement (agressivité, irritabilité…)

E L'hygiène du sommeil

Les recommandations pour une bonne hygiène du sommeil.

1. Respecter le rythme circadien avec des heures de coucher et de lever constantes.	**2.** Restreindre le temps passé au lit (éviter de lire, regarder la télévision, manger)	**3.** Se relever et s'occuper en cas d'éveils nocturnes jusqu'à l'arrivée de votre prochain cycle	**4.** Éviter les siestes ou les périodes de somnolence au cours de la journée en cas de problèmes de sommeil	**5.** Pratiquer une activité physique (à éviter en fin de soirée : excitation physique et psychologique

6. Maintenir des horaires de repas constants, éviter les repas trop lourds en fin de soirée ou de manger trop peu ; éviter les excitants (café, cola, cigarettes, alcool)	**7.** Créer les meilleures conditions d'environnement (sans bruit)	**8.** Se relaxer avant de vous coucher	**9.** Éviter l'auto administration de somnifères.

3 L'activité physique

Objectifs
- Expliquer la relation entre le travail musculaire et les différents systèmes du corps humain lors d'une activité physique.
- Identifier les éléments consommés et rejetés lors de la contraction musculaire.
- Proposer des arguments en faveur d'une activité physique régulière.

A Définition de l'activité physique selon l'OMS

1 L'activité physique

Il s'agit de tout mouvement produit par les muscles squelettiques, responsable d'une augmentation de la dépense énergétique.

Classification des muscles
- Selon leur forme
  - Les muscles en fuseau (ou longs)
  - Les muscles en éventail (ou plats, ou larges)
  - Les muscles en anneau (ou annulaires, ou circulaires)
- Selon leur localisation dans le corps humain
  - Les muscles squelettiques (les muscles striés et rouges, rattachés aux os)
  - Les muscles viscéraux (les muscles lisses, involontaires, blancs
  - Le muscle cardiaque (muscle strié rouge, fonctionne de façon autonome

2 La sédentarité

La sédentarité désigne le **manque d'activité physique** (OMS) ; c'est le **4e facteur de risque de décès dans le monde** (6 %) ; la cause principale de 21 à 25 % des cancers du sein ou du colon, de 27 % des cas de diabète et d'environ 30 % des cas de cardiopathie ischémique.

L'activité du muscle est soit **volontaire**, soit **involontaire (réflexe)**. Les muscles consomment de l'énergie et produisent le mouvement ; ils **dégagent de la chaleur** (utilisée pour le maintenir à 37 °C).

Le système nerveux **reçoit et transmet des influx nerveux** pour permettre la contraction musculaire

B Les changements lors de l'effort

Paramètres	Repos	Effort
Rythme cardiaque **(nb de pulsations par min)**	80	140
Rythme respiratoire **(nb de cycles respiratoires par min)**	24	37
Température corporelle	37 °C	37,9 °C
Échanges observés au niveau du muscle - Consommation de dioxygène (O_2) - Consommation de glucose - Consommation d'énergie - Production de chaleur - Production de dioxyde de carbone (CO_2)		 ↗ ↗ ↗ ↗ ↗

C Bienfaits d'une activité physique régulière

La population et l'activité physique régulière : moins de **1 français sur 2 âgé de 15 à 75 ans** atteint un niveau d'activité physique favorable à la santé.

Les **recommandations pour une activité physique régulière et adaptée** :
– Pratiquer au moins 30 minutes de marche rapide par jour ;
– Au minimum 5 fois par semaine pour les adultes ;
– L'équivalent d'au moins 60 minutes par jour pour les enfants et adolescents.

Développer une politique de **promotion de l'activité physique** sur **ordonnance** pour les personnes atteintes d'une affection de longue durée (la loi de modernisation de notre système de santé de 2016)

Les activités physiques adaptées (APA) : activités physiques et sportives adaptées aux capacités des personnes atteintes de maladie chronique ou de handicap..

Pratique d'une activité physique régulière et adaptée chez l'adulte

- Réduction de risque d'hypertension, de maladie cardio-vasculaire, de diabète, de cancer du sein et du colon
- Amélioration de l'état des os et la santé fonctionnelle et réduction des chutes
- Diminution du stress et de l'anxiété (réduction des dépressions)
- Maintien de l'équilibre énergétique et contrôle du poids (avec les dépenses énergétiques)
- Diminution du stress et de l'anxiété (réduction des dépressions)

4 Les addictions

OBJECTIFS
- Repérer des facteurs de risques pouvant conduire à une addiction comportementale et/ou à un produit.
- Identifier les effets l'alcool, du cannabis et de la polyconsommation sur la santé.
- Identifier les conséquences des conduites addictives avec ou sans produits.
- Proposer des actions de prévention face aux conduites addictives à l'alcool et au cannabis
- Comparer les règlementations appliquées pour la consommation et la vente des substances licites et celles relatives aux substances illicites.

A Définition des addictions

Ce sont des **pathologies cérébrales** définies par **une dépendance à une substance ou une activité**, avec des conséquences délétères (qui met la santé, la vie en danger).

Certaines substances sont **licites (autorisées)** et d'autres sont **illicites (illégales)**.

B Les critères et les conséquences

1 Les critères

Les addictions avec substance concernent : le tabac (nicotine), l'alcool, le cannabis, les opiacés (héroïne, morphine), la cocaïne, les amphétamines et dérivés de synthèse.

Les addictions sans substance concernent : le jeu pathologique (jeux de hasard et d'argent) reconnu dépendance comportementale dans les classifications diagnostiques internationales (DSM 5).

Les 11 Critères diagnostics du DSM V de l'American Psychiatric Association

1. Besoin impérieux et irrépressible de consommer la substance ou de jouer
2. Perte de contrôle sur la quantité et le temps dédié à la prise de substance ou au jeu
3. Beaucoup de temps consacré à la recherche de substances ou au jeu
4. Augmentation de la tolérance au produit addictif
5. Présence d'un syndrome de sevrage (symptômes provoqués par l'arrêt brutal de la consommation ou du jeu)
6. Incapacité de remplir des obligations importantes
7. Usage même lorsqu'il y a un risque physique
8. Problèmes personnels ou sociaux
9. Désir ou efforts persistants pour diminuer les doses ou l'activité
10. Activités réduites au profit de la consommation ou du jeu
11. Poursuite de la consommation malgré les dégâts physiques ou psychologiques

Présence de 2 à 3 critères : addiction faible
Présence de 4 à 5 critères : addiction modérée
Présence de 6 critères ou plus : addiction sévère

2 Les conséquences

Des conséquences délétères :

- Overdose, coma éthylique
- À long terme, nombreux cancers associés à la consommation d'alcool et de tabac,
- Troubles neurologiques et psychiatriques des consommateurs réguliers de drogue, contamination par le VIH...
- Troubles psychiques et cognitifs (difficultés de concentration, d'expression ou de mémorisation entrainant
- Déscolarisation, marginalisation voire l'isolement, la désocialisation et la paupérisation (l'appauvrissement).

C La prévention

Le code de la santé publique, définit le rôle de la mission interministérielle de lutte contre les drogues et les conduites addictives (MILDECA)

> Coordonner une politique publique dans les la recherche et l'observation , la prévention, la santé et l'insertion, l'application de la loi, la lutte contre les trafics, la coopération internationale

Des structures spécialisées (Consultations jeunes consommateurs-CJC) et Centres de soins d'accompagnement et de prévention en addictologie (CSAPA) assurent la **prise en charge sanitaire et sociale de manière anonyme et gratuite**.

D La loi

L'usage de cannabis, d'ecstasy, de cocaïne ou toute autre substance psychoactive illicite, **est un délit puni** d'une peine maximale de 1 an d'emprisonnement et de 3750 € d'amende.	**Le trafic** (vendre ou offrir des produits stupéfiants, même à des amis, et en petite quantité) **est puni** d'une peine maximale de 10 ans d'emprisonnement et 7500000 € d'amende.	La conduite après usage de stupéfiants **est punie** d'une peine maximum de 2 ans d'emprisonnement et de 4500 € d'amende. Si aussi sous l'emprise de l'alcool (taux ≥ 0,5 g/l sang), les peines augmentent	**Il existe des peines complémentaires comme la suspension ou l'annulation du permis** de conduire, ou l'obligation de suivre un stage de sécurité routière.

5 La sexualité – la contraception

Objectifs
- Décrire les étapes de la reproduction sexuée, de la production des gamètes jusqu'à la nidation.
- Identifier les organes sur lesquels agissent les hormones.
- Choisir une contraception préventive adaptée à partir du mode d'action d'un moyen de contraception.
- Distinguer contraception d'urgence et interruption volontaire de grossesse.
- Repérer les structures d'accueil, d'aide et de soutien.

A Les cellules sexuelles : les gamètes

	Chez l'homme	Chez la femme
Nom des gonades (glandes sexuelles)	Testicules	Ovaires
Gamètes produits (cellules sexuelles)	Spermatozoide	Ovule
Nom	Spermatozoïdes	Ovocytes
Formule chromosomique	22 + X	22 + X ou 22 + Y
Nombre	300 millions / jour	1 / mois (ovulation)
Période de la vie	De la puberté à la mort	De la puberté à la ménopause
Durée de vie dans les voies génitales féminines	Quelques heures à 2 jours	Quelques heures à 5 jours
Hormones sécrétées	Testostérone	Œstrogènes et Progestérone

B La fécondation

C'est le stade de la reproduction où le spermatozoïde pénètre dans l'ovocyte, fusionnent pour donner l'œuf (zygote)

C La nidation

La muqueuse utérine se vascularise et s'enrichit en substances nutritives pour accueillir l'œuf. Au 7e jour, après la fécondation, l'œuf se loge définitivement dans l'utérus.

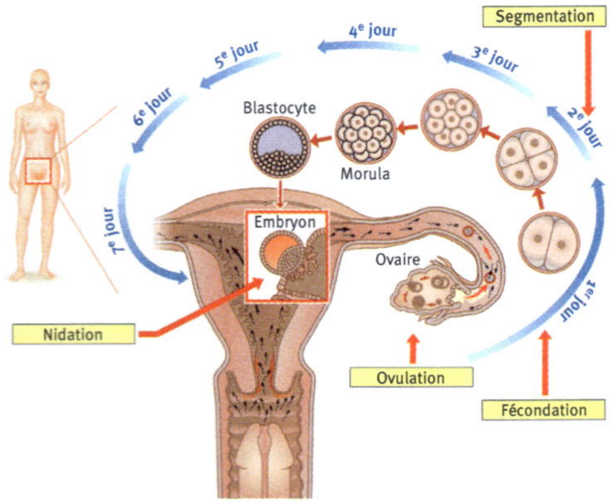

D La contraception

Contraception hormonale						
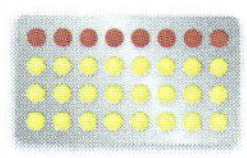	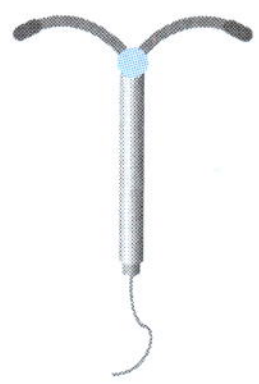	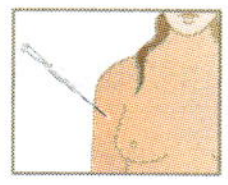	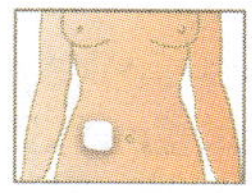		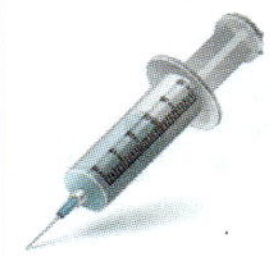	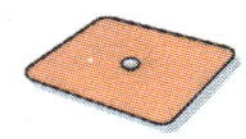
Pilule contraceptive	Stérilet hormonal	Implant contraceptif	Patch contraceptif	Anneau vaginal	Injection contraceptive	Pilule du lendemain

Contraception mécanique		
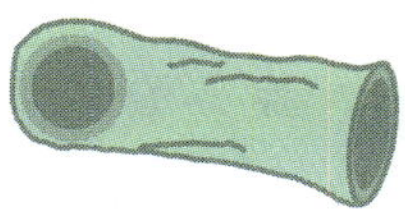	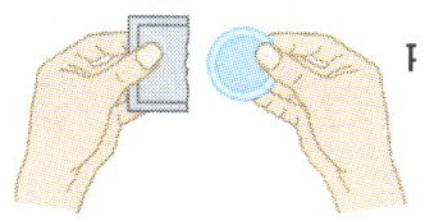	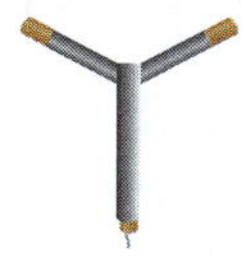
Préservatif féminin	Préservatif masculin	Stérilet au cuivre

Contraception par stérilisation	
La stérilisation féminine	La vasectomie

E La pilule du lendemain

C'est une pilule progestative utilisée en cas d'urgence, après un rapport non protégé, un oubli ou un accident de contraception. Elle bloque l'ovulation et rend la paroi utérine moins accueillante pour la nidation.

F L'Interruption Volontaire de Grossesse (IVG)

C'est un acte médical réglementé en France depuis 1975 par la loi Veil (pour des **raisons non médicales**, à la suite d'une **décision personnelle** ; contrairement à l'interruption thérapeutique de grossesse (ITG) ou l'interruption médicale de grossesse (IMG)).

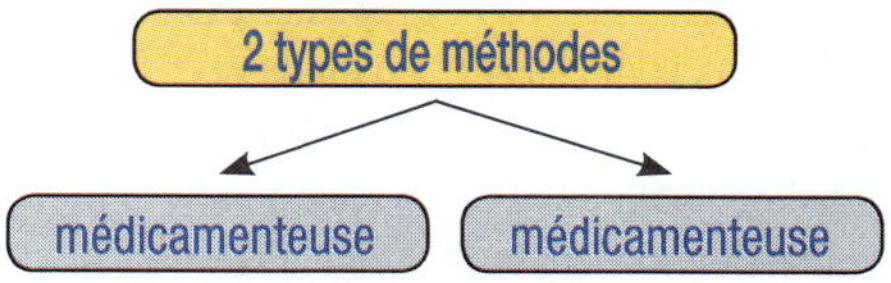

G La prévention de la grossesse

Elle repose **sur l'information et l'éducation à la sexualité** ; des **mesures législatives et éducatives** sont mises en place et des professionnels participent à cette prévention :

- **Pharmacie** (contraception d'urgence sans prescription médicale, gratuit et anonyme pour les mineures)
- **Centres de planification et d'éducation familiale** (contraception d'urgence anonyme et gratuite pour les mineures et pour les majeures),
- **Infirmeries scolaires** (contraception d'urgence anonyme et gratuite)
- **Services universitaires et interuniversitaires de médecine préventive et de promotion de la santé.**

6 Prévenir les infections sexuellement transmissibles (IST)

Objectifs
- Caractériser une IST. Identifier les moyens de transmission d'un agent responsable d'IST.
- Citer des moyens simples pour prévenir la transmission et le développement d'une IST.
- Repérer à l'aide d'une ressource la conduite à tenir suite à une prise de risque ou à une contamination.
- Repérer des structures d'accueil, d'aide et de soutien.

A Définition des infections sexuellement transmissibles (IST)

Ce sont des infections dues à des bactéries, virus, champignons **et** parasites et **transmises par voie sexuelle**.

B Caractéristiques des IST et prévention

Agent responsable	Infection	Transmission possible	Symptômes	Prévention
Chlamydia trachomatis	Chlamydiose	Pénétrations vaginales et anales Contacts bouche-sexe (fellation et cunnilingus) Contacts bouche-anus (anilingus)	Souvent sans symptômes Sinon : écoulement, démangeaisons, brûlures, douleurs abdominales Complications : infertilité Grossesse extra-utérine	Préservatifs (masculin / féminin) Dépistage : Test d'urine, frottis génital/anal, frottis pharyngé
Gonocoque	Blennorragie ou Gonorrhée	Pénétrations vaginales et anales Contacts bouche-sexe (fellation et cunnilingus) Contacts bouche-anus (anilingus)	Souvent sans symptômes Sinon : écoulement, démangeaisons, brûlures Complication : infections diverses, infertilité Grossesse extra-utérine	Préservatifs (masculin / féminin) Dépistage : Prélèvement génital, test d'urine, frottis de gorge.
Tréponème Palladium	Syphilis	Pénétrations vaginales et anales Contacts bouche-sexe (fellation et cunnilingus) Contacts bouche-anus (anilingus) Contacts peau – lésions dues à la Syphilis Contacts sanguins	3 stades : 1er stade : ulcérations (chancre) 2e et 3e stades : ganglions, taches rosées. Atteintes neurologique, vasculaire ou osseuse.	Préservatifs (masculin / féminin) Stérilisation du matériel + hygiène + gants (soins, tatouages, piercing) Dépistage : frottis sur l'ulcération, prise de sang
Condylomes (ou crêtes de coq)	HPV (Human Papilloma Virus)	Pénétrations vaginales et anales Contacts bouche-sexe (fellation et cunnilingus) Contacts bouche-anus (anilingus) Contacts avec verrues ou peau	Verrues sur organes génitaux, anus, muqueuses (parfois invisibles). Complications : cancer du col de l'utérus, cancer de la verge (rare)	Préservatifs (masculin / féminin) Dépistage : frottis cervical, examen de l'anus **Vaccination**

HSP = Herpes Simplex HSV2 (génital) HSV1 (labial)	Herpes	Contacts lésions-peau et muqueuses Contacts bouche-sexe (fellation et cunnilingus)	Vésicules, ulcérations génitales ou sur les lèvres Complications : impact psychologique	Préservatifs (masculin / féminin) Dépistage :test immuno-fluorescence cutané et prise de sang
VHB = Virus Hépatite B	Hépatite B	Pénétrations vaginales et anales Contacts bouche-sexe (fellation et cunnilingus) Contacts bouche-anus (anilingus) Voie sanguine : transfu-sion, partage de seringue	Souvent asymptomatique Fièvres, fatigue, jaunisse, troubles digestifs Complications : maladies du foie (cirrhose, cancer), hépatite aiguë, décès.	Préservatifs (masculin / féminin) Stérilisation, hygiène, gants (tatouages, piercing, injections de drogues) Dépistage : prise de sang Vaccination existante
VHC =Virus Hépatite C	Hépatite C	Voie sanguine : transfu-sion, partage de seringue Risque de transmission sexuelle (Pratiques anales ou pendant les règles)	Souvent asymptomatique Fièvres, fatigue, jaunisse Complications : maladies du foie (cirrhose, cancer)	Préservatifs (masculin / féminin) Stérilisation, hygiène, gants (tatouages, piercing, injections de drogues) Dépistage : prise de sang
VIH= Virus de l'Immunodéfi-cience Humain	Virus du sida	Pénétrations vaginales et anales Contacts bouche-sperme (fellation avec éjaculation) Contacts bouche-anus (anilingus) ou bouche-sexe féminin (cunnilingus) si présence de sang. Voies sanguines : transfusion, partage seringue.	Longue période sans symptômes (7 à 12 ans), Atteinte de l'immunité Complications : maladies opportunistes	Préservatifs (masculin / féminin) Dépistage :test à résultat rapide, prise de sang Traitement après exposition à prendre le plus vite possible (< 48h) si prise de risque avérée
Candida albicans	Mycose, candidose	Pénétrations vaginales Contacts bouche-sexe (fellation et cunnilingus) Peut ne pas être transmise sexuellement	Démangeaisons, rougeurs, écoulement	Hygiène Dépistage : frottis vaginal Infection récidivante (fréquente)
Trichomonas vaginali	Infection à trichomonas	Pénétrations vaginales et anales Contacts bouche-sexe (fellation uniquement)	Parfois asymptomatique Écoulement vaginal, démangeaisons Complications : infections des organes génitaux ou/ et canal urinaire.	Dépistage : frottis (chez la femme et l'homme) Infection récidivante fréquente

C Caractéristiques des IST et prévention

Médecin généraliste, gynécologue ou sage-femme conseillent et prescrivent les tests de dépistage des IST.

CeGIDD (Centre Gratuit d'Information, de Dépistage et de Diagnostic)

CPEF (Centre de Planification et d'Éducation Familiale)

Le site sida-info-service.org, ou téléphone au 0800 840 800

7 L'alimentation adaptée à son activité

OBJECTIFS
- Repérer les besoins nutritionnels en lien avec l'état physiologique.
- Indiquer les principes d'une alimentation équilibrée.
- Identifier, à partir de compositions et de répartitions de repas, les erreurs fréquentes et proposer des améliorations.
- Expliquer les conséquences des erreurs alimentaires sur la santé de l'individu et sur son activité professionnelle.
- Effectuer un choix alimentaire raisonné parmi plusieurs propositions en tenant compte des contraintes professionnelles.

A Les besoins alimentaires

Besoins énergétiques = besoin d'énergie (c'est-à-dire de calories) apporté par les aliments.

Besoins fonctionnels = apport de nutriments (protéines, glucides, graisses, vitamines, sels minéraux et eau) issus des aliments.

B Les facteurs de variation

L'âge : une personne âgée a moins de besoins énergétiques qu"un adolescent

Le sexe : pour un âge et poids équivalents, un garçon a des besoins alimentaires supérieurs à ceux d'une fille

Les conditions physiologiques : en moyenne, la dépense énergétique quotidienne d'un homme adulte ayant une activité modérée est de 11 000 kJ et de 8 500 kJ chez une femme.

C La composition de menus

De bonnes habitudes alimentaires reposent sur des menus variés.

L'entrée	Le plat principal	Le dessert
Légumes ou de fruits crus ou cuits	Viandes, volaille, poissons ou œufs + accompagnement de légumes, féculents, légumes sec (lentilles, pois chiches, haricots…)	Fruits (crus, cuits, en compote, au four…) et les produits laitiers.

Les portions sont différentes en fonction :
- De l'âge
- De l'activité physique
- De l'appétit de la personne (un repas est suffisant en quantité lorsqu'il n'y a plus de sensation de faim).

D Groupes alimentaires et équilibre des repas

Fruits et légumes
Tomates, compote de pommes, abricots secs....
Plus de 5 portions par jour soit plus de 400 g par jour à privilégier

Viandes et charcuteries, produits de la pêche, œufs (VPO)
Saucisses, saumons, poulets....
- Consommation de viande hors volaille inférieure à 500 g par semaine
- Consommation inférieure à 25 g par jour de charcuterie
- Consommation 2 fois par semaine de poisson dont un poisson gras (maquereau, sardine...)

Féculents
Pain, riz, pommes de terre...
Produits céréaliers complets à privilégier

Lait et produits laitiers
Fromage, crème dessert, yaourt...
Lait à limiter à 370 g par jour

Matières grasses ajoutées
Beurre, mayonnaise, huile d'olive...
Huiles végétales (huile de noix, de colza...) à privilégier

Sel
À limiter

Légumineuses
Pois chiches, fèves, lentilles...
À privilégier

Produits sucrés ou sucrés et gras
Confitures, viennoiseries, pâtisseries...
À limiter

Boissons sucrées
Sodas, jus d'orange, limonades...
1 verre par jour maximum

Eau
Eau du robinet, eau de source, eau minérale...
À volonté

E Grignotage, excès et carence

Une carence désigne un déséquilibre entre les apports alimentaires et les besoins en nutriments

L'excès alimentaire désigne une alimentation trop calorique

Le grignotage consiste à manger à toute heure de la journée ; il favorise l'apparition du surpoids et de l'obésité. Ils ont des conséquences sur la santé.

F Alimentation et contraintes professionnelles

L'alimentation raisonnée est une alimentation qui consiste à trouver un compromis entre ses envies alimentaires et une alimentation équilibrée pouvant être ressentie comme contraignante.

Les contraintes professionnelles sont souvent perçues comme des obstacles à une alimentation saine et agissent sur le comportement alimentaire.
Les contraintes sont des contraintes de temps :
– Les longues heures de travail
– Les horaires irréguliers
– Le travail de nuit

8 Les ressources en eau

OBJECTIFS
- Identifier les différentes ressources d'eau disponibles (du niveau local au niveau planétaire) et leurs limites.
- Repérer les éléments du cycle domestique de l'eau dans un texte, sur un schéma ou dans une vidéo.
- Analyser la consommation directe et indirecte en eau d'un ménage, d'une entreprise de production.
- Repérer des mesures de prévention individuelle et collective pour préserver l'eau.

A Les ressources en eau

1 Les types d'eaux

L'eau douce désigne l'eau renouvelable, faiblement salée et dite potable (rivières, lacs, pluie, glaciers)

L'eau de mer désigne l'eau « salée » (mers et d'océans)

Les eaux de surface désignent l'eau superficielle (eau courantes ou stagnantes en contact direct avec l'atmosphère)

Les eaux souterraines se trouvent sous la surface du sol

2 Accès à l'eau potable selon les régions du monde

11 % de la population mondiale (844 millions de personnes) n'a pas accès à l'eau potable : 6 % en Asie de l'Est et Asie-Pacifique, 47 % dans l'Est et le Sud de l'Afrique, 38 % dans l'Ouest et le centre de l'Afrique.

La rareté de l'eau crée des inégalités

La croissance démographique, l'urbanisation, et les changements du mode de vie, génèrent une insuffisance d'eau pour satisfaire pour tout le monde aux endroits où l'on en a besoin : 40 % de la population mondiale vit déjà dans des régions touchées par le stress hydrique. Plus de 1,8 milliard d'habitants vivront dans des conditions de stress hydrique en 2025. Pus des 2/3 de la population mondiale qui connaîtront des difficultés liées à l'eau en 2025

3 Le cycle naturel de l'eau

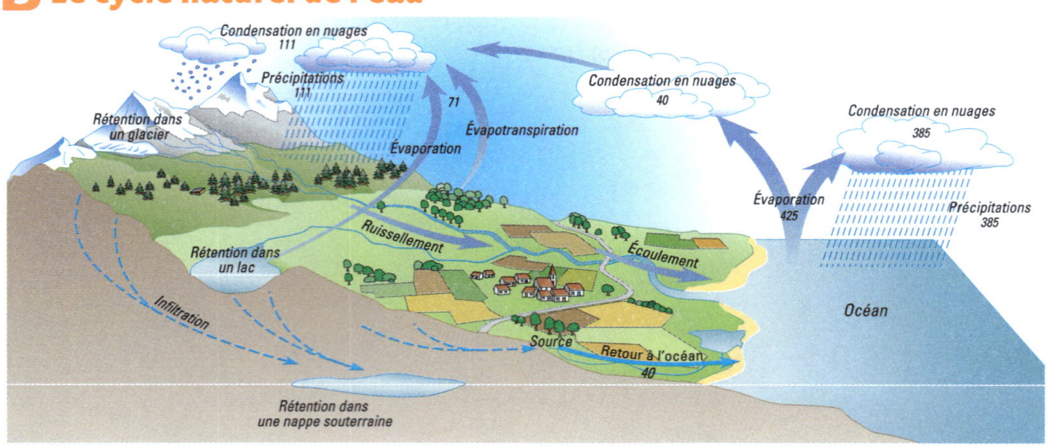

B Le cycle domestique de l'eau

L'eau potable, c'est l'eau que l'on peut boire ou utiliser à des fins domestiques et industrielles sans risque pour la santé.

Les traitements pour rendre l'eau potable
- 33 % des eaux : traitement simple de filtration et de désinfection
- 22 % des eaux : traitement physico-chimique avec désinfection
- 25 % des eaux : traitement complet avec traitement physico-chimique poussé, affinage et désinfection

Les eaux usées domestiques, ce sont les eaux ménagères (salles de bains et cuisines) chargées de détergents, de graisses, de solvants, de débris organiques…

L'épuration des eaux désigne l'ensemble de techniques pour purifier l'eau soit pour réutiliser ou recycler les eaux usées dans le milieu naturel, soit pour transformer les eaux naturelles en eau potable.

C Le risque de pénurie d'eau

La pénurie d'eau ou **stress hydrique** c'est lorsque la demande en eau est supérieure aux ressources disponibles
Problème de l'irrigation : pour nourrir toute la population, la productivité agricole devra fortement augmenter.

D La consommation en eau par poste en France

L'eau virtuelle = quantité totale d'eau nécessaire pour produire quelque chose

Le mètre cube (1 000 litres) coûte en moyenne 3,70 € en métropole,

Une famille française dépense, en moyenne, 1 euro / jour pour le service public d'eau (Dans l'Union européenne, le prix moyen est de 4,05 €)

L'empreinte en eau = volume d'eau douce utilisé pour produire les biens et services consommés par un pays, une ville, un individu ou l'ensemble des êtres humain

Les mesures de prévention pour préserver l'eau sont individuelles et collectives ; elles visent à réduire la consommation.

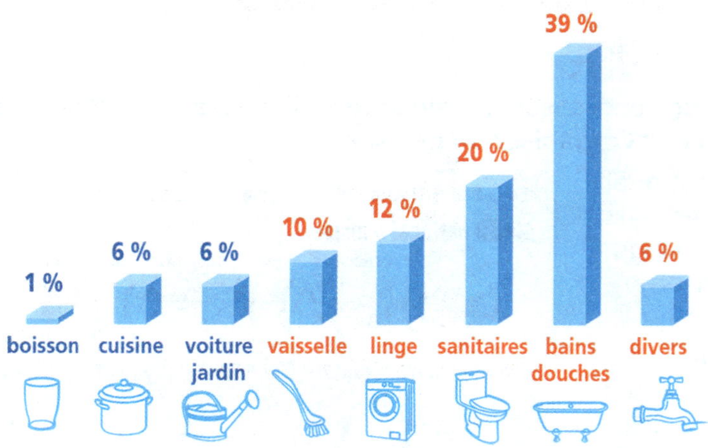

Source : Centre d'information de l'eau, 2018.

PSE

9 Les risques majeurs

OBJECTIFS
- Identifier un risque majeur
- Repérer les risques majeurs au niveau local
- Repérer la conduite à tenir en cas d'alerte à la population

A Identifier un risque majeur

1 Définitions

Le risque majeur est la possibilité d'avoir un événement d'origine naturelle ou humaine qui toucherait un grand nombre de personnes et qui occasionnerait des dommages importants sans les capacités de bloquer cet événement.

L'Aléa désigne la manifestation d'un phénomène naturel (inondation, mouvement de terrain, séisme, avalanche) ou humain de fréquence et d'intensité données.

Les enjeux liés aux risques majeurs sont l'ensemble des personnes et des biens pouvant être touchés.

Un événement potentiellement dangereux **Aléa** est un **risque majeur** s'il y a sur la zone concernée, des enjeux humains, économiques ou environnementaux.

2 Critères

Deux critères caractérisent le risque majeur :
- **Une faible fréquence**
- **Une énorme gravité** (nombreuses victimes, dommages importants, etc.)

Les 3 types de risques :
- **Risques naturels :** avalanche, feu de forêt, inondation, mouvement de terrain, cyclone, tempête, séisme et éruption volcanique
- **Risques technologiques :** d'origine humaine, par exemple risques industriel, nucléaire, biologique, rupture de barrage...
- **Risques de transports collectifs :** personnes, matières dangereuses

B Dispositifs d'alerte et prévention

1 Les systèmes d'alerte

La protection civile repose sur **les systèmes d'alertes**, les **consignes individuelles de sécurité**, et **l'organisation des secours**.

Le signal national d'alerte sert à alerter la population d'un danger imminent, soudain et imprévisible.

Tous les 1ers mercredis du mois à midi, les sirènes font l'objet d'un exercice.

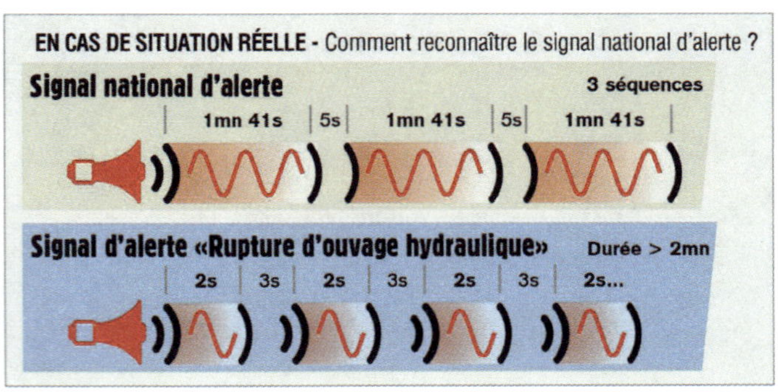

À faire

Je me mets à l'abri

Entrez dans le bâtiment le plus proche. Fermez les portes, les volets et les fenêtres ; si vous le pouvez, calfeutrez les ouvertures et les aérations, arrêtez la ventilation, le chauffage et la climatisation.

Écoutez France Bleu France Info France Inter

J'écoute les consignes

Elles sont diffusées à la radio (France Bleu, France Info, France Inter), à la télévision ou sur les sites internet d'actualité.

À ne pas faire

Je ne téléphone pas

Les réseaux téléphoniques doivent rester disponibles pour les services de secours. Écourtez votre conversation si l'appel ne vient pas des autorités.

Je ne vais pas chercher les enfants à l'école

En vous déplaçant, vous mettez votre vie et celle des autres en danger, vous gênez les secours. Le personnel enseignant est formé pour mettre les enfants en sécurité.

Fin de l'alerte

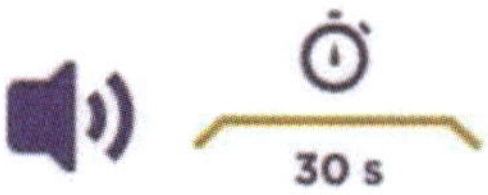

Elle est signalée par un son continu d'une durée de 30 secondes. Seul ce son indique que le danger est passé et que les consignes sont levées. Sortez de votre lieu de mise à l'abri, aérez les locaux et restez attentif aux éventuelles consignes complémentaires.

Liberté • Égalité • Fraternité
RÉPUBLIQUE FRANÇAISE
PRÉFET DE LA RÉGION AUVERGNE-RHÔNE-ALPES

2 La prévention

Parmi les actions de la prévention des risques naturels, pour la plupart des phénomènes dommageables, les plans de prévention des risques naturels (PPRN) ont pour objectif de réduire l'exposition au risque ainsi que la vulnérabilité des biens et des personnes.

Le **Plan de Prévention des Risques Naturels (PPRN)** est élaboré sous l'autorité du préfet en associant les collectivités locales. Il **précise les zones d'exposition** aux phénomènes naturels prévisibles **(= zones « d'aléa »)**, et l'**intensité possible de ces phénomènes**.

Le PPRN est annexé au **Plan Local d'Urbanisme (PLU)**.

Le Dossier Départemental sur les Risques Majeurs (DDRM) est un document dans lequel le préfet note toutes les **informations essentielles** sur les risques naturels et technologiques majeurs **au niveau de son département, et les mesures de prévention** et de **sauvegarde**.

Le document d'information communal sur les risques majeurs (DICRIM)

Il recense les mesures de sauvegarde répondant aux risques naturels et technologiques majeurs sur le territoire de la commune. Il contient les données locales, départementales et nationales essentielles à l'**information des citoyens au titre du droit à l'information**.

10 Les ressources en énergie

OBJECTIFS
- Caractériser les énergies renouvelables et les énergies non renouvelables.
- Identifier l'impact environnemental et sanitaire des différents modes de consommation énergétique.
- Proposer des mesures individuelles et collectives afin de maîtriser la consommation en énergie.

A Les types d'énergies

Une source d'énergie est dite « **primaire** » si elle est issue d'un phénomène naturel et n'a pas été transformée
Une source d'énergie est dite « **secondaire** » si elle est le résultat d'une transformation volontaire.

1 Les énergies renouvelables

Une source d'énergie peut être « renouvelable » si ses réserves ne s'épuisent pas de façon significative :
- Énergie biochimique de la matière organique vivante : sucres, amidon, graisses, Bioénergie stockée par la biomasse : bois, biocarburant
- Énergie solaire
- Énergie mécanique : de tout corps ou fluide en mouvement
- Énergie hydraulique : énergie mécanique du mouvement de l'eau
- Énergie éolienne est l'énergie cinétique du vent (énergie mécanique du vent)
- Énergie marémotrice est engendrée par le système de variation du niveau de la mer (marées)
- Énergie hydrolienne est issue des courants marins provoqués par les marées et par les vents
- Énergie géothermique peut être extraite du sol pour produire de la chaleur et/ou du froid.

2 Les énergies non renouvelables

Une source d'énergie peut être « non renouvelable » ou « épuisable » lorsque sa vitesse de destruction dépasse, largement, sa vitesse de création. Exemple de combustibles fossiles : charbon, pétrole, gaz naturel, Énergie nucléaire : uranium (non renouvelable)

B Impact environnemental et sanitaire

1 L'effet de serre

Le dioxyde de carbone (CO_2) provenant des combustibles fossiles est un des principaux **gaz à effet de serre**. Il existe aussi : le méthane, le protoxyde d'azote…

Des polluants de l'air comme **l'ozone et les particules** agissent aussi sur le **changement climatique**

L'ozone a tendance à **réchauffer l'atmosphère**, les aérosols à la refroidir.

La pollution de l'air augmente les maladies cardiaques et pulmonaires

2 Pollution atmosphérique et changement climatiques

Pollution atmosphérique	Changement climatique
Effets **locaux** sur la santé et l'environnement	Effets **planétaires** sur le climat
Polluants responsables : – Particules – Oxydes d'azote – Ozone – Benzène – Monoxyde de carbone – Hydrocarbure – Métaux – Pesticides – Dioxines et furanes	Polluants responsables : l'ensemble des gaz à effet de serre (GES) et notamment : – Dioxyde de carbone – Méthane – Protoxyde d'azote – Hydrofluocarbures – Perfluocarbaures – Hexafluorure de souffre – Ozone – Particule d'aérosols.

3 L'empreinte carbone

L'empreinte carbone de l'activité humaine est la mesure des émissions de gaz à effet de serre [dioxyde de carbone (CO_2)]

Épuisement des réserves

Une surconsommation de ressources fossiles : la demande mondiale d'énergie pourrait augmenter de 45 % d'ici l'an 2030, notamment en raison du développement démographique et de l'industrialisation de pays

La production d'énergies fossiles (charbon, gaz, pétrole) représente plus de 80 % de la production totale d'énergie dans le monde.
Les réserves sont inégalement réparties, entraînant une dépendance de certains pays, et un coût d'approvisionnement.

C Les mesures

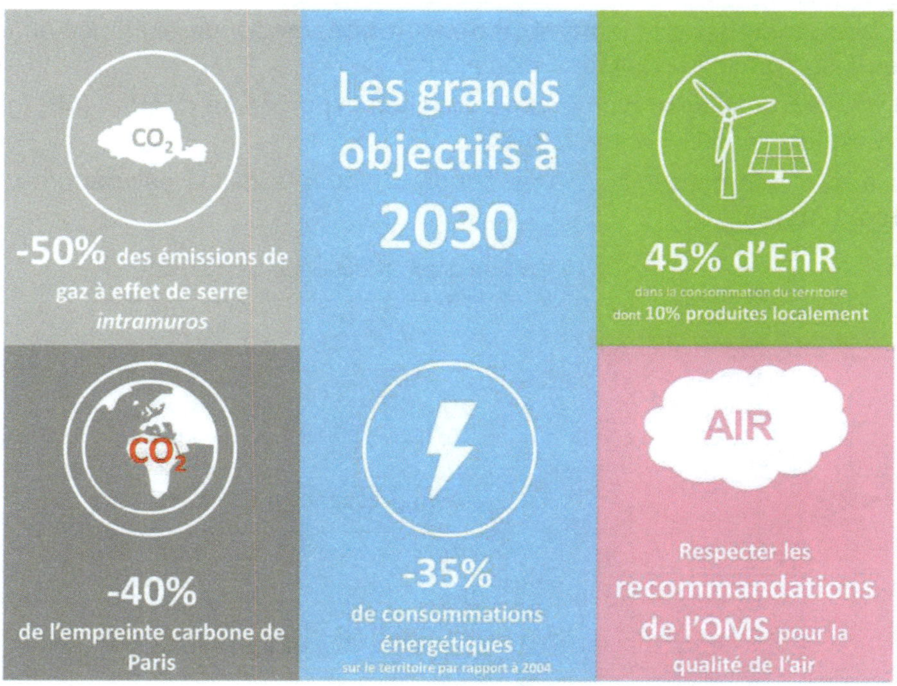

Source : Objectifs du nouveau plan climat de la ville de Paris, 2018.

PSE

11 Le bruit au quotidien

Objectifs
- Caractériser le bruit par son intensité et sa fréquence.
- Identifier les deux grandeurs à prendre en compte pour préserver son audition.
- Expliquer le trajet du son dans l'oreille.
- Expliquer le rôle de chacune des trois grandes parties de l'oreille.
- Identifier les effets du bruit sur l'organisme.
- Repérer les conséquences du bruit sur la vie sociale et professionnelle.
- Proposer des mesures de prévention contre le bruit dans la vie quotidienne.

A Caractéristiques d'un son

1 L'onde sonore et l'audition

Une onde sonore est une **vibration mécanique** qui **se propage** dans un milieu, le plus souvent l'air, mais qui peut aussi être solide ou liquide.

La vibration est captée par notre **oreille** et met en **mouvement le tympan**, départ de la **stimulation** de l'oreille et de la **perception de l'information** sonore (voir schéma de la fiche 27, page 00).

Notre **oreille** est **plus sensible aux fréquences aigues qu'aux basses et moyenne**,

Pour les mesures de notre audition on utilise pondération **A (dB(A))**.

Pour une **oreille normale**, **le seuil d'audition** est de **0 dB(A) à 1000 Hz**.
– **Le seuil d'inconfort auditif** est environ **90 dB(A)**
– Le **seuil de douleur auditive** est à **115 dB(A)**.

2 Définitions

La fréquence désigne le **nombre de vibrations/seconde** exprimée en **Hertz (Hz)** (peu = son grave, davantage = son aigu).

L'intensité définit l'amplitude de la vibration exprimée **en décibel (dB)** (grande = le son est fort ; petite = le son faible)

La durée caractérise le temps pendant lequel le milieu est perturbé, exprimée **seconde(s)**.

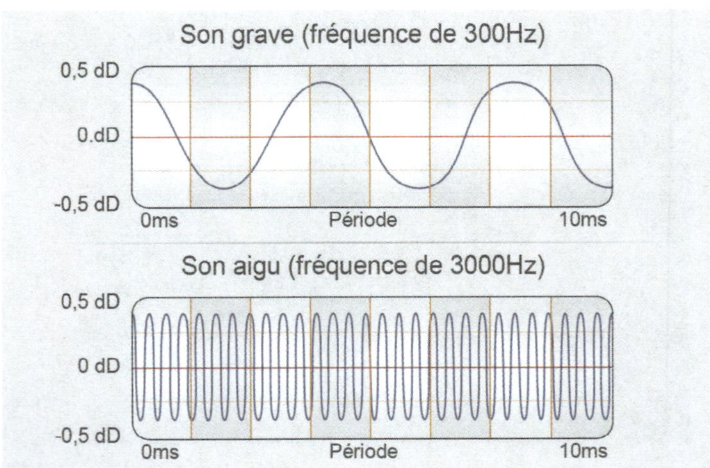

B Échelle de bruit

On peut distinguer :
– Les effets auditifs qui caractérise la déficience auditive due à une exposition excessive au bruit.
– Des effets extra-auditifs qui désigne les conséquences sur le sommeil, sur le système endocrinien, sur le système cardio-vasculaire, sur le système immunitaire, sur la cognition, etc.

Zone normale - Zone traumatisante

Types de bruit	dB(A)	Sensation
Bruissement de feuille	15	
Chuchotements	30	
Conversation normale	60	
Restaurant bruyant	70	Supportable
Camion	80	Bruyant
Atelier machine	90	
Moteur explosion	95	Difficilement supportable
Marteau piqueur	100	
Boîte de nuit	105	
Avertisseur sonore	120	Douleur

C Réglementation

C'est la loi qui fixe les limites d'exposition au bruit la directive porte à **80 dB(A) la limite d'exposition**.

L'employeur est donc tenu de mettre à disposition des **protecteurs individuels contre le bruit (PICB)**

D Les conséquences du bruit

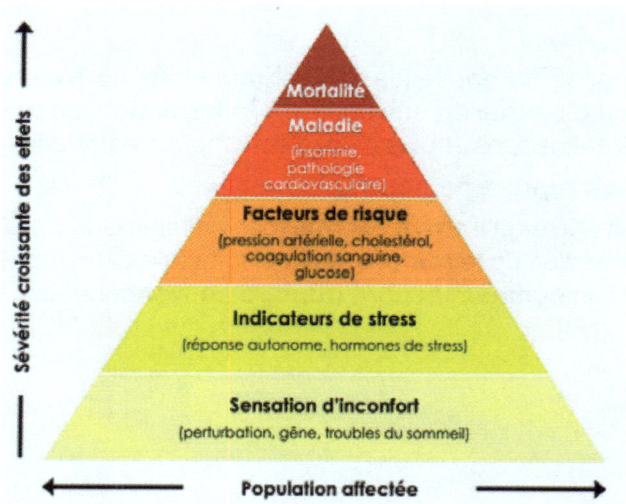

PSE

12 Les différents contrats de travail

→ OBJECTIFS – Identifier les spécificités des différents contrats de travail.
– Identifier droit et obligation dans un contrat de travail.

A Le contrat de travail

Le contrat de travail existe dès qu'une personne (le **salarié**) s'engage à **travailler** pour et sous la direction d'une autre personne (= **l'employeur**), **en échange d'une rémunération.**

Le contrat de travail **est en général écrit** et il **précise** : la **rémunération, la qualification, la durée du travail** et, plus généralement, les **attributions du salarié**.

Le code du travail regroupe les textes de loi concernant le travail

Le **contrat de travail** est un **document des droits** et **des obligations** de l'**employeur** et de l'**employé**.

Il existe **différents types de contrat de travail** selon leur **durée**, **l'activité de l'employeur** ou la **nature du travail**.

Type de contrat de travail	Caractéristiques
Le contrat de travail à durée indéterminée (CDI)	= La forme normale et générale de la relation de travail sans date de fin de contrat.
Le contrat à durée déterminée (CDD)	= Possible pour la réalisation d'une tâche précise et temporaire (avec une date de fin de contrat).
Le contrat de travail temporaire (« intérimaire »)	= Possible pour la réalisation d'une tâche précise et temporaire (= mission), sans objectif d'aboutir à un emploi durable et permanent.
Le contrat d'apprentissage	= Objectif est de permettre à un jeune de suivre une formation générale, théorique et pratique, en vue d'acquérir un diplôme d'État (CAP, BAC, BTS, Licence, Master, etc.) ou un titre (pendant 1 à 3 ans).

B Les droits et obligations

1 La loi travail

La loi travail (loi El Khomri), a imposé de **nouvelles obligations** et de **nouveaux droits** en développant le recours au **dialogue en entreprise**, à **la formation**, en apportant plus de souplesse pour les entreprises et plus de protection pour les salariés.

Les droits et obligations en cas de rupture du contrat

Un contrat de travail peut se finir soit parce qu'il **arrive à terme** (par exemple CDD), soit parce que le salarié ou l'employeur décide de **le rompre**, que ce soit **unilatéralement (démission** ou **licenciement**), ou d'un **commun accord (rupture conventionnelle)**.

2 Les droits et les obligations du contrat de travail

Pendant la période d'essai	Pendant la durée du contrat
La période d'essai permet : – à un employeur d'évaluer les compétences d'un salarié dans son travail, – au salarié d'apprécier si les fonctions occupées lui conviennent.	Le **salarié** doit **s'engager à exécuter** le **travail** convenu, à **respecter la durée du temps de travail**, l'horaire et le **règlement intérieur**, à être **loyal** et à s'abstenir de concurrence déloyale.
La durée de la période d'essai est très souvent imposée par la convention collective dont dépend la société	L'**employeur** peut sanctionner le salarié pour faire respecter le contrat (**le pouvoir disciplinaire de l'employeur**).

Webographie :

– Le site du Ministère du travail : https://travail-emploi.gouv.fr/droit-du-travail/les-contrats-de-travail/

– Le site du Droit/ Travail/ France : https://www.droit-travail-france.fr/droits-obligations-contractuels.php

C L'inspection du travail

1 Le rôle de l'inspection du travail

Son rôle est de constater **les infractions au droit du travail**. Elle contrôle si les dispositions des **Conventions Collectives ou celles du Code du travail** sont appliquées dans les entreprises.

Les inspecteurs du travail ont pour missions **d'informer et de conseiller les employeurs, les employés ainsi que les représentants du personnel sur leurs obligations et leurs droits**.

2 Les pouvoirs des inspecteurs du travail

Les inspecteurs du travail exercent des pouvoirs administratifs :
– En cas de conflits, ils sont chargés de faciliter la conciliation amiable entre les parties à leur demande.
– Ils peuvent donner des avis à d'autres administrations lorsqu'ils sont sollicités
– Ils possèdent un pouvoir de décision : accord ou refus des dérogations à certaines dispositions du Code du travail, licenciement des représentants du personnel, règlement intérieur, décision sur certains dispositifs relatifs à la durée du travail.

PSE - THÉMATIQUE C

13 Les enjeux de la santé et sécurité au travail

Objectifs
- Identifier les enjeux de la santé et sécurité au travail pour les salariés
- Différencier accident du travail et maladie professionnelle
- Repérer dans le Code du travail les dispositions règlementaires de l'employeur et du salarié en matière de santé et sécurité au travail
- Identifier les dispositions règlementaires spécifiques aux « jeunes travailleurs » et/ou aux « nouveaux embauchés »
- Décrire les démarches nécessaires en vue de la déclaration d'un accident de travail

A Les enjeux de la santé et sécurité au travail

Accident du travail / Maladie professionnelle : préjudice pour l'entreprise, coûts financiers importants, influence sur taux des cotisations de Sécurité sociale, prime d'assurance, pénalités...

On distingue :

– **Coûts directs** liés à l'absence pour maladie ou accident du travail (participation à l'indemnisation de l'absence du salarié, indemnisation, gestion du dossier, etc.

– **Coûts indirects** (effets sur la production, formation du remplaçant...) et impact sur la performance

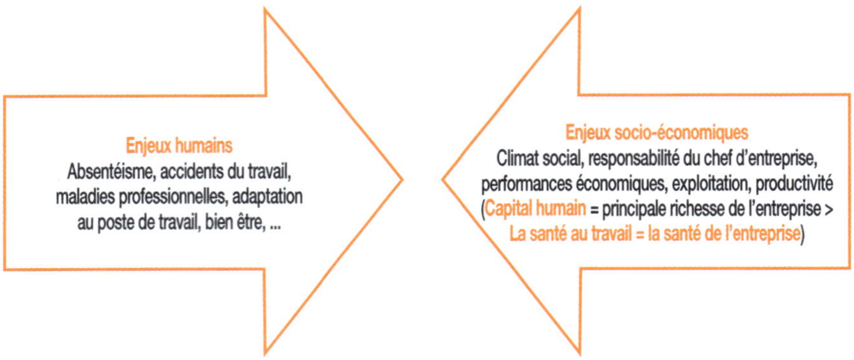

B Les accidents du travail et maladies professionnelles

1 L'accident de travail

Un accident du travail est un accident qui survient pendant le travail (y compris les pauses) et sur le lieu de travail alors que le salarié est sous l'autorité de l'employeur (+ parking, cantine, déplacement professionnel)

Les conditions :

– Il doit être soudain (permet de le distinguer de la maladie professionnelle)

– Il doit être détaillé de façon certaine

– Il doit entraîner l'apparition d'une lésion corporelle ou psychologique (brûlure, malaise cardiaque…)

2 La maladie professionnelle

Une maladie professionnelle est une maladie inscrite dans l'un des tableaux listant les maladies professionnelles.

Les conditions : le salarié doit justifier qu'il a été exposé de façon habituelle (chronique) au risque de la maladie.

L'accident de trajet est un accident qui survient pendant le parcours aller ou retour entre la résidence principale ou secondaire et le lieu de travail (avec les arrêts de la vie courante : achat d'aliments, de médicaments, démarches administratives)

C Les dispositions règlementaires

Les obligations générales de l'employeur

L'employeur est responsable de la santé et de la sécurité de ses salariés. Il doit mettre en place une démarche de prévention avec :
- Des actions d'information et de formation ;
- La mise en place d'une organisation et de moyens adaptés.
- L'employeur veille à l'adaptation de ces mesures pour tenir compte du changement de ces circonstances et tendre à améliorer des situations existantes ».

Obligation de sécurité de résultat = obligation de l'employeur **de sécurité de résultat**, notamment en ce qui concerne les **accidents de travail et les maladies professionnelles**, sinon considéré comme **faute inexcusable**.

Les droits et obligations du salarié :
- Respect des consignes
- Faire respecter les consignes
- Limite de l'obligation de sécurité : mise à disposition du Document Unique d'Evaluation des Risques Professionnels

Responsabilités du salarié en cas de manquement à son obligation de sécurité : responsabilité pénale, civile, contractuelle (si non-respect du contrat de travail)

D Les dispositions règlementaires spécifiques

Les nouveaux embauchés = les personnes qui **accèdent à un nouvel emploi** ou sont confrontées à **de nouvelles situations de travail** (dispositifs d'accueil dans l'entreprise et au poste et intégration spécifique pour la prévention des risques)

Les jeunes travailleurs = ceux de **moins de 18 ans** (interdictions de travail pour les travaux particulièrement dangereux, pour les moins de 16 ans avec des exceptions dans certains secteurs)

E La déclaration d'un accident de travail ou de trajet

Les obligations sont les suivantes :
- **Informer l'employeur** dans la journée et au plus tard dans les **24 heures** (de vive voix ou par lettre recommandée) **informer la caisse primaire d'assurance-maladie** (CPAM) **dans les 48 heures** (initiative de l'employeur)
- **Compléter le formulaire** (la feuille d'accident), pour être indemnisé **(indemnités journalières (IJ) =** indemnité pour compenser la perte de salaire, pendant l'arrêt de travail + la **prise en charge des soins** : 100 % des dépenses de santé, pas d'avance des frais…)
- **Faire constater les conséquences** de l'accident par un médecin avec un certificat médical
- **Donner le formulaire d'arrêt à l'employeur** en cas d'arrêt de travail

Maladie professionnelle : 15 jours à partir de l'arrêt de travail pour la déclarer à la CPAM.

14 La démarche de prévention appliquées à une activité de travail

OBJECTIFS
- Expliquer les consignes de sécurité au poste de travail lors de la mise en œuvre d'une activité professionnelle. Analyser les composantes d'une activité de travail dans un secteur professionnel par une analyse simple ou à l'aide d'un outil méthodologique d'analyse au choix
- Repérer les dangers en lien avec les dommages potentiels par observation d'une activité au poste de travail à partir de son analyse simple ou à l'aide d'outils méthodologiques
- Identifier danger(s) et risque(s) au(x)quel(s) l'opérateur est exposé à un poste de travail
- Expliquer sous forme rédigée ou d'un schéma la mise en relation des éléments d'apparition d'un dommage
- Choisir une mesure de protection à partir de l'identification d'un danger et du risque associé parmi une sélection

A La situation de travail

Les consignes de sécurité désignent toutes les instructions pour la sécurité. Elles sont fonction de l'activité de l'entreprise et des contraintes liées aux postes de travail ; elles ont pour objectif de prévenir les risques sur les lieux de travail.

Déterminants de l'opérateur
Qualification ; formation, ancienneté dans le métier ; ancienneté dans l'entreprise ; objectifs personnels, âge, taille, sexe…

Déterminants de l'entreprise
Type et taille de l'entreprise ; équipements, outillage ; organisation des flux ; organisation du temps de travail ; ambiances physique…

Travail réel

Travail prescrit
Travail défini à l'avance ; quantitatif, qualitatif ; procédures ; consignes.

Effets sur l'opérateur
> Positifs : relations sociales enrichissantes, reconnaissance, promotion, acquisition compétences…
> Négatifs : fatigue, stress, démotivation, maladie, blessures…

Effets sur l'entreprise
> Positifs : chiffre d'affaire, image de marque, ambiance stimulante, qualité du résultat, clientèle…
> Négatifs : malfaçon ; absentéisme, perte de clientèle, mauvaise image, désorganisation, accidents de travail

B L'analyse de situations de travail

Les outils d'analyse

Le diagramme de causes et effets 5M (diagramme d'Ishikawa ou diagramme en arêtes de poisson ou diagramme Fishbones). Les arêtes sont les causes et la tête est l'effet ; les causes sont regroupées selon classes appelées « 5M » : Matière, Matériel, Méthode, Main d'œuvre, Milieu

La démarche ITAMaMi (approche globale de situation de travail). Les éléments de la situation de travail sont classés en 5 catégories : L'individu (I) : Qui ? La tâche (T) : Quoi faire ? L'activité (A) : Comment ? De quelle manière ? Le matériel (Ma) : Avec quoi ? Le milieu (Mi) : Où ? Quand ? Avec qui ?

La méthode QQOQCP permet de poser les questions pour résoudre le problème Quoi ? Qui ? Où ? Quand ? Comment ? Pourquoi

C L'apparition d'un dommage et prévention des accidents

1 Définitions

Dommage : Lésion ou atteinte à la santé
Danger : Cause capable de provoquer une lésion ou une atteinte à la santé
Situation dangereuse : Toute situation dans laquelle une personne est exposée à un ou plusieurs dangers
Événement dangereux : Événement susceptible de causer un dommage pour la santé.

D Évaluation d'un risque professionnel

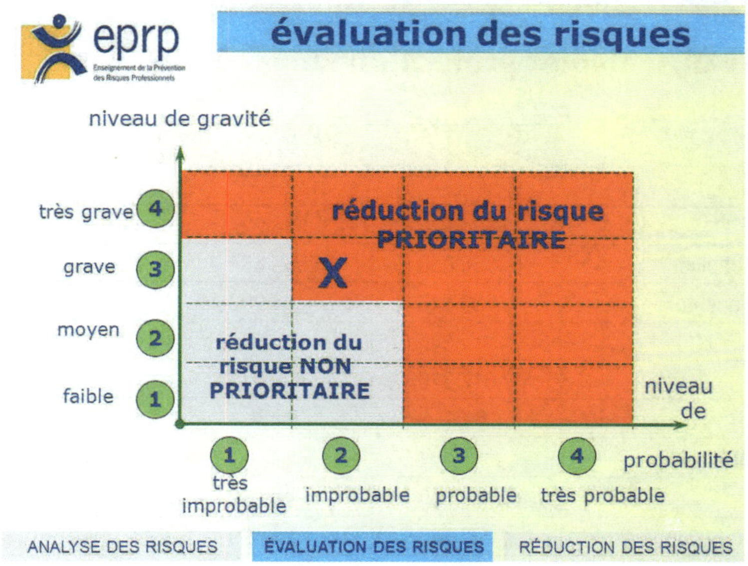

E Les mesures de prévention et de protection

1 Définitions

La prévention intrinsèque désigne la suppression ou réduction du danger, réduction de l'exposition de la personne au danger par la **protection collective**, la **protection individuelle**, la **formation** et l'**information**.

2 Les principes de prévention

On distingue neuf principes généraux de prévention :
- Éviter les risques
- Évaluer les risques
- Combattre les risques à la source
- Adapter le travail à l'homme
- Tenir compte de l'évolution technique
- Remplacer ce qui est dangereux par ce qui l'est moins
- Planifier la prévention
- Planifier les mesures collectives aux protections individuelles
- Informer et donner des instructions appropriées

15 La démarche de prévention appliquées à un risque spécifique au métier

OBJECTIFS
- Repérer la prépondérance d'un risque spécifique à un secteur professionnel parmi un ensemble de risques
- Appliquer une démarche d'analyse simple ou à l'aide d'outils méthodologiques au risque du secteur professionnel lors d'une activité au poste de travail
- Mettre en évidence les effets physiopathologiques du risque
- Proposer des mesures de protection à partir d'une sélection

A Prépondérance d'un risque spécifique

1 Accidents de travail, maladies professionnelles et accidents de trajet

	2015	2016	Évolution
Accident travail (AT)			
AT avec arrêt	624 525	626 227	+ 0,3 %
Dont AT avec arrêt de 4 jours et plus	566 050	566 634	+ 0,1 %
AT avec incapacité permanente	36 046	34 202	– 5,1 %
Décès	545	514	– 5,7 %
Jours incapacité temporaire (IT)	39 617 316	40 609 078	+ 2,5 %
Durée moyenne IT (en jours)	64,4	64,8	
Maladies professionnelles (MP)			
MP Réglées	50 960	48 762	– 4,3 %
MP avec incapacité permanente	25 537	24 499	– 4,1 %
Décès	381	382	+ 0,3 %
Jours incapacité temporaire (IT)	10 850 511	10 903 558	+ 0,5 %
Accidents du trajet			
Accidents avec arrêt	87 838	88 903	+ 1,2 %
Accidents avec IP	7 093	6 383	– 10,0 %
Décès	276	254	– 8,0 %
Jours d'incapacité temporaire	6 080 596	6 172 011	+ 1,5 %
Durée IT (en jours)	69,2	69,4	

2 Principales causes des accidents travail (en 2017)

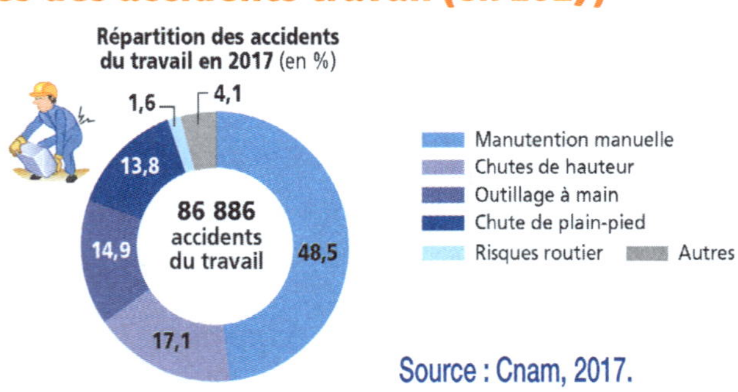

Source : Cnam, 2017.

3 L'estimation d'un risque professionnel

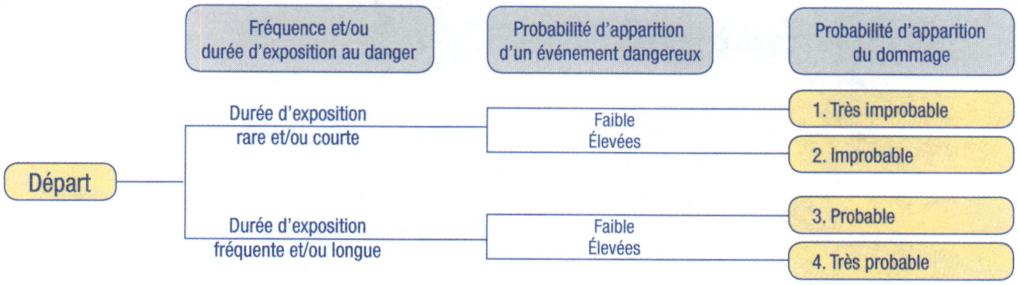

B Classification des risques

On peut distinguer différents types de risques :

- **Mécaniques :** chocs, écrasement, coupures et perforations, projections de particules solides
- **Physiques :** vibrations, niveau sonore trop élevé, température trop forte ou trop basse, intempéries, niveau d'éclairement, qualité de l'air, courant électrique, incendie et explosion.
- **Chimiques :** exposition à des substances chimiques par inhalation, ingestion ou contact cutané, produits cancérigènes, mutagènes, toxiques, corrosifs, irritants, allergisants, etc.
- **Biologiques :** exposition à des agents infectieux (bactériens, parasitaires, viraux, fongiques) et allergisants par piqûre, morsure, inhalation, voie cutanéomuqueuse, etc.
- **Radiologiques :** existence de radiations ionisantes et radioéléments, de rayonnements laser, de radiations UV et IR, rayonnements électromagnétiques, etc.
- **Psychologiques :** agression physique ou verbale sur le lieu de travail par un client /élève/patient, harcèlement moral ou sexuel par un supérieur hiérarchique, stress managérial, charges mentales excessives, etc.

C Les effets physiopathologiques du risque

L'exposition à des agents biologiques peut entraîner 4 types de répercussions sur la santé :

- Infections (tuberculose, maladie de Lyme, légionellose)
- Allergies
- Effets toxiques
- Cancers

Les **produits chimiques** présentent des **dangers pour les personnes**, les **installations** ou l'environnement.

Par exemple : intoxications aiguës, asphyxie, Irritations, ulcérations, eczémas, Asthme, pneumopathie d'hypersensibilité, hyperréactivité bronchique non spécifique, pneumoconioses, Polynévrites, tremblements, troubles psychiatriques, syndrome parkinsonien, hépatites, cancers incendie, explosion, pollution, etc.

D Les mesures de protection

La prévention intrinsèque consiste à :

- supprimer le danger ;
- réduire le danger ;
- réduire la présence de personne ;
- protéger les personnes du danger.

16 Les risques liés à l'activité physique du métier

Objectifs
- Identifier les facteurs de risque en relation avec l'activité physique dans une activité de travail
- Repérer les dommages possibles consécutifs à l'activité physique lors de la mise en œuvre d'une activité de travail
- Proposer des mesures de protection adaptées au risque en prenant en compte le caractère chronique ou immédiat du risque d'atteinte

A L'activité physique dans une activité de travail

L'activité physique désigne une **mobilisation de l'appareil locomoteur** pour transporter, soulever, tirer-pousser, etc.

Une activité physique adaptée joue un **rôle positif pour la santé** physique, psychique et mentale de l'individu.

Les activités physiques au travail impliquent souvent une **contrainte de temps**, **répétitivité**, **efforts et gestuelles** contraintes, etc. Cette activité se distingue ainsi d'une « activité physique de santé »

L'activité physique au travail est une des **principales causes d'accidents du travail**, de **maladies professionnelles** et d'**inaptitudes au travail**.
Elle est souvent à l'origine de **fatigue et de douleurs**, **altération de la qualité du travail**, et d'**accidents** (traumatiques, cardiovasculaires, ...), d'**atteintes de l'appareil locomoteur** (troubles musculosquelettiques des membres (TMS), lombalgies).

B Les dommages consécutifs à l'activité physique

Accidents de type traumatique	Chutes, accidents de plain-pied, chocs, blessures.	Atteintes lombaires, contusions, plaies et coupures, entorses, fractures, déchirures musculaires, luxations.
Fatigue et douleur	L'incapacité à réaliser une tâche par manque de force, de vitesse ou de mouvement) : altération du maintien ou contrôle d'une posture ou d'un geste.	Accidents (chutes, faux mouvements) et d'atteintes musculosquelettiques.
Atteintes de l'appareil locomoteur (TMS, lombalgies)	Combinaison de facteurs biomécaniques (répétitivité des gestes, efforts, postures) et psychosociaux liés à l'organisation du travail.	Atteinte des muscles, des tendons et des nerfs.
Maladies cardio-vasculaires	Pathologies cardiaques élevées pour les professions dures physiquement avec faible contrôle sur le travail, ou travail monotone ou faible soutien.	Accidents Vasculaires Cérébraux (AVC), infarctus du myocarde, artériopathies.
Effets toxiques	Augmentation de la fréquence et du volume respiratoire, sudation plus importante lors de l'activité physique.	Ambiance toxique, augmentation de la perméabilité cutanée aux toxiques.
Hyperthermie et atteintes cutanées	Augmentation de la température lors d'une activité physique.	Érythèmes cutanés, mycoses, Altération de la thermorégulation, coup de chaleur (urgence vitale t° > 42 °C)

C Les mesures de protection adaptées au risque

L'ergonomie Adaptation des conditions de travail aux capacités physiques de l'employé, et de ces capacités d'adaptation à sa fonction	– Organisation du travail, contenu et environnement du travail – Conception des tâches, des machines, des outillages, des bâtiments et des systèmes de production, – Correction d'un poste, aménagement d'un poste de travail, etc.
La protection collective 4 principes	– La protection par éloignement (balisage, déviation, etc.) – La protection par obstacle (rambarde de sécurité) – La protection par atténuation d'une nuisance (insonorisation du local, encoffrement de la pièce usinée, aspiration de poussière, ventilation, etc.) – La protection par consignation d'une fonction dangereuse lors d'interventions.
Les équipements de protection individuelle (EPI)	– Bouchons d'oreilles – Lunettes de protection, – Appareils de protection respiratoire, – Systèmes d'arrêt des chutes…

Protection contre la chute de hauteur. Logigramme de choix

Possibilité d'éviter les risques	*En priorité* →	*Modifier l'équipement ou l'ouvrage pour supprimer le travail en hauteur : travailler depuis le sol*
↓ *Si techniquement impossible*		
Prévoir des installations permanentes pour l'accès et pour la zone de travail	*En priorité* →	*Équipements permanents : escaliers, passerelles, plates-formes de travail, gardes-corps, acrotères*
↓ *Si techniquement impossible*		
Utilisations d'équipements temporaires (protection collective)	*En priorité* →	*Équipements temporaires : échafaudages, PIR, tours d'accès, filets en sous face, appareils de levage : plates-formes suspendues, PEMP...*
↓ *Si techniquement impossible*		
Utilisations d'équipements de protection individuelle	→	*Harnais et points d'ancrage, systèmes d'arrêt des chutes ou systèmes de restriction d'accès (nécessite une formation et un entraînement au port de l'équipement)*

Source :Institut national de recherche et de sécurité, 2018.

17 Les acteurs et les organismes de la prévention

→ OBJECTIFS
- Identifier les acteurs de prévention interne à l'entreprise
- Expliquer les rôles du comité social et économique (CSE) liées à la santé et sécurité au travail
- Identifier les missions du service de santé au travail
- Identifier les missions des acteurs de prévention extérieurs à l'entreprise

A Les acteurs de prévention interne à l'entreprise

L'employeur : l'acteur principal

Il met en œuvre la démarche de prévention dans l'entreprise. Il est responsable de la santé et de la sécurité des salariés. Il coordonne les équipes et donne les moyens nécessaires à la préservation de la santé physique et mentale de tous les salariés.

Il s'appuie sur les compétences des acteurs de la prévention des risques professionnels, et particulièrement sur le **salarié compétent pour la protection et la prévention des risques professionnels (PPRP)**.

Depuis le 1er juillet 2012, l'employeur a l'obligation de désigner un ou plusieurs salariés compétents pour s'occuper des activités de protection et de prévention des risques professionnels de l'entreprise (PPRP).

Le salarié compétent : chargé d'assurer la sécurité et de préserver la santé physique et mentale des salariés. Avec les ressources de l'entreprise : les représentants du personnel, l'encadrement, les responsables techniques, les personnes dédiées à des fonctions particulières en matière de sécurité et de santé, etc.

L'entreprise **dispose de compétences** en interne	**L'entreprise ne dispose pas de compétences**
↓	↓
Désignation d'un ou plusieurs **salariés compétents** pour **la protection et la prévention des risques professionnels (PPRP)**	Appel aux **IPRP (intervenants en prévention des risques professionnels)** : employés par le service
Dans tous les cas, l'entreprise peut faire appel à : – La **CARSAT** (caisses d'assurance retraite et de la santé au travail) – L'**ANACT** (Agence nationale pour l'amélioration des conditions de travail), – L'**OPPBTP** (Organisme professionnel de prévention du bâtiment et des travaux publics)	

B Le comité social et économique (CSE)

Ce comité existe dans toutes les entreprises concernées le 1er janvier 2020.

Le CSE regroupe les instances représentatives du personnel (IRP), les délégués du personnel (DP), le comité d'entreprise (CE) et comité d'hygiène, de sécurité et des conditions de travail (CHSCT).

Les missions du CSE dans le champ de la santé, de la sécurité et des conditions de travail sont les suivantes :
- **Procède à l'analyse des risques professionnels** auxquels peuvent être exposés les travailleurs, notamment les femmes enceintes,

- **Contribue notamment à faciliter l'accès des femmes** à tous les emplois, à la résolution des problèmes liés à la maternité, l'adaptation et à l'aménagement des postes de travail afin de faciliter l'accès et le maintien des personnes handicapées à tous les emplois au cours de leur vie professionnelle,
- **Peut susciter toute initiative qu'il estime utile** et proposer notamment des actions de prévention du harcèlement moral, du harcèlement sexuel et des agissements sexistes.
- **Procède à des inspections en matière** de santé, de sécurité et des conditions de travail et réalise des enquêtes en matière d'accidents du travail ou de maladies professionnelles ou à caractère professionnel.

C Les missions du service de santé au travail

Le service de santé au travail est une équipe pluridisciplinaire : **médecins du travail, collaborateurs médecins, internes en médecine du travail, IPRP et infirmiers, assistants de services de santé au travail** (ASST), **service social** du travail.

Ses missions sont les suivantes :

- **Conduire des actions de santé au travail**, dans le but de préserver la santé physique et mentale.
- **Conseiller les employeurs**, les travailleurs et leurs représentants sur les dispositions et mesures afin d'éviter ou de diminuer les risques professionnels, d'améliorer les conditions de travail, de prévenir la consommation d'alcool et de drogue, de prévenir le harcèlement sexuel ou moral, de prévenir ou de réduire la pénibilité au travail et la désinsertion professionnelle et de contribuer au maintien dans l'emploi
- **Assurer la surveillance** de l'état de santé des travailleurs en fonction des risques, de la pénibilité et de leur âge.
- **Participer au suivi** et contribuer à la traçabilité des expositions professionnelles et à la veille sanitaire.

D Les acteurs de prévention extérieurs à l'entreprise

Inspection du travail : application et conseils des dispositions légales relatives aux conditions de travail et à la protection des travailleurs dans l'exercice de leur profession.

L'INRS (Institut National de la Recherche et de sécurité) : acteur de la prévention en santé et sécurité au travail : études et recherches, assistance, information, et formation.

E Autres organismes de prévention

Les autres **organismes techniques ou scientifiques intervenant dans le système français de prévention** sont les suivants :

- Agence nationale de sécurité sanitaire de l'alimentation, de l'environnement et du travail (ANSES)
- Agence nationale pour l'amélioration des conditions de travail (ANACT)
- Organisme professionnel de prévention du bâtiment et des travaux publics (OPPBTP)
- Institut de radioprotection de sûreté nucléaire (IRSN)
- Santé publique France

18 Le suivi médical des salariés et la vaccination

OBJECTIFS
- Énoncer les intérêts des visites médicales du salarié
- Expliquer le principe de la vaccination
- Expliquer l'intérêt de la vaccination pour l'individu, pour la collectivité

A Le suivi médical

Tous les salariés bénéficient...	– D'une visite lors de leur embauche pour l'aptitude professionnelle (pour occuper le poste de travail) – D'un examen périodique (annuel, en principe, plus fréquent pour les salariés exposés à des risques particuliers) – D'une visite après une reprise de travail, un accident du travail, une maladie professionnelle ou un arrêt de travail supérieur à 21 jours.
Certains travailleurs ont droit à des examens supplémentaires...	– En raison de leur situation personnelle (femmes enceintes) – En raison de leur vie professionnelle (exposition à certaines substances)
Le médecin du travail peut proposer...	– Des mesures individuelles en fonction de l'état de santé du salarié et de son poste de travail – Des mutations ou des adaptations de poste en fonction de l'état de santé physique et mentale des travailleurs, la grossesse...

B La vaccination

1 Définitions

Un micro-organisme est un organisme vivant uni ou pluricellulaire de petite taille, ne pouvant être vu qu'au microscope (les protozoaires, les champignons, les bactéries, les virus).

Un antigène est une substance qui, introduite chez un individu, déclenche une réaction immunitaire spécifique.

2 Principe

La vaccination viser à fournir à l'organisme les antigènes de la maladie pour entraîner la réaction immunitaire et la fabrication d'anticorps et de cellules mémoires sans qu'apparaissent les signes gênants de la maladie.

La vaccination permet de :
- Créer une immunité active de l'individu contre la maladie qui dure plusieurs années, c'est ce qu'on appelle la protection individuelle
- Prévenir des maladies graves et protège la société des épidémies, c'est ce qu'on appelle la protection collective)

Certains vaccins sont obligatoires d'autres conseillés.

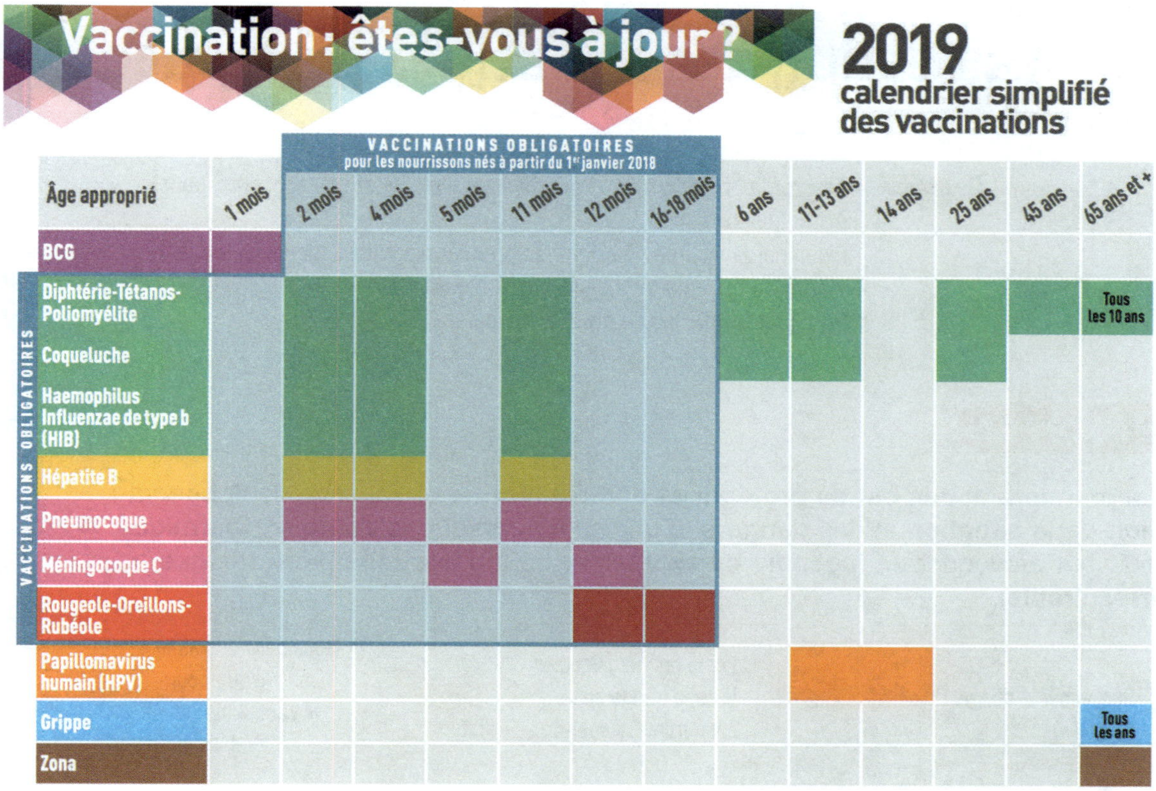

C Intérêts de la vaccination

Les vaccins sont des **médicaments importants pour la santé de tous**, car ils permettent **d'éviter un très grand nombre de maladies et d'épidémies.**

Selon l'Organisation mondiale de la santé (OMS), **2 à 3 millions de vies sont sauvées chaque année grâce à la vaccination**.

Grâce à la vaccination certaines **maladies ont disparu** :
- la variole (a disparu dans le monde)
- la poliomyélite (a disparu de France).

La vaccination est le moyen de prévention le plus efficace aujourd'hui pour lutter contre certaines maladies infectieuses graves comme :
- le tétanos,
- les oreillons,
- la coqueluche,
- les méningites et septicémies à méningocoque…

Certaines vaccinations sont importantes dans certaines situations comme la vaccination contre **la grippe chez les personnes âgées, les femmes enceintes ou des personnes présentant certaines maladies chroniques**.

Plusieurs millions de personnes sont vaccinées chaque année en France.

19 La gestion des situations d'urgence

Objectifs
- Assurer la protection de la victime, des témoins et du secouriste, pour éviter le suraccident
- Examiner la victime pour faire un premier diagnostic global de son état
- Alerter ou faire alerter les secours professionnels
- Pratiquer les gestes de premier secours

A Protéger

La première action est de protéger et doit s'effectuer en fonction de **l'observation de la situation** et des **dangers** (d'origine **mécanique**, **électrique**, **thermique** pouvant provoquer un **incendie** ou **explosion**, dû à une **atmosphère toxique** ou **irrespirable**).

Supprimer le danger → Isoler le danger (signaler la zone dangereuse, interdire l'accès) → Soustraire la victime (sans risque pour le secouriste ou les témoins)

B Examiner la victime

L'examen permet de collecter des informations pour :
- **Déterminer le résultat à atteindre** et les actions à mettre en œuvre pour **maintenir la victime en vie ou éviter une aggravation**. L'ordre est déterminé par le **niveau d'urgence vitale**.
- **De faire transmettre ou transmettre** ces informations aux secours.

Saigne-t-elle abondamment ? → **S'étouffe-t-elle ?** →

Répond-elle ? Oui

Questionner la victime pour obtenir des informations sur son état

Répond-elle ? Non

- **La victime est sur le dos :** libérer les voies aériennes pour faciliter le pas- sage de l'air. Respire-t-elle ? Repérer des signes visibles de respiration.
- **La victime est sur le ventre :** mettre la victime sur le dos pour libérer les voies aériennes et vérifier la respiration.

C Faire alerter ou alerter

Dans l'entreprise : les moyens de secours et/ou les personnes prévus dans l'organisation des secours
Hors de l'entreprise : le **SAMU (15)**, les **sapeurs-pompiers (18)**, le **112 : numéro d'appel européen**

Le message à transmettre doit contenir :
- **L'identité** de l'appelant et le **numéro d'appel**,
- **Le lieu de l'accident** (adresse, atelier, étage...),
- **La nature de l'accident** (chute de hauteur, chariot renversé...),
- **Le nombre de victimes**,
- **L'état des victimes**,
- **Les actions engagées**.

D Pratiquer des gestes de premier secours

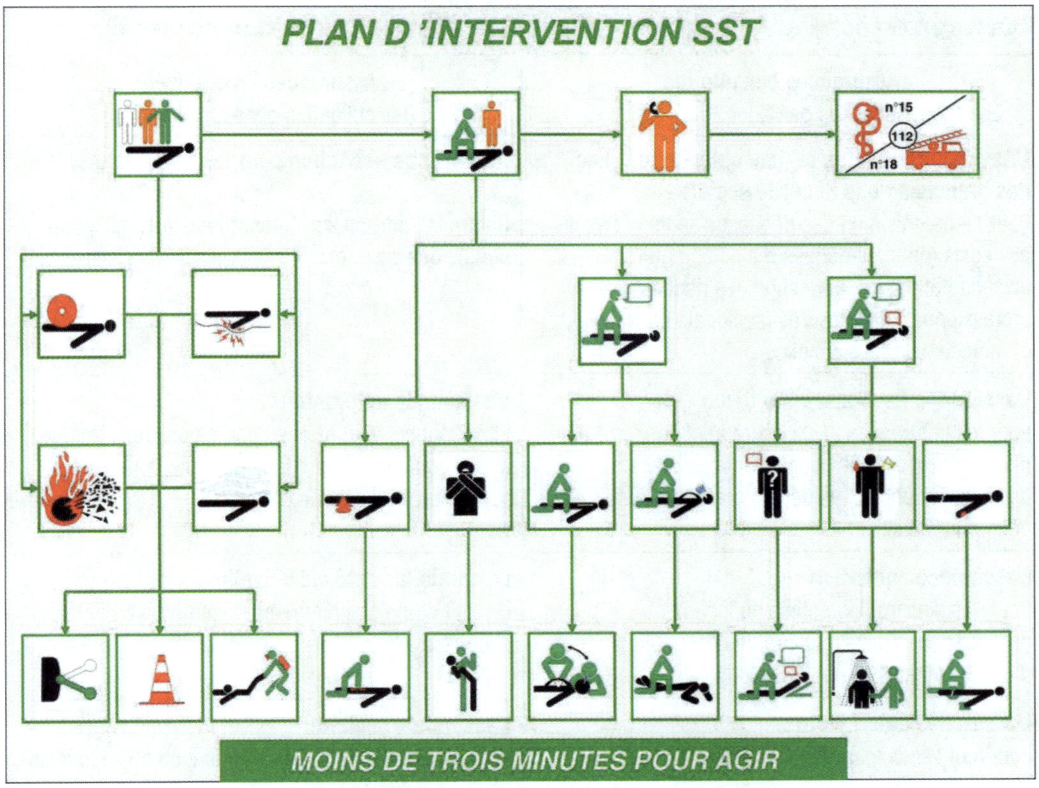

PSE

20 L'assurance

OBJECTIFS
- Expliquer le principe de l'assurance comme fonctionnement solidaire
- Identifier les garanties et les clauses restrictives à partir d'un contrat ou d'extraits de contrats
- Démontrer le caractère obligatoire ou facultatif d'une assurance à partir d'un texte règlementaire
- Repérer les démarches à effectuer dans une situation donnée en cas de sinistre à partir d'une procédure, d'un formulaire

A Le principe de l'assurance

L'assurance est un dispositif **contractuel** qui permet de faire garantir par une partie (**l'assureur**) un **événement aléatoire** (le **sinistre**) que peut subir l'autre partie (**l'assuré**), en échange d'une contrepartie financière (**a prime d'assurance**).

Assurances obligatoires > Elles sont imposées par la loi	**Assurances facultatives** > Il n'y a pas obligation d'y souscrire
L'Assurance maladie, régime obligatoire = une **des branches de la Sécurité sociale** Pour l'indemnisation des dépenses santé et l'accès aux soins (pour les risques maladie, maternité, invalidité et décès), et gestion des risques professionnels des assurés (accidents du travail et maladies professionnelles).	**L'assurance habitation pour les propriétaires :** Contre les effractions, catastrophes technologiques, dégâts des eaux, etc.
L'assurance Responsabilité Civile Pour les dommages involontairement causés à autrui (indemnisation de la victime et recouvrement des conséquences des dégâts corporels, matériels ou immatériels).	**L'assurance emprunteur** Elles sont souvent exigées par les banques (même si non obligatoire) pour les emprunts immobiliers (garanties décès, perte d'emploi)
L'assurance habitation Pour des sinistres potentiels du logement, des personnes dans le cadre de l'occupation d'un logement.	**La mutuelle santé individuelle** Il s'agit d'une complémentaire santé pour compléter la couverture de l'Assurance maladie.
L'assurance auto / moto : Pour tout véhicule motorisé doit être assuré, même s'il ne roule pas.	**L'assurance scolaire** Pour assurer un enfant au primaire ou au secondaire, dans les activités extra-scolaires (sortie au musée, à la piscine), et la cantine.

L'assurance sociale est un **système de protection sociale** basé sur des contributions et des rétributions (les salariés versent **une cotisation** fonction de leur revenu et peuvent percevoir une prestation sur la base de la mutualisation des risques sur le principe d'**une solidarité universelle**.

L'assistance sociale désigne l'aide aux personnes dont les ressources sont insuffisantes sans contrepartie de cotisation (**une solidarité ciblée**).

Le contrat d'assurance (police d'assurance) est un contrat par lequel une personne se fait promettre **une prestation** en échange du **paiement d'une prime** en cas de risque déterminé.

B Les garanties et les clauses

1 Définitions

La garantie est l'assistance apportée à l'assuré en cas de sinistre.

Les exclusions des risques dans les contrats d'assurances : l'assurance couvre un ou plusieurs risques déterminés mais il est toujours possible d'établir des distinctions et de procéder à des exclusions de risque.

Un sinistre est un **risque** tel qu'il est défini par la **police** (contrat) qui se réalise. La conséquence du sinistre est de faire naître **l'obligation de règlement de l'assureur**.

La déclaration de sinistre est une obligation qui impose à l'assuré d'informer son assureur de la survenance d'un sinistre causé ou subit, de nature à pouvoir mettre en jeu les garanties précisées sur le contrat.

L'assurance de responsabilité désigne l'assurance de dommage qui a pour objet la couverture de la responsabilité de l'assuré envers les tierces victimes des dommages causés par cet assuré.

Obligations de l'assuré. L'assuré doit déclarer le sinistre dans les 5 jours à compter du lendemain du jour où il en a eu connaissance (cas particulier du vol : 2 jours).

Obligation de l'assureur. L'assureur, sauf exclusion prévue au contrat, doit indemniser les pertes et dommages résultant des événements prévus au contrat.

Le principe indemnitaire. L'assurance relative aux biens repose sur un contrat d'indemnité.

2 La réglementation française

Elle provient de la législation européenne. Les organismes doivent répondre à de nombreuses contraintes. Depuis 2010, l'ACPR (Autorité de Contrôle Prudentiel et de Résolution) est chargée de contrôler les sociétés d'assurance.

C Les démarches en cas de sinistre

Exemple de déclaration de « constat amiable dégât des eaux » :

CONSTAT AMIABLE DÉGÂT DES EAUX

Date du dégât des eaux

Adresse complète du lieu du sinistre

S'agit-il : ☐ d'une maison particulière ☐ d'un immeuble en copropriété ☐ d'un immeuble locatif

L'immeuble a-t-il été construit depuis moins de 10 ans : ☐ oui ☐ non

Nom et adresse du syndic ou du gérant

Tél.

LES PARTIES CONCERNÉES PAR LE DÉGÂT DES EAUX

A

Nom et Prénom

Adresse

Bât. Étage

Mail

Tél.

Assureur Contrat n°

Sinistre n°

Agent/courtier Tél.

Adresse assureur / agent / courtier

S'agit-il d'un local à usage d'habitation ? ☐ oui ☐ non

La résiliation du bail a-t-elle été demandée ? ☐ oui ☐ non

S'agit-il d'une location meublée ou saisonnière ? ☐ oui ☐ non

Vous êtes
- ☐ Locataire ou occupant non propriétaire — Nom et coordonnées du propriétaire ou du gérant de votre logement :
- ☐ Propriétaire/Copropriétaire : ☐ occupant ☐ non occupant
- ☐ Syndic ☐ Gérant de l'immeuble

Avez-vous subi des dommages ? ☐ oui ☐ non

B

Nom et Prénom

Adresse

Bât. Étage

Mail

Tél.

Assureur Contrat n°

Sinistre n°

Agent/courtier Tél.

Adresse assureur / agent / courtier

S'agit-il d'un local à usage d'habitation ? ☐ oui ☐ non

La résiliation du bail a-t-elle été demandée ? ☐ oui ☐ non

S'agit-il d'une location meublée ou saisonnière ? ☐ oui ☐ non

Vous êtes
- ☐ Locataire ou occupant non propriétaire — Nom et coordonnées du propriétaire ou du gérant de votre logement :
- ☐ Propriétaire/Copropriétaire : ☐ occupant ☐ non occupant
- ☐ Syndic ☐ Gérant de l'immeuble

Avez-vous subi des dommages ? ☐ oui ☐ non

CAUSE DU DÉGÂT DES EAUX

Une recherche de fuite a été effectuée par un artisan ou une entreprise : ☐ non ☐ oui, par qui :

La cause est identifiée : ☐ oui ☐ non / La cause est réparée : ☐ oui ☐ non

L'origine du dégât des eaux est située chez : ☐ A ☐ B ☐ ailleurs, *préciser* :

Il s'agit de (cocher le ou les cases) :

☐ Fuite sur canalisation, *préciser* : ☐ commune ☐ privative / ☐ alimentation ☐ évacuation / ☐ accessible ☐ non accessible

☐ Fuite ou débordement d'appareils à effet d'eau (évier, lavabo, machine à laver, chaudière, cumulus, …)

☐ Fuite ou débordement de chéneaux ou de gouttières

☐ Infiltrations par : ☐ toiture ☐ terrasse ☐ façade ☐ fenêtre ou porte fenêtre ☐ joint d'étanchéité (installation sanitaire ou carrelage)

☐ Gel

☐ Autre cause : laquelle ?

Un entrepreneur, un installateur ou un vendeur vous paraît-il être à l'origine du sinistre : ☐ non ☐ oui *(préciser pourquoi)* :

Si oui, nom et adresse :

Fait à :

Le : / /

A Signature B Signature

21 Le budget

→ **Objectifs**
- Identifier les différentes catégories de recettes et de dépenses d'un budget
- Énoncer la principale règle de gestion d'un budget
- Expliquer le principe de l'épargne et les critères de choix
- Expliquer les avantages et les inconvénients d'un crédit à la consommation

A Les éléments du budget

Le budget désigne l'ensemble des **revenus** (**recettes**) et des **dépenses** d'une personne, ou d'une famille, sur une période déterminée.

Les **dépenses du budget familial** sont **regroupées par postes** :
- Le logement
- L'alimentation
- L'habillement
- Les loisirs

Il faut distinguer :
- Les **dépenses incompressibles** : dépenses que l'on ne peut pas réduire (le loyer, les impôts, les assurances)
- Les **dépenses compressibles** : dépenses pouvant être réduites (l'habillement, l'alimentation, les loisirs).
- Le **solde** : différence entre **les recettes et les dépenses** (**recettes – dépenses = solde**)

B La gestion d'un budget

1 Le budget annuel prévisionnel

Le **budget annuel prévisionnel** permet de prévoir les dépenses à venir. Il est décrit par mois (1/12e de la dépense annuelle affecté par mois). Généralement **la mensualisation** s'effectue sur 10 mois (impôts, l'électricité, eau).

2 Les différents types de budgets

Un budget équilibré ou en équilibre est un budget dans lequel le **total des revenus est égal au total des dépenses**.

Un budget déficitaire est un budget pour lequel les **recettes sont inférieures aux dépenses** d'où un solde budgétaire négatif.

Un budget excédentaire est un budget pour lequel les **recettes sont supérieures aux dépenses** d'où un **solde budgétaire positif**.

L'épargne de précaution est une **réserve d'argent** placée pour **faire face aux dépenses imprévues**.

3 Les revenus des ménages

Le ménage est une **famille** ou **une personne vivant seule**.

Les revenus liés au travail salarié regroupent l'ensemble des rémunérations (salaires, primes, etc.) que les travailleurs perçoivent, en échange de leur travail.

Les prestations sociales (ou transferts sociaux) sont des transferts versés (en espèces ou en nature) à des individus ou à des familles afin de réduire la charge financière que représente la protection contre les risques :
- La vieillesse et la survie : pensions de retraite, pensions de réversion, prise en charge de la dépendance
- La santé : prise en charge totale ou partielle de frais liés à la maladie, à l'invalidité, aux accidents du travail et aux maladies professionnelles
- La maternité-famille : prestations liées à la maternité, allocations familiales, aides pour la garde d'enfants
- La perte d'emploi : indemnisation du chômage et insertion professionnelle
- Les difficultés de logement : aides au logement
- La pauvreté et l'exclusion sociale : Le revenu de solidarité active RSA, minimum vieillesse...

C Le crédit à la consommation

Le crédit à la consommation regroupe t**ous les crédits non-immobiliers** entre **200 et 75 000 euros** et d'une durée de plus de 3 mois (les crédits « renouvelables » ou « revolving »)

Le taux annuel effectif global (TAEG : % annuel) définit un taux prenant en compte tous les frais d'un prêt :
- Les intérêts bancaires
- Les frais de dossier
- Le coût de l'assurance obligatoire
- Les frais de garantie...

Le **TAEG** permet de **calculer la somme totale** à rembourser et **de comparer les offres** de crédit.

Une mensualité est une somme d'argent payée chaque mois par l'emprunteur à la banque lors d'un prêt. **Les intérêts désignant** la **rémunération d'un prêt d'argent** effectué par **un agent économique** (**le prêteur**), donc le coût de l'emprunt.

La situation de surendettement est l'**impossibilité** de **faire face à l'ensemble de ses dettes non professionnelles**.

Le droit de rétractation est un droit d'un consommateur d'annuler un contrat de vente (annuler un achat, retourner les produits, sans motif, et en obtenir le remboursement.)

Les avantages d'un crédit à la consommation : paiement en plusieurs fois, paiement reporté, accès à des biens sans apport, droit de rétractation...

Les inconvénients d'un crédit à la consommation : taux d'intérêt souvent élevés, impression de pouvoir tout acheter, perte notion d'argent, risque de surendettement...

L'engagement réciproque prévoit que deux parties vont se mettre d'accord, dans l'avenir, sur la conclusion d'un contrat.

22 Les achats

OBJECTIFS
- Expliquer les avantages et les inconvénients du e-commerce pour le consommateur
- Hiérarchiser dans une situation donnée les critères de choix pour un produit
- Repérer et décoder les informations utiles au choix sur une étiquette de produit à consommer
- Repérer les informations ou signes relatifs à la qualité des produits de consommation alimentaire et à l'éthique de l'entreprise

A Les e-commerce

L'achat en ligne est la conclusion **d'une transaction commerciale opérée via Internet**.

Les boutiques en ligne désignent un **magasin virtuel** affichant chacun des articles vendus.

Le consommateur sélectionne également les **modalités de livraison** souhaitées (à domicile, dans un bureau de Poste, dans un point relais, etc.).

Les avantages de l'achat en ligne	Les inconvénients de l'achat en ligne
– Gain de temps – Comparaison des prix des produits sur différents sites – Achats facilités sans déplacement – Accès à une gamme de produits plus étendue que dans le commerce – Avis de consommateurs ayant acheté le produit – Achat à l'étranger facilité	– Services parfois allégés – Livraison souvent payante, – Problèmes de livraison – Produit indisponible, livraison indéfiniment retardée, article non conforme ou endommagé, publicité trompeuse – Pas d'interlocuteur direct – Fraudes - Escroqueries – Sites pas toujours sécurisés

B Les critères de choix pour un produit

Critères de choix : le prix, la qualité, caractéristiques du produit, les conditions d'achat

Le délai de réflexion ou de rétractation = période accordée au consommateur pour réfléchir à son engagement (achat) = 14 jours minimum

Les conditions générales de vente (CGV) sont des informations fournies par un fournisseur à son client sur les **conditions légales de vente** de ses produits ou services. **Les conditions générales de vente** (côté vendeur) = les **conditions générales d'achat (CGA)** (côté client).

C Date de consommation et date de durabilité

Les mentions « **à consommer avant le** » ou « **à consommer jusqu'au** » = **la date limite de consommation (DLC)** (au-delà de la date, risques pour la santé : produits frais emballés)

La mention « **à consommer de préférence avant le** » = **la date de durabilité minimale (DDM)** (au-delà de la date, perte des qualités gustatives et/ou nutritionnelles mais sans danger pour la santé : sur les boissons, les pâtes, riz, sucre, conserves…)

Autres indications possibles : la température de conservation ; la nature de la cuisson ; un délai de consommation après ouverture du produit.

D La qualité des produits

La qualité minimale d'un produit est définie par **différents textes réglementaires** :
- Le règlement européen (UE) n° 1169/2011 du Parlement européen et du Conseil du 25 octobre 2011 concernant l'information des consommateurs sur les denrées alimentaires ;
- Les directives ou règlements européens pris dans le cadre de la Politique agricole commune (fruits et légumes, vins, volailles, spiritueux, produits de la pêche, œufs, chocolat, miel, confitures, etc.) ;
- Des décrets nationaux (fromages, conserves, etc.) ;
- Des codes d'usages (charcuteries, nougats, etc.).

La qualité est définie par **l'AFNOR** : « un produit ou service de qualité est un produit dont les caractéristiques lui permettent de satisfaire les besoins exprimés ou implicites des consommateurs ».

Il est possible de distinguer : les signes européens de la qualité ; les signes nationaux de la qualité ; les mentions valorisantes.

4 signes européens de la qualité	
Appellation d'origine protégée (AOP)	Lien très fort du produit avec son terroir
Indication géographique protégée (IGP)	Relation entre le produit et son origine moins forte que pour l'AOP mais suffisante
Spécialité traditionnelle garantie (STG)	Atteste qu'un produit alimentaire a été fabriqué selon une recette considérée comme traditionnelle.
Agriculture biologique	Sans OGM, ni pesticides, ni engrais chimiques de synthèse et conditions d'élevage garantissant le bien-être des animaux.
Les signes nationaux de la qualité	
Label Rouge	Caractéristiques spécifiques fixées dans un cahier des charges établissant un niveau de qualité
Certification de conformité	Cahier des charges précisant les mises en œuvre des exigences et recommandations et les points à contrôler
Le commerce équitable	
Commerce équitable	Système d'échange pour une meilleure égalité dans le commerce en veillant à la juste rémunération des producteurs avec des préoccupations éthiques, sociales et environnementales

Les allergènes sont des substances qui déclenchent **les allergies (réactions immunitaires** à la suite d'un contact, d'une ingestion, d'une inhalation dans le cas d'un allergène alimentaire).

Les pouvoirs publics ont pris des mesures d'information : tout produit contenant des allergènes fait l'objet d'un étiquetage obligatoire.

Les compétences du BO

Compétences communes aux différents contextes d'exercice professionnel

Compétences communes transversales :

T1	- Recueillir les informations, s'informer sur les éléments du contexte et de la situation professionnels à prendre en compte	EP1
T2	- Adopter une posture professionnelle adaptée	EP1
T3	- Établir une relation privilégiée et sécurisante avec l'enfant	EP2
T4	- Coopérer avec l'ensemble des acteurs concernés dans un but de cohérence, d'adaptation et de continuité de l'accompagnement	EP2
T5	- Organiser son action	EP3

Compétences communes de réalisation :

RC1	- Mettre en œuvre les conditions favorables à l'activité libre et à l'expérimentation dans un contexte donné	EP1
RC2	- Mettre en œuvre des activités d'éveil en tenant compte de la singularité de l'enfant	EP1
RC3	- Réaliser les soins du quotidien et accompagner l'enfant dans ses apprentissages	EP1
RC4	- Appliquer les protocoles liés à la santé de l'enfant	EP1

Compétences spécifiques aux secteurs d'activité

RS1	- Assurer une assistance pédagogique au personnel enseignant	EP2
RS2	- Assurer des activités de remise en état des matériels et locaux en école maternelle	EP2
RS3	- Négocier le cadre de l'accueil	EP3
RS4	- Assurer les opérations d'entretien du logement et des espaces réservés à l'enfant	EP3
RS5	- Élaborer des repas	EP3

J.O. du 13 avril 2017.

Annexes

- Le règlement d'examen
- Les périodes de formation en entreprise

Certificat d'aptitude professionnelle
Accompagnant éducatif petite enfance

Règlement d'examen

<table>
<tr><td colspan="3">Certificat d'aptitude professionnelle
Accompagnant éducatif petite enfance</td><td colspan="2">Scolaires
(établissements publics et privés sous contrat)
Apprentis
(CFA et sections d'apprentissage habilités)
Formation professionnelle continue
(établissements publics)</td><td colspan="2">Scolaires
(établissements privés hors contrat)
Apprentis
(CFA et sections d'apprentissage non habilités)
Formation professionnelle continue
(établissements privés)
Enseignement à distance - candidats libres</td></tr>
<tr><td>Épreuves</td><td>Unités</td><td>Coef.</td><td colspan="2">Mode</td><td>Mode</td><td>Durée</td></tr>
<tr><td colspan="7">Unités professionnelles</td></tr>
<tr><td>EP1 : accompagner le développement du jeune enfant</td><td>UP1</td><td>7 (1)</td><td colspan="2">CCF (2)</td><td>Ponctuel oral</td><td>25 min
(+ 1 h PSE)</td></tr>
<tr><td>EP2 : exercer son ACTIVITÉ en accueil collectif</td><td>UP2</td><td>4</td><td colspan="2">CCF</td><td>Ponctuel écrit</td><td>1 h 30</td></tr>
<tr><td>EP3 : exercer son ACTIVITÉ en accueil individuel</td><td>UP3</td><td>4</td><td colspan="2">CCF</td><td>Ponctuel pratique et oral</td><td>Maximum 2 h</td></tr>
<tr><td colspan="7">Unités d'enseignement général</td></tr>
<tr><td>EG1 : Français et Histoire-Géographie – Enseignement moral et civique</td><td>UG1</td><td>3</td><td colspan="2">CCF</td><td>Ponctuel écrit et oral</td><td>2 h 15 min</td></tr>
<tr><td>EG2 : Mathématiques - Sciences physiques et chimiques</td><td>UG2</td><td>2</td><td colspan="2">CCF</td><td>Ponctuel écrit</td><td>2 h</td></tr>
<tr><td>EG3 : Éducation physique et sportive</td><td>UG3</td><td>1</td><td colspan="2">CCF</td><td colspan="2">ponctuel</td></tr>
<tr><td>Épreuve facultative : Langue vivante (3)</td><td>UF</td><td></td><td>Ponctuel oral</td><td>20 minutes</td><td>Ponctuel oral</td><td>20 minutes</td></tr>
</table>

(1) Dont coefficient 1 pour la Prévention Santé Environnement (PSE)
(2) CCF : contrôle en cours de formation
(3) Seuls les points excédant 10 sont pris en compte pour le calcul de la moyenne générale en vue de l'obtention du diplôme.

Périodes de formation en milieu professionnel

1. Objectifs

Les périodes de formation en milieu professionnel sont des phases déterminantes de la formation car elles permettent :
– d'appréhender concrètement l'organisation des établissements et des services de la petite enfance, leurs personnels et leurs usagers ;
– d'apprendre à travailler en situation réelle, en présence d'usagers, avec les ressources et les contraintes du milieu professionnel ;
– de s'insérer dans une équipe de professionnels ;
– de mettre en œuvre ou d'acquérir, sous la responsabilité d'une personne qualifiée, tout ou partie des compétences définies dans le référentiel du diplôme.

La formation en milieu professionnel contribue à développer les capacités d'autonomie et de responsabilité du futur professionnel.

2. Modalités

2.1. Candidats relevant de la voie scolaire

La formation en milieu professionnel du CAP Accompagnant éducatif petite enfance a une durée de seize semaines sur l'ensemble de la formation pour un cycle de deux ans dont au minimum 8 semaines en année de terminale.

La formation en milieu professionnel se déroule dans les établissements et services d'accueil de la petite enfance : écoles maternelles, établissements d'accueil de jeunes enfants, pouponnières à caractère social, centres maternels, accueils collectifs pour mineurs (de 0 à 6 ans), tout établissement accueillant des jeunes enfants, le domicile privé de l'assistant maternel agréé (AMA) et les maisons d'assistants maternels, organisme de services à la personne offrant des prestations de garde d'enfant(s) de moins de 3 ans.

Au cours de leur formation, les candidats de la voie scolaire accomplissent au moins trois périodes de formation en milieu professionnel. Ces périodes de formation sont complémentaires afin d'acquérir ou de mobiliser les compétences du référentiel du CAP Accompagnant éducatif petite enfance dans des situations professionnelles variées (diversité des âges, des structures, des activités conduites…).

Au moins huit semaines de formation en milieu professionnel sont obligatoirement effectuées en dernière année de formation :
– une période d'une durée minimale de 4 semaines est réalisée en école maternelle ou EAJE ou ACM (moins de 6 ans) ;
– une autre période d'une durée minimale de 4 semaines est réalisée en EAJE ou auprès d'un assistant maternel agréé ou auprès d'un organisme de services à la personne agréé offrant des prestations de garde d'enfants de moins de 3 ans.

Pour les PFMP qui se déroulent au domicile privé de l'assistant maternel agréé ou en maison d'assistants maternels, les conditions de recevabilité sont les suivantes :
– l'assistant maternel est agréé par le conseil départemental et assure l'accueil d'enfant(s) depuis au moins cinq ans ;
– l'assistant maternel a validé l'épreuve EP1 du CAP Petite enfance (arrêté du 22/11/2007) ou détient les unités U1 et U3 du CAP Accompagnant éducatif petite enfance (arrêté du 22 février 2017) ou est titulaire d'un diplôme d'État d'auxiliaire de puériculture ou d'un diplôme intervenant dans le domaine de la petite enfance inscrit au RNCP d'au moins de niveau III.

Pour les PFMP qui se déroulent auprès d'un organisme de services à la personne offrant des prestations de garde d'enfant(s) de moins de 6 ans, les conditions de recevabilité sont les suivantes :
– délivrance de l'agrément pour les organismes de services à la personne pour la garde à domicile pour les enfants de moins de 3 ans ;
– le professionnel tuteur est titulaire d'un CAP Petite enfance (arrêté du 22/11/2007) ou du CAP Accompagnant éducatif petite enfance (arrêté du 22 février 2017) et a une expérience professionnelle d'au moins 3 ans auprès d'enfants de moins de 3 ans ;
– ou le professionnel tuteur est titulaire d'une autre certification de niveau V justifiant de compétences dans le domaine de la petite enfance et une expérience professionnelle d'au moins 5 ans auprès d'enfants de moins de 3 ans.

Au sein d'une équipe sanitaire, sociale, médico-sociale, socio-éducative ou éducative, sous la responsabilité du tuteur, l'élève est amené à conduire :
– des activités d'animation et d'éveil qui contribuent à la socialisation de l'enfant, à son autonomie et à l'acquisition du langage ;
– des activités de soins du quotidien qui contribuent à répondre aux besoins physiologiques de l'enfant et à assurer sa sécurité physique et affective ;
– des activités liées à la collaboration avec les parents et les autres professionnels prenant en compte une dimension éthique qui permet un positionnement professionnel adapté.

Les activités proposées peuvent aller de la participation jusqu'au travail en toute autonomie.

Les candidats doivent satisfaire aux conditions de vaccination et autres exigences du milieu professionnel, conformément à la réglementation en vigueur.

La recherche des organismes d'accueil est menée sous la responsabilité de l'équipe pédagogique, coordonnée par le directeur ou la directrice délégué(e) aux formations technologiques et professionnelles, ce qui n'exclut pas une participation des élèves à cette recherche sous réserve que celle-ci soit préparée.

L'organisation pédagogique des périodes de formation en milieu professionnel prend en compte l'accompagnement pédagogique de l'élève dans les différentes étapes de préparation, de déroulement et d'exploitation pédagogique de cette période ainsi que la qualité de la relation entre l'établissement et l'organisme d'accueil.

Les périodes de formation en milieu professionnel doivent faire l'objet d'une planification visant à assurer la cohérence de la formation. La répartition précise dans le temps est laissée à l'initiative des établissements pour tenir compte des conditions locales et du projet pédagogique.

Un membre de l'équipe pédagogique, de préférence le/la professeur(e) référent(e) fixe avec le tuteur/la tutrice les activités qui sont confiées à l'élève. Ces activités font référence aux objectifs de formation exprimés en compétences à développer ou à acquérir, à la progression pédagogique et aux éventuels travaux réglementés. Les activités professionnelles identifiées sont formalisées dans l'annexe pédagogique de la convention des PFMP qui établit également les modalités d'accompagnement, de suivi et d'évaluation de l'élève.

Pour chaque période de formation, une attestation doit être remplie par le responsable de l'établissement d'accueil. Le représentant légal de l'établissement de formation atteste de la conformité des lieux de PFMP.
Un candidat, qui, pour une raison majeure dûment constatée, n'a pu effectuer ses périodes de formation en milieu professionnel, peut être autorisé par le Recteur à se présenter à l'examen, le jury étant informé de la situation.

2.2. Candidats relevant de la voie de l'enseignement à distance

Les modalités et la durée de la formation en milieu professionnel sont identiques à celles des candidats de la voie scolaire.

2.3. Candidats relevant de la voie de l'apprentissage

La formation par apprentissage fait l'objet d'un contrat conclu entre l'apprenti et son employeur conformément aux dispositions en vigueur du code du travail.

Afin d'assurer la cohérence dans la formation, l'équipe pédagogique du centre de formation d'apprentis doit veiller à informer le maître d'apprentissage des objectifs de la formation en milieu professionnel.

Les lieux d'apprentissage sont des structures collectives d'accueil de jeunes enfants ou organismes de services à la personne offrant des prestations de garde d'enfant(s) de moins de 3 ans.
– délivrance de l'agrément pour les organismes de service à la personne pour la garde à domicile pour les enfants de moins de 3 ans ;
– le maître d'apprentissage est titulaire d'un CAP Petite enfance (arrêté du 22/11/2007) ou du CAP Accompagnant éducatif petite enfance (arrêté du 22 février 2017) et a une expérience professionnelle d'au moins 3 ans auprès d'enfants de moins de 3 ans
– ou le maître d'apprentissage est titulaire d'une autre certification de niveau V justifiant de compétences dans le domaine de la petite enfance et une expérience professionnelle d'au moins 5 ans auprès d'enfants de moins de 3 ans.
Il est important que les divers aspects de la formation en milieu professionnel soient effectués par l'apprenti. En cas de situation d'entreprise n'offrant pas tous les aspects de la formation, l'article R.117-5-1 du code du travail sera mis en application.

2.4. Voie de la formation professionnelle continue

a) Candidat en situation de première formation ou de reconversion

La durée de la formation en milieu professionnel (16 semaines) s'ajoute aux durées de la formation dispensée dans le centre de formation continue.

Les modalités de la formation en milieu professionnel sont les mêmes que pour les candidats scolaires.

Lorsque cette formation s'effectue dans le cadre d'un contrat de travail de type particulier, la formation en entreprise obligatoire est incluse dans la période de formation dispensée en milieu professionnel si les activités effectuées en milieu professionnel sont en cohérence avec les exigences du référentiel et conformes aux objectifs.

b) Candidat en situation de perfectionnement

Les attestations de formation en milieu professionnel sont remplacées par un ou plusieurs certificats de travail attestant que l'intéressé a exercé les activités dans un ou plusieurs secteurs d'activités du CAP Accompagnant éducatif petite enfance en qualité de salarié à temps plein, pendant six mois au cours de l'année précédant l'examen, ou à temps partiel pendant un an au cours des deux années précédant l'examen.

Pour les candidats positionnés par décision du recteur (décret n° 95-663 du 9 mai 1995 modifié) la durée minimale de la formation en milieu professionnel est de 8 semaines.

2.5. Autres candidats

Pour l'épreuve EP1, les candidats doivent réaliser une PFMP en EAJE ou auprès d'un assistant maternel agréé ou d'un organisme de services d'aide à la personne agréé offrant des prestations de garde d'enfant(s) de moins de 3 ans, d'une durée minimale de quatre semaines consécutives ou non dans les trois années précédant la session d'examen. Les assistants maternels agréés et gardes à domicile sont dispensés de cette

PFMP pour présenter cette épreuve mais doivent fournir un certificat de travail attestant de leur activité d'une durée d'au moins 12 semaines.

Pour l'épreuve EP2, une PFMP d'au moins quatre semaines consécutives ou non dans les trois années précédant la session d'examen ou une expérience professionnelle d'au moins 12 semaines en école maternelle ou en EAJE ou en ACM (moins de 6 ans) est exigée pour se présenter à l'épreuve.

Les lieux des PFMP, supports des épreuves EP1 et EP2 seront distincts.

Les candidats qui n'ont aucune expérience professionnelle dans le secteur de la petite enfance, doivent réaliser 16 semaines de PFMP dont :
– 8 semaines en EAJE ou auprès d'un assistant maternel agréé ou d'un organisme de services d'aide à la personne agréé offrant des prestations de garde d'enfant(s) de moins de 3 ans ;
– 8 semaines en école maternelle ou en EAJE ou en ACM (moins de 6 ans).

N° de projet : 10254358
Dépôt légal : Septembre 2019
Imprimé en Italie en juillet 2019 par Bona Spa